문예신서
207

호모 아카데미쿠스

피에르 부르디외

김정곤 · 임기대 옮김

東 文 選

호모 아카데미쿠스

Pierre Bourdieu
HOMO ACADEMICUS

이 책을 집필하는 데 있어 내 질문에 답해 주고, 필요한 자료와 정보를 제공하고, 이 책의 사전 판본을 여러 차례 읽어 주면서 나에게 도움을 주었던 모든 사람들에게 감사의 뜻을 전한다. 또한 그들의 제언과 비판의 흔적이 여기에 나타나 있길 바란다. 보통 때보다는 더 많고 더 광범위한 가운데 진행된 선행 연구는, 적어도 내가 보기에는 이 연구 작업의 학문적 관리에 상당한 공헌을 해주었다. 나의 첫번째 독자들은 아주 상이한 관점으로 그들이 할 수 있는 한 수정과 확인을 해주었고, 또한 분석에 매달려 있음으로써 있을 수 있는 한계를 넘어설 수 있도록 도와 줌으로써, 이 책의 출판에 대한 불안을 이겨낼 수 있도록 해주었다.

아주 특별히 이베트 델소에게 감사의 말을 전하고 싶다. 자료 수집과 정보 검색에서 데이터 작성과 분석에 이르기까지, 이 책을 집필하는 동안의 모든 작업에 참여했다. 그녀가 없었더라면 이 책은 그 자체로 존재할 수 없었을 것이다.

차 례

일러두기

— 이 책은 Pierre Bourdieu, *Homo Academicus*, les Éditions de Minuit, 1984의 번역본이다.

— 원주는 원전대로 각주 처리했으며, 역주가 필요한 경우 본문 내용에 〔 〕를 덧붙여 설명했다.

— 저서나 신문·잡지명은 모두 우리말로 번역해 놓았다.

— 각주에서 인용된 저서는 우리말과 원어를 병기했으며, 인용된 잡지(학술 잡지 포함)는 원어만을 표기하였다.

— 원서에서 강조한 부분은 진한 글자체로 표기했으며, 이 경우 필요하다 생각하는 용어는 우리말과 더불어 원어를 병기하였다.

— 부르디외는 본서에서 많은 학교 이름을 거론하고 있다. 학교 이름을 나타내는 약어는 전체적으로 원어를 그대로 풀어 표기하지 않고, 우리말로 약어와 함께 설명해 놓았다.

— 본서에 나오는 프랑스의 학위 과정에서 Doctorat de 3ème cycle(대학박사로 통용되고 있는 이 용어는 현재 사용되지 않는 제도이다)의 번역은 '박사 과정'으로 표기하였다. 이는 Thèse d'état (국가박사 논문)라고 하는 용어와 중복됨을 피하고, 프랑스에서 현재 DEA(박사 과정 논문)에 상응하는 학위에 해당되므로 Doctorat de 3ème cycle은 현재적 시점에서 해석된 용어라 할 수 있다.

1

"이 책을 불태울 것인가?"

"게다가 그들은 역사가들이 하는 식의 역사를 원치 않는다. 그들은 역사적 세부 사항의 무한성을 철저히 고찰하기를 원하지만, 자신들이 이런 역사적 세부 사항의 무한성에서 고려의 대상이 되기를 원치 않는다. 그들은 역사적 서열 속에서 자신들이 있기를 바라지 않고, 마치 의사가 아프거나 죽기를 바라지 않는 것과 같은 생각을 갖고 있다."

—— 샤를 페기, 《돈·속편》

자기 자신이 **끼여 있는** 사회적 세계를 연구 대상으로 취하면서 **극화됐다고** 말할 수 있을 만한 형태로, 수많은 기본적 인식론의 문제들과 마주치게 될 수밖에 없다. 이 문제들은 모두 다 실천적 인식과 학자적 인식 간의 격차 문제, 정확하게 말하자면 개별적 어려움에 연관되어 있고, 원주민적인 경험과 **단절**(rupture)하고 이러한 단절을 치르고 얻게 되는 인식의 복원이라는 문제에 연관되어 있다. 대상으로 너무 지나치게 접근한다든지, 혹은 지나치게 멀리 떨어진다든지 하는 것이 학문적 인식에 장애가 되는 일이라는 것을 잘 알고 있으며, 접근성을 일단 전달한 상황에서 재건한다고 하는 형태로 근접 관계를 세우는 일이 어렵다는 것 또한 잘 알려져 있다. 이와 같은 근접 관계가 설정되고 나면, 연구 대상뿐만 아니라 연구 주체에 대한 기나긴 작업을 치르면서 우리가 존재하기만 한다면 알 수 있는 모든 것, 우리가 존재하기 때문에 왠지 알 수 없거나 알기를 원치 않는 모든 것을 통합하는 일체가 가능하게 되는 것이다. 우리는 정확히 **문장화**(écriture)에서 대상의 학문적 인식을 전달하려는 노력을 떠올리게 되고, 특별히 **예증**(exemplification)에 대해 눈에 띄는 문제를 아마도 많이 알고 있지는 않다. 흔히 '이해시키도록 하기(faire comprendre)'위해 일상적으로 이용되었지만, 독자로 하여금 자신의 경험에서 얻도록 하고, 은밀하게 통제되지 않는 정보를 자신이 해석한 데서 채택할 것을 자극하게 하는 이런 수사학적 책략은, 그것에 맞서 쟁취되어져야만 하는 학문적 구축물에 대해 일상적 인식의 측면으로 몰아가는 것이 어느 정도 불가피하다는 결과를 갖고 있다.[1] 전체적으로 파악된 구체적 개인, 독자들의 특성들(특성들은 이후 문맥과 고려하여 '소유물'로도 정의 내릴 것이다)을 명시적으로 정의한, 그러면서 다른 개인을 특징짓고 있는 똑같은 원리에 따라서 정의한 특성들(소유물) 전체와 다른 개별적 특성들(소유물) 전체 간에 있는 차이점이나, 일치 관계의 이론적 공간에서만 존재하는 구축된 개인에 한정시키기 위해서는——그리고 쟁점 중의 하나가 '이름을 만들어 나가는' 세상일진대, 어떻게 그런 세상과 관계하여 만들어질 것을 완전히 포기하겠는가?——심지어 고유명사를 도입하는 것으로 충분하다.

하지만 오늘날 분석하는 데 있어서 험담 · 비방 · 중상모략, 그리고 풍자문이나 비방성이 있는 글 등과 같은 것이 일반적으로 은폐된다면, 단 하나의 일화나 자질, 단어를 상하게 하거나 눈에 띄는 즐거움을 추구하지 않는 그런 요소들이 일상의 논리 속에서 기능하는 것을 위협한 모든 기술법을 추방하기 위한 노력을 극한까지 밀고 나가야 전혀 소용이 없을 것이다. 숨겨진 관계 혹은 가족 관계나 다른 관계를 언급하지 않고도 역사가들이 발견하려는 데 명예를 걸려고 하는 대학 교원이나 저널리스트 간에 있는 공공연한 관계와, 그럼에도 모든 사람들에게 알려진 공무 관계를 상기할 것을 여기에서처럼 방법론적으로 포기해야 소용이 없을 것이다. 그렇다고 해서 독자 자신이 실제로는 책임자인 **고발**(dénonciation) 행위를 행사한다는 의심감에서 확실히 빠져 나가지는 못할 것이다. 행간을 읽어 나가면서, 다소간은 의식적으로 분석의 여백을 채워 나가면서, 혹은 아주 단순하게 '사람들이 말하듯이 자신의 경우를 생각하면서' 학문적 조사로부터 단호하게 검열된 규약의 의미나 가치를 변형시키는 것은 바로 독자 자신이다. 사회학자는 자신이 알고 있는 모든 것을 쓸 수 없기 때문에, 그리고 '고발'을 나타내는 데 있어서 가장 신속한 독자들은 사회학자보다 가끔은 더 정통하게 알고는 있지만, 다른 양식에 대한 모든 것을 쓸 수 없기 때문에 사회학자는 대학 강단의 수사학이 특별히 애정을 느끼는 수사 기법만큼이나 논증이나 암시 · 인유 · 완곡어법, 그리고 함축과 같이 가장 입증된 논쟁 전략에 영합할 위험이 있어 보인다.

---

1) 나의 첫번째 독자들 중 몇 명이 내가 지엽적인 모든 정보, 심지어 '정보를 갖고 있는 환경' 중에 가장 '일화적인(anecdotiques)' 모든 정보, 즉 선정적인 저널리즘이나 에세이즘과 같이 서둘러 드러내려고 하는 식의 모든 정보를 의식적으로 배제했다는 분석에 대해 '예를 보여 줄 것'을 요구했을 때, 나는 이 문제를 완벽히 의식하고 있었다.

그럼에도 불구하고 사회학자가 귀착시켰던 고유명사 없는 이 역사는, 오래되고 새로운 역사에 아주 의도적으로 영합시키려 하는——유명하거나 무명인——개별적 행위자들의 행태나 사실의 설화적 이야기와 마찬가지로 역사적 진실에 합치되지 않는다. 영역〔champ에 해당되는 말로서, 문맥에 따라 '계'와 적절히 융합해 사용할 것이다〕에 대한 구조적 필연성의 효과는, 개인들을 연결해 주는 외연적 우연성을 통해서만이 성취된다. 이와 같이 개인들을 연결시켜 주는 것은, 사회적으로 만남과 공통된 교우 관계를 정돈해 주는 우연성과 호의와 혐오로 체험되고 있는 아비투스(habitus)의 유연성에 토대를 두고 형성되었다. 게다가 조사의 객관적 기술과 친밀함의 내적 직감력에 의해 받아들여진 정보를 수집하게 해주는 소속〔세계에 소속되어 있다는〕 관계에 내재되어 있는 장점을 충분히 활용하면서, 내가 역사적 행위의 진정한 논리와 정당한 역사철학이라고 믿는 것을 입증하고 실감하기에는 **사회적으로 불가능하다**는 것을 어떻게 아쉬워하지 않겠는가?

그렇게 해서 사회학적 인식이란 '이해 관계가 얽혀 있는(intéressée)' 독자에 의해 원초적 통찰력을 회복시키도록 해야 하는 위험에 처해 있었다. 이런 식으로 이해 관계가 얽혀 있는 독자는 설화나 개별적 세부 사항에 집착하고, 추상적 형식주의에 사로잡히는 일이 없어서 학자적 언어와 일상의 언어에 공통되어 있는 단어의 의미를 일상 언어의 의미에 귀착시키고 있다. 거의 불가피해 보이는 이런 부분적인 해석은 원래의 학문적 인식으로, 다시 말해서 설명적 체계 그 자체의 구조로서 정의하고 있는 모든 것의 무지에 입각하여 오해의 소지가 있는 이해를 야기시킨다. 이런 해석은 분리됐던 것을 혼용해 가면서 학문적 작업에 의해 진전된 관계망 속에서만 존재하는 구축된 개체(개별적 인간이나 기구)와, 통상의 직관에 직접적으로 전념하는 경험적 개체를 혼용하면서 학문적 구축이 만들었던 것을 해체시켜 간다. 그런 해석은 학문적 객관화를 통상의 인식과 구별하고, 그만큼 학문적 객관화를 사이비 학자적 인식과 구별하고 있는 모든 것을 없어지게 만든다. 사이비 학자적 인식은 지식인들에 대해 미망을 타파하기보다는 더 기만하고 있는 대부분의 수필에서 볼 수 있는데, 그것은 셰익스피어 작품 《트로일로스와 크레시다》에 등장하는 유명한 인물을 짓밟아 버리는 데 열중하고 있는 단순히 시샘하는 병사 테르시테의 관점이라고 부를 수 있거나, 혹은 무엇보다도 자신 또한 나쁜 물리학자였던 것을 망각하며 역사적인 실체에 더 근접한 마라[프랑스의 의사이자 소설가이며, 정치인이다. 그는 프랑스 혁명시에 법을 만든 사람으로도 알려져 있다]의 관점이라 할 수 있는 원칙을 거의 항상 갖고 있다.[2] 원한에 의해 조장되어 **궁지에 몰리게 된 상황에서의**(réduire) 욕구가 조장하는 부분적 통찰력은, 순수하게 목적을 지향하는 역사적 시각(vision)에 이르게 한다. 그 시각을 실천하는 데 있어 숨겨져 있는 원리에까지 도달함으로써, 표면적인 책임을 갖고 있는 사람들에 대해 지엽적인 고발만을 하는 데 그치고 만다. 그리고는 고발된 '음모'를 꾸미고 있는 사람으로 추정되는 이들을 결국 크게 보이려고 하는데, 이는 모든 가증스런 행위——무엇보다도 그들의 위대함 속에서——를 하는 파렴치한 주체들을 그렇게 추정되는 사람들로부터 만들어 가면서 행해진다.[3]

게다가 학자적 인식과 통상적 인식 간의 경계선상에 자리잡고 있는 이들과 평론가들, 저널리스트들, 대학 교원을 겸하고 있는 저널리스트들, 그리고 저널리스트를 겸하고 있는 대학 교원들은 이와 같은 경계를 뒤섞어 버리려는 중대한 이해 관계를 갖고 있다. 또한 이들은——우리가 텔레비전의 문예 프로그램 책임자와 더불어서, 혹은 《누벨 옵세르바퇴

---

2) C. C. Gillispie, 《앙시앵 레짐 말기 프랑스에서의 과학과 정치 *Science and Policy in France at the End of the Old Regime*》, Princeton, Princeton University Press, 1980, 290–330쪽.

3) 그 중에서도 특히 이 맥락에 있는 에르베 쿠토-브가리의 최신판을 인용해 볼 수 있다. 그 자신이 행한 아날학파(École des Annales)의 분석은 촌스런 차이를 배가시키고, 지적 추방이 자극하고 있는 억압된 폭력을 가장 완전하다 할 수 있는 순수성으로 드러내고 있다. "새로운 역사가들은 그러므로 초지일관한 계획을 제시해 주고, 관념적으로 미리 정해져 있는 대중에게 적용된 계획을 제시해 주었다. […] 이러한 확장은 새로운 역사가들의 성공을 설명해 준다. 그리고 이 역사가들은 레지스 드브레이가 '사회적 가시성(visibilité sociale)'이라 부르는 것을 얻어낼 목적으로 미디어나 출판을 정복하는 데로 출발할 수 있었다."(H. Couteau-Begarie, 《새로운 역사 현상 *Le phénomène nouvelle histoire*》, Paris, Economica, 1983, 247, 248쪽)

르〉지에 결부된 고등연구원(École des hautes études)의 구성원들이 했던 것처럼——단순한 개인이나 로비 탓으로 돌리면서 학문적 분석을 부분적 객관화나, 실제로 영역의 구조 전체를 얽매이게 하는 효과와 구분하려는 것을 부정하거나 취소하려는 데 이해 관계를 갖고 있다. 여기에서는 그들 평론가들이나 저널리스트들에게 단순한 흥미 위주의 해석에 빠지게 하는 것으로 충분할 터이다. 그런 단순한 흥미 위주의 해석은, 사교계의 험담이나 문학적 풍속을 지닌 문서의 논리에 따라서 개별적인 경우와 사례들을 기능케 한다. 이것은 학문의 속성이라 할 수 있는 체계적이고 관계적인 설명 방식을 **인신공격적 논지에 따른 적절한 설명**(l'explication ad hoc par des arguments ad hominem)이라 할 수 있는 논쟁상의 환원 중 가장 일상적인 수법에다 단순화시키기 위한 것이다.

저널리즘의 명성이 부여되기까지의 과정(또는 판정 과정)을 분석하면 (부록에서 보게 될 내용이다), 첫번째로 모든 인신공격적 고발의 소박성이 고발되는 결과를 갖게 된다. 이런 인신공격적 고발이라는 것은 얼핏 보면 게임을 객관화하고 있는 것처럼 보이지만, 분석의 모양새를 이 게임 속의 어느 하나의 위치와 연결시키는 이익을 위해 역할을 부여하고 있기 때문에 여전히 그 게임에 완벽하게 참여하고 있다. 시시한 인기 순위의 기술적 주체는 너무도 영향력이 있고 능숙해서 단순한 주체가 아니거나(이 경우는 베르나르 피보) 개별적 기구(텔레비전 방송이나 잡지), 심지어 문화의 생산 영역에 힘을 행사할 수 있는 저널리즘 전체도 아니지만, 이런 영역을 구성하는 객관적 관계들의 전체이거나 정확하게는 생산자를 위한 생산 영역과 엄청난 생산 영역 사이에 설정된 관계들의 전체일 수가 있다. 과학적 분석이 끌어내는 논리는, 가장 현명하고 가장 힘 있는 주체들과 '그 장본인들'의 탐구를 지칭하는 것들에 대해 개인적이며 집단적인 의지나 (음모) 의도를 충분히 초월시키고 있다. 개별 주체가 속해 있는 객관적 관계망에서 책임성을 희석시키기 위한 이런 분석의 논지를 끌어내는 것은, 그렇다고는 해도 그리 잘못된 일은 아니다. 운명론적이고 파렴치한 회피의 구실이라는 운명으로 전환된 사회적 법규라는 언표 내에서 찾고자 하는 사람에 반해서, 이해하고 게다가 정당화하려는 방법을 부여하는 과학적 설명은 마찬가지로 변화시키게 할 수 있는 것임을 상기해야만 한다. 지적 세계를 지배하고 있는 메커니즘의 증대된 지식은, 자크 부베레스[4]가 두려워하는 것처럼 도덕적 책임의 불편한 덩어리로부터 개인을 내려놓게 하는 효과를 갖지 않았음에는 틀림없을 것이다(나는 일부러 이런 모호한 언어를 사용하겠다). 그런 지식은 반대로 자신의 자유를 실제로 위치시키려고 하는 곳에다 책임감을 위치시킬 것을 그 개인에게 가르치고 있으며, 사회적 필연성에 온 힘을 다해 맡겨 놓는 무한히 작은 무기력과 유기(遺棄)를 완강하게 거절할 것을 가르치며, 그 개인이 요구하는 사회적 세계에 일치하는 실망한 순응주의와 기회주의의 다른 무관심주의에서, 그리고 체념하고 받아들이는 아주 사소한 배려와 유순한 동조에 맞서 싸우려는 것을 가르쳐야 할 것이다.

우리가 알다시피 집단이란 것은 '비밀을 누설해대는' 이들을 전혀 좋아하지 않는다. 특히 위반이나 배반이 그 단체들의 가장 고상한 가치를 내세울 수 있을 때 그것은 더욱 확실해진다. 객관화의 작업이 외부와 적대적인 집단에 적용될 경우 그 일을 '용기 있고' '현명한' 것으로 확실하게 경의를 표하는 이들은, 자신이 있는 단체의 분석가가 요청하는 특별한 명석함의 결정 인자에 대해 의혹을 던져 버리게 할 것이다. 머나먼 열대 지방에서 이국적 마력을 확신시켜 주는 매력을 찾으러 가는 대신에, 토속적 마법과 물신에 흥미를 가져 위험한 짓을 감행하는 마법사의 제자는, 자신이 유발했던 폭력이 결국에는 자신에게 해를 끼치게 한다는 것을 예견해야만 한다. 카를 크라우스[오스트리아의 문필가. 제1차 세계대전 시기에 독일문학에서 뛰어난 작가의 반열에 올랐다]는 객관화가 적용하고 있는 대상이 사회적 공간에서 멀어지면 멀어질수록, 그 객관화가 '친숙한 범위'에서 '용기 있는 것'으로서 승인되고 찬양될 기회를 더욱

---

4) J. Bouveresse, 《스스로를 먹으려는 사람들에게서의 철학 *Le philosophe chez les autophages*》, Paris, Éd. de Minuit, 1984, 93쪽 이하.

갖고자 하는 법규를 진술하려는 입장에 있었다. 그는 자신의 잡지 《파켈》의 창간호 논설에서, 모든 것이 성스럽게 유지되기를 주문하는 직접적인 환경에 열중하기 위해서 간접적인 비판에 대해 용이한 기쁨과 이득을 거절하는 사람은 '주체적 학대'의 고통을 예견해야만 한다고 말했다. 우리는 또한 세상사와 인연을 끊고 홀로 고고했던 중국의 관리 이지〔李贄, 호는 卓吾. 明代의 사상가·문학가〕가 고관들의 게임의 규칙을 누설했던 자기 파괴적 작품에 부여했던 책 제목 《분서》〔焚書, Livre à brûler〕를 다시 차용하고자 한다. 모든 판결 선고에 맞서 아주 신속한 항의를 하는데도 불구하고 그들 고유의 믿음에 맞서는 신성모독적인 침해로서 인식된 모든 작품은, 열심히 공부해야 할 운명을 지닌 사람들에 대한 도전을 나타내는 것이 아니다.[5] 하지만 부족의 비밀을 폭로하는 데 있어서 기재되고, 너무도(부분적이라 할지라도) 비통하게도 더 사적인 공표가 공적 고백에 대한 무언가를 가지기 때문이란 반론을 그저 말하려는 것이다.[6]

사회학은 환상으로 그다지 이끌고 가지 않기 때문에, 사회학자는 해방 영웅들의 역할 속에서 단 한순간만을 스스로 혼자서 생각할 수 있다. 그럼에도 불구하고 함축적인 폭력을 실행하거나 전체주의적 왕국을 실행하기는커녕 사회적 세계를 객관화하도록 하기 위해 사용할 수 있는 모든 과학적인 지식을 축적하면서——우리가 가끔 주장하는 것처럼 정확하게 말하자면 그 사회학자의 연구가 객관화되지 않고 객관화하는 것을 듣는 사람에게 적용할 때——사회학자는 자유의 가능성을 제공해 준

---

5) 확실한 협의에 근거를 두지 않고, 일종의 상징적인 판결 선고를 통해서 빈의 신문 전체가 카를 크라우스가 생존해 있던 동안 《파켈》지에 대해 아주 절대적인 침묵으로 일관했다.

6) 프로이트가 자신의 가장 중요한 과학적 작품임을 주장했던 《꿈의 해석》은, 과학적인 특성을 나타내는 논리학적 관점에서 볼 때 심층 깊은 담화를 은폐시키고 있다는 것을 알려 주고 있는데, 그 담화에서 프로이트는 일종의 개인의 꿈을 통해서 복잡하게 얽혀 있는 관계의 분석을 자신의 부친이나 정치·대학의 모습에 내맡겨 분석해 내고 있다. 정확하게는 Carl E. Schorske의 《세기말의 빈학파, 정치와 문화 Fin de Siècle Vienna, Politics and Culture》, New York, Alfred A. Knopf, 1980, 181-207쪽(《Vienne fin de siècle, Politique et culture》, trad. Y. Thoraval, Paris, Seuil, 1983, 177-196쪽) 참조.

다. 게다가 사회학자는 자신이 하고 있는 학술적 정열론이 그 자신을 위한 사회 분석의 도구였다는 것을, 다른 사람들에게도 사회 분석의 도구로 사용되기를 어느 정도 바랄 수 있다.

구축 작업과 그 효과

상세하면서도 분리할 수 없는 지적이고 '세속적인' 모든 종류에 의해 연결된 이 세계의 연구가 나타내 주는 도전 앞에 직면해 있는 우리는, 무엇보다도 도주에 대해서만 특별히 생각할 수 있다. 편견의 의심에서 벗어나려는 배려는, '이해 관계가 얽히고' '선입견을 가진' 개인의 범위 내에서 개인적 이익을 위해 미리 과학이라는 무기를 사용해서 의심받은 그런 주체를 없애기 위한 노력으로 이르게 한다. 그리고 적어도 '정상과학(science normale)'이란 논리 범위에서는 가장 비인격적이거나 가장 자동적인, 그리고 가장 명백한 수법에 의존하면서 인식하는 주체의 범위까지도 소멸시키려는 노력으로 이르게 한다. (거기에서 우리는 상세한 의미에서 볼 때, 아주 흔히 초경험주의(hyperempirisme)의 선택을 주장하는 **회피**(démission)의 자세를 볼 수 있다. 이것은 본래의 정치적 야망이기도 한데, 그것은 과학적 연구에 의해 해결하려는 자세를 보이는 과학주의적 중립주의를 감추고 있으며, 과학이란 이름으로 중재나 심판하는 데 제기되고, 영역에서 명확한 태도를 취하고 있는 개인 자격으로 취소된 혼란스런 논쟁을 감추고 있지만, 객관적이고 초월적 주체로부터 비난받을 수 없는 명백함으로 '싸움에 초연한' 자세를 다시 보이려는 야심을 드러내고 있다.)

우리는 대상의 구축 작업과 그것이 전제하고 있는 책임에서 빠져 나올 수 없다. 관점을 끌어넣지 않는 대상이란 것은 존재하지 않는다. 관점, 다시 말해서 편파성을 폐지하려는 경향에서, 그리고 연구된 영역 안의 공간에 연결된 부분적 관점을 초월하려는 경향에서 제작된 대상과 문제가 될 것이다. 하지만 일상적 경험의 묵시적인 기준을 설명하고 **형식화하는** 것을 제약하는, 조사 연구의 진행 과정조차도 그들 나름의 전제에 대한 논리적인 제약을 **가능케 하는** 결과를 갖게 될 것이다. 1967년의 문학·인문과학부에서의 권력에 대한 조사를 보면 잘 알 수 있다. 개인을 특징짓는 것과 관련된 관여적 특성들(소유물)의 세계, 다시 말해서 가장 '힘이 있고' 가장 '중요한' 대학인의 모집단(母集團)을 결정하면서, 검토된 개인들의 목록을 결정하도록 해주었던 연속적인 선택 전체는——게다가 여러 해 동안에 걸쳐 펼쳐진——완벽하게 인식론적인 투명성이나 전체의 이론적인 현명함 안에서 달성되지 않았다는 것은 실제로 불 보듯 뻔한 일이다.[7] 반대의 경우를 생각하거나 주장하기 위한 경험적 연구를 결코 하지 말아야 한다. 또한 연속되는 작업 과정은 어떤 점에서는 우리가 '직관(intuition)'이라고 부르는 것을 개입시켜야 한다. 이 '직관'은, 다시 말해서 직접적으로 관련된 대상의 전(前)학문적 인식과 유사한 대상에 대해 학자적 인식의 어느 정도는 통제된 형태를 말해 주는 것이다. 연속적으로 행하는 작업을 함에 있어 자신에 대한 불명확성은, 경험적 연구로 대체할 수 없는 진정한 창조성의 원리임이 확실하다. 자신이 하는 것을 완전하게 알지 못하고 한다는 것은, 자기 자신이 알지 못했던 무언가를 자신이 했던 것 안에서 발견하는 기회를 갖게 한다.

학자적인 구축은 서로 다른 지표의 완만하면서도 어려운 축적을 통해서 획득되어진다. 그런 지표에 대한 고려는 '권력자들'을 지탱시켜 주는 사람들과 힘이 있는 다른 지위(예를 들어 자문위원회나 교수자격시험심사위원회), 게다가 힘의 지수로서 공통되게 지시되고 지칭된 특성들의 실천적 지식을 통해서 암시되었다. 전체적이며 대략적으로 파악된 '권력자들'과 힘의 외형은, 점점 더 집권자들과 힘이 갖고 있는 여러 다른 형태의 변별적 자질의 분석적 배열에 그 자리를 내주는데, 그것의 의미뿐만이 아니라 중요도는 서로 통합해 주는 통계적 관계를 통해 행해진 연구에 따

---

7) 우리는 제3장에서, 이러한 모집단(母集團) 구축의 원리에 대해 상세하게 기술해 놓은 것을 보게 될 것이다. (약학부를 제외한) 학부 전체의 분석 기초로 제공되었던 전형적인 표본의 특성은 제2장에서 기술되었다. 이 두 가지 출처에서 사용되었던 정보원은 부록 1에서 기술되었다.

라 밝혀진다. '인식론적 단절'의 어떤 '입문 의식'적 표상이 그것을 믿게 할 수 있었던 것과 같이, 일종의 최초이며 동시에 최후 행위가 되기는커녕 첫번째 직관과의 단절은 기나긴 변증법적 과정의 성과이다. 경험적 조작 과정에서 실현되면서 그 기나긴 과정에서의 직관은, 새로운 가설이 떠오르게 할 수 있는 어려움이나 부족함 · 기대감 덕택에 그 가설을 초월하게 될 더 정통한 새로운 가설을 산출하면서 분석 조정되고 있다.[8] 탐구의 논리는 매순간 우리가 하는 것에 대해 억지로 질문하게 하는 중요하거나 중요하지 않는 어려움의 악순환과도 같으며, 더욱 기본적이며 명시적인 새로운 질문을 이끄는 답변의 시작을 갖추게 하면서 우리가 찾고자 하는 것을 조금씩 알아 가게 해준다.

하지만 이와 같은 '현학적 무지함'을 만족시키는 일은 상당히 위험할 것이다. 게다가 나는 객관화의 학문적 작업의 주된 효력이, 물론 그 산물을 분석하고 객관화를 표출한다는 조건에서 허용된다고 흔쾌히 생각하고 있는 편이다. 실제로 자신들이 만든 것을 알리는 데 마음을 두고 있는 연구가들에게 분석 도구의 코드는 분석 대상이 된다. 코드화 작업으로 표출된 산물은——반성적 관점하에서는——대상 구축의 조작화에 대해 즉각적으로 읽을 수 있는 흔적과 자료체를 구성하기 위해 사용되었던 일람표, 학문적 분석 대상을 산출했던 지각 범주[카테고리]에 어느 정도 긴밀히 연관된 체계, 그리고 특별한 경우에서는 '중요한 대학인'의 세계나 그것들의 특성들[소유물]의 영역이 된다. 채택된 전체 특성들[소유물]은 한편에서는 유명한 이름과 관계될 때 모든 특성들[소유물] 중 가장 소중한 **고유명사**(nom propre) 외에 (근본적으로는 발행된 정보에 관계된 사실에 의해서, 정확하게 자기 소개 기사에서 증명된) 대학

---

8) 우리는 모든 담화보다 더 좋게, 첫번째 경험과 단절의 단계적인 성취 속에서 경험적 작업의 역할을 보게 했었을 《조사 일지 *Journal de recherche*》를 주장하지 못한 것에 대해서 전혀 유감스러워하지 않을 것이다. 하지만 사용된 자료 조사에 대한 해석(부록 1 참조)은 공통된 경험과 학문적 인식 간의 차이에 대한 중요한 원리가 될 수 있는데, 이 원리는 통제된 수집 작업의 사고를 어느 정도 부여해 주고 있음에 틀림없다.

인을 **동일시하고**(identifier) 분류하기 위해 일상적 실천 행위에서 사용 가능하고, 사용된 판단 기준(혹은 특성들〔소유물〕)의 영역을 모으고 있다. 또 다른 한편에서는 대학계의 실천적 경험이 관여적인 것으로 간주되거나, 분류적인 특성들〔소유물〕로 사실을 설정하도록 하는 일련의 특성들〔소유물〕을 모으고 있다.

게다가 코드화의 작업까지에 대한 반성적 회고는, 일상적 지각의 실천적이고 명시적인 도식으로부터 구축된 코드를 분리하는 모든 것과, 학력상의 자격이나 INSEE(국립통계경제연구소)의 사회 전문적 계급과 같이 사회적으로 확인된 규준화만을 취하게 되는 모든 것을 대개의 경우 아주 흔히 명확히 해주고 있다. 또한 학문적 연구와 그 대상의 적절한 이해를 위해서 이런 차이의 인식을 내포하는 모든 것을 마찬가지로 명확히 해주고 있다. 실제로 법의 의미에서만큼이나 정보 기술 이론의 의미에서, 모든 코드가 관여적인 것으로 채택된 특성들〔소유물〕의 유한한 총체(법조문은 "고려된 경우에 있어 항상 같은 뜻을 지닌 일반적 특성을 단독으로 고려한다"고 베버는 말하였다)에 대해서, 그리고 이런 특성들〔소유물〕간에 있는 형식적 관계 전체에 대한 합의를 가정하는 것이 사실이라면, 학문적 코드화가 사회적 실체 속에 이미 존재하고 있는 규준화를 취하는 경우와, 협상의 논쟁이 될 수 있는 기준의 관여성에 대한 질문을 해결하기 위해 고집하고 있는 완전히 전대미문의 판단 기준을 생산하는 경우 간에 있는 구분을 무시하는 것이 하찮지만은 않은 일이다. 더 일반적으로 규준화에 대한 사회적 효과와 사회적 조건의 문제를 감추는 것 또한 하찮은 일이 될 수 없다. 연구가에 의해 구축된 기준과 사회적으로 인정된 기준의 혼용을 폐지하는 모든 특성들〔소유물〕로부터 가장 중요한 특성들〔소유물〕 중의 하나는 실제로 규제화의 정도이며, 마찬가지로 영역에서 가장 의미 있는 특성들〔소유물〕 중 하나는 사회적 관계가 공적 코드 속에서 객관화되는 정도이다.

실제로 여러 다른 대학인들의 자기 동일성을 구축하기 위해 채택된 서로 다른 특성들〔소유물〕은, 이런 동일한 행위자들에 대해 미리 구축된 인물을 지각하고 평가하기 위해서 일상의 경험에서 불균등하게 사용되었으며, 특히 문서화된 정보의 원전에서 불균등하게 객관화되어 나타나게 되었다는 것은 분명하다. 제도화된, 다시 말해서 공식 자료에서 알아낼 수 있는 특성들(소유물)과 그다지 객관화되지 못하거나 객관화되지 않은 특성들(소유물) 간의 경계는 비교적 애매모호한 면이 있으며, 상황이나 시대에 따라서 변화될 소지가 있다(예를 들어 그런 학문적 기준이나 사회 전문적 계급은 어떤 정치적 상황에서는 실천적 기준이 될 수가 있다). 우리는 대학에서의 소속('소르본대학 교수')이나 권한상의 지위('학부장'), 권위상의 지위('학사원 회원'), 대학 칭호들('고등사범학교 출신')과 같이 자기 소개 양식(예를 들어 공식 편지나 신분증·명함 등)을 내세우는 직함 전체를 감소해 가는 객관화와 공식적인 성격의 정도를 통해 이르게 된다. 이와 같이 모든 사람에게 알려지거나 혹은 알려지지 않은 용어의 **공식적인** 지칭은, ('교수님' '학부장님'과 같은) '품위'를 나타내는 용어와 어깨를 나란히 하는 경향이 있다. 그것은 제도화된 것이든간에 연구소장이나 대학고등평의회 부속 기관, 일류 자격시험심사위원회 위원들의 부속 기관과 같이 일상 생활의 공식적 분류에서는 그다지 사용되지 않는 특성들(소유물)이다. 이런 용어들은 사람들이 흔히 '위신' 즉 그 나름대로 지적이고 학문적인 계층에 있는 자리라고 부르도록 정의하여 외부인에게는 이해될 수 없는 것들이다. 이런 경우에 연구자는 계속해서 대안에 부딪히게 된다. 그것은 다소간은 인위적이고 심지어 자의적이기까지 한 부류를 도입하거나(혹은 적어도 항상 그 자체로 표시될 수 있는), 계층들이 대중적이며 공식적인 혹은 객관적 상태에 없다 할지라도 끊임없이 의문시되고, 객관화 그 자체 내에서 문제시되는 계층들을 잠시 제쳐놓으려는 대안에 부딪히는 것이다. 실제로 우리가 앞으로 보겠지만, 순수하게 '인구통계학적' 지표와 같이 확실히 '이론의 여지가 없는' 모든 기준에도 똑같이 사실로 나타난다. 이들 지표는 그 사용자들로 하여금 그들 '과학'을 자연과학으로 생각하도록 해주었다.[9] 하지만 '지적 위신'이나 '학문적 위신'의 지표를 선택하는 경우에 상기해야 할 것은——가장 객관화되지 못한 관여적 특성들(소유물)의 그것——판단 기준의 문제, 다시 말해서 합법적인 부속 기관이나 계층화의 원리들, 더 정확히 말하자면 연구가가 자기 분야의 대상에 스스로 제기하고 있는 것을 이끌어 가는 힘의 계층화와 정의 원리들, 힘의 문제는 **대상 그 안에**(dans l'objet) 제기되어 있다는 것이다.

그리하여 대상의 구축 작업은 **유효 변수**(variables efficaces)로서, 그것의 변이는 관찰된 현상의 변이에 연결되어 있는 가설에 의해 제도화된 **관여적 특성들**(propriétés pertinentes)〔소유물〕의 유한한 총체를 확정하고 있다. 동시에 이런 작업은 **구축된 개체**(individus construits)의 모집단, 이들 자신이 이 특성들〔소유물〕과 다른 등급의 소유에 의해 특징화된 모집단을 설정하기도 한다. 이와 같은 논리적 조작 과정은 (객관적 논리실증주의가 행한 중요한 실수를 생각하게 해주는) 확인된 사실의 양식에 대해 알지 않은 채——그런 조작 과정을 기재하고 싶지 않다 할지라도——설명해 내야 할 전체 효과를 산출해 내고 있다. 무엇보다도 비객관화의 객관화(예를 들어 학문적 위신)는 우리가 앞서 보았던 것처럼 공식화나 거의 법률적인 속성의 효과와 마찬가지이다. 인용수에 토대를 둔 국제적인 명성 등급을 설정하는 것과 저널리즘에 참여하는 지표의 발전은, 영역의 한 중앙에서조차 인기도 순위표의 제작자가 실행하는 것들과 완전히 유사해 보이는 조작 과정과도 같은 것이다.[10] 이런 효과는 한정된 특성들〔소유물〕의 경우에서는 간과될 수 없는 것이다. 종교상의 소속이나 성적 성향(이성애/동성애)과 같은 공식적이면서 제도화된, 심지어 공식적이면서 비형식적인 것들이 실제적인 판단에 관여할 수 있거나 관찰된

9) 몇 가지의 변수(연령, 성별, 심지어 결혼 여부)나 혹은 다른 형태의 과정 없이 이런 변수를 조작하는 작업에 절대적인 '객관성'의 징후를 부여하는 인구통계학에서, 특별히 효력이 있는 자연화의 효과를 심도 깊은 비판에 귀속시켜야만 할 것이다. 더 일반적인 방법으로, 그렇다고 해서 역사를 생물학이나 지리학적인 특성 혹은 다른 것에 함축해 가려는 작업의 강박적 반복성을 꺾기를 바라지 않고, 민족학이 자연과학과의 구두적 유추를 추종할 때부터 토양이나 기후의 '부동의 역사'에서 역사 운동의 실제는 단지 우연에 불과하다는 것을 추구하는 역사까지, 개별 사회과학에서 탈역사주의 효과 형태를 취하고 있는 바를 묘사하는 것이 좋을 터이다.
10) 우리는 과학적 분석 그 자체가 영역의 통상적 시각을 변형시키기에 적합한 이론의 효과를 실행한다는 것만을 배제할 수 있다.

실체(그것은 틀림없이 사회학적 조사의 '경찰적' 특성들(소유물)을 지칭할 때 염두에 둘 수 있는 정보과학의 종류에 속하는 것이다)에서 눈에 띄는 변이형에 연결될 수 있다고 할지라도, 그런 모든 것들을 분류하는 방법은 공식적으로 혹은 암암리에 배제되었다.

학자적 코드화의 효과를 명백히 하고, 정확하게 현실 속에서 불공평하게 인정된 특성들(소유물)에 일치된 지위의 균질화를 명백히 하기 위해서는, 여러 다른 판단 기준에 일치하는 모집단의 **개체군**(groupes)과 같이 존재하는 양태나 정도를 고려해 보는 것으로 충분하다. 그런 기준은 연령별 계급, 혹은 페미니스트 운동과 의식에도 불구하고 고등사범학교 출신자들이나 교수자격증을 보유한 이들과 같은 집단까지 여러 다른 두 가지 집단 양식의 특성이 되는 성별 계급이 해당된다. 고등사범학교 출신자라는 직함은 최소한의 제도적 후원(동창회나 교우회보, 동기생들과의 회식회)에 의해 유지되는 실천적 연대 매체와도 같은 것이다. 공통의 경험에 연결된 실천적 연대를 일치시키지 않는 교수자격 보유자들은 자신들이 취득한 증서를 가치 있게 보호하고, 자신들이 연대하여 모든 것을 보호하기 위해 교수자격보유자협회(Société des agrégés)라는 조직 기구를 활용하고 있다. 또한 교수자격 보유자들은 조직 내에서 단체를 위해 말하고 행동하며, (예를 들어 정치권력과 더불어서 협상하는 데 있어서) 관심 사항을 표현하고 옹호하는 힘을 부여받은 대리인을 갖추고 있다.

단순한 코드화나 불균등하게 승인된 판단 기준에 무분별하게 일치하는 승인의 기본 형태를 통해 실행되는 제도화와 균질화의 효과는 바로 법의 효과들이다. 그런 효과들이 연구자들이 모르는 사이에 조작되는 한, 그 효과들은 현실 속에서는 해결되지 않는 것을 '학문이라는 이름으로' 해결하려고 한다. 실제로 다른 특성들(소유물)에 일치된 승인의 정도는 행위자들에 따라(그리고 상황이나 시기에 따라) 상당히 다양하게 나타난다. 그리고 《누벨 옵세르바퇴르》지에 집필하고 있는 것처럼(이 경우는 상상한 것이 아니다) 어떤 이들이 내세울 수 있거나 공식적으로 주장할 수 있는 특성들(소유물) 중 몇 가지는, 세상 밖으로 배제시킨 것을 포함하는 소외와 같이 세상의 여러 다른 위치에 있는 다른 사람들에 의해서 인식될 것이다. 이 경우처럼 어떤 이들에게 있어서 귀족이란 칭호(titre)는, 다른 사람에게는 치욕을 나타낼 수 있거나 문장(紋章)을 모독할 수 있거나 혹은 상호적으로 완전히 반대되는 경우가 있지만, 이와 같은 경우를 보기에 앞서 다음과 같은 경우를 생각지 않을 수 없다. 모든 다른 영역과 마찬가지로 대학이란 곳의 영역은 정통적 소속, 그리고 서열의 기준과 조건을 규정하기 위한, 다시 말해서 자본으로 기능하면서 각 영역에 의해 보장된 특수한 이익을 산출하기에 적절하고 효과적이며 관여적인 특성들[소유물]을 규정하기 위한 투쟁의 장소이다. 이와 같이 다른 기준에 의해 정의된 여러 다른(다소간은 집단으로 구성되어 있는) 개인들 전체는, 이들이 정한 기준과 강력하게 연결되어 있다. 그리고 이들의 기준을 주장하고 인식시키도록 노력하면서 그것을 정통적 특성들[소유물]로, 특유의 자본으로 지정시키려는 주장을 내세우는 것에 의해 대학 시장 특유의 가격 형성 법칙을 수정하고, 그것을 통해 자신들이 이익을 얻어 나갈 기회를 증대시키고 있는 것이다.

그러므로 여러 협력적인 서열화 원리가 존재하는 것까지도 객관성 내에 있으며, 그 원리들이 결정하는 가치는 경쟁적인 이해 관계에 연결되어 있기 때문에 측량할 수 없으며 양립할 수도 없다. 확실히 지표 작성하기를 좋아하는 사람이 하는 것처럼 대학의 자문위원회나 교수자격시험심사위원회에의 참여, 그리고 갈리마르사에서 책을 출판하는 사실, 《누벨 옵세르바퇴르》지에 집필하고 있는 사실을 덧붙일 순 없다. 누적된 지표를 속인 학자적 구축 작업은, '특권적 지식인' 개념에 대한 사이비 학자의 관례를 조작하는 논쟁적 종합을 재생산하게 할 뿐이다. 학문적 구축이 승인이나 분석 도구로서 이용하고 있는 수많은 기준은 연령과 같이 명백히 중립적이고 '자연스러워' 보이는 것에 관련될 터이며, (우리가 종종 늙은/젊은, 구/신, 헌것/새것 등과 같은 분류적이고 논쟁적인 용도를 생각하는) 분할과 서열화의 원리와도 같이 실천적 현실 속에서 기능하며, 이런 이유로 해서 논쟁의 쟁점이 되기도 한다. 이것은 연구자가 실행하는 정리의 작업, 거기에 오로지 행위자가(그리고 연구라는 터(terrain)에서 내려와 일상의 실천으로 돌아간 경우에는 연구자 자신도) 행하고 있는 편리한 분류로 사람을 일방적으로 단정하는 방식 정도의 작업 사이의 관계, 이 두 가지를 똑같이 대상으로 할 필요가 있으며, 그렇지 않으면 정리를 해나가는 투쟁 속에서 생겨난 어느 정도는 합리화된 표상 속의 이러저러한 여러 가지를, 특히 그 중에서도 학자적 세계가 스스로에 대해서 부여하고 있는 사이비 학자적 표상을 대학계의 진정한 자세로서 부여해 버리고 있다는 어리석음을 피할 수 없게 된다는 것을 말해 준다.

다른 분야에서처럼 이 분야에서 사회학은 어느 정도는 정통한 정보의 분석 기반 위에 구축된 '학술적' 개념들이나, 가끔은 개념보다는 더 인접해 있는 소외나 모독, 토속적 분류를 혼합하고 있는 반사이비적인 분류학의 '유형론(typologies)'이란 이름으로 종종 제의하는 경향이 있는 것은 두 논리 사이의 단절을 분명히 조작하지 못하기 때문이다. 전형적인 몇 명의 인물을 중심으로 조직된 이와 같은 '유형론'은, 확실히 어느 정도는 논쟁의 대상이 되는 실생활의 경험이나 범주〔카테고리〕의 친숙한 모습으로부터 도덕주의자들의 '성격론(caractères)'처럼 얻어질 수 있을지는 모르나 진정 구체적이지는 않다. 또한 **국부적**(local)이고 **한정**(parichial)되며 **범세계적인**(cosmopolitan) 것으로서 미국의 **사회학자들**이 사용하고 있는 전문 용어를 포함하고 있다 할지라도 진정으로 구축되어진 것은 아니다. 유형론은 '전형적인' 개인들이나 단체들을 묘사하려는 현실주의적 의도의 산물이기 때문에 연령이나 정치적 권력과 학문에서의 관계만큼이나 불규칙하게 변화하는 기준을 혼용하면서 불합리 속에서 이질적인 대립 원리를 결합하고 있다. 예를 들면 앨빈 W. 굴드너〔미국의 사회학자〕가 기구에 대한 태도(**학부에의 적응**)나 전문 능력에서의 투자, 내부 지향 혹은 외부 지향에 따라 구분하는 **국부적인 것**(그 가운데는 '기구에 상당히 헌신적인' **충정 관료, 국방 시민군, 원로 정객**이 있다)과 **범세계적인 것**(그 가운데는 **국외자와 제국건설자**가 있다)이 있다.[11] 그런데다가 버턴

---

11) A. W. Gouldner, 〈세계주의자와 지역주의자들: 잠재해 있는 사회 규칙의 분석을 향하여 Cosmopolitan and Locals: toward an Analysis of Latent Social Rules〉, 《Administrative Science Quarterly》, 1957년 12월호, 281-307쪽.

클라크에 의하면 그것들 내부에서도 학생들에게 헌신적인 **교사**, '자신의 실험에만 전면적으로 몰두하는 화학자나 생물학자'와 같은 **학자적 연구자**, 기술적 능력을 전달하는 데 연결된 일종의 지도원과도 같은 **실습 교관**, '캠퍼스에서만큼이나 비행기 안에서 시간을 보내는' **컨설턴트**와 같이 서로 다른 모습을 띠고 있는 것을 보게 된다.[12] 존 **W.** 거스타드에 의해 분류된 여섯 가지 형태들은 '직원으로서가 아닌 대학 공동체 내의 자유 시민으로서' 간주되는 **학자**, '항상 캠퍼스 밖에 있는' **컨설턴트**, **교육 과정의 조언자, 개인 기업가, 행정관**, '외부를 지향하는' **코즈모폴리턴** 〔세계주의자〕이 있다.[13]

모든 개념 모독과 사이비 학자적 상투어법은——**사회학자가 분출**(jet sociologist)**해 내는** 것처럼——반학문적 형태로 변하게 된다는——**컨설턴트나 국외자**——모든 경우와, 분석된 공간에서 분석자들의 위치를 드러내는 모든 미묘한 지표들을 지적해 낼 필요성이 있다. 실제로 이 유형론들은 검토되고 있는 세계에서 사용중인 분류 도식의 산물이기 때문에, 대학 교수라는 **모집단**(population)에 한정되는 객관적 관계의 세상에 있는 일상적인 직감을 조작하고 있는 것과 유사한 **현실적 구분**(partitions réelles)에 의해 처리되는 데서만 얼마의 신빙성을 갖게 되고, 대학의 영역을 대학 역사의 여러 다른 순간에 통합하고 있는 관계 속에서, 그리고 한편에서는 힘의 영역에서 다른 한편에서는 지적이고 학문적인 영역에서, 다른 국가적 단체에서 생각하는 것을 금지시킨다는 면에서만 어느 정도의 신빙성을 갖게 된다. 불행하게도 우리가 사회학에 대해 종종 의미를 부여하고 있는 공통적이고 아주 표상적인 이런 산물들은 우리가 주의를 할 만한 것들이고, 그 교수들이 조작하고 있는 학자적 형태의 언어

---

12) B. Clark, 〈대학의 조직과 권력 Faculty Organization and Authority〉, in T. F. Lunsford(éd), 《대학 행정 연구 The Study of Academic Administration》, Boulder, Colorado, Western Interstate Commission for Higher Education, 1963, 37–51쪽. 그리고 〈대학의 문화 Faculty Culture〉, in 《캠퍼스 문화 연구 The Study of Campus Culture》, Boulder, Colorado, Western Interstate Commision for Higher Education, 1963.

13) J. W. Gustad, 〈공동체 합의와 투쟁 Community Consensus and Conflict〉, 《The Educational Record》, 47, 1966년 가을호.

로 다시 번역한다는 사실에서 그들의 독자만이 아니라 자신들이 지식이나 실체의 최고 수준에 접근한다는 것을 믿게 할 수 있지만, 반면에 좋은 정보제공자의 직접적인 묘사보다는 결국에는 더 언급하지 않게 된다. 행동을 실행하려는 필요성에 정상적으로 이용된 견해와 분할 원리의 숨겨진 적용을 산출해 내는 분류는, 비트겐슈타인이 쓰는 용어에 의하면 "우리가 그 형태로부터 구름을 분류하고자 할 때 얻어질 것과 결과적으로 흡사하다."[14] 하지만 겉모습들은 대개의 경우 외양을 위한 것이다. 통상적 경험 논리나 과학성의 겉보기에 대한 논리를 지니고 있는 대상 없는 묘사는, 그것의 복잡성에 포착된 특별한 경우의 특성에 직접적으로 직면한 과학의 구축보다 공통의 예상을 만족시키기 위해 더 잘 만들어졌고, 일상 언어의 실체와 그것의 사이비 학자적 첨가 번역이 부여해 주고 있는 것보다 본래의 표상으로부터 더 멀어졌다.

그리하여 사회과학은 일반적 기준이나 분류를 과학적 담화 안에 간략하게 도입하는 대신에, 대상에 대해 명시적으로 생각한다는 조건하에서만 그것들이 초점이 되고 도구가 되는 투쟁에서 간신히 빠져 나올 수 있다. 사회과학이 설명해야 하는 세계는 대상이며, 적어도 어떤 면에서는 모든 것을 진리에 요구하거나 그것을 통해서 실존에까지 요구하는 경쟁적이면서도 때로는 적대적인 표상의 산물이다. 모든 사회적 세계에 대한 의견 표명은 그 세계에서 결정된 입장, 다시 말해서 그 입장에 결부된 권력의 보존과 증대의 관점에서부터 정렬되고 조직된다. 그렇게 해서 대학의 영역만큼이나 행위자들이 신경을 쓰는 표상의 현실 자체에 의존하고 있는 세계에서, 이 행위자들은 그들의 견해를 강요하도록 하기 위해서나 그들의 상징적 권력에 알맞은 표상을 바꿔 가면서——다른 사람들(그리고 그들 자신)은 그런 입장을 취할 수 있다——공간 내에서 자신의 입장을 변경시키기 위한 상징적 자본에 대한 설득력 없는 표현 등급이나 계

---

14) L. Wittgenstein, 《소견철학 *Philosophische Bemerkungen*》, Oxford, B. Blackwell, 1964, 181쪽. J. Bouveresse의 《신화의 내재성 *Le mythe de l'intériorité*》, Paris, Éd. de Minuit, 1976, 186쪽에서 인용.

층화의 여러 원리들을 이용할 수 있는 것이다. 이런 관계하에서 서론·
머리말·서문·서언 이외에 나타내 주는 것이라곤 어떤 것도 없다. 이런
것들은 필연성과 특히 위치와 진로에 기재되어 있는 한계를 학문이라는
이름으로 변형시키기 위해서, 그리고 동시에 접근이 용이하지 않은 덕행
을 마법으로 없애려는 다소간은 약삭빠른 시도를 방법론적으로는 필수
불가결한 방법론적 전제 조건이라는 외관상의 모습으로 감추고 있다. 그
러므로 우리가 기꺼이 '협소'라고 말하거나, 지식이 없다고는 할 수 없
는 석학을(우리는 그에게 수없이 알렸으며, 무엇보다도 그로 하여금 '진지
함'을 일치시켰던 위엄 있는 판결을 통하여 혹은 가혹하게 학술적 판단의
완곡한 언어 속에서 알려 주었다) 보게 될 것이며, 그는 '뛰어난' 평론가
와 '야심 있는' 이론가들의 기발함을 손상시키는 작업을 할 수 없다. 이
들은 '귀중한 자료'를 자신들의 생각에 내비치는 박식함을 찬양하기 위
해 반어적 표현의 수사학을 이용할 것이다. 그들은 유식한 체하는 '실증
주의자들'의 인색하고 메말라 보이는 신중함에 대해, 자신들에게서 나
타나는 오만해 보이는 언동을 분명히 말하기 위해 스스로를 정하고 있
다는 패권주의적 입장에서 실제로 위협받고 있다는 것을 느껴야만 할 것
이다.[15]

　간단하게 말해서 매순간 상징적 경합의 강력한 시간이라 할 수 있는
논쟁에서 보는 것과 같이 사회적 세계, 아주 특별히 말해서 적대자들의
실천적 인식은 **환원**(réduction)이라는 방침에 따르게 된다. 그런 인식은
혼합적으로 습득된 특성[소유물]군을 점철하거나 지칭하는 분류표를 이
용하게 되며, 자신들만의 원리를 아는 것을 감추지 않는다. 게다가 논의
에서의 문제——예를 들면 대학 내의 권력과 위신의 서열화를 정의하기

---

15) 이 경우는 너무도 '순화'되어 있기 때문에 모든 것이 비현실적이며 논쟁의 실행으
로서 보이기 쉬운 경우의 연구 소재로서는 되기 어렵지만, 그렇다고 무시할 수는 없다.
자기 정통화의 이런 수사법상의 가장 전형적인 책략을 해체시키는 것을 가능케 하고, 대
학계에서 점유되고 있는 위치의 특이한 특징과 하위계에서 특유의 특징이 거기에 표명
되어져 있음을 나타내는 것은, 그것들의 경우에서만이 가능하기 때문이다. 그런 사정을
통하고 있는 행위자들에게 있어서는 완전히 정통하더라도 대개의 경우에는 상당히 완곡
화된 방식으로 표명되어져 있다.

위한 관여적인 기준들——에 대해 전문가로 취급된 행위자들 집단에게 질문하는 데 있는 '판정자들'이 행하는 기법과 같은 것을 기대하려는 논리를 무시해야만 하는데, 그런 기술은 적법성의 경우를 정당화시키는 데 토대를 둔 경우와 같은 문제에서 벗어나게 해준다. 실제로 그런 기법이 조정하는 것으로 추정되는 방식 자체의 논리를 **재생산**하는 것을 보기 위해 이런 기법을 시험해 보는 것으로 충분하다. 여러 다른 '판정자들 (juges)'——그리고 다른 순간에 있는 같은 '판정자(juge)'는 각기 다르고 양립할 수 없으며, 그리하여 재생산할 수 있는 기준을 사용하지만, 그것은 단지 불완전한 방법으로 사용되는 것이다. 왜냐하면 **인위적인 상황에서**(en situation artificielle) 행위자들이 산출해 내는 분류 판단의 논리는 일상적 존재에서 산출되기 때문이다. 하지만 특히 기록된 카테고리와 그것을 형성하는 것의 특성 사이에서 최소한 주목해야 할 것은 '판정자들'의 기준, 다시 말해서 그들이 판단하는 원리에 있는 검토 단계에서는 아직 알려지지 않은 공간에서의 위치에 대한 기준을 미리 예측하면서 얻어진 판단의 특성들〔소유물〕을 미리 판단하는 것을 보게 한다는 점이다.

이것은 사회학자가 현재라는 관점으로부터 원근법주의적(자신의 것) 기록을 하는 것에 대해 만족해하기 위해 객관주의적인 모습을 보이는 절대주의의 권력을 포기하고 객관화하도록 주장하는 영역에서, 자신의 위치에 결부되어 있는 전제나 편견을 결코 완전하게 알려 줄 수 없는 판단을 강요하기 위해서나, 혹은 판정자들의 판단으로 창출해 내기 위해서 과학에 대한 기술뿐만 아니라 상징적 권력을 사용하는 것 이외의 다른 선택이 없다는 사실을 의미하는 것인가? 실제로 사회학자를 짓누르고 있는 사회적 결정론의 관점에서 자유라는 것은 객관화의 이론적이며 기술적 도구의 힘에 따른 것이며, 특히 그 도구를 바꾸어 놓을 수 있는 능력, 다시 말하자면 공간 내부에서 정의되고 있는 공간의 객관화를 통하여 자신만의 입장을 객관화하고, 그 입장에서 우선되는 견해와 대립된 입장을 객관화할 능력에 따른 것이다. 그것은 동시에 세계에 대해, 정확하게는 세계의 일부가 되는 거룩하면서도 절대적인 관점을 취하고 객관화하려는 의도 자체를 객관화하며, 과학의 수단을 이용하면서 지배하려는 욕망 탓일 수 있는 모든 과학적 객관화를 제거하려는 작업 능력에 따른 것이다. 마지막으로 연구가 자신의 궤도나 위치에서 유래하는 성향·이해 관계 쪽으로 객관화의 노력을 해보며, 혹은 과학적 실천 쪽으로나 그 과학적 실천이 개념이나 문제점에서 채택하고 있는 명제 쪽으로, 그리고 학문적 영역에서의 위치에 내재되어 있는 사회적 관심 사항에 결부되어 있는 모든 윤리적이고 정치직인 목표에서 채택되고 있는 전제 쪽으로 객관화의 노력을 방향잡아 가고자 하는 능력에 따른 것이다.[16]

연구가 수행하고 있는 세계 자체를 대상으로 가질 때, 이 연구가 단언하고 있는 경험은 인식론적 감시의 주된 무기 중 하나가 되는 작업의 사회적 조건과 한계의 반성적인 인식 도구의 요청에 의해 과학적 작업 안에서 즉각 재투자되어질 수 있다. 실제로 과학에서의 장애물을 발견하거나 극복하기 위해 우리가 치를 수 있는 과학을 사용한다는 조건에서만 확실하게 학문적 영역의 지식을 진보시켜 갈 수 있는데, 이런 과학의 장애물들은 하나의 위치나 결정된 위치를 차지한다는 사실 속에 내포되었다. 보통 학문 세계에서 사용될 수 있는 것은, 적대자들이 말하는 **이유**를 단순한 **원인**이나 사회적 이해 관계에 환원시키기 위한 수단으로 사용되지만 그렇게 해서 될 일은 아니다. 자신이 하고 있는 과학의 질적인 측면에서 연구가는 다른 사람의 관심 사항을 보는 것보다는 자신의 관심 사항을 보는 것에 더 많은 흥미를 느끼고, 보는 것에 혹은 보지 않는 것에 이점을 갖고 있다는 사실을 아는 데에 그다지 흥미를 느끼지 못한다고 생각하고 있다. 게다가 우리는 도덕주의에 대해 최소한의 의심을 하지 않고서도 과학적 이익이 사회적 이익을 포기하는 경우에만 진척시킬 수 있는 것이며, 학문의 영역에서 사회적으로 승리하려고 하기 위해서는 정확히 과학이 사용되고 있는 욕망이나 과학의 성과에 대한 욕망을 경계시킨다는 조건하에서만이 진척될 수 있다. 게다가 무엇보다

---

16) 역사주의적이고 사회주의적인 상대주의는, 초역사주의적(transhistorique) 진리에 도달하려는 연구자들의 능력을 재검토하기 위해 사회적 세계에서 연구자들의 동화를 간청하며, 어느 정도는 학문적 영역에서의 동화는 항상 무시하고 있다. 또한 특수한 매개물——이것을 통해 모든 결정론에 영향을 주게 된다——에 대한 모든 통제 가능성을 중단한다.

도 우리가 원한다면, 과학 세계에서 권력의 도구로 과학을 하는 것을 포기하는 조건에서만이 권력을 지닌 과학에 공헌할 수 있는 몇몇 가능성을 분명히 가질 수 있게 된다.

니체의 계보학이나 마르크스주의적 이데올로기 비판, 인식의 사회학은 문화적 생산을 사회적 이해 관계에 관계시키려는, 어찌 보면 완벽할 정도의 정통적인 과정들이다. 이 모든 과정은 투쟁의 과학을 투쟁 속에 제공해 주는 시도에 결부된 이중적 활동 효과로 인해 대개는 정도를 벗어나게 되었다. 이와 같은 사회과학(혹은 사회과학이 부여해 줄 수 있는 권위)의 불법적 사용은 솔직히 천진난만한 것이어서 레이몽 부동의 논문이 특히 이런 면을 잘 보여 주고 있다. 그는 프랑스 지식인계의 과학적 분석에 대해 '과학 외적인' 성공을 고발하고 있는데, 그것은 알려지지 않은 효력을 만들어 내는 **자기 자신의**(pro domo) 변호를 (아주 좋지 않게) 은밀히 숨겨두고 있다는 것이다.[17] 표현되어지는 위치에 대해 어떤 비판적 반성도 은폐시키고 있는 기술(記述)은, 분석자가 자신의 대상과 유지하고 있는 분석되지 않은 관계에 결부되어 있는 이해 관계와는 다른 원리를 가질 수 없다. 그러므로 이 논문의 기본적인 주장이 명성의 국내적 서열을 불신시키는 사회적 전략과는 다른 것일 뿐이라면 전혀 놀랄 만한 일이 아니다. 그것은 국내적 서열이 순수하게 프랑스적이어야 한다는 것을 비난한다. 다시 말해서 순수하게 프랑스적이어야 한다는 것은 '독자성'이나 '자주독립주의'와 결부될 수 있으며, 자동적으로——문학적 정신이라는 주제와 더불어 ——시대에 뒤떨어지는 것과 동일시될 수도 있다. 또한 유일 과학적 서열인 국내적 서열과는 다른 것으로 지칭되는(암시적으로) 서열에 대조되는 것이며, 과학적이라는 것을 가정하고 있는 서열은 국제적, 다시 말해서 미국적이기 때문에 '과학 외적'인 것으로 지칭되는 것과는 대조된다.[18]

---

17) R. Boudon, 〈지식인과 그들의 군중: 프랑스적 개별성 L'intellectuel et ses publics: les singularités françaises〉, in J.-D. Reynaud와 Y. Grafmeyer, éd., 《프랑스인들, 당신들은 누구인가? Français qui êtes-vous?》, Paris, la Documentation françaises, 1981, 465-480쪽 참조.

주목해야 할 점은, 이런 과학주의적 태도 결정이 경험적 검증을 하는 데 최소한의 시작도 수용하지 않는다는 것이다. 예를 들어 과학성의 외면적 표시에 대해 항상 근심해 온 레이몽 부동이 출전(出典) 지시 없이 '시장 I' 이라고 명명한 것과, 아주 오래된 논문[19]에서 내가 제한된 영역과 시장이 라고 불렀던 것을 지배하는(우리가 볼 것이지만) 생산자들의 중요한 일면 을 발견하게 하는 일은, 거대 생산 시장에서는 가장 잘 알려진 것이며, 외 국어로 된 번역에 대해서나 《인용 색인》에서의 평가를 하는 데 있어서 가 장 높은 점수는 전형적으로 프랑스적인 것이 전혀 아니며, 국내 시장에서 가장 과학 외적인 부문에서 알려진 연구가들에 의해 얻어진 것이다. 단 전 혀 '문학적'이지 않은 고대사나 고고학과 같이 가장 전통적이라고 생각하 는 학과는 예외이다.

사회학자는 특수 대학의 권력 투쟁에서 실효성을 지닌 힘으로 기능하 고, 여러 단계에서 실효성이 있는 행위자들 전체를 소유하고 있는 특성 들[소유물]의 유한하면서도 완전한 총체를 구축해 가면서, 체계적이고 일의적인(그러므로 재생산이 가능한) 방식으로 정의된 객관적 공간을 산 출해 가는데, 이것은 모든 행위자들의 부분적 표상 전체로는 환원될 수 없다. 그러므로 '객관주의적' 구축은 원초적 시각과는 단절된다는 조건 이 될 수가 있으며, 반구체성과 반구축성, 레테르와 개념을 혼용하면서 모든 혼합적 담화와 단절의 조건을 이루어 간다. 객관주의적 구축은 또 한 대상의 구성 요소를 이루는 전과학적 표상을 대상과학에 통합할 수 있

---

18) 이런 논문이 주장하고 있는 본질적 논리——프랑스의 서열은 국제적 서열과는 다 르다. 국제적 서열만이 과학적이며, 따라서 프랑스의 서열은 과학 외적이다——가 과학 적 주장을 하는 논문에서까지 암묵적 상태로 잔존해 있다는 사실은, 지식인 사회 중앙에 서 투쟁되고 있는 가장 특징적인 논쟁 과정의 근본적 특성 중의 하나임을 나타내 준다. 모든 단체에 의해 공유된 전제 사항에 기대면서 경쟁자들의 상징적 신용을 손상시키고 자 하는 중상 전략은, 대개의 경우 완전히 명백해지는 것을 참지 못하는 중상적인 **비방** 에 의해 발생한다.

19) P. Bourdieu, 《상징적 부의 시장 Le marché des biens symboliques, l'Année soci- ologique》, 1971년 22권, 42-126쪽.

게 해준다. 결과적으로 어느 순간에 경합 투쟁하는 데 있어 실효성 있는 권력의 토대 위에 구축된 여러 차원에서의 공간인 대학계의 구조를 확정하려는 의도와, 이런 구조에서 경합 투쟁의 원리를 찾아내어 권력(그러므로 판단 기준)의 서열을 다시금 정의해 가면서 보존하고 변형시키고자 하는 투쟁의 논리를 묘사하려는 의도를 서로 분리할 수는 없는 일이다. 판단 기준과 그것들이 지칭하는 특성들(소유물)의 투쟁은 동시에 도구와 목표가 되기도 하며, 그런 투쟁은 의식적으로 동원된 집단과 암묵적으로 연대하는 집단 간의 경합에 대해 조직화된 형태를 갖지 않을 때조차도 이론의 여지가 없는 사실인데, 연구자는 현실 모델 속에서 통합시켜야만 한다는 것이다. 그 대신 연구자는 '공정한 관찰자'로 혹은 심판(arbitre)으로 자임하면서 인위적으로 그런 투쟁을 배제하지 말아야 하고, 마지막으로 각자의 것을 자신의 자리에 놓으면서 모든 사람이 의견을 같이하기에 적절한 **양식 있는 배열**(bon rangement)을 산출할 수 있도록 판단을 잘해야 한다. 연구자에게는 객관적 분류의 객관주의자적 견해——유일한 척도와 누가된 지표 연구는 왜곡된 표현을 나타낸다——와 주관주의자적 견해, 혹은 수많은 관점으로 취급된 서열의 다양성을 기록하는 것에 만족해할 **원근법주의적인**(perspectiviste) 견해를 추월할 필요성이 있다. 실제로 전체 속에서 끼여 있는 사회 영역에서와 같이 대학이란 영역은 분류의 투쟁 장소이다. 대학 영역은 여러 다른 판단 기준간의, 혹은 여러 다른 권력간의 힘의 관계 상태를 보존하거나 변화시키도록 하면서 주어진 시간에 객관적으로 포착될 수 있는 것과 같은 분류를 하는 데 공헌하도록 한다. 하지만 행위자 스스로가 분류를 하는 표상과 이 표상을 유지하고 와해시키기 위해 행위자들이 사용할 수 있는 힘과 방향 설정은, 객관적인 분류에서 행위자들의 위치에 따라 다른 모습으로 나타난다.[20] 그러

---

20) 이런 투쟁은 그 자체로서는 알아차릴 수가 없다. 또한 어떤 행위자나 행위자들의 단체는 그들만의 존재에 의해 다른 영역의 구성원들에 대한 신뢰를 위협할 수 없으며(예를 들어 새로운 사고나 표현 방법을 강요하거나, 행위자들 자신의 생산물에 알맞은 판단 기준과 평가 기준을 강요하면서), 의식적으로 그 구성원들을 경쟁자로 상정하지 않고, 더군다나 그들을 적으로는 생각지 않으며, 그들을 거역하는 책략을 분명 사용하지 않는다.

므로 과학적 작업은 여러 다른 위치간에 있는 객관적 관계의 적절한 인식을 설정할 것을 목표로 하고, 동시에 그들 점유자의 아비투스를 매개로 해서 이런 위치와 대응적 태도 결정간의, 다시 말해서 이 공간에서 차지하고 있는 점과 이 공간에 대한 관점――이런 공간의 현실성과 생성에 참여하는――간에 설정된 필연적 관계의 적절한 인식을 설정할 것을 목표로 삼는다. 다른 말로 하자면 위치 공간의 **지역**(région)〔공간 내의 작은 부분〕을 획정하는 것을 토대로 과학적 작업을 산출해 내는 '분류'는 분류 책략의 객관적 토대가 되며, 행위자들은 그런 분류 책략을 통해서 객관적 토대를 보존하거나 변형시킬 것을 목표로 한다는 것이다. 그리고 그런 책략을 모두 합해서 그들 구성원들의 이익 옹호를 확보하려는 목적으로 집결된 집단 구성을 고려할 필요성이 있다.

객관화를 객관화시키고, 이론 효과에 대한 이론을 만들려는 작업의 대가로 객관주의적이고 원근법주의적인 두 견해를 통합하려는 필요성은, 분명 근본적인 다른 이유로 해서 이론적 관점만큼이나 윤리적이고 정치적인 관점을 강요하고 있다. 행위자들과 실효성 있는 특성들〔소유물〕에 대한 '객관적' 공간의 학자적 구축은, 통상적 경험 요소인 부정확과 불확실성의 모호함과 막연함을 파괴하는 분석적이고 자성적인 지각을 '힘 있는 자들'의 집단 전체적이고 무질서한 지각으로 대체하는 경향을 보이고 있다. 객관적인 세계의 논리를 이해하지 않고 우리가 살고 있는 세계를 '객관적으로' 이해한다는 것과 이런 객관적 이해를 실천적 이해로부터 분리한다는 것은, 이 세계가 생활할 만하고 존속할 수 있다는 것을 만든 것, 다시 말해서 실천적 이해의 모호함까지도 이해하는 것을 금하고 있다. 증여 교환의 경우에서처럼 진실에서는 알지 못하는 객관주의적 포착은 실천 가능성의 조건을 파기시킨다. 다시 말해서 실천 이유를 설명하기에 적절한 모델의 무지를 폐기한다는 것이다. 게다가 객관주의적 견해가 환원의 기질을 얻게 해주는 만족만이, 현실이라는 모델 속에서 경험을 체험한 모든 진리를 만드는 객관주의적 모델에서의 경험적 거리감을 도입하는 것을 망각하게 할 수도 있다.

사회적 영역과 공간 속에서 차지하고 있는 위치의 진실과 체험된 표상

간에 있는 차이나 그 자체의 은폐 게임에다 많은 자유와, 심지어 제도적 기반을 제공해 주는 세계는 그리 많지 않은 것이 확실하다. 이런 차이에 적합한 관용은, 확실히 모든 **자아 분해**(clivage de moi) 형태를 허용하고 조장하는 대학 사회의 가장 심오한 진리이기도 하다. 자아 분해란, 다시 말해서 막연하게 식별된 객관적 진실과 그것의 부정을 공존하게 하는 모든 방법이며, 상징 자본이 없는 사람들에게 모든 사람들에 대항하는 투쟁에서 생존할 수 있게 해주는 것이다. 개개인은 자신의 진실이나 가치 결정을 하는 데 있어서 경쟁자나 고객·적·판정자와 같은 다른 사람들에 의존하고 있다.[21] 동일한 위치와 상동적 위치 점유가 이런 생존에 필요한 오류와 생존의 환상에서, 자신의 것인 사회적 존재 안에서 고집하기 위해 노력의 표현을 인정하는 원인이 되는 모든 복잡성을 개인적 방위 체계가 단지 만나게 된다면, 사회적인 방위 체계는 전혀 사회적 효력을 갖지 못할 것이란 점은 자명하다.

결과적으로 다소간은 제도화된 수많은 표상과 실천은 **집단적 방위 체계**(systèmes de défense collectif)로서만 이해되어질 수 있다. 이런 집단적 방위 체계를 통해서 행위자들은, 예를 들어 과학이나 학식의 기준으로 공표된 기준의 엄격한 적용이 불러일으키는 것만으로도 너무 난폭하게 제기될 문제에서 빠져 나올 방법을 찾을 수 있다. 바로 그런 이유로 학문적 평가나 학내 행정의 평가 단계, 혹은 대학인이나 지식인에 대한 평가 척도의 다양성은 구제의 길과 우수한 형태의 다양성을 제공해 주며, 각자로 하여금 모든 사람들과 공모를 하여 모든 이에게 알려진 진실을

---

21) 자연 발생적인 기호학과 통계학의 과정을 분석할 필요가 있는데, 그런 과정을 통해서 특수적 자본의 분포에서 차지하고 있는 위치의 실천적 직관이 형성되어 있다. 또한 그런 분포에서 점유된 위치의 자연 발생적이며 제도화된 지표를 해독하고 산출하는 것을 분석할 필요가 있다. 동시에 서로를 찬양하는 모든 형태의 클럽과 같이 진리를 옹호하고 부인하는 메커니즘, 그리고 보상과 대치의 모든 전략을 분석할 필요까지도 존재한다. 이런 전략은 이중 소속과 이중 언어에 알맞은 전략에 유리한 영역을 제공해 주는 대학조합 활동 및 정치 활동과 같은 것이며, '근면한 자'(혹은 노동자)와 같이 무한히 신장 가능한 '개념'을 사용함으로써, 혹은 노동자들의 투쟁에서 차용한 사고 방식이나 단어의 전이에 의해 조장된 것이다.

은폐시키도록 하고 있다.[22] 학문적 예의 관행은, 서열화의 기준과 원리의 비결정성이 객관성 그 자체를 산출한다는 막연한 효과를 고려해야만 한다. 예를 들어 업적 발표 장소나 외국에서의 토론회·강연수와 같은 기준의 불확실성은, 개별 학과에 있어서 잡지나 출판사·외국·토론회의 복잡하고 이론의 여지가 많은 서열이 있다는 사실과 관계가 있으며, 토론회에 참가할 수 없는 사람들이 초대되지 않는 사람들을 같은 맥락에서 합류시킬 수 있다는 사실에서 기인되고 있다. 요약해 말해서, 서열의 객관적 부정확성을 이론 안에 기재하는 것을 빼버린다는 것은 객관성을 심각하게 침해하는 일이다. 국세 조사의 기저 위에 구축된 학문적 신분 지표의 필수 불가결한 구축은, 정확히 서열의 객관적 부정확성을 극복하는 데 그 목표가 있다. 게다가 서열의 복수성조차, 그리고 학문적 위신과 대학 내에서의 권력, 동시에 암묵적으로 승인된 일종의 반누가적 법의 결과가 아니며, 또한 공식적으로 표명된 규범을 허가 없이 적용한 것의 결과에 반대하는 보호 수단인지를 자문해 볼 필요가 있다.

우리는 학문이란 것을 내세우고 있는 이 세계가, 엄밀히 말해서 학문적 위신의 제도화된 기호를 실질적으로 제시하지 못한다는 역설적 사실에서 다른 표현을 볼 수가 있다. 사람들은 확실히 학사원(Institut)이나 국립과학연구센터(CNRS)의 금메달을 내세울 수 있을 테지만, 이런 영예로운 것 중에 전자는 학문적 달성만큼이나 윤리적이며 정치적인 능력을 인정하고 있는 반면에, 후자는 완전히 예외적이다. 게다가 노사조정위원회로서 기능하는 수많은 학문적 위원회의 경향은 동일한 논리에서 이해할 수 있거나, 연구자 직업의 특수한 위험에 대해 보장해 주는 필요성에 의해 요구된 허가와 같이 동일한 논리에서 이해할 수 있다. 혹은 위치 상동 조건의 동일성(예를 들어 1968년에 대유행했던 경영자(patron), 교수(professeur), 부친(père)의 '3P'라는 도식의 경우)으로 취급하기 위해서나, 가능한 영역의

---

22) 서열의 혼란 요소 중 하나는 학문적 학과의 분할에 있으며, 각 학과의 내부에는 특별히 서열화가 되었다 할지라도 자율적인 계층을 제공해 주고 있다.

모든 피지배자들의 연대성——그 자체로는 전혀 무가치하지 않는——이란 이름으로, 르노 자동차의 단순노동자나 국립과학연구센터의 자유계약 연구원만큼이나 먼 위치나 태도 결정 사이에서, 생산 속도의 가속에 반대하는 투쟁이나 학문적 기준의 거부라는 어느 정도 강요된 동일화를 설정하기 위해서, 정치적이면서도 조합적인 미사여구에 의해 제공된 보편화 능력을 사용하는 것으로 이루어진 대학이나 학문적 영역에서 피지배적 위치에 있는 사람에게 친숙한 책략을 이해할 수가 있다. 마찬가지로 정치화가 대학 시장이나 학문 시장의 특수한 법규를 모면하게 하는 대상 전략으로 기능하고 있는 모든 경우를 계통적으로 조사할 필요가 있다. 예를 들어 학문적으로 시대에 뒤져 있는 생산자들을 능가하는 자를 능가하려는 환상을 부여하도록 허용하고 있는 학문적 업적의 모든 정치적 비판 형태를 조사할 필요가 있다. 역사학에서 마르크스주의의 현황은——그것이 행해진 사회적 사용법의 실제 속에서 관찰된 것과 같이—— '인민'이나 '민중적인 것'을 참조하는 모든 것에 비추어 볼 때, 학문적인 것을 갖추지 않은 사람들에게 학문적 판정자들에 대한 정치적 판정자로 스스로 만들어지도록 해주는 이런 식의 최후 수단이라는 기능을 간과해서는 이해될 수 없을 것이다.

경험적 개인과 에피스테메적 개인

연구의 각 조작법과 이런 조작이 산출해 내는 대상에 대한 회고적 성찰을 통해 **적용됐었던**(mis en œuvre) 구축 원리를 추출하려고 시도할 필요가 있었다면, 이런 논리적 작업은 그것이 성공하는 한에서는 문장화와 그것의 효과에 대한 논리적이고 사회학적인 통제를 강화시키게 할 수 있으며, 구축 작업을 파괴하려는 독자에 대해 더욱 효과 있는 경계 태도를 부여해 줄 수가 있다. 실제로 우리가 사회학자의 조작 산물이라고 적절하게 읽을 수 있는 것은, 언어학자 소쉬르가 말한 것이긴 하지만 '사회학자가 했던 것(ce que le sociologue fait)'을 안다는 조건하에서 말할 수 있는 것이다.

과학적 담화가 전달하고 있는 것에서 볼 때 사회적 세계에 대한 오해의 위험은, 아주 일반적인 방법으로 구축된 언어의 언표가 일상적 용도에서 기능하는 것처럼 독자가 그런 언표를 기능하게 만들려는 사실과 관련되어 있다는 데 있다. 이것은 베버식의 구분을 무시하고 있는 독자가, 사회학자의 가치 판단처럼 그 자신이 연구하는 대상 속에 기입된 **가치에의 지침**(références aux valeurs)을 이해하는 경우에 잘 나타난다.[23] 예를 들어 독자가 '이류 학부' '피지배적 학과' 혹은 대학 공간의 '하부 지역'에 대해 말할 때, 사회학자는 **가치 사실**(fait de valeur)을 확인만 하게 되고, 그런 사실의 사회적 존재 조건 전체에 비추어 설명하려고 노력한다. 심지어 사회학자는 '반론' 하도록 된(예를 들어 잘못 읽음으로써 독자가 야기할 수 있는 항의) **가치 판단**(jugements de valeur) 형태의 설명적 원리까지 볼 수 있다. 하지만 이것은 눈에 보일 정도로 대략적인 것이기 때문에 오해의 소지가 있는 극히 작은 일부분에 불과할 따름이다. 우리가 고유명사의 경우에서 흔히 볼 수 있듯이 독자에게 있어서 가장 위험한 효과는, 과학적 인식의 논리에 통상적 인식 논리를 대체하는 것이다.

과학적 담화는, 과학적 담화 그 자체가 생산해 낸 조작 과정을 재생산할 수 있는 과학적 해석을 요구하고 있다. 그런데 과학적 담화에 등장하는 단어들, 좀더 정확히 말해서 인칭(고유명사)이나 기관들(콜레주 드 프랑스)을 지칭하는 단어들은 소설이나 역사에 등장하는 통상적인 단어들인 반면에, 이 두 종류의 담화 지시 대상은 과학적 단절과 과학적 구축을 도입하고 있는 모든 차이에 의해 구분되었다. 따라서 일상적 생활에서 고유명사는 단순한 **탐지**(repérage)를 조작하며, 논리학자가 표식자라고

---

23) 아주 기본적이랄 수 있는 베버식의 이런 구분을 모른다는 것은 문외한들에게서만 나타나는 것은 아니다. 그것은 피지배 계급이 갖고 있는 문화적 실천의 비합법성이나 최소한의 합법성을 지닌 사실을 기록할 것을, 사회학자가 문화적 실천 분석을 하는 데에서 비난할 수 있다는 사실이 증명해 주는 바와도 같다. (이런 오류에 대한 비판은 P. Bourdieu, J.-C. Chamboredon et J.-C. Passeron, 《사회학자의 직업 Le métier de sociologue》, Paris, Mouton, 1968, 76쪽 참조.)

부르는 식으로 고유명사 그 자체로는 거의 의미가 없으며(뒤퐁(Dupont)은 다리의(du pont) 남자를 의미하지 않는다), 명시된 인물(그것이 고귀하거나 유명한 명사와 관련되거나, 특이한 민족을 상기시키는 것을 제외한)에 대한 어떤 정보도 가져다 주지 않는다. 표시는 어떠한 대상에 대해 자의적으로 붙여질 수 있으며, **무엇 때문에**(en quoi) 고유명사가 다른지를 규정하지 않고 그냥 다르다는 사실만을 지칭해 줄 뿐이다. 인지(認知)의 수단, 그러나 인식의 수단이 아닌 고유명사는 **경험적 개인**(individu empirique)을 찾아낸다. 경험적 개인은 단순한 것으로, 다시 말해서 다른 것처럼 전체적으로 파악하지만 차이의 분석을 하지는 않는다. 반대로 구축된 개인은 명시적으로 정의된 특성들[소유물]의 유한한 총체에 의해 정의되었다. 그런 총체는 다른 개인들을 특징짓는 동일한 명시적 기준에 의해 구축된 특성들[소유물] 전체에 할당할 수 있는 차이의 체계에 따라서 달라진다. 더 정확하게 말해서 구축된 개인은 통상적 공간 속에서 지시 대상을 찾아내는 것이 아니라, 유효한 변수의 한정된 전체 정의에 의해 산출된 차이로부터 구축된 공간 속에서 지시 대상을 찾아낸다.[24] 그리하여 과학적 분석을 취급하고 산출한 레비 스트로스식의 구축은, 엄밀히 말해서 우리가 《슬픈 열대》의 저자를 말하기 위해 일상적으로 사용하는 고유명사와 동일한 지시 대상을 말하지는 말아야만 한다. 통상적인 언표에서 '레비 스트로스'는 어떤 영역의 차이에 일치하는 술어의 무한 세계를 적용할 수 있는 기표와도 같은 것이다. 그런 차이는 프랑스의 민족학자를 모든 다른 교수들뿐만 아니라 인간 전체와 구분시킬 수도 있고, 실천 욕구나 필요성에 의해 우리에게 강요될 암묵적인 관여성의 원리에 따라서 매 경우마다 우리를 존재케 하는 차이이기도 하다. 사회학적 구축은 그것이 취하고 있는 지정 가능한 변수나 실효성 있는 특성들[소유물]의 한정된 목록, 동시에 적어도 일시적으로는 비관여적인 것으로 배제시키

---

24) 이 모든 점에 대해서는, 고유명사에 대한 논리학자들의 고전적 논쟁 이외에도 개체화의 연산자(Russell, Gardiner, Quine, Strawson etc)와 《야생의 사고 La pensée sauvage》에서 나타난 레비 스트로스가 행한 고찰을 참고하여 볼 수 있으며, J.-C. Pariente가 1973년에 출간한 《언어와 개인 Le langage et l'individuel》, Paris, A. Colin을 참조할 수 있다.

는 무한한 특성들[소유물]의 목록에 의해 다른 가능한 구축——예를 들면 정신분석학과 같은 것——과는 구분되고 있다. 눈이나 머리 빛깔·혈액형·신장과 같은 변수는 어떻게 보면 제쳐둔 것들이 될 터이며, 구축된 레비 스트로스는 그것들을 마치 제시하지 않음으로 보여지고 있다. 하지만 구축된 공간에서 차지하고 있는 위치에 의해 구별되는 대응 분석 지도(본서 345쪽에 실린 도표를 볼 것)가 잘 나타내 주고 있듯이, 에피스테메적 레비 스트로스는 검토되고 있는 이론적 세계에서 관여적인 특성들[소유물]의 유한한 총체와 다른 구축된 개인들에 결부된 특성들[소유물]의 유한한 총체 전체간에 설정된 양자 사이에 불균등하게 연결되어 있고, 불균등한 강도의 차이 체계에 의해 특징지어진다. 요약해 말해서 에피스테메적 레비 스트로스는 그것의 특성들[소유물]이 구축하는 데 공헌한 공간(한편으로는 공간 자체를 정의하는 데 공헌하기도 한다) 속에서 차지하고 있는 위치에 의해 정의되었다. 끝이 없는 (공통의) 독사적인 (doxique) 레비 스트로스와는 달리, 에피스테메적 레비 스트로스는 개념화를 벗어나는 어떤 것도 포함하고 있지 않다. 하지만 이러한 구축 그 자체에 대한 투명성은, **관점**이나 선별적 시선 원리와 같은 이론의 발전과 환원의 보완물(contrepartie)이며, 일시적으로 배제된 특성들[소유물](예를 들면 정신분석학자가 구축하게 되는 것들)의 이론에 통합하기 적절한 조작과 카테고리의 개입에서 생겨날 것이다.[25]

지도는 구분하려는 대상들의 상호적 외재성이라 할 수 있는 통상적 공간 특성들[소유물] 중의 하나를 이용하고 있다. 그것은 순수하게 이론적인 차이화의 공간 논리, 다시 말해서 차이화의 원리 전체(대응 분석의 요소들)에 대한 논리적 유효성을 재현하기 위해 사용된다. 차이화의 원리들은 공통된 정의, 다시 말해서 동일한 기준 전체 속에서 구체화된 공통의 견해에 대해 서로 다른 경험적 개인에 적용함으로써 결정된 특성들[소유물]의 통계적 처리 덕택에 구축됐었던 개인들간을 구분하게 해

---

25) 영역 속에서 효력을 보이는 특성들[소유물]의 유한한 총체에 의해 정의된 **행위자**와 우선적으로 구축된 **개인**을 대비시켜 볼 수 있을 것이다.

준다.[26] 에피스테메적 개인과 경험적 개인 간의 차이를 만들었던 가장 좋은 예증은 다음 사실에서 발견될 수 있다. 분석이 결정된 순간에, 우리는 여러 경험적 개인들 쌍이(예를 들어 레이몽 폴랭이나 프레데릭 델로프르) 분석가들의 관점이나 이런 연구 국면에서 주장되는 변수들의 목록에 기재된 관점으로부터 혼동되거나 **식별 불가능**(l'indiscernables)**할 수** 있다(그들은 2개 중 첫번째 축에 대해 같은 좌표를 갖고 있다)는 것을 관찰할 수 있었다.[27]

내가 의도적으로 암시하고 있는 이러한 예들은 독서의 효과에 대한 문제와, 단순한 인지(reconnaissance)와 같이 통상적 인식(connaissance)을 향하는 퇴보의 위험성이 있는 문제를 제기하고 있다. 지도의 소박한 해석은, 그것이 구축하고 있는 바 그 자체의 학문적 효력을 만들어 간 것을 사라지게 하는 경향이 있다. 명시적으로 정의된 변수의 유한한——그리고 상대적으로 제약된——총체로부터 구축된 차이의 이론적 공간 속에서, 소박한 독서는 통상적 경험에서 확인된 경험적 차이 전체를 '재발견'할 수 있다. 다시 말해서 그 공간을 구축하기 위해 우선적으로 채택된 관점에서 도입되지 않았던 차이, 예를 들면 1968년 5월 혁명에서 정치적 태도 결정에서의 차이나, 문체나 저서에서의 차이 전체를 '재발견'할 수 있는 것이다. 세계의 규칙성이나 규칙에 연장된 설명에 의해 얻어지는 위치 기반의 실천 감성을 부여받은 모든 독자는, 통상적 경험으로부터는 완전히 배제된 엄격성과 투명성으로 구축된 에피스테메적 공간에서 쉽게(우리가 구축 조건을 망각한다면 너무도 쉽게) 알아보게 될 것

---

26) 특별한 사람들의 식별에서 시공간 관계의 역할에 대해서는 P. F. Strawson, 《개인들 *Les individus*》, 역자 A. Shalom과 P. Drong, Paris, Seuil, 1959, 1-64쪽을 볼 것.

27) 우리는 결국 예시화의 문제로 귀결시킬 수도 있을 것이다. 구축된 공간의 특정 지역을 점유함으로써 정의된 '위인들'의 구축된 계급의 경우에서와 같이 레비 스트로스를 선택한다는 것은 독자로 하여금 경험적 개인의 특성들〔소유물〕을 재도입하도록 북돋워 주고, 권한을 부여하면서 구축 자체의 작업을 파괴하려는 것은 아닌가? 하지만 우연에서 추출된 구축된 개인의 선택은 더 이상의 의미는 없을 것이다. 하물며 구축된 계급의 전형적인 특성들〔소유물〕로 가장 많이 채워진 개인의 선택도 없을 터이며, 그런 개인은 틀림없이 '이상적 형태' 관념의 가장 좋지 않은 현실을 나타낼 것이다.

이다. 이런 명백한 느낌은 잘 만들어진 지표나 도표와 같이, 우리가 통상적 생활에서 실천하는 바와 같이 지도가 '현실'의 모델이라는 것을 안다면 이해될 수가 있다. 더 정확히 말해서, 지도는 통상적 생활 속에서 위반이나 교만에 의해 취소되고 강조되고 유지될 거리감 등을 (모호한) 형태로 우리 안에서 밝혀지는 것과 같이 현실의 모델이 되고 있다. 예를 들어 서열이나 우선권 · 친근성 혹은 양립 불가능성——스타일이나 기질 등——공감 · 반감 · 공범성 · 적대성 등의 형태로 거리감을 유지하고 취소하고 강조해 간다. 이런 점에서 지도는 세계에 내재된 필연성에 더 잘 적합한 행위자들의 실천을 방향잡게 하는 지각과 행동의 실천 도식을 객관화되고 **코드화된** 형태로 기능하게 할 수 있다. 진정으로 지도를 나타내 주는 다차원 공간은 대학계의 동형적 표상, 즉 이런 구조화된 공간의 참된 영상으로 제시된다. 그런 공간은 각각의 행위자들과 두 공간의 개별 특성들〔소유물〕간에 일 대 일의 상관 관계를 설정시키는데, 그 결과 두 공간의 행위자들과 소유물 간의 관계 전체는 똑같은 구조를 나타내 주게 된다. 연구가 밝혀내고자 하는 이런 식의 구조는 개별 요소들과 그것의 조작, 정확하게 말해서 행위자들의 전략——본질적으로는 관계적인——의 근본 원리이며, 그런 것들을 통해 개별 요소를 정의하는 관계 구조와 요소의 생성 변화에 대한 근본 원리이다.

이와 같은 분석에서 우리는 사회적 세계에 대한 모든 과학적 담화의 어려움을 더 잘 이해하게 되며, 그 세계는 해당자가 확신하고 명확한 태도를 취하는 방식에 대해서 직접적으로 영향을 미치는 담화의 경우 최고조에 달하게 될 것이다. 고유명사나 개별적 예들을 내포하고 있는 언표들이 논쟁적 가치를 취하지 않는다는 것을 피하는 일이 어렵다거나 불가능하다면, 그것은 독자가 실천적 주체나 대상을 불가피하게 담화의 에피스테메적 주체나 대상으로 바꾸기 때문이다. 그것은 구축된 행위자들에 대해 사실 확인적 언표를 경험적 개인에 대한 행위 수행적 고발, 혹은 우리가 흔히 말하는 것처럼 **인신공격적(ad hominem)** 논쟁으로 변화시킨다.[28] 집필자는 기술된 공간에서 하나의 위치를 차지하고 있다. 그는 자신이 그렇다는 것을 알고 있으며, 자신의 독자도 그것을 알고 있음을 망각하지 않는다. 독자가 영역 안에 차지하고 있는 위치에 제시한 구축된 견해를 대조하려는 경향을 보이고, 다른 사람처럼 관점을 환원 시키려는 경향을 보인다는 것을 집필자는 잘 알고 있다. 집필자는 문체 의 가장 미세한 차이——**그러나, 아마도**, 혹은 단순히 사용되고 있는 동사 시제——에서 선입견이 될 수 있는 지표를 독자가 볼 것이라는 사 실을 알고 있다. 또한 인칭적 진동이 없는 중성적 언어를 산출해 내기 위 해 전개되는 모든 노력을 취하지 않을 위험성이 있다는 사실을 알고 있 으며, 단조로움의 효과는 결국 자서전 형태밖에 되지 않는 것에다 아주 비싸게 단조로움의 효과를 지불한다는 사실을 알고 있다. 게다가 경험적 주체로서 소멸되기 위해서나, 조작과 결과에 대해 정체불명의 보고서 배 후에서 소멸시키기 위한 인식 주체의 노력은 좌절에 빠지는 것이 가능 하다. 예를 들어 고유명사를 관여적인 특성들(소유물)의 (부분적인) 열거 로 대체하려는 우언법은, 익명의 외관만을 확신하는 것뿐만 아니라 대 학 논쟁의 고전적 과정을 결합하고 있다. 대학의 논쟁은 은유나 암시, 단지 암호를 소유한 사람들, 다시 말해서 이런 경우 이외에도 공격 목표 가 되는 논쟁의 적들만의 이해된 암호 표시를 지칭한다. 그러므로 온갖 폭력의 외적 기호에 대한 방법론적 삭제를 학술적 증오의 조심스러운 논쟁에 부여한다는 이런 식의 폭력의 증가를 과학적 중립화는 담화에 부여케 할 수 있다. 간단히 말해서 '초원에서의 발자취' '흑곰' '곰 등 (背)의 지방' '꼬리를 휘젓는 물고기'[29]와 같이 일반적인 용어로 구성된 고유명사는, 마찬가지로 레비 스트로스 자신이 어떻게 말했든간에 고유

---

28) 만약에 내가 자기 만족에 희생당하는 것 같아 보이는 데 두려워하지 않는다면, 나 는 연구자의 에피스테메적 관점을 통해서 그의 (공통의) 독사적(doxique) 관점에 대한 오 염성의 문제를 제기할 것이다. 또한 객관화에 속하고자 하는 경험적 공간에의 소속을 실 질적으로 제기하는 문제가 있다. 예를 들어 배반의 감정이나 배제를 전제하고 상기시키 는 비열한 술책(보여지지 않고 보이는 것), 대결의 병합, '면전에서의' **신체적** 접촉의 불 안감 등이 그것이다("사람들은 매순간 지그프리드 레비 씨에게 걸려들고 만다"라고 카를 크 라우스는 말했다).

29) C. Lévi-Strauss, 《야생의 사고 La pensée sauvage》, Paris, Plon, 1962, 229-231쪽 과 J.-C. Pariente, *op. cit.*, 71-79쪽을 볼 것.

명사가 결합하고 있는 일반적 용어에 의해 지칭된 특성들[소유물]을 고유명사 분류자에게 부여하면서, 분류별 행위로서 실제에서는 제 기능을 발휘하지 못한다. 예를 들어 우언법(콜레주-드-프랑스-의-인류학-교수)은 그렇게 지칭된 **행위자**가 클로드 레비 스트로스라는 **개인**이 아니라는 것을 표시해 주길 바라며, 그 우언법은 실제로는 특단의 경고를 제외하고는 클로드 레비 스트로스의 완곡어법적 대체물로서와는 다르게 읽혀질 수 있는 아주 희박한 가능성만을 가지고 있다. 게다가 관여적 위치의 이론적 공간 지역을 지칭하기 위해 구축된 개념들과, 혹은 개별적 경우에 구축된(대응 분석 덕택에) 공간 중에서 동일 지역을 선점하는 것에 의해 정의된 개개인들의 집단 계급은 완전히 동일한 운명을 겪게 된다. 그런 개념들은 독서를 하는 중에 개념에 의해 부분적으로 포함되고 있는 기관(콜레주 드 프랑스, 고등연구원, 소르본 등)에 의해 가려지거나 일상 생활, 정확하게는 논쟁에서 통용되는 실제론적 선취 관념[사회학에서 학문적인 연구 이전에 미리 품고 있는 관념]과 아주 근접한 단순 **레테르**로서 기능하고 있다. '유형학'의 저자들은 자신들이 하는 일에 대해 너무 알지 못하고, 책임을 떠안고 있다.

여러 다른 이유 중에서 대응 분석으로서 가장 정교하다 할 수 있는 데이터 분석 기술의 엄밀한 이용은, 이런 것을 하는 데 의존해야 할 수학적 원리의 완벽한 통제와, 어느 정도는 사회적 데이터에 의식적인 적용을 함으로써 산출되는 사회적 효과의 완벽한 통제를 가정하고 있기 때문에, '고안자'의 경고에도 불구하고 많은 이용자들(그리고 독자들)은 그들이 결정하는 요소나 구분을 명명하기 위해 꾸며진 개념들에다 진정한 인식론적 신분을 부여하는 데 상당한 어려움을 겪고 있다는 것은 의심의 여지가 없다. 실제로 이런 단위들은 모든 구성원들이 **모든** 관여적 특성, 다시 말해서 동일한 수준에서 소속(그 결과 어떤 특성들[소유물]을 보유하는 것은 어떤 다른 특성을 보유하는 것에 의해 보완될 수 없다)을 결정하기 위해 필요한 유한수의 속성을 보유할 것이라고 분명하게 표시된 경계에 의해서 분리되거나 엄격히 정의된 논리적 계급들이 아니다. 공간의 동일한 지역 안에 집결된 행위자들 전체는 비트겐슈타인이 '가족적 유사성(ressemblance de famille)'이라고 부른 것에 따라서 통합될 수 있다. 그것은 일종의 공통 모습을 띠고 있으며, 종종 고유한 직감을 혼동되고 **함축적인** 방식으로 배워 나가게 하는 것에 근접해 있다. 게다가 이런 전체를 특징짓는 데 공헌하는 특성들[소유물]은 통계적 관계의 복잡한 망에 의해 합쳐져 있다. 그런 통계적 관계들은 분석가가 가능한 만큼 완벽하게 **명시화**해야 하고, 속기술적이고, 기억을 도와 주며, 동시에 암시적인 지시 속에서 간단히 표현되어야만 한다는——논리적 유사성 이상의——**명료한 근친성의 관계**(affinité intelligible)이기도 하다.

거기에서는 여전히 문장법의 선택이 통상적 용도, 좀더 정확히 말해서 문장(紋章)이나 완곡한 욕설, 다시 말해서 흔히 경험적 개인이나 단체를 지칭하는 고유명사와 같이 ~주의(isme)로 된 개념들을 이용하려는 전통으로 인해 어렵게 되었다. 개념에 의해 계급을 지칭하는 것은 그러므로 **명명**(nomination) 행위와도 같은 것인데, 이는 명명 행위가 이와 같은 조작 유형의 통상적 논리에 따르고 있기 때문이다. 통상적인 고유명사와는 달리 그 자체 내에 의미가 있고, 레비 스트로스에 따른 고유명사처럼 기능하는 명사나 유일명사를 우리가 **이명**(異名, surnom)에서 보는 바와 같이 각 개인이나 개인 전체에 부여한다는 것은 그 대상의 가능한 관점 중의 하나를 채택하는 일이며, 유일하고 정통적인 관점으로서 그 대상을 강요토록 하는 일이다. 상징적 투쟁은 정통적 명명의 독점권을 쟁점으로 내걸고, 지배적인 관점은 정통적 관점으로 승인해 주면서, 개별적 관점의 진실 속에 위치되고 날짜를 써놓게 된 것을 무시하도록 한다.[30] 마찬가지로 논쟁의 회유 위험에서 빠져 나오기 위해, 우리는 개별 공간 지역을 납득시키기에 적절한 복수성의 개념을 통해 지칭해 볼 것을 고

---

30) 이런 **분석**을 개인적 견해로 생각하려는 사람에 대해서, 나는 **상징적 자본**(capital symbolique)에 의해 지배된 세계에서 **신용**(crédit)을 축적하거나 다른 사람의 신용을 상처내려는 모든 책략(다른 의미에서 중상모략이나 비방·명예 훼손·찬사·비판 등)을 아주 논리적으로 유지시키려는 입장만을 환기시킬 것이다.

려할 수 있다. 개별 공간 지역은 본래 다른 지역과의 관계 속에서만이 생각되고 말해질 수 있으며, 또한 각 구역은 공간 내의 관점으로부터 지각된 차이가 있으며, 게다가 대립되는 명명의 대상을 이루는 실천——이론이 통합해야만 할 것——에서만이 생각되고 말해질 수 있다. 개인이나 집단에서 명명되는 명칭(황제, 귀족)을 부여한다는 의미는 **그 명칭을 승인한다는 것**이며, 지배적인 것으로 그것을 수용하고 그것의 관점을 허용하며, 명칭 자체에 책임을 지우는, 완벽한 합치의 관점에 대해 책임을 지우는 일을 허용하는 것이다. 하지만 우리는 그 명칭에 다른 이름을 부여할 수도 있고, 그것은 타인, 정확하게는 적이 될 수도 있으며, 모독이나 중상·명예 훼손(찬탈자)으로 인정하지 않는다. 마지막으로 정통적인 것으로 인정된 공적 결정 기관, 다시 말해서 정통적 상징 폭력을 독점하고 있는 사람이나 국가에 의해 수여되는 **공식** 명칭(국립통계경제연구소가 확정하는 사회·직업적 카테고리)을 부여할 수 있다. 개별적 경우에 판정자와 동시에 당사자이기도 한 사회학자는, 이런 명칭의 독점권을 인정하게 될 가능성을 그다지 갖고 있는 편은 아니다. 어쨌든 사회학자들이 지칭하는 바가 통상적 논리에서 곧바로 기능하기 위해서 가능한 것이 있고, 독자가 자신이나 자신들 고유 집단에 관계될 때, 외부에 있는 적이나 외부인에 그런 지칭을 위임하기 위해서 모든 가능한 것이 있다. 또한 그런 지칭이 다른 사람, 혹은 **자기가 속한 집단 외의 집단**(out group)의 객관화를 조작할 때, 여전히 모독이나 논쟁적 공격에 대해 독자가 이득되게 지칭을 첨가하고 왜곡시키려는 가능성이 있다.

이런 독자들에 맞서 투쟁하기 위해서, 혹은 일반화된 객관화의 도구를 부분적 객관화의 무기에 축소시킬 것을 금지하기 위해서는 끊임없이 다음의 것(그러나 단순하고 변함없는 지칭을 요구하는 커뮤니케이션 위기에서)을 결합할 필요가 있을 수 있다. 그것은 관여적 특성들(소유물)의 완벽한 열거를 행하는 계통적 우언법이나, 그것을 객관적으로 구분하는 관계 체계, 다시 말해서 외부 관찰자의 관점 체계를 단번에 환기시킬 수 있으며, '개관적일 수 있는' 개념,[31] 그리고 동일한 전체가 다른 전체에서의 **객관적** 관계 속에서 정의될 수 있는 많은 다른 양상을 표현해 줄 에피스테메적 다의 명칭(多義名稱)을 결합할 필요가 있을 수 있다는 것이다. 경험적 다의 명칭, 다시 말해서 동일한 개인이나 동일한 집단을 지칭하기 위해 실제로 사용된 명칭의 다양성, 이런 다양한 양상하에서 한 사람이나 한 집단은 다른 사람들에게서나 다른 집단들에게서 나타나며, 그런 양상을 통해서 정통적 관점을 강요하기 위한 투쟁은 객관적 현실의 일부를 구성한다.[32]

나는 이런 과학적 문장법의 문제 속에서 '문학적' 성향의 자기 만족적 잔재를 보기 위해서는 강도 있는 실증주의적 확신이 필요하다고 생각한다. 자신의 담화를 통제하려는 걱정, 다시 말해서 자신의 담화에 대한 수용은 반드시 과학성의 수사학이 아닌 과학적 수사학을 사회학자에게 강요하고 있다. 사회학자에게 있어서 문제는 과학적 해석에 관계된 것이지 읽혀진 것의 과학성 안에 있는 믿음이 아니며, 과학적 해석의 암묵적 조건의 일부를 이루는 한에서만 관계된다. 과학적 담화는 **허구**(fiction)의 담화——예를 들어 가공되고 가상적인 담화에 대해 어느 정도는 명백하게 부여되는——소설 담화와는 구분된다. 존 설[미국의 언어학자]이 지적했듯이 과학적 담화는 말하고자 하는 것을 **말하길 바라며**(veut dire), 과학적 담화가 말하고 그것에 대해 대답한 것을, 다시 말해서 필요한 경우에 오류가 입증된 것을 수용한다는 것을 심각하게 받아들인다는 의미에서 허구의 담화와는 분명 구분된다.[33] 하지만 설이 생각하고 있는 것처럼 차이점은 단지 발화 내적 의도의 수준에 위치해 있지만은 않다. 언표의 독사적(doxique) 양태를 의미하도록 하며, 말해진 것의 진실 속에서 믿도록 하며, 혹은 반대로 동일한 수법에만 관계된다는 것을 상기하게 한 모든 담화의 요소를 조사한다는 것은, 소설이 진실성의 수사학을 사

---

31) 가장 '개관적일 수 있는' 개념은 경험적 관점에 결부될 수가 있다(프티(소)부르주아의 경우가 이에 해당한다). 그러므로 에피스테메적 용법과 통상적 용법 간의 단절은 특별하게 강압적인 방식으로 강요된다.

32) 다의 명칭이 동일한 사람에 대해 가능한 관점의 복수성을 표현하기 위해 《돈 키호테》에서 방법론적으로 사용된 것에 대해서는 L. Spitzer, 〈돈 키호테에서 언어학적 원근법주의 Linguistic Perspectivism in the Don Quijote〉, 《Linguistics and Lirerary History》, New York, Russell and Russell, 1962년을 참조할 것.

용할 수 있다는 사실을 확실히 보여 주게 될 것이다. 반면에 과학적 담화는 과학의 허구를 산출토록 한 과학성의 수사학을 희생시킬 수 있으며, '표준적 과학'의 신봉자들은 검토된 순간에 과학이 진척시켜 나가는 것에 대해 답변할 수 있는 것으로서 사회적으로 승인된 담화를 이룬다는 사실에 외면적으로 일치하고 있다.

사회적으로 승인된 과학성이 아주 중요한 쟁점이라면, 그것이 설사 진실에 내재되어 있는 힘이 없다 할지라도 진실 속에 믿음의 힘과 진실의 외관을 산출하는 믿음이 있을 수가 있다. 표상의 투쟁 속에 과학적인 것으로, 다시 말해서 진실로 승인된 사회적 표상은 자신만이 갖고 있는 고유의 사회적 힘을 포함하고 있으며, 사회적 세계와 관계될 때 과학은 과학 자체를 보유하는 것에 부여해 주거나, 과학을 보유하는 명백함이나 정통적 관점에서 독점권 혹은 자기 실증적 독점권을 부여해 주고 있다. 그것은 과학이 사회적 세계와 관련될 때, **필연적으로 이의를 제기할** 만한 것이 되는 사회적 힘에 대한 가능성을 감추고 있기 때문이다. 또한 과학이 감추고 있는 강권력의 위협은, 특히 일시적 권력을 가지고 있는 사람이나 문화적 생산 영역에서 그들과 동등한 사람이나 동맹자들을 자극하고 있기 때문이다. 가장 공통되는 방어 전략은, 적어도 부분적으로는 사회적 결정 작용을 해방시키는 에피스테메적 관점을 단순한 독사적(doxique) 관점으로 환원시키는데, 그것은 영역에서 연구자의 위치에 그런 관점을 보충시켜 가며 진행하고 있다. 이와 같은 신용 하락의 책략은 사회학을 정의하는 의도 승인까지도 은폐시킨다는 것을 이해하지 못하고, 산출의 조건에 결부된 더 엄밀한 한계의 과학을 과학적 담화에 대립시킨다는 조건하에서만이 어떤 정당성을 부여해 줄 수 있을 것이라는 점

---

33) J.-R. Searle, 《의미와 표현, 언어 행위 이론에 대한 연구 Sens et expression, Études de théorie des actes de langage》, Paris, Éd. de Minuit, 101-119쪽을 볼 것. 각각의 새로운 협약 체계가 진실 속에서, 다시 말해 자의적인 것으로 이전의 협약 체계를 나타내고 있는 예술과 문학의 역사조차도 알랭 로브-그리예나 로베르 펭제(특히 《위서(僞書)》에서)와 같은 소설가들의 작업과 일치하고 있다. 소설가와 독자 간의 계약, 특히 공공연한 허구와 현실적 효과 연구의 공존을 위조했던 것을 상기하면서, 그들은 허구의 진실에서 달성되는 현실의 허구에서까지 허구로써 허구를 확립해 가고 있다.

을 이해하지 못한다.[34]

　사회과학의 경우에서 과학성의 사회적 효과에 결부되어 있는 사회적 쟁점의 중요성은, 과학성의 수사학이 이런 사회과학에서도 결정적으로 중요한 역할을 할 수 있다고 설명하고 있다. 사회적 세계에 대해 과학적 요구를 하고 있는 모든 담화는, 과학성에 관련된 표상의 상태와 **과학의 효과**(effet de science)를 산출하기 위해 실질적으로 존중해야 하는 규범의 상태와 더불어서 고려되어야만 할 것이다. 그것을 통해서 과학의 외면적 형태의 일치에 결부된 상징적 유효성이나 사회적 이윤에 도달하게 된다. 바로 그런 이유로 해서 과학적 요구를 하고 있는 담화는, 사회적 세계에 대해 가능한 담화 공간 속에 위치하거나 그런 담화, 정확하게는 그 담화의 문체를 결합시키는 객관적 관계의 특성들(소유물) 중 일부를 수용할 수밖에 없게 된다. 또한 과학 내부에서 작자들의 의지나 의식과는 아주 무관하게 **사회적 가치**나 과학의 신분, 혹은 과학의 허구를 결정하고 있다. 문학에서와 같이 회화에서 우리가 사실주의자라고 부르는 기법은, 결국 현실의 인상을 산출할 줄 아는 기법에 불과할 뿐이다. 현실의 인상은, 다시 말해서 현실에 합치되는 것은 특정한 시점에 우리가 인식하는 사회적 규범에서의 합치에 토대를 둔, 현실에서의 합치성에 부응하는 인상과도 같은 것이다. 마찬가지로 우리가 과학적이라 부르는 담화는, 우리가 과학이라고 인식하는 규범에 적어도 명백한 합치성에 토대를 둔 과학성의 인상을 산출하는 담화일 수 있다. 바로 이런 논리 속에서, 우리가 문학적 혹은 과학적이라 말하는 문체는 결정적인 역할을 한다고 할 수 있겠다. 마찬가지로 다른 시대에 형성 과정에 있는 전문적 직업의 철학은, 정확히 말해 칸트가 한 것에서처럼 엄밀성과 심오함에서 자신들의 주장을 사교계풍의 안이함과 경박함에 맞서 정의된 문체에 의해 표명하였다. 반대로 울프 리페니스가 잘 보여 주고 있듯이, 뷔퐁은 아름

---

34) 과학적 비판만이 과학적 작업과 투쟁한다고 말하는 것은, 에세이즘의 권리를 옹호하려는 사람들을 테러리즘으로 요구하게 될 것이다. 게다가 사회학자는 반박하기에는 너무도 약하거나, 반박하지 않기에는 너무도 강한 비판에 스스로 빠지게 될 것이다.

다운 문체에 극도의 주의를 함으로써 과학성에서 자신들이 내세우는 주장을 위태롭게 만들었다. 마찬가지로 과학 연구자들의 신분 속에서 멋진 언어에 대한 과장된 걱정을 위협받고 있을 사회학자들은 어느 정도 의식적으로 문학적 우아함을 배제시키면서, 혹은 과학적 표장(곡선 그래프나 통계표, 게다가 수학적 공식의 구사 등)을 꾸며 가면서 구분될 수 있다.

실제로 문체(style)라는 공간에서의 태도 결정은 대학계 안에서의 위치와 긴밀히 대응하고 있다. 문학적 이윤을 얻을 수 있는 너무 잘 써진 해결책 앞에 놓여 있지만, 과학성의 인상을 내걸고 (철학에서처럼) 엄밀성과 심오함의 인상을 산출할 수 있는 잘못 쓰여진 해결책 앞에 놓여 있지만, 세속적 성공을 희생시켜 가면서 지리학자나 역사학자·사회학자들이 개인적 변이성을 뛰어넘어 각자의 입장에 일치하는 책략을 채택하는 것은 바로 이런 이유에서이다. 문학부와 인문과학부의 영역에서 중심적 위치에 있고, 두 체계가 요구하는 사이 중간에 위치해 있는 역사학자들은, 과학성이 갖고 있는 필연적 속성을 부여하면서 일반적으로 그들 문장법에 대해 매우 근심하고 있는 모습을 보여 주고 있다. 지리학자들이나 사회학자들이 문학적 자질에 대해 더 많은 무관심을 공유한다면, 지리학자들은 중립적 문체를 취할 결심을 하면서 자신들의 위치에 합당한 겸허한 성향을 나타낸다. 중립적 문체는 표현의 서열 안에서는 지리학자들이 대부분의 시간을 체념하는 경험주의적 권리 포기의 등가물과 같은 것이다. 사회학자에 관한 한 그들이 위치해 있어야 하는 것과 관련된 두 영역, 즉 과학성의 외면적 표장으로 사용되기도 하는 수학이나 어휘의 효과로 귀착되곤 하는 철학의 영역에서 가장 강력한 수사학을 교체해 가면서, 혹은 동시에 차용하면서 (과학에 관한 콩트주의식의 분류에서 처음부터 기재된) 패권에 자신들의 요구를 드러내기도 한다.[35]

과학적 실천이 달성되는 사회적 공간의 인식과, 그 선택이 결정 내린 것을 참조하고 있는 문체적이거나 다른 가능한 세계에 대한 인식은 학문적 욕망을 포기하게 하지는 않는다. 또한 그런 인식은 권장되는 자각과 경계를 통해 과학적으로 현실을 인식하는 능력을 강화하도록 말하고, 알 수 있는 가능성까지도 거부하도록 하고 있다. 실제로 그런 인식은 '방법론' 이 '표준적 과학' 에 부여하고, 과학적인 존엄성을 최고도로 획득하게 해주는 모든 안전 점검과 신중함의 규범보다 훨씬 더 근본적으로 의문시되는 문제 제기를 유도하고 있다. 다른 곳에서와 같이 학문에서 '진면목' 이란 것은 전형적인 사회의 덕목이지만, 우리가 작업의 유형에서처럼 일상 생활의 유형에서 침착하고 얌전한 '책임자들' 의 특징이라 할 수 있는 예측 가능성과 계산 가능성을 보장해 주는 사람들에게 우선적으로 일치하는 것은 우연이 아니다. 바로 그런 이유로 '진면목' 이라는 덕목은 표준적 학문을 맡아 하는 국가 관리자에게 아주 마음에 맞을 것이다. 그들 관리자들은 관사에서와 같이 학문에서 지위를 지니고 있으며, 가치를 받을 만한 것과 그들 자신부터 시작하려는 것만을 중시하는 데 집착하는데, 다시 말해서 생각하고 무언가에 대해 기대할 수 있는 것만을 중시하는 데 집착하고 있다. 이런 요청의 사회적 성격은, 그런 요청이 대략 학문적 덕성의 외면적 형태에 관계된다는 사실에서 잘 나타난다. 가장 커다란 상징적 이윤은, 예를 들어 더욱 진보된 학문의 언어와 과정을 표현하면서 가장 눈에 띄는 학문성의 표장을 종종 차려입을 줄 아는 일종의 위선주의자들과 어울리지 않는가? 표준적 학문의 형식주의적 요구(어의 검사, 오차 계산, 참고 문헌 지시 등)에 과시하려는 듯한 순응과, 필연적이지만 불충분한 최소 지시 항목——학문의 영역에서 사회적 권위를 보유하고 있는 모든 사람들을 단번에 인식하는 순수한 사회 덕

---

35) 이것은 원래 '문학적' 연구가 과학적 정당성을 찾을 수 없다는 것을 의미하지는 않는다. 예를 들어 민족학자에 대해 베이트슨이 지적하고 있듯이 사회적 형태의 관여적 특징과 관계되고, 그것을 통해 역사적 필연성의 체계적 이해 원리를 내비치는 것과 관계될 때, 문체의 환기력은 과학적 성취도가 뛰어넘을 수 없는 형태 중 하나가 된다. 중세의 역사가들이 유효성에 의해 개척된 농지 공간 위에서 구부린 채 온갖 공포에 처해 있는 농부들의 고립과 비탄을 환기할 때, 그 역사가는 우선적으로 현실의 효과를 산출할 수 있는 단어 속에서, 혹은 단어에 의해서 개념 영사막과 사고의 자동 작용에 반하여 카롤링거 왕조에 대한 문화적 특이성을 정확하게 이해하기 위해서 조작해야만 했었던 시각의 되풀이를 독자들에게 재현코자 하는 것을 목표로 했다. 이것에 대해 수많은 사회학자에 관해 말할 수 있는데, 그들은 대상 구축과는 불가분한 개념화의 서투름과 생활 양식이나 사고 방식의 구축적이고 통일적인 경험을 복원토록 한 표현 형식의 탐구를 번갈아 가며 해야만 하는 사람들이다.

목——의 외면적 존경은, 학문의 대관료 수장들에게 자신들이 하는 학문에서의 실제적 공헌과 더불어 공통의 척도 없이 학문적 경외심을 보장해 주는 효과만을 갖고 있지는 않다. 기구적인 학문은 관례화된 실천을 학문 활동의 모델로 확립하는 경향이 있다. 관례화된 실천에서 학문적으로 가장 결정적인 조작은 반성이나 비판적 검사 없이 수행될 수 있으며——게다가 종종 직접 실행하는 사람들에게 위임된——학자나 학문의 경외심을 의문시하기에 적절한 모든 의문점이 왜곡될 수가 있다. 이런 이유로 자기 자신의 사회적 결정성에 대한 과학적 인식으로 무장된 사회과학은, 절대 지식의 주장에 대한 과학주의적 형태가 되기는커녕 학문의 진보에서 가장 위험한 사회적 장해를 나타내는 실증주의적 **확실성** (assurance)에 반대하거나, '표준적 학문'에 반대하려는 가장 강력한 무기를 구성한다.

　때때로 몇몇 개인들이 사회적 공간에서 자신들에게 부여된 위치로부터 너무도 완벽하게 벗어나서, 그들은 전체로서 이런 사회적 공간을 파악할 수 있으며, 여전히 구조의 노예들로 있는 사람들에게 자신들의 시각을 전달하게 되었다고 마르크스는 암시하고 있다. 실제로 사회학자는 자신의 작업에 의해 산출되는 표상의 공통된 시각과 관계하여 우수함을 주장할 수 있지만, 그렇다고 해서 역사적 자료 전체를 현세태로 포착할 수 있다고 하는 절대적 사실을 요구할 수는 없다. 활동하는 데서 얻어진 행위자들의 부분적이며 공평한 관점도 아니고, 신과 같은 관찰자의 절대적 관점도 아닌 위치로부터 포착된 학문적 시각은, 인식 도구의 주어진 상태에서 성취될 수 있는 가장 체계적인 전체화를 나타내 주고 있다. 그것은 역사적 여건이나 전체화의 작업과 같이 가능한 만큼이나 완벽한 객관화를 치름으로써 이루어진다. 그것을 통해 학문적 시각은 칸트가 서술하고자 했던 **상상의 근원지**(focus imaginarius)에 이르는 방향의 실제 지점을 표시한다. 즉 이 상상의 근원지로부터 달성된 **체계**가 주어지겠지만, 엄밀히 말해서 학문적 의도는 실천의 이상(실천을 통제하는 제어 관념)으로서만 생각할 수 있다. 실천이 항상 그곳에 점점 가까워지는 것을 바랄 수 있는 까닭은, 분명 곧바로 차지하고 있는 생각을 버렸기 때문이다.

그러므로 우리는 출발점, 다시 말해서 각자가 갖고 있는 작업으로 돌아가고자 한다. 그런 작업은 연구자가 자신의 대상에 연계시키는 모든 것을 객관화시키기 위해 달성해야 하는 것과, 연구자가 독자에게서 가져올 수 있는——어느 정도는 불건전한——사회적 이익 원리를 제어하기 위해 자신만의 생각에 대해 변화를 주어야만 하는 것이다. 특수한 관점을 보편화하거나 사회적 공간 속에 있는 위치에 결부되어 어느 정도는 무의식의 이성화된 형태를 누설하고 싶지 않다면, 연속적으로 모든 상자를 열 필요가 있을 것이다. 그 상자 안에서 연구자——그리고 대부분의 독자——는 닫혀 있을 터이며, 그들이 덜 알게 되면 될수록 더욱 확실해질 것이다. 다시 말해서 권력계의 구조와 전체 속에서 검토된 대학계가 권력계와 관계를 유지하려 한다는 사실을 상기해야 할 것이고, 대학계의 구조와 여러 다른 학부가 대학계에서 점유하고 있는 위치를 분석해야 하고, 마지막으로 각 학부의 구조와 각 학과가 학부에서 차지하고 있는 위치——경험적 데이터가 그것을 허용하는 한——를 분석할 필요가 있을 것이다. 그리하여 1968년 바로 직전에 문학부와 인문과학부에서 권력 형태와 기반에 대한——연구 원리였었던——질문을(제3장에서) 되짚어 볼 수는 없을 테지만 근본적으로 변형시켜 볼 것이며, 사회적 공간의 끼워넣기에 초기 대상(문학부나 인문과학부)의 위치를 더 잘 정의 내리도록 할 것이며, 동시에 명석함과 연결된 무분별함과 더불어 이런 다른 공간의 성질을 띠는 연구자 자신의 위치에 대한(제2장에서) 정의를 더 잘 내릴 것이다. 대학계 내에서 중심적 위치에 있다는 사실로 인해, 그리고 인문학과 인간과학 간의 편성으로 인해——과학과 과학자들의 증강으로부터 생겨난——특별한 명백함으로——모든 대학계와 개별 학부를 자리잡게 하는——긴장감을 볼 수 있게 하는 문학부와 인간과학부 영역의 구조와 전체 속에서 대학 영역의 구조를 살펴보면서, 우리는 역사에 대한 관여적 질문을 할 수 있을 것이며, 관찰된 구조의 상태가 어떤 순간을 나타내 주고 있는 변형의 논리와 결정 요인을 되찾으려고 할 수 있는지를 알 수 있을 것이다. 학생수의 증가와 그에 상반되는 교원수의 증가는 대학계와 학부에서의 힘의 관계, 정확히 말해서 '학위' 간의 혹은 '분야' 간의 관계, 그것들 자체가 계층적 관계의 변형에 의해 불균등하게 영향을 받은 그런 관계들을 근본적으로 변화시켰다. 이것은 교수들이 집단 방위를 확보하고자 했었던(의도적으로는 협의가 되지 않고) 객관적으로 거대하게 조직됐던 모든 행위에도 불구하고 이루어졌다.(제4장) 여기에서 형태적 변화(교직원들의 수적 변화를 일컬음)는 (문학 영역에서와 같이) 매개물이다. 그 매개물을 통해 재생산의 기제가 배제시키려고 하는 역사는 영역 속에서 **개방된**(ouverts) 공간을 도입하고, 외부에서 그들 기능에 필요한 자원을 끌어오는 것을 제약하고, 이런 사실로부터 사건, 다시 말해서 전형적인 역사를 만드는 독립적 인과 계열 사이에서 만남의 장소를 만들도록 해준다.(제5장)

교육 체계에 대해 최근 발전해 가고 있는 구조적 역사를 개략적으로 살펴보려고 하는 이와 같은 시도는 문장법의 문제를 제기하고 있다. 문장법의 문제는 시제 용법에 관계되며, 그것을 통해 담화의 인식론적 신분과도 관계한다. 사용된 자료와 조사의 상대적 특수성과 그것의 사회적 시공간에서 명확히 밝혀진 한계라는 이름으로, 과학적 언표 행위의 초역사적 현재가 표시하는 일반성을 담화에 부여하는 것을 금지시켜야만 하는가? 이것은 모든 지적 기획으로부터 (평론가나 편집자들의 독서나 개인적 경험과는 다른, 어떤 역사적 지시 대상을 거추장스럽게 한 그들에게 비시간적 일반성의 특권을 넘겨 주는) 초역사적 불변 요소를 추출해 내기 위해 역사적 독자성에서 '수장하고자' 하는 모든 지적 계획조차도 거부하는 것을 의미한다. 벤베니스트에 의하면 "화자와 청자를, 그리고 전자가 어떤 방식으로 후자에게 영향을 행사하려는가를 가정하는" '담화의 시제' (종종은 현재)와 "어떤 사건을 현재로부터 그 사건을 격리시키면서 객관화시키고" "모든 형태의 자전적 언어 형태를 배제"하는 아오리스트(aoriste)[36] [그리스어 동사 시제로서 명확한 시점을 밝히지 않는 과거]와 같이, '전형적인 역사 시제' 와 달리 과학적 담화의 전(全)시간적 현재는 위치되고 날

---

36) E. Benveniste, 《일반언어학의 제 문제 *Problèmes de linguistique générale*》, Paris, Gallimard, 1966, 239, 242, 245, 249쪽.

짜가 기록된 과거에 보내지지 않고 객관화적 거리감을 표시해 주고 있다. 이런 이유로 전시간적 현재는 그 자체로 아주 다른 역사적 맥락에서 관찰될 수 있거나, 동시대적 세계에서 여전히 작용하고 있는 **정수**(constants)로서 기능할 수 있는 **구조적 불변 요소**(invariants structuraux)를 제시할 때 학문적 보고 문서에 적합할 수가 있다. 여담이지만 사회학은 이렇게 현재——서로 다투는 것이 목적으로 되어 있는——에 대해 바로 눈앞에 존재하지만, 그 때문에 물의를 일으키기 쉬운 학문, 앵글로색슨족들이 말하는 것과 같이 **논쟁을 불러일으키기 쉬운**(controversial) 학문이며, 앞으로 전진해 가면 갈수록 물의를 일으킬 수밖에 없는 학문임에 틀림없다. 우리가 학자들의 객관성과 중립성을 역사학자에 더 쉽게 일치하게 된다면, 그것은 일반적으로 그 역사학자가 제기하고 있는 것들이나 쟁점에 대해 더 무관심하기 때문이다. 연대기적인 현재에서 연대기적 거리감이 역사나 역사적 과거로 전환시키고 있는 거리감처럼 역사적 거리감의 좋은 척도가 되지 못한다는 점은 인정된 것이다. 그리고 **현실성**(actualité)과 같이 현재에의 소속, 다시 말해서 연대기적으로는 과거나 현재일 수 있지만 실질적으로는 **쟁점이 돼서**(en jeu) 고려된 순간에 **현재화된**(actualisés) 행위자나 대상·사건·관념의 세계로서 현재에 소속되어 있다는 것은, 여전히 '생존해 있거나' '불타오르는' 현재와 '죽고 매장된' 과거 사이의 단절을 정의해 주고 있다. 그 과거는 마치 사회적 세계와도 같은 것이며, 여전히 경쟁 상태에 있고, 현재적이며 현재화된, 그리고 활동적이며 활동적일 수 있는 것이었다.

그러므로 현재란 것은 명백한 변화——정확하게는 학부장 대신 단위장, 학부 대신 UER(교육연구단위)에 대한 변화——를 뛰어넘어 여전히 역사적 현재의 일부를 이루는 모든 기구나 과정들을 기술하기 위해서 현재형이 강요되는 것 같아 보이는 곳이다. 왜냐하면 이 모든 기구나 과정들은 여전히 현재의 효과를 실행하고 있기 때문이다. 극단적으로까지 말해서 대학 세계의 움직이지 않는 시간 속에서 소논문만큼이나——토마스 아퀴나스에게는 소중한——오래된 문제 해명의 원리를 우리가 지금 말할 수 있다는 것은 확실하다. 다른 담화 형태들은 스콜라학파풍의 생각에서 나온 삼분할적 분할과 재분할에 따라 조직될 것이다. 여러 다른 사회적 시간의 공시화와 같은 위기는, 특히 역사적 사건의 비역사적 모델이기까지 하다. 그런 위기는 일련의 전시간적 효과의 유일한 달성으로서 전시간적 현재에서는 쓰여질 수 없으며, 그것의 결합은 역사적 상황을 산출해 낸다.

현재형은 또한 조사의 시점에서는 진실이랄 수 있는 모든 것, 해석의 시점에서는 진실인 채 있는 모든 것, 조사의 토대 위에 설정된 규칙성과 메커니즘으로부터 이해될 수 있는 모든 것에 대해서도 가치가 있다. 바로 그런 이유로 제의된 모델——특별히 학과나 학위 간에 있는 힘의 관계에 대한 변화 분석——이 방법론적 방식으로 포착하기에 어렵고 조사 후에 있기 때문에, 단지 여기에서 언급된 현상들을 설명하도록 한다면 연구 시간과 발행 시간 사이에 있는 근 20년의 격차는, 이런 간격에서 나타나는 변화나 그런 변화가 알리는 것으로부터 개개인에게 검증할 것을 허용해 줄 터이다. 나는 새로운 권력의 출현, 정확하게는 새로운 노조 권력의 출현을 생각하고 있다. 그런 출현은 새로운 하급 교원의 일에 대한 결정권을 새로운 임용 방식의 소산에 부여하면서, 조교나 전임강사 임용 방식의 변화에 의해 시작된 과정을 최종적 결과까지 추진시키려는 양상을 보이고 있다. 그것은 또한 고등사범학교 출신자들이나 교수 자격 보유자들과 같이, 어떤 경우에는 과거에 행한 임용 방식의 선출 방식을 배제시키게 할 수 있다.[37] 옛 방식이 보존코자 하는 것을 과거로부터 보존한 채, 새로운 임용 방식에서 생산된 것을 하급직의 위치에 가둬두려는 경향을 보이는 새로운 임용 방식과 과거 경력에 있어 진급 양식

---

37) 하위직이나 그에 결부된 교육상의 이해 관계는, 교원들의 사회적 특징과 학교 제도상의 특징 변화와 관계가 있을 뿐만 아니라 학생들의 사회적 질과 양의 변화를 이끌었던 취업 조건의 근본적 변화와 더불어서 관계가 있었던 것이 분명하다. 그 결과 자리에서의 관계와 자리에 대한 기술은 밑에서 제의될 것이지만, 비교와 이해의 필요성에 대해 불가피하게 기준을 취하게 되며, 체계의 옛 상태는 부적합의 신호를 가속화하고 부정적인 방식으로 새로운 요구에 의해서 야기된 이해 관계와 실천을 묘사하는 경향을 보이고 있다.

간에 있는 모순이, 정확히 정치적 변화 덕택에 (학위간의 차이나 학위 취득에 접근하는 자격 사이에 있는 차이를 폐지하면서) 학교와 대학의 진로 (혹은 궤도) 초기의 차이에 연결되어 있는 차이를 폐지하고자 하는 수많은 권리 청구나 압력, 제도적 개혁에 근본적으로 있다는 것을 어떻게 알지 못하겠는가?

   마지막으로 이런 분석을 담고 있는 좋지 않은 해석에 대한 모든 경계 방법을 종합해 볼 필요가 있고, 동시에 그런 경계 방법을 명시하고, 그 방법을 **적절한**(ad hoc) 답변으로, 다시 말해서 **대역할**(ad personam) 논지로 전환할 때까지 해볼 필요가 있을 것이다. 결과적으로 변동과 불변 요소의 학문적 복원 해석은, 현실적 역사의 경험에서처럼 대학 기구의 과거와 현재에서 해석가의 관계에 따라 다양해질 것이다. 이런 경우에 이해한다는 것은 어떤 면에서는 우리가 너무도 이해만 하기 때문에, 그리고 우리가 이해하고 있는 것은 보지도 알고 **싶어하지도** 않기 때문에 어려울 따름이다. 그 결과 가장 쉬운 것은 가장 어려운 것이 될 수도 있다. 그 이유는 비트겐슈타인이 어디선가 언급한 바와 같이 "극복되어져야 하는 것은 이해력의 어려움이 아니라 의지의 어려움이다"라고 말했기 때문이다. 모든 학문에서도 '참된 관념의 내적인 힘'의 한계를 알기에 가장 좋은 위치에 자리하고 있는 사회학은, 자신에게 대립되어 있는 저항의 힘이 극복할 수 있을 '의지의 어려움'의 척도에 아주 정확하게 있을 것이라는 점을 아주 잘 알고 있는 학문이다.

2

학부들의 논쟁

"상급 학부들의 계급(어떤 의미로 보자면 학문의 우파 의회)은
정부의 정관을 옹호하고 있다. 그렇기는 하지만 정부는 이런 학
부에서 진리와 관계되는 정체(政體, constitution)가 있어야만 하
는 것처럼, 자유로운 정체 속에서 반대파에 해당하는 대중(좌
파)을 갖고 있어야만 한다. 그것이 바로 철학부의 의석이다. 그
이유는 철학부의 엄밀한 검증과 반론 없이는 정부가 자신에게
유익하고 해가 될 수 있는 것에 대해 충분히 정통하지 못할 수
있기 때문이다."

—— 이마누엘 칸트, 《학부들의 논쟁》

‘능력’과 같은 사회적 공간에서 위치는 무엇보다도 자본의 피지배적 종자인 문화적 자본을 소유하는 것에 따라 좌우된다. 대학 교수들은 오히려 권력 영역의 피지배적 중심 쪽에 위치해 있으며, 이런 점에서 이들은 상공업 경영자와 명확히 대립된다. 하지만 관료 경력과 규칙적인 수입을 보증해 주고, 문화적 자본의 제도화된 형태의 소유자로서 인정되는 대학 교수들은 작가나 예술가들에 대립된다. 문화적 생산 영역에서 세속적으로 지배적 위치를 차지하고 있는 교수들은 학부에 따른 다양한 관점, 가장 덜 제도화된 구역을 차지하고 있는 사람과 이 영역에서 가장 이단적인 구역을 차지하고 있는 사람들(특히 대학에 소속되어 있는 사람과는 대립되는 ‘자유인’ 혹은 **프리랜서**라고 부르는 작가나 예술가들)과 이런 점에서 구별된다.[1]

　해당된 두 모집단의 경계 획정을 제기하는 문제(특히 그들의 부분적 겹침)로 인해 비교가 어렵다고 할지라도 우리는 《현대》지나 《비평》지와 같은 ‘지적인’ 잡지의 정기적 기고자들과의 비교에 의존하면서, 고급 관료에 더 근접한 대학 교수들이 (상대적으로 높은 독신율과 이혼율을 갖고 있거나, 평균에 해당하는 자녀수를 갖지 못하고 있는) 작가나 지식인들보다 더 자주 나타난다는 것을 말할 수 있다. 또한 사회적 동화의 여러 다른

---

　1) 한쪽에서는 경제적으로 피지배 집단과 문화적으로 지배적 집단(예술가 · 지식인 · 문학 교수 · 과학 교수)과 더불어, 그리고 또 다른 한쪽에서는 경제적으로 지배하고 문화적으로 지배를 당하는 집단(공기업이나 사기업 간부들이나 관리직원)과 더불어, 지배적 계급의 여러 다른 소집단에 의한 자본 종류의 기저에 대해서와 권력 위치의 공간과 같은 권력 영역의 구조에 대해서는 P. Bourdieu, 《구별짓기 *La Distinction*》, Paris, Éd. de Minuit, 1979, 362–363쪽을 볼 것. 또한 권력 영역에 대해 (세속적으로) 지배적 영역에 관한 더욱 상세한 분석에 대해서는 P. Bourdieu et M. de Saint-Martin, 〈경영자 Le patronat〉, 《*Actes de la recherche en sciences sociales*》, 20–21, 1978년 3-4월, 3–82쪽을 볼 것.

지표와 여러 다른 존경의 지표(독신율의 저하, 평균 자녀수의 증가, 증가된 훈장 수훈자들의 비율, 예비역 장교 자격의 증가된 비율 등)보다 더 수시로 나타난다는 점도 밝혀낼 수 있다. 이런 경향은 학부의 사회적 서열(이학부 · 문학부 · 법학부 · 의학부)에서 더 많이 향상되기 때문이다.[2]

이렇게 일치하는 지표 몫에다 우리는 사회적 성공에 대한 알랭 지라르[프랑스의 인구통계학자, 사회학자]의 조사에 의해 제공된 데이터를 덧붙일 수 있다. 그 데이터에서 작가들의 26.2%가 자신들의 성공을 교조적인 요소들(재능, 지적 아름다움의 질, 천성)에 돌리고 있다는 것을 볼 수가 있는데, 이는 교수들의 19.1%에 대조되는 것이다. 교수들은 출신 가족(작가들의 7.5%에 반해 11.8%)이나 선생(작가들의 4.4%에 반해 9.1%) · 배우자(작가들의 0.3%에 반해 1.7%)의 역할을 개별적 빈도수와 더불어 내세우고 있다. "그들은 선생님에게 경의를 표하는 것을 좋아한다. 그것은 여러 다른 층위에 있는 선생님들 전체에 대한 경의이기도 하며, 더 특별히는 그들 중 한 선생님에 대한 경의이기도 한데, 이를테면 자신을 높게 평가하였거나 그 자질을 일깨워 주었고, 뒤에서 자신의 연구를 지도하고 도와 주었기 때문이다. 그 선생님들에 대한 숭배나 열정, 감사하는 마음은 종종 그들의 답변을 해석하는 데서 나타난다. 같은 경우에서 교수들은 또한 다른 사람들보다 더 많이 자신들의 가족에게서 받은 영향력을 인정하고 있다. 그들의 가족은 어렸을 때부터 지적으로나 정신적으로 질적 경외심을 주었

---

2) 이 모든 것은 대학 교원이나 작가 혹은 자유 지식인 간의 구별이, 두 차례의 세계대전 사이에서나 19세기말보다는 확실히 덜 나타나고 있다는 것을 가정하게 해준다. 그런 구별은 어느 면에서는 교수 겸 작가나 교수 겸 저널리스트들에게 대학을 개방한 이후로, 학생수의 증가와 신임 교원 채용 방식의 변화 증가에 결부된 대학 교원 단체의 증가 덕택에 대학계의 중심에 옮겨졌다는 사실에서 비롯된다. 대학계의 구조역사학과 비교사회학은, 두 영역간의 사회적 거리감(한 영역에서 다른 한 영역으로의 이행 과정수나 쌍방의 영역 속에서 동시적 위치를 점하고 있는 빈도수, 두 집단간의 사회적 격차――사회적 출신과 출신 학교 관계 등――의 이행 과정수, 제도화되어 있거나 제도화되어 있지 않은 만남의 빈도수 등과 같이 서로 다른 지표에서 평가될 수 있는)이나 두 영역 사이에서 이런 변화에 관련되어질 수 있는 사회적 효과를 시기나 사회에 따라, 특별히 그런 변화에 관련되어져야만 할 것이다.

으며, 그런 경외심은 자신들의 경력을 성취하는 데 유리하게 작용했다. 그들은 사명에 복종했다는 감정에 무관심하지 않았다. 마지막으로 교수들은 다른 수많은 사람들보다 더 그들 부부간에 지배하고 있는 화목과, 그들이 항상 자신의 부인을 통해 만나게 되었던 지원을 떠올린다."(A. 지라르, 《프랑스에서의 사회적 성공, 그것의 성격·법칙·효과들》, 파리, PUF, 1961년, 158-159쪽)[3]

실제로 사회적 동화와 지배적 질서에 가입하는 지표보다는 대학계의 경제적 혹은 정치적 권력계나 지식인계 간의 거리——사회나 시대에 따른 변화들——의 지표를 고려해 보는 일이 필요할 것이다. 예를 들어 대학계의 자율성은 19세기를 통하여 계속 성장해 간다. 크리스토프 샤를이 지적하고 있는 것처럼, 최고 학부인 대학 교수는 19세기 전반기에 정치 권력에 의해 직접 지명되고 정치에 직접 참여했던 유명 인물들과는 거리가 멀었으며, 그들은 정치 활동과는 양립할 수 없는 전문적 활동을 통해 유명 인물들의 세계와는 단절되고, 순수하게 대학의 이상을 부추기려는 선별적이고 전문화된 교사가 되고자 했다. 마찬가지로 그들은 스스로를 전문화하고 특수한 방법론을 부여해 가면서, 비판에 대한 사교계적 전통을 파괴하려는 경향을 보이는 프랑스문학 교수(특별히 랑송〔대표적인 저서로 《프랑스 문학사》가 있다〕)의 경우에서처럼 지적 영역과 거리를 두려는 경향을 보이고 있었다.

어쨌든 전체 속에서 포착되는 대학 교수의 모집단과 어떤 지배적 계급의 다른 하위집단 간의 **위치**(position)만을 확정시키려는 비교를 너무 적극적으로 추진하는 것을 경계할 필요가 있다. 이른바 고등 교육의 제 기

---

3) 나 이외의 누구도 이렇게 비교를 한 통계학적 토대의 불충분함에 대해 인식하지 못했다. 하지만 다른 경우에서와 같이 이 경우에서, 분석된 대상이 포괄적인 공간에서 각자의 위치에서 해야 할 모든 것을 고려할 필요성은 내게는 강압적인 방식으로 강요되는 듯해 보이고, 권력의 영역과 사회적 영역 전체 속에서 대학계에 의해 차지되고 있는 위치를 적어도 개략적인 방법으로 표시하는 것이 더 나아 보인다. 그것은 잘못 구축된 대상의 명백한 경계로 단순화되기 때문에 분명 잘못된 분석에서 결과를 알지 못하고 기록되는 것보다 더 나아 보인다.

관들(다시 말해서 학부와 그랑드 에콜 전체)이 갖고 있는 영역의 구조가, 독자적으로 학교의 논리 속에서 고등 교육의 제 기관이 갖고 있는 영역이 도입해 내는 권력계의 구조를 재생산한다면(혹은 우리가 지배 계급 내에 있는 하위집단간의 대립을 선호한다면), 다른 학부의 교수들은 정치·경제적 권력의 축과 문화적 위신의 축 사이에서 지배 계급의 여러 다른 하위집단과 같은 원리에 따라 배열된다. 실제로 우리는 이학부에서 문학부로, 이 두 학부로부터 법학부와 의학부가 진행되어 감에 따라 지배 계급 내의 지배적 하위집단들의 가장 두드러진 특성들[소유물]의 빈도수가 증가해 감을 본다(반면에 전국학력경시대회에서 수상한 것처럼 학교적 우수성의 변별적 표식을 소유하는 것은 학부간의 사회적 서열에 반비례하는 경향이 있다). 사실 정치·경제적 권력계에 대한 종속은 학부간의 사회적 서열에 정비례하는 반면 지식인계의 고유 기준——특히 드레퓌스 사건 이후로 세속적 권력에 대한 독자성과 완전히 새로운 형태의 정치적 태도 결정, 다시 말해서 외부적이고 비판적인 정치적 태도 결정——에 대한 종속은, 특히 문학과 인문과학부 교수들에게 과해지고 있다. 그렇지만 문학부나 인문과학부라는 공간에서 교수들이 점하는 위치에 따라 매우 불균등한 방식으로 과해지기도 한다.

아래에 제시하는 통계적 분석 결과는 무작위 추출 표본(n=405)에 적용되었다. 표본과 성원의 비율은 1968년 《공교육 인명록》에서 조사된 파리대학(약학부는 제외)의 학부나 정교수에 따라 45%와 55% 사이에서 다양하게 나타난다.[4] 1967년에 기획된 데이터의 수집과 동시에 이학부와 문학

---

4) 이 《인명록》의 편집자가 지적하고 있듯이, 인명록은 신임자의 임명 등록 기간을 필요로 하는 이유로 인해 1966년 교원단의 현황을 제시해 주고 있다. 1970년의 인명록에서는 각 대학 기구들에 대해 부장명을 가진 교육연구단위(UER)의 목록만을 제시하고 있다. 그러므로 우리는 1970년에 문부성에서 얻어진 목록에 도움을 호소할 수밖에 없다. 그 목록들은 1966년과 조사 시점간에 나타났던 임명을 고려하고 견본을 통제토록 하였다. (우리는 모든 분석을 해오면서——그 분석이 가장 최근에 적용될 때조차도——1967년 이후로 사용됐던 언어는 고수해 나갈 결심을 하였다. 이후로 학부는 대학으로, 학부장은 교육연구단위장으로 대체되었다.)

부 교수들과의 직접 면담 이후에 단절된 데이터 수집은 근본적으로 1971
년에야 실현되었다. 사람들은 1968년 직전의 대학계의 현상을 묘사하기
를 원했는데, 그것은 (동년에 기획되었고, 그 결과가 아래에서 제시될) 문학
부와 인문과학부 내에서 권력에 대한 조사와 더불어 비교할 필요성에 따
른 것이다. 가장 오래된 교수단의 전통이 여전히 존속하고 있는 이런 **위
기적 순간**(moment critique)에 훗날의 변화 신호, 특히 학생 인구와 교원 집
단의 형태적 변화의 모든 영향을 알리고 있는 그런 위기적 순간에 대학계
의 현상은 1968년 5월 혁명의 위기에 대한 각기 다르게 반응하는 교수들
의 원리, 그리고 이런 위기 이후에 개혁이라는 이름으로 조작되었던 제도
상의 변혁에 대한 한계 원리를 감추었다는 것을 확신하였다.[5]

이런 종류의 학부 교수들의 **인물지**(prosopographie)를 실현시키기 위해
서, 우리는 표본이 되는 교수들 개개인에 대해 문서화된 정보원에 의해 제
공된 정보 전체와, 다른 목적——흔히 행정상의 목적——에서 이미 실시
된 여러 다른 조사(데이터 수집의 조작이나 사용된 정보원의 비판적 기술을
부록에서 보게 될 것이다)에 의해 제공된 정보 전체를 보았다. 그것은 우리
들의 공조로, 혹은 다른 정보원을 통해 얻어진 정보를 완성시키거나 확인
하기 위해 우리들에 의해서 분명히 실행된 조사(표본 교수들에 대한 전화 조
사와 철저한 면접 조사)에 의해 제공된 정보들이다. 그 결과 대부분 문서화
시킨 정보원에 의거한, 특히 개인의 견해에 관한 문제에 대해 우선적으로,

---

5) 여러 다른 학부 교수들간의 비교는, 1950년대 이후로 교원수(그리고 학생수)의 증가
율을 고려할 필요가 있을 것이다. 우리가 말하고자 하는 여러 다른 학부는 동일한 발전 단
계에 있지 않다. 이학부가 1955-1960년경에 최고로 증가했고, 1970년을 전후해서는 다
시 퇴조하기 시작한 반면에, 문학부는 1960년 이후에서야 열심히 신임 교원을 채용하기
시작했고, 법학부는 1965년경에서야 채용을 하기 시작했다. 그 결과 같은 칭호가 다른 학
부에서는 동일한 가치를 갖지 못하게 된다. 예를 들어 1968년에 이학부는 수렴 단계에 있
었으며, 주임조교를 임명하는 것은 비교적 늦은 시기(6-7년)를 거쳐서야 나타난 반면, 확
대 기간이 계속되는 문학부에서 이 기한은 더욱 짧게 나타난다(이것은 어떤 면에서는 이학
부의 조교와는 달리 문학부의 조교가 정식 자격을 갖지 않는다는 사실에 기인하며, 그들 조교
는 단지 주임조교의 승진의 경우에만 유지될 수 있었다). 마찬가지로 교수의 지위에 다가설
수 있는 조건은 확실히 교원단의 증가에 따른 영향에 의해 아주 불규칙적으로 영향을 받
았다.

그리고 독단적으로 사용하고 있는 해결책은 여러 가지 이유에 필요 불가결하게 되었다. 무엇보다 면접 조사의 경우에서 우리가 관찰할 수 있었던 것처럼 질문에 응한 교수들의 상당수가 정치적 척도로 분류되는 것을 거부했으며, 그들의 정치나 조합의 태도 결정을 파악하기 위한 온갖 시도를 거절하고 취소하였다.[6] 그 다음으로는 그들이 차지하고 있는 권력적 위치 문제——1968년 5월 혁명의 이의 제기에 대한 각별한 대상——와, 개혁이나 그 결과에 대한 태도 결정의 문제와 관련되는지는 거의 문제가 되지 않았으며, 조사 관계에 의해서는 영향을 받지 않았다는 점이 분명했고, '특권적 지식인들(mandarins)'(질문에 응한 여러 교수들이 잠정적으로 암시했었던)이 문제시한 이의 제기의 연장선상에서 의문시되었던 것으로 인식되었다. 요약해 말해서, 사회학자와 그들의 '분류 카드'가 지식인과 예술가들의 세계에서 일상적으로 야기하고 있는 경찰 조사와 광신적 목록 작성의 고발이나 의심에서 벗어나고, 동시에 왜곡과 은폐·변질에서 가능한 만큼이나 완벽하게 벗어나기 위해서, 우리는 (우리가 협력하여 연구자나 작가들의 연차 명부를 만들 목적으로 다른 조사의 경우에 확고하게 혹은 의식적으로 누설된 정보와 같이) **공개하도록 되어 있거나 공개된** 자료에 대해서만 만족할 것을 결심하였다. 이것은 우리가 다른 사회 계층에 대해 했던 것처럼 고유명사를 나타내는 도표를 공개할 수 있기를 바랄 수 있을 만큼

---

6) 질문에 응한 교수들이 정치나 조합에 관련한 질문을 거부하기 위해 사용했었던 아주 단조로운 논증의 예문을 다양화하기보다는, 우리는 다음과 같은 원리를 분명히 밝히고 있는 의학부 교수의 말을 인용하는 것에 만족할 것이다. "나는 아무것도 아니라는 것을 당신에게 말할 것입니다. 내가 생각하기에 이것은 회피하는 것이 아니지만, 나는 어디에도 분류될 수 없다고 생각합니다. 게다가 나는 어떤 정당에도 가입할 수 없었기 때문입니다 […]. 당신이 알다시피 '정치 참여는 정치 참여를 하지 않는 데 있다고 하는 사람이 있다'고 한 장 기통과 같은 사람이 말하고 있는 방식이 있다." 하지만 이런 질문 사항을 제기하는 것보다 더 좋은 것은, 공산당에 소속되어 있는 것으로 유명한 교수의 회답을 인용할 필요이다. 왜냐하면 그 회답은 과학적이고 윤리적인 원리에 직접적으로 받아들이고, 공적으로 표명된 정치적 견해만을 우리에게 유지토록 하기 때문이다. "나는 이런 조사에는 답변하지 않는다. 나는 이런 조사에는 답변하지 않는다고 말한다."(S. Lang의 저서 《The File》, New York, Heildelberg, Berlin, Springer-Verlag, 1981년도판에서, 우리는 미국인 교수들에 대한 E. C. Ladd와 S. M. Lipset의——그다지 옹호할 만하지 않은——질문 사항에 의해 야기됐던 반응에 대한 아주 열정적인 연대기서를 보게 될 것이다.)

의 절차 과정이다. 그 결과 우리는 다음과 같이 적절한 모든 지표를 모을 수 있게 되었다.

a) 현재 점유하고 있는 위치에 도달할 가능성을 결정하는 주요 사회적 결정 인자에 관한 것. 즉 아비투스의 형성과 학교에서의 성공의 결정 인자, 유산으로 상속된 경제적 자본 및 문화 · 사회적 자본, 사회적 출신(부친의 직업, 《명사록》에 기재), 출신지, 가족의 원래 종교.[7]

b) 이전의 학교 교육적 이중 번역인 학교 교육 관계의 결정 인자에 관한 것(학교적 자본). 중등 교육 기간중에 다녔던 학교(공립고등학교나 사립고등학교, 파리 또는 지방 소재 여부 등)와 학교에서의 성공(전국학력경시대회). 고등 교육 기간중에 다녔던 학교(파리나 지방, 혹은 외국)와 취득한 칭호.[8]

c) 대학 권력 자본에 관한 것. 학사원이나 대학자문위원회(CCU)에의 소속, 학부장이나 UER(교육연구단위)장 · 연구소장 등과 같은 지위를 점유하고 있는 것 등(문학부만의 조사에서 취했던 ENS(고등사범학교)나 교수자격시험 등과 같은 최고의 선발시험의 심사위원회에 소속됐다는 것은 관련된 위치를 비교할 수 없음으로써 학부 전체를 고려할 수 없었다).[9]

---

7) 우리는 이학부와 의학부에 대해서만(우리는 이 두 학부에 대한 정보를 표본의 58%와 97%로 배열하였다) 출신 가정에 대한 보다 상세한 정보(부친의 학력과 모친의 직업 · 학력, 친조부모와 외조부모의 직업과 학력, 소속 가족에 대해서는 배우자의 직업과 학력)를 분석하였다.

8) 이 점에 관해 수집된 정보의 일부만이 여러 다른 학부 교수들에 대한 비교 연구에서 이용될 수 있었다. 수많은 수학 과정이나 입학시험 · 일반시험 · 칭호 등은 근본적으로 비교 불가능하였으며, 개별 학부 **내부에서의** 비교, 예를 들어 학과간의 비교에서만(이런 비교 자체가 수많은 경우에 학과의 상대적인 비교 불가능성이나 관련된 모집단의 애매성에 의해 어렵게 했다 할지라도) 가능할 수 있다. 이용되지 않은 데이터 중에서는, 예를 들어 문학부와 이학부에 있어서는 ENS(고등사범학교)의 수험 준비나 학사 과정의 준비 장소, ENS 수험 준비에 필요한 연수, 입학 순위, 입학 연령, 교수자격 취득 연령, 조교나 교수직의 취임 연령, 박사 논문 제출 연령 등을 언급할 수 있다. 의학부에서는 통근조교 취임 연령과 합격 순위, 인턴 취임 연령과 합격 순위, 조수와 병원 근무 · 교수 취임 연령, 주임교수로서의 신분(유력하거나 유력하지 않은, 젊거나 노령화된 등)은 확실히 특수한 사회적 자본의 결정적 요소를 구성하며, 그것의 선택은 상속받은 사회적 자본에 상당히 의존하고 있는 것 같아 보인다.

9) 우리가 분석한 데서 취한 것은 아니지만, 우리는 고등교육평의회와 대학평의회의 소속과 프랑스대학출판부에서의 총서에 대한 방침을 조사했었다.

d) 학문 권력 자본에 관한 것. 연구 기관의 소장이나 학술 잡지의 편집장, 연구 교육 기구에서의 교육직, 혹은 **CNRS**(국립과학연구센터)의 이사회나 위원회, 과학연구최고의회에의 참가.

e) 학문적 위신 자본에 관한 것. 학사원에의 소속, 학술 부문에서의 서훈, 외국어 번역, 국제적 토론회에의 참가(《인용 색인》에의 기재 건수는 학부에 따라 너무 일관성이 없어서 참작할 수 없었고, 학술 잡지나 학술 총서의 편집장직도 마찬가지로 채택되지 않았다).[10]

f) 지적 명성 자본에 관한 것. 아카데미 프랑세즈 회원, 《라루스》 사전에의 기재, 텔레비전 출연, 지적 일간지나 주간지 · 월간지에의 기고, 문고본 출판, 지적 월간지의 편집위원으로 소속되어 있는 것 등.[11]

g) 정치 · 경제 권력 자본에 관한 것. 《인명록》에의 기재, 내각이나 경제기획위원회에의 소속, 권력인재양성학교에서의 교육직, 다양한 부문에서의 서훈 등.[12]

h) 광의적 의미에서의 '정치적' 성향에 관한 것. 캉이나 아미앵 토론회에의 참가, 다양한 청원서에의 서명 등.

소외와 밀착

대학계는 그 구조 속에서 권력의 영역을 재생산시키며, 선별과 교화와도 같은 대학계만의 활동은 권력계의 구조를 재생산시키는 데 기여하

---

10) 우리는 마찬가지로 외국 아카데미에의 소속과 **명예박사**(honoris causa) (문학부에서는 저서나 출판된 논문수)에 대해서 검토하였다. 그러나 출판된 저서나 논문수만큼이나 외관상 단순한 지표는 포기해야만 했다(그것은 세대나 학부 · 학과 등에 따른 생산자들의 여러 다른 산물을 그들의 목적이나 방법 · 결과 속에 분리시키려는 차이점을 무시하면서 비교할 수 없는 것을 비교하려 하는 것을 피하기 위해서이다).

11) 우리는 그 수가 너무 많고 잡다한 '지적인 것에 관련된' 상을 채택할 수 없었다. 그 상들은 예비적 조사 없이 적절하게 코드화될 수 없었기 때문이다.

12) 경제사회평의회(Conseil économique et social)에의 소속은 너무나 드물어 여기에서는 채택하지 않았다.

고 있다. 개인적이고 집단적인 의식과 의지의 모든 개입을 제외하고 권력계를 구성하고 있는 것은, 다른 위치에 대한 공간의 재생산을 달성하는 위치 사이의(동시에 그들 점유자들의 성향 사이에서) 차이 공간으로서 그 구조의 기능 안에, 혹은 그 기능에 의해 실제적으로 존재하고 있다.[13] 대응 분석의 도식이 명확하게 보여 주고 있듯이, 교수들의 특성들[소유물]을 통하여 학부나 학과를 포착할 수 있는 것처럼 그 학부와 학과를 분리시키는 차이는 전체 속에서 권력계의 구조와 상응하는 구조를 나타내고 있다. 세속적으로 지배된 학부나 이학부, 적어도 문학부는 이와 같이 실질적으로 혼합된 관계에서 법학부나 의학부처럼 사회적으로 피지배적인 학부에 대립되는데, 그것은 경제적·문화적·사회적 차이의 총체에 의한 것이다. 여기에서 우리는 권력계의 한복판에 피지배적 하위집단과 지배적 하위집단 간에 대립하고 있는 근본적인 것을 인정하게 된다.

이런 주요 대립은, 경제적 자본과 문화적 자본으로부터 어느 정도 여러 다른 직접적인 지표의 분포를 제시하는 통계 도표를 해석해 봄으로써 밝혀진다. 부친의 직업을 통해 확정된 사회적 출신에 따라 각 학부의 교수들(각 학부의 지배 계급 출신인 교수들 각자의 비율은 58%(이학부),

---

13) 고등 교육의 여러 다른 제도의 구조는 학생들의 사회적·학교적 특성에 따라 배열되었고, 그런 특성은 확인이 가능한 모든 경우에 교수의 사회적·학교적 특성에 따라 배열된 동일한 제도의 구조에 정확히 일치한다. 바로 그렇기 때문에 학생들은 지배 계급 출신들이 대부분이며, 그 지배 계급 내에 실업가들이나 자영업과 같이 경제적으로 가장 혜택을 받은 하위집단 출신자들은 문학부와 이학부보다 의학부나 법학부 출신자들이다. 게다가 의학부나 법학부 학생들은 경제적 서열에서는 이학부나 문학부에서보다 더 높은 서열의 직업에 취직할 수 있고, 이학부나 문학부의 대부분은 상당수가 교육직에 열정을 바치고 있다. 우리는 다음 사실로부터 인식론적이고 사회학적 견지의 풍부한 해석을 끌어낼 수 있을 것이다. 그런 사실을 공식적인 통계에서, 통상적으로 채택된 법학부나 이학부·의학부·약학부·IUT(공업기술단기대학)의 서열에 사회논리학적 서열, 다시 말해서 IUT나 이학부·문학부·법학부·의학부·약학부의 서열을 대치하기에 충분하고, 사회 직업별 카테고리——그 카테고리 자체 또한 양식에도 불구하고 잘 정돈된——라는 층위에서 유사한 조작을 수행하는 것으로 충분한데, 그것은 배열 속에서 어느 정도는 항속적 구조(희박해 보이는 불일치가 놀랄 만한 특징을 보인다)를 나타나게 하는 것을 보게 하려는 것이다. (1967-1968년도 대학에서의 학생들, 《교육의 통계학, 도표와 정보 *Statistiques des enseignements, Tableaux et informations*》, 5-2, 67-68, 1968년 3월, 통계와 분석의 중앙 부서, 내무부를 볼 것.)

60.0% (문학부), 77.0% (법학부), 85.5% (의학부)이다)을 구분할 때 관찰되는 동일한 서열——이학부, 문학부, 법학부, 의학부——은, 사립학교에 재직하고 있는 것과 같이 사회적 위치와 구분되는 다른 지표를 고려할 때 발견되는 요소이다. 그것은 법학부와 의학부에서는 약간은 역전되는 양상(9.5%(이학부), 12.5%(문학부), 30.0%(법학부), 23.0%(의학부))을 보인다. 게다가 각 학부 교수들이 나온 출신 계급의 하위집단——그 자체가 경제적 자본과 문화적 자본에 의해 서열화된——은 동일한 순서에 따라 확인된다. 부친이 교수인 사람들은 문학부 교수인 경우에는 최고 23.3%이고, 의학부 교수인 경우는 최저 10.0%이다. 반면에 (기초의학 연구자들을 제외하고) 의학부 교수와 특히 법학부 교수들은, 흔히 자영업자나 대기업 간부 혹은 공기업이나 사기업의 중견 간부 출신들이다.[14]

실제로 동일 직업이란 카테고리 속에서 분류된 개인들은, 학부에 따라 상이한 특성들[소유물]을 제시한다고 더욱 세밀한 분석이 밝혀 주고 있다. 예를 들어 서민 계급 출신 중에 문학부나 이학부의 교수들은 법학부나 의학부에 비해 훨씬 드물게 나타나고, 고등사범학교에서 가르치는 사람과 더불어 그들 고유의 상승 과정이 있다. 반대로 법학부나 의학부의 경우에는 거의 전부가 사립학교 출신자들이다. 동일한 대조는 교육직 가정 출신 교수들(법학부보다는 문학부나 이학부에서 훨씬 더 많이 나타난)에게서 나타난다. 그 결과 입수 가능한 정보의 한계(관련된 자들이면서도 항상 제한된) 속에서, 실천이나 표상이 학부나 학과에 따라 상이한 동일 출신의 개인들에게 관련되기 때문에 우리가 출신의 **부차적** 차이나 진로(예를 들어 해당되는 직업에 지망하는 것이 실현 불가능한 정도처럼) 안에서 차이의 효과, 혹

---

14) 이학부의 일부 교수들(58%)과 의학부의 일부 교수들에 관하여 수집된 자료는, 다음 사실을 추측하게 해준다. 그것은 계층이란 것이 우리가 조부의 직업이나 부친 혹은 모친의 직업을 고려할 때, 아니면 동형의 배우자가 접합한다는 경향으로부터 배우자의 직업적 출신을 고려할 때 동일해진다는 것이다. 동형의 배우자가 접합하는 경향은 문학부나 이학부에서는 교수 비율이 높게 나타나고, 다른 학부에서는 의학부나 비취업자의 비율이 높게 나타나고 있다.

은 확실히 가장 흔한 두 가지 효과의 결합에 이런 차이점을 전가시킨다면 결정하는 것이 불가능하게 된다.

다음 도표에 관계된 설명

다음 도표는 상속되거나 후천적으로 얻어진 자본(그것의 상이한 여러 종류하에)에 관한 수많은 지표를 나타내는 학부——이학부·문학부·법학부·의학부——에 따라 나타나는 분포를 제시해 주고 있다.* 우리는 교육된 학과(대응 분석에서 오로지 설명 변수로서 관여하게 되는)에 의한 분포를 제시하려는 것을 포기했다. 실제로 필수 불가결한 재편성은 상당한 불확실함을 제시해 준다. 역학을 수학이나 기초물리학에 결부시키거나, 혹은 유전학을 자연과학이나 생화학에 결부시켜야만 하는 것인가? 고전아랍문헌학은 영국문헌학이나 독일문헌학과 마찬가지의 자격으로 외국어와 외국문학의 교육과 더불어 포함되어야 하는지, 혹은 고대문학과 고대문헌학과 더불어 포함되어야 하는가? 게다가 문학부에서 교육하는 인구통계학은 (연차 인명록이 지칭하고 있듯이) 철학이나 지리학 혹은 인문과학 쪽에 가까운 분야인가? 법학부의 경우를 말하자면, 정치사상사나 경제사상사의 교육을 법제사의 영역에 포함시키는 것이 공법이나 정치학에 포함시키는 것보다 합당하지 않단 말인가? 그런 것은 의학부에서는 더 명확하지가 않으며, 예를 들어 임상의를 외과의와 구별하는 것이 항상 가능한 일은 아니다. 우리는 사례들을 다양화시켜 볼 수가 있다. 그 결과 각각의 결정은 관련된 개별 세계에서 심도 깊은 조사라는 것을 가정할 수 있게 한다. 그러므로 우리는 이학부나 문학부·법학부·의학부로 행정상의 대(大)구분을 하는 데 만족해 왔다. 그런데도 그런 구분은 광범위하고 관례적이므로 조사를 하는 시점에서 대학 생활의 현실을 포함하고 있지는 못하다.

---

* 사용되고 있는 인물지의 방법(부록과 사용된 정보원을 참조)을 제시하면서, 결정되지 않은(ND) 계급에서 정렬된 많은 개인들은 관련된 특성(소유물)을 지닐 수 있다.

I. 인구통계학상의 지표와 상속되거나 후천적으로 얻어진 자본 지표

	이학부 128인	문학부 120인	법학부 87인	의학부 70인	계 405인
성별					
남	91.4	91.7	96.6	100.0	94.0
여	8.6	8.3	3.4	—	6.0
출생 연도					
1900년 이전	2.3	3.3	2.3	1.6	2.5
1900-1904년	13.4	8.3	9.2	15.9	11.5
1905-1909년	11.0	15.0	13.8	21.8	14.6
1910-1914년	21.9	20.0	21.8	25.9	22.0
1915-1919년	14.3	10.8	9.2	15.9	12.5
1920-1924년	21.9	23.4	21.8	14.5	21.0
1925-1929년	7.9	12.5	16.2	2.9	10.4
1930년 이후	5.6	5.9	3.5	1.5	4.5
ND(미결정)	1.7	0.8	1.2	—	1.0
혼인 관계					
독신	4.1	4.2	6.1	—	3.9
기혼자	89.3	92.5	92.5	98.5	92.4
이혼자	2.5	0.8	—	1.5	1.3
사별자	4.1	2.5	1.4	—	2.4
자녀수					
독신	4.1	4.2	6.1	—	3.9
아이 없음	6.4	10.0	8.3	5.9	7.7
1인	19.6	15.0	11.6	10.4	14.9
2인	23.6	21.6	20.7	24.4	22.5
3인	19.6	25.0	20.7	23.1	22.1
4인	17.2	12.5	19.7	21.6	17.2
5인 이상	9.5	10.9	12.8	12.9	11.2
ND	—	0.8	—	1.7	0.5
출생지					
파리와 교외	29.3	37.5	19.5	51.2	33.3
다른 지역	69.9	62.5	79.3	45.9	65.7
ND	0.8	—	1.2	2.9	1.0

거주지					
파리 16, 17, 8, 7구 와 뇌이	*6.4	13.4	36.9	58.6	24.0
파리 5, 6, 13, 14구	*25.1	28.3	18.7	28.6	25.3
파리의 다른 구	*7.2	10.0	12.9	5.7	8.9
교외 78, 92지역 (뇌이 제외)	*9.5	18.3	21.9	4.3	13.9
다른 지역	*7.2	15.8	5.9	2.8	8.7
종교					
유대교	15.6	3.3	5.9	7.3	8.4
개신교	6.3	9.2	10.5	5.9	7.9
명백한 가톨릭	7.8	19.2	21.8	41.6	20.0
다른 종교	70.3	68.3	62.0	45.2	63.7
부친의 사회·직업적 카테고리					
농업임금노동자, 노동자	8.6	10.0	3.5	1.5	6.7
사무원, 수공업자, 중간관리직, 초등학교 교사	33.6	30.0	19.5	11.4	25.7
엔지니어, 실업가, 상급관리직	25.8	23.4	27.6	32.8	26.7
장교, 사법관, 자유업, 행정관리직	12.5	13.3	37.9	42.8	23.5
교수, 지식인	19.5	23.3	11.5	10.0	17.2
ND	—	—	—	1.5	0.2
인명록	40.6	46.7	60.9	50.0	48.4
명사록	1.6	1.7	12.6	37.1	10.1
훈장					
레지옹도뇌르	*28.9	25.8	41.4	61.4	36.3
공로상	*11.7	3.3	8.1	8.6	7.9

* 여기에서 지칭하는 숫자는 높은 교수 비율을 지시하는 가치만을 지니고 있으며, 그 이유로 교수들에 대한 정보는 (40% 이상을) 얻어낼 수 없었다.

II. 학교의 자본 지표

	이학부	문학부	법학부	의학부	계
사립학교에서의 중등 교육					
사립학교 경유	9.5	12.5	29.9	22.9	17.1
공립학교만 경유	78.5	81.7	68.9	75.6	77.0
국립고등기술자 전문학교	8.7	5.0	—	—	4.2
무응답	3.3	0.8	1.2	1.5	1.7
리세					
파리의 일류 리세	22.7	39.2	10.4	11.5	22.9
파리 이외의 리세	27.4	22.4	12.7	41.2	24.9
지방과 외국의 리세	39.7	30.0	52.6	24.3	37.5
파리 사립학교	1.6	3.4	3.5	12.9	4.4
지방 사립학교	4.7	4.2	19.6	2.9	7.4
무응답	3.9	0.8	1.2	7.2	2.9
고등 교육					
파리 경유	86.7	87.5	63.2	88.6	82.4
지방만 경유	13.3	12.5	36.8	5.7	16.7
무응답	—	—	—	5.7	0.9
외국에서의 연구					
유	7.8	8.4	10.4	4.5	7.9
무	85.1	91.6	89.6	91.0	89.1
무응답	7.1	—	—	4.5	3.0
전국학력경시대회 수상자	10.1	14.1	6.8	5.7	9.8

III. 대학 권력 자본 지표

	이학부	문학부	법학부	의학부	계
자문위원회	27.4	34.2	26.4	41.4	31.6
교육공로장	26.6	51.7	40.2	15.7	25.0
학사원					
학사원	10.2	3.3	5.7		8.1
전국의학아카데미				12.9	
학부장	11.7	17.5	32.2	20.0	19.3
교육연구단위장	15.2	34.2	31.1	14.3	22.7

IV. 학문적 권력과 위신에 대한 자본 지표

	이학부	문학부	법학부	의학부	계
CNRS위원회	33.6	37.5	9.2	10.0	25.4
CNRS연구소장	22.6	15.0	10.3	8.6	15.3
지적학교에서의 교육직	17.2	39.2	5.7	2.9	18.8
학술토론회 출석					
1-3회	24.2	30.8	51.7	28.6	32.8
4회 이상	46.9	31.7	26.4	37.1	36.3
무	28.9	37.5	21.9	34.3	30.9
CNRS 훈장	2.4	0.8	—	1.4	1.2
저서의 번역					
유	15.6	25.0	16.1	8.6	17.3
무	84.4	75.0	83.9	91.4	82.7

V. 지적 명예 자본 지표

	이학부	문학부	법학부	의학부	계
문고본	4.7	30.0	20.7	5.7	15.8
《르 몽드》지에의 기고	3.9	15.0	11.5	5.7	9.1
잡지나 주간지에의 기고	2.3	21.7	14.9	2.8	10.9
TV 출연	5.5	15.0	1.1	10.0	8.1

VI. 정치경제적 권력 자본 지표

	이학부	문학부	법학부	의학부	계
공적 기관	14.8	16.7	41.4	65.7	29.9
제6차 계획	0.8	0.9	5.7	4.3	2.5
권력인재양성학교에서의 교육직	12.5	8.3	28.7	1.4	12.8

　각 학부 구성원들에 의해 현재 보유되고 있는 경제적 · 사회적 자본 지표는 동일한 구조에 의해 분배된다. (파리의) 16구나 17구, 8구, 7구, (파리 근교의) 뇌이 지역과 같이 부유한 지역에 관계가 있거나(도표의 각 학부에 해당하는 대로는 6.4%, 13.4%, 36.9%, 58.6%에 해당함), 《명사록》에 게재된 것(1.6%, 1.7%, 12.6%, 37.1%), 혹은 한 가정당 3명의 자녀나 그 이상의 자녀(46.3%, 48.4%, 53.2%, 57.6%)를 갖고 있는 것과 관련된다. 자녀를 갖고 있다는 것은 분명 종교나, 특별히 가톨릭에서는 유명한 귀의, 그 자체 또한 같은 구조에 의해 분배된 귀의와 같이 다른 요소들에 결부된 성향을 분명히 표현한다 할지라도 틀림없이 경제적 자본(또한 적어도 잠정적이며 사회적 자본으로)과 관계를 유지(7.8%, 19.2%, 21.8%, 41.6%)하고 있다.[15] 이런 빈약하면서도 간접적인 지표는 이학부와 문학부 교수, 법학부와 특히 의학부 교수 간의 경제적 차이에 대한 정확한 개념을 부여해 줄 수 없다. 의학부 교수들에게 덧붙여지는 것은, 개인 손님

환자에 의해 얻어진 의료 시설 업무장이나 교수들 자신의 위치에 결부된 수입이 있다.[16) 그렇다고는 해도 급여적 관점으로부터 학부간의 상당한 격차를 확실히 관찰할 수가 있다. 그것은 경력이 전개되는 과정에서의 차이가, 현역 시대를 통해 얻어진 급여 총액에서 중요한 차이를 유도한다는 사실이다. 이런 관계하에서 문학부는 가장 혜택을 보지 못하는 편에 속한다. 그것은 문학부에서 조교나 주임조교는 특별히 늦은 편이며(평균적으로 31-37세에 해당하는데, 이는 1978년도에 이학부의 25-32세와 법학부의 28-34세와 비교되는 수치이다), 조교수와 정교수 자격을 취득하는 데도 늦은 편이라는(법학부의 34-43세와 이학부의 35-44세에 반해 문학부는 43-50세에 해당한다) 사실에서 알 수가 있다.[17) 결과적으로 문학부에서 평균 A급 교수들(조교수나 정교수)의 연수는 특별히 짧기만 한데, 가령 1978년에 의학부에서는 29년인데 반해 문학부에서는 25년이고(거기에서 조교수는 39세, 교수직에는 49세에 오르게 된다), 이학부에서는 33년, 법학부에서는 34년이다.[18)

하지만 공적 기관(정부 부처의 비서실, 헌법평의회, 경제사회평의회, 참사원, 재무감독국)이나 경제 계획에 관한 각종 위원회에 참여하는 것처럼 정치적·경제적 권력의 모든 지표는 같은 의미에 따라 변화하는 데 반해,

---

15) 모든 것은 다음 사실을 지시하고 있는 것 같아 보인다. 가톨릭주의에서 공표된 귀의의 주관적이고 객관적인 의미는 학부나 학과 전체에서 신자들의 빈도수에 따라 변하며, 두번째로는 어느 정도는 학과의 과학적이며 '현대주의적(moderniste)' 내용에 따라 변한다는 것이다.

16) 다른 수많은 것과 마찬가지로 이 점에 대해서 진정한 전공적 저술은, 전체 수입에서 급여의 일부분과 상호 보완적인 재원——그 자체 또한 분명하게 시간 예산의 구조에 결부된——을 결정하기 위해서 필요할 것이다. 대학적 권력에 관해서 보충 강의는 중요한 수입원일 수 있으며, 성공적인 교과서 저작권 또한 그런 경우에 해당된다(이 점에 대해서는 학부에 따라 그것들이 어떻게 변화하는지를 설정할 필요가 있을 것이다). 그렇다고는 해도 이학부에서 의학부로 진행될 때 간접적인 특별 수입이 상당한 폭으로 증가해야만 한다.

17) J. Nettlebeck, 《대학 교수 채용 Le recrutement des professeurs d'université》, Paris, Maison des sciences de l'homme, 1979, ronéoté, 80sq쪽을 참조할 것.

18) 경력 전체에서 얻어진 급여의 전체 수준과 경력에서의 소득 격차 수준에서의 재정적 결과에 대해서는 A. Tiano, 《공무원들의 급여 Les traitements des fonctionnaires》, Paris, Éd. Genin, 1957, 특별히 172sq쪽을 참조할 것.

중등 교육에서 학교적 성과의 좋은 지표들,[19] 전국학력경시대회 수상자들의 대부분과 연구에서 투자나 학문적 성별(聖別, consécration)이 될 수 있는 여러 다른 지표들은 역방향으로 변화한다. 그것은 대학계가 두 가지 경쟁이 되는 서열화의 원리에 따라 조직되었음을 발견하기 위한 것이다. 상속된 자본에 따른 사회적 계층과 실제 보유되고 있는 경제적이며 정치적인 자본은 학문적 권위와 지적 명성의 자본에 따른 특수한, 이를테면 고유한 문화적 서열에 대립된다. 이런 대립은 서로 경쟁하는 두 가지 **정통화 원리**(principes de légitimation)간에 마찰 장소가 되는 대학계 구조 자체에서 각인되었다. 정통화 원리의 첫번째는 본래적으로 세속적이며 정치적이고, 권력계에서 통용되고 있는 원리에 의존한 이런 세계의 종속성을 대학계의 논리 속에서 나타내고 있다. 이학부로부터 법학부나 의학부로 향하는 고유의 세속적 서열 속에서 상승하는 것에 따라 점점 더 완벽하게 강요되고 있다. 다른 원리는 학문적이고 지적인 질서의 자율성에 기반을 두었고, 법학부나 의학부에서 이학부로 향해 갈 때 점점 더 분명하게 요구되는 상황이다.

권력계의 중심에서 경제 권력계와 문화 권력계 간에 관찰되고 있는 대립조차도 문화적 생산과 재생산의 방향으로 나아가는 영역의 내부에서 다시 인식된다는 사실은, 확실히 다음과 같은 사실을 설명해 준다. 이런 영역의 두 축 사이에서 관찰된 대립은 전체적인 무언가를 지니고 있으며, 경제적이며 문화적인 기반 안에서뿐만 아니라 윤리적·종교적·정치적인 면에서 근본적으로 차이가 나는 두 가지 생활 양식을 특징지으면서 모든 존재 양상에 관련되고 있다는 것이다. 조사의 목적조차도 가장 특수하게 대학이나 대학 생활에 결부된 특성들(소유물)을 자연적으로 특권받도록 한다 할지라도, 우리는 입수된 정보 중에서 모든 생활 양식의 원리에 있는 가장 근본적이고 일반적인 성향의 간접적 지표를 찾아내게 된다. 바로 그런 이유로 우리는 한편에서는 독신이나 이혼에서, 다른 한편

---

19) 이학부와 의학부에 대해 얻어진 자료들은 대학입학자격시험에서 성적 평가 비율이 같은 논리에 따라 변한다는 것을 가정하게 한다.

에서는 가족의 규모 속에서 볼 수 있는데, 그것은 영역의 주요 대립을 아주 확실하게 생산하는 데 공헌하고, 고전적 견해에 의한 사회적 통합 지표뿐만 아니라 **사회적 질서에의 동화**(intégration à l'ordre social)지표, 우리가 질서의 취향이라고 부를 수 있는 척도를 생산하는 데 공헌한다.

결과적으로 예를 들어 약한 가족 통합의 지수나 이혼율을 약한 가족 통합과, 특히 사회적 질서의 약한 통합으로 추정되는 약한 자녀수에 통합시키는 것과 같이 여러 다른 통계적 관계를 하나씩 해독하기보다는 대가족과 레지옹도뇌르 훈장, 우파에 투표하는 것, 법학 교육, 가톨릭주의, 사학 교육, 고급 주택가, 《명사록》, 시앙스포(Sciences po, 파리정치경제학원)나 ENA(국립행정학원)에서의 학업, 권력 인재를 양성하는 학교에서의 교육직, 부르주아 출신과 공적 기관이나 경제계획위원회에 참여하고 있는 것과 같이 대학계를 세속적으로 지배하고 있는 축에 연결된 지표 전체, 특히 그 지표 전체를 부정적으로 정의하기 때문에 더 어려운 것, 예를 들어 좌파 성향이나 고등사범학교 출신 자격, 유대인 신분이나 학교에 전재산을 바치고 수도원에 사는 사람(oblats, 신봉자)의 신분과 같이 지배적 축에 결부되어 있는 모든 지표 전체처럼, 사회적 감각의 직관에 내맡기고 있는 모든 것을 제어할 필요가 있다. 만약 이런 특징 전체가 일관성이나 필연성의 느낌을 야기한다면, 그것은 실천 감각의 직관이 동일한 생성과 동일 원리에 의해 산출된 실천과 특성들(소유물)의 일관적 의도 없이 그 전체 내에서 일관성을 인식하기 때문이다. 바로 이런 실천적 상태에서의 일관성을 단어 속에서 재현시켜야만 하는데, 그것은 상당히 북돋아진 시도에 반해 모든 것을 경계해 가면서 이루어진다. 또한 객관적으로 체계적인, 하지만 언어화되지 않거나 여전히 그리 체계화되지 않은, 명시적으로 전체화되어 체계로 된, 그리고 진전된 이데올로기로 이루어진 아비투스의 산출물을 경계해 가면서 단어 속에 재현시켜야만 한다.

제1지표군에서 토로되고 나타나는 것은, 지배하는 일상 언어가 진지함의 단어를 지칭하고 있다는 점이다. 질서 애호, 그것은 무엇보다도 세상을 있는 그대로 진지하게 받아들이거나 잘나 보이게 하려는 방법이고, 거리감 없이 **사물의 질서**(ordre des choses)에 동일시하는 방법이며, 동시에 당위 존재자의 것이다. 다른 지표군에 관해서 보면, 누락된 것이나 결핍된 것——마찬가지로 거부된——에 의해 연상된 것은 동화와는 반대되는 이화, 질서 속에 편입시키고 모든 질서를 애호하는 사람들을 정상 세계 안에 의식이나 제사, 사회적 통념, 전통, 레지옹도뇌르("명예를 가진 사람은 명예를 훼손한다"고 플로베르는 말했다), 관습과 예법을 통합시킬 것을 거부한다. 요약해 말해서 세속적 질서의 가장 무의미한 실천을 그것이 과하고 있는 모든 규율과 그것이 상기시키고 있는 서열, 그것이 내포하고 있는 사회적 구분의 견해와 더불어 사회 질서의 유지에 심층 깊게 결부된 모든 것의 거부를 연상시킨다.[20] 우리는 정치적 의미에서보다 더 신화론적 의미에서 우파와 좌파 간의 대립에 이와 같은 대립을 연결시키는 관계를 잘 느끼고 있다.

마찬가지로 과학적 연구는 그 자체와는 다른 한계를 알지 못하는 자유로운 생각이라는 것을 법학과 같은 규범적 학문뿐만 아니라, 의학이 무엇인지 과학적으로 보증된 기술에도 대립한다는 것을 생각해야 할 필요가 있다. 이 의학이란 것은 과학을 실천에 옮겨야 한다는 책임을 맡고 있으며, 동시에 직업 단체, 의사회, 다시 말해서 우리가 임신 중절 수술에 대해 보았던 것처럼 권위란 이름으로 도덕적인 것과 생명 양식, 생명의 형태를 강요하기도 한다. 그런 권위는 과학의 권위가 될 뿐만 아니라, 좋은 것과 선한 것을 정의하려는 그들의 위치와 성향에 의해 영향을 받은 '능력'이고 '명사들'의 권위이기도 하다(우리는 의학부 교수들이 공적 기관이나 위원회, 더 일반적으로는 정치에 특별히 참여하는 강도를 잘 알고 있으며, 정부와 국제 기관에서 법률학자, 더 정확히 말해 국제법이나 상법·공법 분야의 전문가들이 완수하고자 하는 평가 기능에 대해 잘 알고 있다).[21]

---

20) 예를 들어 의학부 교수들 사이에서 연초에 보내는 연하장 교환이 나타내 주었던, 어떤 증여·교환의 순환 시스템을 분석할 필요가 있을 것이다.

[도표 1] **대학 공간** 대응 관계의 분석: 제1·2의 관성축 도표
—— 특성들[소유물](설명 변수는 가는 글자체로 되어 있다)

CNRS 메달
옴므가 세브르 (고등사범학교)
전국학력경시대회
앙리4세 리세
CNRS 위원회
지적 교육
사회과학
번역 1~4권
번역 5권 이상 빨레비전 출연
지식인 잡지 아카데미
부인이 장교

주 2 4.26%

심리·교육학
생루이 리세
부인이 중등 교육 교사
수학
현대문학
이학
전국고등교육교원조합
이공과학교 중앙공예학교
몽리에
문학부
어어학
강·아미엥
루이드그랑 리세
CNRS 연구실장
공로장
지리학
공로장
교육공무원
부인이 상공업의 고급관리자
13·14구
부인이 진보적 교수 지식인 교수
공립 중등 교육 파리 출생
1915~19년 출생
1930~34년 출생
토론회 1925~29년 사이 출생
부인이 기사
다른 교외 지방
부인이 사무원
1910~14년 사이 출생
변의한 해 0
부인이 농업 경영
번역자수 0

J. de Scilly 리세
1900~04년 인명록
1905~09년 출생
자녀수 4~6
토론회 4회 이상
자녀수 1~3
1900 이전 출생
4구·부인이 고급관리자
15구 자녀 4구·부인이 고급공무직
개신교 기원
고등상업학교
마리의 다른 구
지방·외국에서의 고등 교육
공·사립의 중등 교육 기관
16구
7구
8·17구
묑고 서적
대학 자문위원회
르몽드

콩도르세 리세
카르노 리세
편대학교
부인이 진보적 교수
부인이 의사
학부장
기초의학
부친이 실업가
부친이 진보적 교수
부친이 의사
유명한 가톨릭 신자
부친이 장교
6자 5개년 계획위원회
공공 조직 소속
시앙스포 국립행정학교원
자녀 7인 이상

주 1 4.80%
경제의원
임상의학
명사록
공법
법학부
의학부
의과
부친이 진보적 법학 교수
법철학
사법
지방의 리세
사립 중등 교육
변제사
파리의 사립 중등 교육

생루 루통비 (고등사범학교)
1936년 이후 출생
부인이 초등학교 교사
파리 이외의 리세
소기숭학교
토론회 3회 이상
유대인
이촌자
화학
부인이 장인·소매상
1920~24년 사이 출생
배우자와 사별
자연과학
초등사범학교 교사 여성
부인이 노동자
부인이 중등 교육 교사

단순한 사회적 이성, 게다가 종교의 한계 내에 한정되는 과학을 신봉하는 일은 가톨릭 지배 계층이 항상 과학과 긴밀하게 유지하려는 불신감의 관계와 잘 조화를 이루고 있다. 그 불신감은 가톨릭 지배 계층들을 오랫동안 사립학교 쪽으로 유도해 가도록 해주었다. 사립학교는 정신적 질서, 가족, 특히 (이중적 의미에서) 대가족, 그들의 명예·사기·윤리를 보증해 주고, 그곳을 통하여 의사나 사법관을 임명했던 의사나 사법관의 자녀들과 같은 **가족의 자녀들**을 재생산하도록 보증해 주고 있다. 이들은 법정 상속인, 다시 말해서 잘 알려지고 은혜를 느끼고 있는 상속자로 여겨질 만한 상속을 물려받을 준비가 되어 있고 정통성이 있는 것으로 보장된다. 또한 학문과 권력에 완전히 대립된 두 가지의 관계가 권력계 안에서 완전히 대조적으로 과거와 현재의 위치를 읽게 해준다. 서민 계급과 중류 계급 출신들인 이학부나 문학부 교수들간의 관계는 그들이 최고 계급에 도달하는 것이 학교에서의 성공에서만 기인되고, 교육자 가정 출신자들은 그들이 이전에 투자했던 것을 아주 잘 보상해 주었던 제도 내에서 전면적으로 재투자하려는 경향이 눈에 띌 정도로 분명히 발견되고, 대학적 권력 이외의 권력을 그다지 찾지 않는 경향을 보이고 있다. 반대로 4분의 3에 해당하는 지배 계층 출신자인 법학 교수들은 '대학' 내의 권위를 보이는 기능이나 정계, 심지어 경제계에서 권력적 지위를 이학부나 문학부 교수들보다 더 많이 겸직해 오고 있다. 요약해 말해서 윤리적 성향과 지적 성향간의 근본적인 친근성을 만든 것을 이해하기 위해서는 19세기 전체를 분할해 왔던 오랜 대립, 즉 오메와 부르니지앵

---

21) 법학부 교수 대다수가 공적 기구나 사적 기구, 국가 기구(예를 들어 법무부), 국제 기구(유네스코), 혹은 (국제회의나 유럽경제공동체위원회, 국제노동사무국이나 유엔 등에서) 정부 결정 기관의 공식 대리인으로 파견되어 전문가나 조언자의 기능을 완수하고 있다. 다음과 같은 예를 들어 보자. "나는 헤이그회의 프랑스 대표자였었다[…]. 나는 현재 브뤼셀에서 2개월마다 유럽경제공동체에 출석하여 모든 법안 통합의 초안을 작성하고 있다. 지난해 나는 법무부에서 국적에 대한 법률을 개정하는 위원회에 소속되어 있었다. 현재 나는 브뤼셀에서 계속해서 일하고 있으며, 수년 동안 국제노동사무국의 전문가위원회에 소속되어 있다[…]. 여러 종류의 회의가 있다. 나는 국제법연구소에도 소속되어 있다."(파리대학 법학부 교수)

〔《보바리 부인》의 등장 인물이다. 오메는 약국 주인인데, 개명주의적이고 반교권주의적인 시골 인텔리의 전형을 보여 주는 인물이다. 부르니지앵 신부는 주임사제이다. 사람의 영혼의 내실을 이해하는 섬세함도 지성도 갖고 있지 못하는 초보적 교조주의자이다], 과학주의와 교권주의를 뛰어넘어야 한다. 대학계의 윤리적 성향과 지적 성향은, 경제적 자본과 지적 자본의 이중 관계하에 조직된 이런 공간에서 차지하고 있는 위치와 연결되어 있다. 그것은 또한 이런 두 가지 자본 공간에 상관적인 관계하에 조직되어 있는 위치와 연결되는데, 그 자본에는 그 유명한 유대인들과 가톨릭 신자들이 서로 대립되는 두 축을 차지하고 있으며, 개신교 신자들은 중간적 입장에 있다. 사회적으로 피지배 계층을 이루는 사람과 지적으로 지배적 위치에 있는 사람들이 나타내는 이단적이며 비판적 성향과 과학적 실천, 특히 사회과학에서 과학적 실천에 결부된 비판적 단절간의 친근성을 알 수 있으며, 또한 질서를 선호하는 인간(이런 질서적 지위가 장교의 자녀들에게 그렇게 많은 자리를 만들어 준 것이 우연이란 말인가?)과 정통적 교리를 선호하는 인간, 당연해 보이는 듯한 기대감에 아주 확연히 일치하는 사회적 세계에 올바른 가입을 하거나 극우적 인간들의 성향과 과학이 제기하고 있는 불안하고 비판적·이단적인 문제들, 의문시하는 자세에 대해 지배 계층과 가톨릭교도들의 떼어 놓을 수 없는 부정 간에 있는 친근성을 알 수 있다. 친근성은 체제적 과학자들——특히 이공과학교 출신자들——을 물리학과 형이상학, 생물학과 심령학, 고고학과 신지학(神智學)이 뒤섞이는 사고 영역 쪽으로 대개의 경우 방향 설정을 해 주고 있다.

　권력계와 동등한 관계에 있는 대학계는 나름의 고유 논리를 갖고 있다. 계층 분열간의 투쟁이 '학부 논쟁'——칸트와 같은 경우를 말하고자 하는——의 특수한 형태를 띠게 될 때 의미는 완전히 변하게 된다. 만약 대학계의 두 축이 권력계와 그 권력계가 지시하고 강요하는 구속과 독려에 견주어 종속성의 정도에 따라 근본적으로 대립된다면, 가장 타율적인 위치는 구속과 독려에 견주어 지식의 생산과 재생산을 목적으로 하는 영역의 특수한 요구로부터 결코 완전히 자유롭지 못하며, 가장 자율적인 위치는 사회적 재생산의 외적 필요성으로부터 완전히 해방되지 못했다. 이런 자율성은 특히 제2의 대립이라는 존재 속에서 확증되는 것이다. 제2의 대립은 대응 분석을 밝히고, 이런 경우 대학계 내에서 특별한 성공의 순수한 내적 기준에 의존하게 되고, 제1요소에 의해 정의된 개별 영역에서 특수한 자본의 여러 다른 소유자와 다른 사람들 간에 명백한 대립을 설정해 준다. 그런 대립은 사회적 출신의 차이에 확실히 결부된 대립이다. 예를 들면 흔히 하류 계급 출신이거나 지방 출신(이런 영역에서 여성들을 많이 보게 된다)이기 때문에 CNRS의 위원회에 참여할 것을 부여하고, 대학의 자문위원회에 소속을 주고, 교원 단체의 재생산에 대해 순수하게 대학적 권력과 불확실한 권력에 있는 사람들은——종종은 선거로 임명되기 때문에——(CNRS의 금메달을 갖고) 학문상의 위신이나 (번역이나 문고판의 출간, 학술 잡지나 지적인 잡지의 편집위원회에의 참여, 《르 몽드》지에의 논설 게재, 빈번한 텔레비전 출연 등과 더불어) 문학부 교수와 인문학부 교수에 의해 거의 독점화된 지적 위신과 관련되든간에, 특수한 자본의 여러 다른 종류의 소지자들에 대립되고 있다. 실제로 (분명 연령과 결부되어 있는) 대학인의 성취 안에 존재하는 이런 차이는 아주 긴밀하게 사회적 차이에 연관되어 있어서, 이런 차이가 사회적으로나 지리적으로 다른 출신에 결부되어 혼합된 자본(아비투스)이나 객관화된 자본의 원초적 차이의 대학적 고유 논리 속에서의 재번역하는 과정과도 같아 보이기도 하고, (전국학력경시대회에 의한 인정이 증명해 주고 있는 것과 같이) 특별하게 성공한 학교 과정, 달성된 대학적 경력 전기간을 통하여 정확히 학과나 선택 과목, 교육 기관(루이르그랑과 앙리 4세 학교와 같이 가장 유명한 중등 교육 기관에 의한 이행과 더불어) 간의 개별 선택의 경우에——이곳은 가능한 것의 공간을 축소시킨다——조금씩 조작되었던 상속받은 장점을 '당연히 받을 만한' 장점으로 변환시키는 과정인 것 같아 보이기도 한다.

　한편에서는 학문적으로 지배적이지만 사회적으로는 피지배적인 학부와 더불어, 다른 한편에서는 학문적으로 피지배적이지만 세속적으로는 지배적인 학부와 더불어 여러 다른 학부가 권력계 구조와 동일한 교차적 구조에 따라 배치된다는 것을 알기 때문에, 주된 대립은 여러 다른 카테고리의 대학 교수들이 실제로(그리고 무엇보다 시간 예산에서) 학문적 활동에 부여하고 있는 위치나 의미, 그리고 그들이 학문관을 이루고자 하는 사고 자체에 관련되고 있다는 것을 이해할 수 있다. 연구·교육·연구소장직 등과 같은 공통의 단어들은 극도로 다른 현실을 내포하고 있으며, 오늘날에 와서는 속이는 것이 확실하기 때문에 과학적 모델의 보급 결과는 유행과 연구 행정의 균일화적 구속과 결부된 효과하에서 고등 교육 전체 구성원들로 하여금 과학의 대상으로부터 대개는 아주 멀리 떨어져 있는 현실을 명시하기 위해(예를 들어 내가 생각하기에는 연구소의 개념이 이에 해당한다), 자연과학에서 차용해 온 언어 용도가 무엇인가를 과학에 강요한 것에 대해 당연히 경의를 표하도록 했다.[22]

바로 그렇기 때문에 법학이나 가장 전통적인 문학과 관련된 학과에 대해 말할 수조차 없는 것이다. 그런 학과에서는 새로운 언어들이 대개의 경우 오래된 실체를 제대로 감추고 있지 못하며, 의학부는 이학부에서 연구라는 이름하에 우리가 일컫는 바와는 아주 거리감이 있는 활동을 제시하고 있다. 예를 들어 다른 어떤 것들 중에서, 우리가 연구에 할애했던 시간을 말할 것을 요구했던 교수는 다음과 같이 답변할 수 있다. "불행히도 내가 시간이 많지 않기 때문에 훨씬 좋다. 연구자라는 것은 무엇보다도 본

---

22) 우리는 자연과학 모델의 일반화——아주 흔히 연구의 현실적 발전에는 유해한——의 결과를 조사하는 것에 만족해하지 않을 것이다. 그런 자연과학의 조직적이고 기술적인 모델과 관료주의적 논리가 결합된 효과하에서, 일반화된 결과는 교육이나 특수한 이해 관계에 의해 배치된 연구행정관 집단을 적절하게 기술주의의 견해로 지정해 주고, 자연과학 모델에 대해 생각해 낸 '구상'만을 알고 승인토록 해주었다. 바로 그런 이유로 우리는 '첨단 기술'과 연구 일반 공원의 중요한 정원을 투입하면서도 엄청난 부채에 상당수의 큰 기업들이 모아지는 것을 보았으며, 그것들은 유일하게 기술자들의 연대에서 파생된 프로그램을 산출할 수 있는 세분화된 임무에 바쳐졌다. 이런 기술자들은 자신들이 대상으로 하는 것과 목표를 위원회나 기타 학문적으로 책임이 없는 과학 '책임자들'의 모임이 혼재한 브레인스토밍(brain-storming, 회의에서 모두가 차례로 아이디어를 제출하여 그 중에서 최선책을 결정하는 방법)에서 발전된 '사회적 요구'에 의해 강요되는 것을 수용하기 위해 자신들이 관리하거나, 심지어 지도하고자 주장하는 과학과 연구가들을 무시하면서 연대를 이루어 간다.

래의 의미에서 말하고 있는 작업보다 훨씬 관리 책임을 지는 일이며, 사람들을 이끌어 가고 신용을 찾아내며, 인재를 발견하는 작업이다. 연구를 하는 사람은 내가 아니다. 나는 다른 사람들이 연구하도록 도와 주지만 개인적으로 혼자 하지는 않고, 이것은 결국 불행한 면이 될 수도 있겠지만 상대적으로 연구를 별로 할 수 없게 한다." 마찬가지로 의학부 교수에게서 답변을 구했다. "나는 연구를 혼자서 하지 않는다. 내 나이가 있기 때문에 나는 연구를 지도하기만 하고, 감독하며, 지원해 주고, 연구가들이 보조금을 받도록 하기 위해 기금을 만들어 주려 한다. 나는 교육도 한다. 그런데 일주일에 적어도 3회 정도의 수업을 해야 하기 때문에 나는 강의라는 형태하에 교육하는 것과 같다. 이런 일들이 내게는 연구의 일부가 되기도 한다……. 그것은 연구, 교육, 환자 치료를 동시에 하려는 것을 고집하는 행위들이다." 특별한 것이라고는 전혀 없는 이런 경우에서 모든 것을 상정해 보는 일이 가능하다. 즉 (의학부 교수는) 상속받은 재산을 소유한 사장과도 같은 것으로, 이른바 '개인적' 연구를 다른 연구자의 연구 수단에 탐구를 행하도록 희생시키지만, 이 연구자들의 지도를 행한다 할지라도 그 연구 자체의 지도가 행해질 수 있는 상태가 아니라는 데 한해서는 관료적 의미에서의 지도를 행하는 것에 불과할 뿐이다. 그런 사람들은 행정적인 감독이나 학문적 행정관의 역할을 연구자의 역할로 부여해 주면서, 자기 자신이나 다른 사람에 대한 모습을 혼란스럽게 하는 방법을 역할의 미분화라는 것 속에서 찾을 수 있게 해준다.[23]

위원회나 심사위원회 등에 참여, '지도 교수'의 예기된 사회적 이윤을

---

23) 법학부 교수나 다른 많은 분야, 즉 문학부 교수들에 있어서도 동일한 것이 사실로 나타난다. 더 정확히 말해서 법학부 교수들은 흔히 연구를 자신들이 하는 교육에 연관되는 개인적 일로 동일시하는 경향이 있다. "나는 연구 분야에서 어떤 직무도 수행하지 않는다. 그러므로 질문 자체가 목적이 없는 것과도 같다. […] 현재 조건에서 우리가 행하고 있는 연구는 순전히 개인적 연구이며, 자기 책임이나 비용으로 하는 것이다. […] 나는 교육과 연구를 떼어 놓을 수 없다. 모든 교육 활동은 연구를 포함하고 있으며, 모든 연구는 어느 순간에든 교육 활동과 의무적으로 통하게 되어 있다. […] 아주 나쁜 조건 속에서 우리가 하고자 하는 모든 것은 곧바로 교육에 의해 흡수되었고, 우리는 장기적인 연구를 준비하기 위해 필요한 시공간적 공간이 없다."(파리의 공법학 교수)

확신하면서, 거대한 손님을 유지하기 위해 필요한 사회적 자본을 축적하고 유지하는 일은 상당한 시간적 투자를 전제로 하고, 그렇게 됨으로써 학문적 자본(그 자체가 직무적 권력에 의해 어느 정도 악영향을 받게 된)을 유지하고 축적하려는 (필요) 조건인 학문적 작업과 병행하게 된다.[24] 이렇게 축적하는 기업의 성공은 또한 투자나——피보험자의 가치는 손님의 사회적 자격에 달려 있기 때문이다——능력 · 재간, 간단히 말해서 사회적 의미를 전제로 한다. 이런 사회적 의미는, 특히 사회계에서 이전 소속과 적절한 정보나 성향의 조기 취득에 확실하게 연관되어 있다. 그렇기 때문에 개명적인 지도 교수들은 관용과 자유주의——어쨌든 기관의 공식적인 정의에 합당하는——를 실천할 줄 알아야 하며, 사회적 자격과 그것의 범위(J. Nettelbeck, *op. cit.*, 44쪽: 원주 17에서 그것을 지적하고 있는 것처럼, 예를 들어 좌파 성향의 후보자가 교수직, 심지어 법학부의 교수직에 도달할 수 있었던 것 참조)에 피보험자의 정치적(혹은 학문적) 균일성을 희생시킬 줄 알아야 한다.

기구의 자의성에 토대를 둔 직무적 권위에 의해 이와 같이 고유의 학문적 권한이 오염되는 것은, 법학부나 의학부(물론 사회적으로 가장 책임감이 있는 문학계의 여러 학과들도 마찬가지이다)의 운행 원리에 속하는 것이기도 하다. 이런 것은 대학 내에서 상호 작용하는 와중에서 상속되고 취득되는 사회적 자본의 수익이 연구의 축으로부터 멀어짐에 따라 증대하고, 결과적으로는 교수의 직무 권한 능력을 만드는 기술적 정당화와 사회적 정당화의 이런 혼합물——조성 변동률——을 합성한 곳에 점점 더 상당 부분이 유입되어 감에 따라 증대한다. 그 수익은 항상 더 많은 궤도를 결정하고, 지배적 위치에 암묵적으로 도달할 수 있는 조건을 결정한다는 사실이 증명해 주고 있다. 주지하다시피 문화적 자본의 유전 효과에 결부되어 있는 전문직의 단순한 유산 이상을 전제하고 있는 법

---

24) 이 점은 전 학부에 공통된 것이다. 대학 권력이 학문적 권위의 표상을 수행한다는 오염의 영향이 확실히 더 큰 만큼 학술적 능력은 덜 자율적이고 형식화되었다.

률가와 의사들 같은 명가의 존재는, 신화가 아니라는 것은 잘 알려진 일이다. 게다가 영향력 있는 '지도 교수(주임의사)'의 선택은 의학적 행보에서만큼 결정적이지 못하다. 의학적 행보를 하는 곳에서 교수는 자신의 학생이나 제자들의 학문적이며 지적인 형성 과정을 보증해 줘야 하는 스승이기 이전에, 피보호자들의 행로를 다른 어떤 곳보다 더 확실히 보장해 줘야 하는 보호자이기도 하다.[25]

교수 단체에서 신규 임용자 채용에 대한 사회적 논리를 통해 드러난 것은, 좀더 잘 숨겨져 있으면서도 아마도 가장 명백하게 요구되는 입장 자격(입장료)이다. 친족에게 임용의 특혜를 주는 현상은, 귀중한 자리를 소유하는 것을 계보에 확보하려 하는 재생산의 전략만은 아니며, 더 귀중한 무언가를 확보하려는 방법이기도 하다. 이 귀중한 무언가는 심지어 집단의 존재, 다시 말해서 집단 자체에 태초부터 있던 문화적 자의성, **원초적 망상**(illusio) 없이는 더 이상의 활동도 목표도 없을 그런 망상에의 가입을 밑받침해 주고 있다. 가족적 출신의 명백하고 명시적인 고려는, 회원들 자신에 의한 신회원을 선출하는 전략의 공공연한 형태에 불과하다. **집단에 들어갈 만한 가치**가 있고, 집단의 일부를 이룰 만하며, 집단을 이루는 사람들을 결정하기 위해 이런 전략은 (시험을 감독하는 사람에 의해 '신념'이나 '열의'라고 불려진 것처럼) 집단 가치들이나 집단 가치에의 밀착 지수에서 가늠할 수 있으며, 실천, 게다가 태도 · 외모와도 같은 예측할 수 없는 요소들에서 가늠해 볼 수 있다. 실제로 집단이란

---

25) 법학부 경우에 교수자격시험의 응시자는 박사 학위 논문 준비자, 보충시험 담당자, 조수 등과 같은 친숙한 사람, 다시 말해서 세상에 알려지게 될 것을 알고 있던 사람 가운데서 모집된다.(J. Nettelbeck, *op. cit.*, 25쪽을 볼 것) 의학부 경우에는 지도 교수의 보호가 절대적으로 성공하는 조건이 된다. 경연을 치르는 시험 그 자체는 단순한 허구였다. 그것은 예를 들어 질문했던 교수들 중 1명에 의하면 교수자격시험의 경우였다. "우리들 중 내가 말할 수 있는 것인데, 그것은 우리가 절대적으로 평가할 수 없었던 시험이었다. 게다가 시험관이 필요했기 때문에 그 이상으로 오게 된 것은 속임수였다. 그리하여 우리가 시험관의 일부가 될 수 있었던 지도 교수를 갖게 될 때에만이 시험에 참가하게 되었다. 교수자격 소지자와 교수자격 소지증이 없는 병원의 외과 의사 사이에는 차이점이 없었다 [⋯] 교수자격시험은 직함이 아니다. 하지만 어느 정도는 직함이라 할 수도 있고, 취득하기가 아주 어려운 직함은 아니다."(파리의 의학부 교수)

것은 그 이름으로서, 다시 말해서 구성원 전체를 초월한 것으로서 지속적으로 존재하지는 않는다. 그 구성원 개개인이 그렇게 마음을 먹는 한 집단에 의해 집단을 위해 존재할 수 있으며, 더 정확하게 말해서 집단이 존재하는 토대가 될 수 있는 원리에 일치하여 존재하게 된다. 집단에 들어가는 진짜 입장료는 우리가 '단체 정신'(혹은 그것의 다른 특수화 속에서 '법률적 혼' '철학적 혼' '이공과 대학생적 기질' 등)이라 부르는 것인데, 다시 말해서 단체나 그 단체의 존재 · 동일성 · 진리를 만들게 하는 모든 것의 재인식에 대해 잠재되어 있는 형태이다. 집단은 재생산되어지기 위해 재생산이 되어야만 하고, 공식적으로는 단체에 들어가는 데 요구된 능력의 기술적 정의에 환원될 수 없기 때문에 단지 정의될 수 없는 것으로 보일 뿐이다. 만약에 사회적 유산 상속이, 사회적 질서의 재생산과 이해 관계를 같이하고 있는 모든 단체의 재생산 속에서 매우 중요한 역할을 한다면, 이런 고도의 선별적 분위기가 가장 강하게 요구하고 있기 때문이며, 그것은 학교에서 습득하는 것보다 학교 이전과 학교 이외에서 경험을 함으로써 몸에 익혀지고, 에토스나 신체적 헥시스(hexis, 성향), 표현 방법, 사고하는 방법, 우리가 '정신'이라는 이름으로 지칭하고 있는 '나는 무엇인지를 모른다'라는 매우 육체적인 모든 것으로 구성된 지속적 성향의 형태하에 육체 안에 기입되어 있기 때문이다.[26] 그것은 새로운 신입 회원으로부터 사회적 구성의 근본적 변화를 도입하려는 위기의 경우에서 보는 것과도 같다.

  교수자격시험 보고서의 분석에 의존하면서 내가 다른 곳에서 이미 보여 주었던 것처럼 회원 자신에 의한 신회원의 선거 조작은 항상 '인물,' 전체적 용모, 아비투스를 선별하려는 데 있다. 다음에 제시하고 있는 바

---

26) "내 주변과 나의 일가에는 의사들이 상당수 있다. 우리 집안은 정말 의학에 관한 한 대가족이라 할 수 있다. 나의 아버지는 의사였으며, 4명의 삼촌 중에서 3명이 의사이다. 8명의 사촌 중에서 적어도 4,5명이 의사이다. 하지만 나의 형은 의사가 아니다. 형은 치과의이며, 파리치과학교의 교수이다. 우리 모두가 가족 식사를 할 때, 그것은 마치 학부교수회의와도 같다."(파리 의학부 교수)

는 법학 교수자격시험에 관한 증거가 되는 것이다. "결정된 프로그램도 없고, 득점 조정 계수도 없으며, 의무적인 채점조차 없다. 그것은 점수를 가산하는 것이 아니라 인물을 판단하는 것과 관련된다. 개별 심사위원에게 선출 기준과 방법을 결정하도록 되어 있다. 숫자의 기만적인 엄격함보다 더 확실한 이런 '인상주의'의 효능을 경험은 잘 보여 주고 있다." (J. 리베로, 〈프랑스 법학부 교수들의 양성과 신임 교수 채용〉, 《*Doctrina, Revista de derecho, jurisprudencia y administración*》(우루과이), t. 59, 1962, 24-261쪽 ——장 리베로는 파리대학 법학부의 행정법 정교수이며, 공법 교수자격시험 위원회의 위원장이었다.) 전인격의 총체적 직관에 토대를 둔 회원 자신에 의해 신회원을 뽑는 신회원의 선거 방책은, 결국 의학부 교수들의 경우에 서만이 긴요하게 요구된다. 실제로 '대가족적 외과 의사'나 경영해야만 하는 병원 부서의 '대주인'이 하는 일을 생각하는 것으로 충분하다. 대부분 위급한 경우에 그들이 행하는 **기법(art)**은 전쟁에서의 수장이 하는 것과 유사하며, 자신의 실천적 직무 수행 조건의 완벽한 통제, 다시 말해서 다른 사람들의 신뢰와 헌신을 끌어들이기에 적절한 자기 통제와 확신을 결합시키는 것을 함유하고 있다. 회원 자신에 의한 신회원의 선거를 조작하는 일은 이런 경우에 단순하게 지식이나 학문적 지식의 총체가 아니라 전문 지식 혹은 더 정확히 말해서 지식을 실천에 옮기게 하고, 그것을 실천 속에 적절한 시기에 행하게 하는 기교이다. 그런 기교는 전체적 행동 양식, 살아 나가는 기술, 그리고 아비투스와는 떼려야 뗄 수 없는 관계에 있다. 이것은 순수하게 임상적 의학과 의학 교육의 옹호자들이 환기시켜 주는 것이다. "이것은 약간은 스콜라풍의 교육이었다. […] 우리는 그것을 소질문을 통해서 습득하였다……. 장티푸스와 같이 중대한 사항에서 우리는 순수하게 생물학적 문제를 상대적으로 별로 공부하지 않았다. 물론 이것은 장티푸스균에 의한 것이었지만, 우리가 이것을 알게 됐을 때마다 대체로 거드름을 피웠다. 사람들이 연구했었던 의학은 예방하는 데 도움이 되고자 했던 증후의학이었다. 그것은 미국인에게는 값비싼 생리병리학적 의학에 불과한 것이 아닌 아주 훌륭한 것이며, 또한 해야만 하는 일이었다 […]. 하지만 이런 생리병리학적 의학에 대해 우리는 아주 수준 높은 곳에 도달해 있었고, 우리에게 진단을 하게 해주었는데, 결과적으로는 아주 본질적으로 실천의학이 되게 해주었던 임상의학을 포기한다는 것은 매우 유감스러운 일이다." 병원의 통근 조수직은 친숙하게 되는 정도나 실례를 통해서 보면 '현장의' 일을 수행하는 특권직이었다. 거기에서 '평균 정도의 좋은 의사들' 이라는 거대군이 형성되었는데, 이들은 '환자들이나 훌륭한 주임의사와 접촉중이었거나' 그렇지 않으면 인턴과 같은 엘리트와 같이 '상당히 박식한 일등급 의사들' 을 접촉하였으며, '그들의 직업을 알고 있었다.' 당직 부서의 경우에 통근 조수는 '위급한 결정을 필요로 하는 증후군' 을 체험할 수 있었으며, "인턴과 더불어서는 진단 방식의 실행, X-레이 검사, 망설임 등과 진료에서 호출되는 외과 의사와의 마찰, 그들과의 접촉에서 그것은 진정 현장의 일이라는 것을 볼" 수 있었다.(임상의, 1972년) 스승이 보여 주고 있는 전문 지식의 실험은, 교수가 하는 교육적 설명과 공통되는 점이 그리 많지 않으며, 같은 능력을 필요로 하지 않고, 특별히 동일한 지식 개념을 필요로 하지 않는다. 이와 같이 완전히 전통적이며, 거의 수공업적이라 할 수 있는 학습 방식은 닥치는 대로 이루어져 왔으며, 이론적 지식을 요구하기보다는 주임의사나 인턴에게, 그리고 그들을 통하거나 병원 전체나 '의술' 에 자신을 내맡기는 관계 속에서 모든 사람이 함께 투자할 것을 더 요구하고 있다. ("그 이후 수술에 참여했고, 제1 혹은 제2의 조수로서 인턴을 도와 주었으며, 우리들은 아주 만족했다.")

이와 같은 비교는 한계를 비교에 부여해 주는 차이점을 명백히 밝혀 주고 있다. 실제로 임상의와 수학자, 심지어 법학자나 사회학자 사이에서까지 지식의 생산과 재생산의 두 가지 양식간에는 더 폭넓게 말해서 두 가지의 가치 체계와 생활 유형의 차이 간에, 아니면 원하는 바로 경험을 쌓은 사람을 인식하는 두 가지 방법간에는 편차가 있다. 행정적이며 정치적인 온갖 책임 전체를 함유하고 있는 기술적이고 사회적인, 이런 분리되지 않는 역할 속에서 채택된 엘리트의 책임 구성원이며 존경할 만한 구성원이라 할 수 있는 의학부 교수는, 적어도 자신의 문화적 자본이나 사회적 자본, 출생이나 혼인 관계 속에서만큼 흔히 자신의 성공에 대한 의무가 있다. 또한 (정확하게 배우자의 사회적 신분이나 수많은 자녀들에 의해서 증명된) 사생활의 행실에서 진지함이나 스승에 대한 존경, 책임감("암기하거나, 후에는 똑똑해진다"라고 정보제공자는 말한다), 인턴시험을 준비하는 데 학교적인 것보다는 규율에 대한 순종이나, 심지어 사회적 가치나 덕목에 밀착하는 것을 특별히 보증해 주는 것으로 가치를 갖는 수사학적 능력만큼이나 자신의 성공에 대한 의무가 있다.[27]

학부나 학과에 따른 직업적 세습 비율을 보여 주려는 중요성은, 우리가 **전문 직업에서의 낡은 형태**를 그와 같은 직업 세습에서 보게 된다면 (친족 등용주의의 효과를 제외하고는) 설명되어진다. 다른 요소, 특히 연령이나 기타 다른 곳에서도 동일한 대학 교수 단체의 가족 출신인 행위자들은, 명시적으로나 암묵적으로 신입생에게 요구되는 고도의 어떤 특성들[소유물]을 가질 수 있기 때문에 경쟁을 하는 데 있어서 상당히 유리한 이점을 안고 있다. 그런 특성들[소유물]은 무엇보다도 고유명사와 결부되어 있는 상징적 자본인데, 그것은 기업의 경우에 유명한 상표나 먼저 알게 된 고객과 지속적 관계를 맺는 것과 동일한 속성을 지니고 있다. 두 번째는 특수한 문화적 자본이다. 그런 자본을 소유하는 것은 확실히 강력한 수단을 이루기 때문에 학부나 학과와 같이 고려된 영역에서 적용되고 있는 자본은 그다지 **객관화되거나**(objectivé) **형식화되어**(formalisé) 있지 못하며, 시간이 경과하면서 혹은 첫번째 사람에게만 획득해질 수 있는 **기교**를 구성하는 성향이나 경향에 더 완벽하게 환원되어지고 있다.[28] 교수의 사회적 출신이나 교수직에 들어가는 연령이 의학부와 법학부에서

---

27) 어떤 이는 인턴시험을 보는 데 있어서 수사학, 그리고 웅변술의 중요성을 수시로 명백하게 설명했었다. (J. Humburger, 《나의 의학 부서에 있는 학생들에게의 조언 *Conseil aux étudiants en médecine de mon service*》, Paris, Flammarion, 1963, 9~10쪽을 볼 것.)

28) 이런 점에서 모든 것이 추측 가능할 수 있다. 생산과 생산물의 상품화에 필요한 특수한 자본의 객관화 등급과 신입 회원의 차별화된 기회, 즉 입회시 장애물이 되는 힘간에 있는 관계는 정확히 경제적 영역에서부터 시작하여 모든 영역에서 관찰된다. (예를 들어 문화적 생산 영역 중심에서 19세기 전체를 거슬러 올라가 보면 이것이 가장 커다란 직업 전문적 세습이 있는 연극 분야, 특히 부르주아 연극 분야에 있다는 것은 우연한 일이 아니다.)

문학부, 특히 이학부로 이전할 때(혹은 경제학부 교수들이나 기초의학 교수들이 더 젊고, 법학자나 임상의 교수단 가족 출신자들보다 대개의 경우 더 소수인) 더 낮아진다는 사실은, 확실히 **부분적으로** 지식의 생산과 습득 과정과 수법이——단지 신체적 상태에서만이 존재하는 대신에——도구나 방법·기술 안에서 객체화되고 있는 정도가 동일한 방향 속에서 다양해진다는 사실에 의해 설명된다. 신입 회원, 특히 그 중에서도 상속받은 자본이 없는 사람들은 고참자들과의 경쟁에서 더 원대하고 빠른 과정의 기회를 갖고 있는 만큼, 요구되는 능력이나 성향은 지식의 생산만큼 재생산에서(특히 생산 능력을 얻어내는 데 있어서), 그리고 온갖 형태의 경험과 장기적인 친숙도의 과정에 토대를 둔 직관적 인식에서 훨씬 모자란 자리를 차지하고 있으며, 그런 능력이나 성향은 더욱 형식화되어 있고, 게다가 합리적이며——다시 말해서 보편적인——전달과 취득의 대상을 이루기에 더 적합하다.[29]

하지만 두 **학부**(faculté)간의 대립, 그리고 학문적 능력과 사회적 능력 간의 대립은 세속적으로 지배적인 개별 학부의 중심에서(그리고 이런 관점으로부터 중간의 위치를 차지하고 있는 문학부와 인문과학부의 중심에서) 다시 만나게 된다. 바로 그런 이유로 해서 의학부는 어떤 의미로 보면 학부 공간(심지어 권력계까지) 전체를 재조직하게 된다.[30] 모든 측면을 단

---

29) 우리는 학문적 실천이 객관화와 제도화에 아주 긴밀히 협력하고 있다는 것을 보지 않고서 학문과 예술 간의 대립 동기를 완벽하게 설명할 수 없다. 우리는 분명 구두 화술에 내맡겨져 모방되어 직접 사고 표현을 하는 것과 단절 도구로서 문자의 역할을 생각하게 되고, 모든 형식적, 정확히 말해서 논리적이며 수학적인 상징 작용 체계의 역할에 대해 생각하게 된다. 그런 상징 작용 체계는 직관——그것은 기하학적인 것이었다——에 상징 작용 체계의 자율적 논리와 그 고유의 명확성을 대체하면서 같은 상징 체계를 생각하게 하는, 라이프니츠가 사용한 말에 의하면 '맹목적 명확성'(라이프니츠는 이것을 **한계 외의 명확성**(evidentia ex terminis)이라 부르기도 했다)을 대체시키면서 쓰기에 의한 객관화의 효과를 완성하는 데 힘쓴다. 사고 방법의 객관화에서 이런 진보는, 그것이 전제하고 완성하게 해주는 사회적 형태 안에서나 그런 형태를 통하여 항상 달성되고 있다는 것은 분명하다. (예를 들어 제도화된 토론——청중 앞에서 2명의 적대자간에 벌어지는 일종의 싸움——과는 뗄 수 없는 관계에 있는 변증법으로부터 논리학이 나온다.) 우리는 여러 학과들이 사용하고 있는 전달 형태의 합리화와 형식화의 정도에 따라 그런 분야들을 구분할 수 있게 된다.

몇 개의 문장으로 한정시키는 것이 가능하지 않다 할지라도 의학부의 임상의들과 생물학자 간의(요컨대 이학부에서 생물학자들과는 사회적이고 학교적 과거에 있어서 아주 다른) 복합적이면서도 다원적인 면을 보이는 대립은, 장기적으로나 개별적인 경우에 주의하는 데서 획득된 선배의 경우에서 습관처럼 배어 있는 '경험'을 통해 방향이 주어진 **기교**의 대립으로 기술될 수 있으며, 진단의 근거를 제공해 주는 데 사용되는 외적 기호에 만족해하지 않지만 일반적인 원인을 파악하는 **과학**의 대립으로서 기술될 수 있다.[31] 의학적 실천과는 완전히 다른 두 가지의 개념 원리가 있다. 첫째는 환자와 의사 간의 임상 관계이며, 이는 '자유 업적' 의학의 모든 옹호에 기초한 그 유명한 '개별 토론'에 우위를 부여해 주는 원리이다. 두번째는 연구실의 분석과 기초 연구를 최우선시하는 것이다. 이런 대립은 기교나 과학이 주도적 역할이나 부차적 역할을 하도록 부여해 주는 것에 따라 의미와 가치가 변한다는 사실을 생각할 때 복잡해진다. 임상의들은 그들의 요구에 직접적으로 정돈된 연구를 있는 그대로 잘 받아들인다. 흔히 임상의에게 무관심하거나 실현 불가능한 **장기적**(à long terme) 문제를 제기하고, 새로운 방법을 연구하기보다는 검증된 분석 방법을, 임상의의 요구나 근본적으로 실행하는 것으로 구성된 응용 연구의 순수한 기술적 역할 안에서 기초의학 연구자들을 유폐하거나 유지하기 위해서 경제적으로 수익성의 요청이 내세워졌다. 그때까지 사회적으로는 피지배적이었던 기초의학 연구자에 관해 말하자면, 그들 중 과학의 권위를 요구하기에 더 좋은 위치에 있는 사람들(다시 말해 하향세에 있는 해

---

30) 우리는 동일한 모델에 대해 법학이나 경제학 간에 있는 관계에 대해서도 묘사할 수 있을 것이다. 그 관계는 마치 부차적 학과의 지위에서 경제학을 떼어 놓는 자율화의 과정으로 설정되는 것과도 같다. (L. Le Van-Lemesle, 〈정통성의 정복에 나서고 있는 정치경제학 L'économie politique à la conquête d'une légitimité〉(1896-1937), 《Actes de la recherche en sciences sociales》, 1983, 47-48, 113-117쪽을 볼 것.)

31) 이런 대립은 기타 다른 영역, 예를 들어 엔지니어나 건축가 간에 설정된 대립과 완전히 흡사하다. 이런 경우 기교를 가진 사람은 기술의 비인간적이며 비심미적인 제약에 반하는 '예술'(부차적으로 살아가려는 기교, 다시 말해서 '인간')의 절대적 필요성을 요청할 수 있다.

부학자들보다 상승세에 있는 분자생물학 전문가들)은 과학에 의해 가져온 치료의학의 진보란 이름으로, 순수한 기술적 의무 기능으로부터 완전히 벗어난 기초의학 연구를 수행할 권리를 점점 더 강력하게 주장하는 경향을 보이고 있다. 기초의학이 과학적 학과로서 위용을 드러내는 배경은, 그들 눈에 '임상의적' 견해나 '개별 토론'의 공리공론을 뒤덮고 있는 관례를 뛰어넘는 현대의학의 옹호자 역할을 하고 있다는 사실에 배경을 둔다. 이런 투쟁의 와중에서 기초의학 연구자들은 자신들의 미래, 다시 말해서 과학을 갖게 될 수 있을 것으로 보인다. 사실상 그들 중 가장 위신이 있는 사람들, 의학의 고전적 이미지에 결부되어 있는 사람들은 보통의 임상의보다 상위에 위치해 있으며, 그때까지 완전히 통일되고 단순히 교수 집단의 서열화된 표시를 문제삼게 된다.

기초의학 연구자들은 이학부 교수와 임상의 중간에 자신들을 위치시키는 사회적·학교적 특징을 보여 주고 있다. 그렇기 때문에 이들이 부친 세대에 있어서 의학부 교수의 다른 카테고리와 아주 흡사하다 할지라도(소부르주아 계급의 자녀보다 조금은 높은 표시를 제외한) 조부 세대에 있어서의 과학자들에 더 근접하는 것 같아 보인다. 친할아버지 직업에 기준을 둔 채 부르주아 계급에 있던 기간이 오래됐다는 것은 적어도 두 세대로부터 나오며, 부르주아 계급 가정에 소속되는 비율은 기초의학 연구자가 22%에 불과하고, 임상의 42.5%, 외과의의 54.5%(그리고 의학부 교수 전체에 있어서는 39%)에 반하며, 이학부 교수는 20%에 불과하다. 확실히 그리 오래되지 않고, 유복하지도 않은 가정 출신자들인 기초의학 연구자들은 임상의나 외과의와는 달리 두 가지 수입원인 치료와 손님의 혜택을 받지 못하며, 부유층이 사는 지역에서 훨씬 많이 거주하지도 못하고, 《인명록》이나 특히 《명사록》에 자주 오르내리지 못한다. 과학자들과 마찬가지로 그들 중 상대적으로 중요한 유대인들 일부를 생각한다는 것은 주목할 만한 일이다. 이와 같은 사회적 차이는 사회적으로 매우 동질적이고 자신의 동질성에 관심을 두는 세계에서, 사회적으로 구별되고 대립하는 두 그룹을 정당화하기에 충분하다. 그것은 대부분의 정보제공자들과, 확실히 교수 전체가 이런 차이를 과대 평가하는 사실을 다른 지표들 중에서 여실히 증명해 주고 있다. "약간은 미친 듯한 사람이 연구를 한다. 우리가 입신출세라 부르는 것을 하려는 데 관심을 주는 대신에, 이들은 연구 쪽을 지향하는 가난한 환경 출신의 젊은이들이다."(대담, 기초의학 연구자, 1972년) 어쨌든 이 모든 차이점은 정치적 대립에서 나타난다는 것을 지칭하는 듯해 보인다. 기초의학 연구자들은 좌파적 성향에 위치해 있는 반면, 순수한 학문적 위신이 미약한──위신의 경우가 장기이식을 성공적으로 하여 일반 대중의 의견에 따라 변화한다 할지라도──모든 보수적 운동의 선봉 부대와도 같은 임상의나 특히 외과의는 오히려 우파적 성향에 속한다. (이 두 가지 카테고리는 1968년 5월 혁명이 일어났을 때 문학부와 이학부의 모델에서 만들어졌고, 모든 행정적 권위의 지위를 점하고 있는 '자치조합'에 대거 가입하게 되었다.)

확실히 영역에 따라 내용을 수용할 수 있는 이런 대립은 문화 생산계의 불변 요소를 구성하게 한다. 모범 형태를 보이는 종교계는 정통과 이단의 대립과 더불어 패러다임을 제시해 주고 있다. 문학부와 인문과학부 내부에서 선발시험이라는 왕도를 통해, 표준이 되는 교수들의 독선과 종종은 지름길을 통해 성별(聖別)에 이르게 됐던 부차적이며 원초적인 연구자들과 교수들의 절제된 비정통적인 생각이 대립하는 것을 보게 되며, 마찬가지로 의학부 내부에서 사회적 질서와는 분리될 수 없는 의학적 질서의 옹호자들을 선발시험에 토대를 두고, 교수 단체의 재생산을 보증하기에 적절한 일련의 성별 의식에 토대를 두는 이단적 개혁자들과 구분한다. 이단적 개혁자들은 예를 들어 의학 연구 개혁의 발안자로서 우회적인 방법, 다시 말해서 대개의 경우 외국(특히 미국)을 통해 입신출세하였으며, 사회적으로 지배적 지위에 도달하는 길을 열어 갈 만한 사회적 명예가 없기 때문에 국립자연지박물관이나 이학부, 파스퇴르 연구소, 콜레주 드 프랑스와 같이 어느 정도는 권위 있는 주변 기관에서 사회적으로보다는 학문적으로 더 성공할 수 있는 연구자의 이력을 추구할 수 있는 가능성을 찾아냈다.[32] 이와 같은 학문과 사회적 존경성의 모순, 연구자의 비정상적이며 위험천만한 경력과 교수의 더 확실하면서도 더욱 한정된 학업 과정 간의 모순은 제도적 위치의 객관화 속에 기재된 차이, 세속적 권력에 대한 의존성과 독립성, 마찬가지로 행위자들 성향 속에 있는 차이에 귀결된다. 그것은 어느 정도는 일치와 단절——학문적 요소나 사회적 요소와는 불가분의 관계에서——복종과 침범, 확립된 학문 관리나 학문적 정통성의 비판적 혁신을 띠는 경향이 있거나 강요된 것이다.

학문적 능력[권한]과 사회적 능력[권한]

(위에서 살펴본) 세속적으로 지배적인 학부(혹은 학과)와 학문적 연구를 더 지향하는 학부(혹은 학과) 간의 여러 다른 대립 형태 속에서, 칸트가 두 종류의 학부를 구별했던 것을 알 수 있을 터이다. (칸트에 따르면) 한편에는 신학부·법학부·의학부로 일컬어지는 세 가지 '상위 학부'(세속적으로)가 있으며, 이들 학부는 '국민에 대해 가장 강력하고 가장 지속적인 영향력'을 정부에 공급해 줄 수 있기 때문에 정부에 의해 가장 직접적으로 통제되었고, 정부에 대한 관점에서 가장 자율적이지 못하며, 동시에 지식의 실천적 사용법과 사제·판사·의사라는 지식의 일상적 사용자를 양성하고 통제해야 할 사명을 가장 직접적으로 맡고 있다. 다른 한편에는 '하위 학부'가 있으며, 어떤 세속적 효력을 갖지 못하기 때문에 '학식 있는 국민의 고유한 이성' 즉 역사적이거나 경험적인 학문(역사학·지리학·문법 등)이나 순수한 이성적 학문(순수수학이나 순수철학)에

---

32) 강좌들간에 설정되었던 서열과, 일부 기초 연구 강좌(세균학 강좌와 같이)를 임상의의 더 권위 있는 교수직에 이르기 이전의 단순한 대기적 위치를 이루는 데 예정됐던 서열에 대한 본래적 학문 영향을 굳이 말할 필요가 없다. (이 모든 사항에 대해서 H. Jamous, 《결정의 사회학에의 공헌, 의학 연구와 의학 연구 개혁 Contribution à une sociologie de la décision, La réforme des études médicales et des études hospitalières》, Paris, CES, 1967년에 간행된 아주 좋은 연구서를 읽어볼 수 있을 것이다.)

관계되는 고유한 이성의 법칙에 내맡겨졌다. 칸트의 말을 계속 따라가 보면 어떤 의미에서 '학문의 의회 우파' 진영, 즉 권위를 이루는 것이 첫째이고, 둘째는 좌파 진영인데, 그 경우는 검토하거나 반론하는 자유를 이루는 것이다.[33] 정치적 질서 속에서 지배하는 학부는 학문의 기술이나 처방을 정해진 사회적 질서의 법칙 한도 내에서 토론하지 않고, 의심하지도 않고 적용시킬 수 있는 집행 행위자들을 양성하는 기능을 갖고 있다. 그런 학부들은 내세우지도, 생산하지도, 변혁시키려고도 하지 않는다. 문화적 차원에서 지배하는 학부는, 다른 학부들이 주입하고 응용하는 데 만족하는 합리적 토대를 구성하려는 필요성을 위해서, 집행 활동에 금지되어 있는 자유를 하는 데 예정되어 있으며, 그런 자유는 실천의 세속적 질서 안에서는 매우 존중할 만한 일이다.

의사와 법률가의 능력[권한]은 법률적으로 보증된 기술적 능력이다. 그런 능력은 어느 정도 학문적 지식을 사용하기 위한 권위와 허가를 부여해 주고 있다. 기초의학 연구자들이 임상의에 종속되어 있다는 것은 이와 같이 사회적 권력에 대한 학문의 종속을 표현해 주고 있으며, 사회적 권력에 그것의 기능과 한계를 정해 주고 있다. 게다가 칸트의 의미에서 상위 학부가 실현시키고 있는 조작은 어떤 점에서는 사회적 마술의 영역에 속하는데, 그런 마술은 주도 의식과 같이 사회적 능력[권한]과 기술적 능력[권한]과는 분리될 수 없게 해주는 경향이 있다. 미셸 푸코가 작성한 임상의학 관념에 대한 계보는 의학적 능력의 이런 이중적 척도, 즉 기술적이며 사회적인 척도를 명백히 밝혀 주고 있다. 그 계보는 의학부 교수들의 사회적 중요성의 근거가 되는 사회적 필요성의 점진적인 성립을 묘사해 가며, 의학부 교수들의 기술(엔지니어와도 같이)을 어떤 특별한 사회적 권위를 부여하지 않는 모든 기술적 능력과 구분짓고 있다. 의학은 실천적 학문인데, 그것의 진리나 성공은 한 나라 전체에 이

---

33) E. Kant, 《학부들의 논쟁 *Le Conflit des facultés*》, Paris, Vrin, 1953, 14-15, 28, 37쪽을 볼 것. 칸트식 기술의 부분적 유효성은 대학계의 불변 요소에 대한 문제를 제기하며, 다른 시대에 여러 다른 국가적 전통의 방법론적 비교를 할 수 있게 한다.

익을 준다. 또한 임상의학은 (과거 개혁자들이 언급했던 것처럼)[34] 의학적 질서의 "학문적 일관성뿐만 아니라 사회적 유용성에 필요한 근본적인 구조물로 나타나고" "치료 기술이 어떤 접점을 통해 시민 사회의 질서로 가는지를 보여 준다." 게다가 동일한 논리로 볼 때, 임상적 행위의 실행은 상징적 폭력 형태를 함유하고 있다는 것을 보여 줄 수 있다. 의료 행위자들에 의해 다소간은 완벽하게 통합된 정식화되고 코드화된 지각의 도식 체계라 할 수 있는 임상적 능력은 환자들이 제시해 주는 지표, 신체적 지표(부기와 붉은 반점과도 같은 것), 언표적 지표(예를 들어 신체상으로 볼 수 있는 지표의 빈도·지속성·병소의 위치 결정과 고통의 빈도나 지속성 등에 대한 정보와 같은 것)에 의존해서만이 실질적으로 기능할 수 있는데, 이는 다시 말해서 특별한 경우에 적절하게 적용——판사의 법 해석 행위와 유사한 조작에서——할(될) 수 있는 것과 같다. 그런 것들은 대개가 **임상 조사에 의해 자초되어져야**(suscités par l'enquête clinique)만 했다. 하지만 진단(정확하거나 오류이거나)으로 통하는 증상에 대한 이런 식의 생산 작업은, 아론 시쿠렐〔슈츠의 현상학적 사회학에 영향을 받았으며, 인지사회학을 주창한 사회학자〕이 분석한 것에서 잘 보여 주고 있듯이 전문가가 환자를 통해 누설된 지표에 대해 그 자신만의 인지적 전제 사항을 부과하는데, 실제로 임상학적 징후에 관해 환자의 암묵적 전제 사항과 명시적이며 암묵적인 자신의 전제 사항 간의——진단의 오해나 오류를 낳는——차이 문제를 제기하지 않고, 동시에(예를 들어 염증이라 불려지거나 손가락에서 보여진 붉은 반점으로의 이행과 더불어) 의학의 코드화된 임상적 언설에 환자의 자연 발생적 언설 번역의 근본적인 문제와 같은 것을 제기하지 않는 비대칭적 사회 관계 속에서 실현되고 있다. 기타 매우 억압된 다른 문제가 있다. 그것은 정보 습득 시간의 인지적 영향에 대한 문제이다. 전문가의 인지 수단 목록의 한계(질문되지 않은 것이다)나 그 인지 수단 목록을 동원하려는 능력의 한계는 경험 부족뿐만

---

34) M. Foucault, 《임상의학의 탄생, 의학적 감시의 고고학 *Naisssance de la clinique, Une archéologie du regard médical*》, Paris, PUF, 1963에서 인용.

아니라, 특히 위급한 상황에서 요구된(유도 질문으로) 침강(沈降) 반응이나 예방의 결핍과도 관련되어 있을 가능성이 있다.

　일반적으로 개별 학부 내에 있는 학문적 학과들의 진보는, 학문적으로 자의적인 사회적 필요성(문화적 자의성) 대신 사회적으로 자의적인 학문적 필요성을 대체하는 것에 일치하고 있다.[35] 학문은 학문적 가치관이 더 광범위하게 승인됨에(특히 과학 기술의 변화와 교육 시스템이 작용하는 효과하에) 따라 증가하는 사회적 승인, 그리고 그런 승인을 통해 사회적 효력을 일치시키도록 간주하는 경향이 있다 할지라도 학문은 위탁된 권위의 형태하에 자신이 갖고 있는 사회적 힘을 외부로부터만이 받을 수 있다. 이런 위탁된 형태는 사회적 자의성의 정통성을 사회적으로 기반을 두고 있는 학문적 필요성에서 찾아낼 수 있다. 하지만 이와 같은 직무 권한적 권위는 동일한 순환적 정통성의 관계를 임상의학과 같은 기술이나 신학이나 법학, 심지어 문학사나 철학사와 같은 학자적 전통에서 유지할 수가 있다. 근본적으로 사회적이라 할 수 있는 이런 학과들의 필요성은 결국 '박사들의 공통된 의견'에 의존하고 있으며, 그 의견 자체도 일관성이나 사실과의 양립 가능한 합리적 필요성 안에서만이 뿌리박혀 있는 것이 아니라, 객관적으로 잘 조직·편성된 성향의 체계와 그 안에서 표현되는 어느 정도 객관화되고 코드화된 문화적 자의성의 체계에 대한 사회적 필요성 안에 뿌리박혀 있다. 예술적이며 정치적인 개인이나 단체가 정치적이며 미적이고 윤리적인 영역과 같은 다양한 영역에서 자신들의 '선택'에 일관성 있는 모습을 부여하기 위해서 산출할 수 있는 이데올로기적 구축물들은, 실제로는 논리적으로 서로 어울리지 않는 요소들의 결합으로 나타나며, 그런 요소들의 결합은 공통의 성향이나 위치의 통합된 힘에 의해서만이 조화로움을 유지하게 된다. 그 결과 철학사나 미술사·문학사와 같이 그 자체 내에 이유나 존재해야 할 이유를 갖고 있지 않기

---

35) 법학부가 신분상 권위의 외적 표장을 아주 천천히 포기했던 것은 우연이 아니다. 흰담비 모피나 법복은 **표상의 작업**이나, 법문과 그것의 해석에 대한 권위를 연출하는 것과는 불가분적 관계에 있는 도구가 되고 있다. 표상의 작업은 직무 그 자체의 행사, 다시 말해서 법률을 생산하는 행위의 필수 불가결한 부분을 이루고 있다.

때문에 구축물의 자율로 취급하는 학과나, 법철학·미학·윤리학과 같이 실제로 신념이나 말의 단일성, 단체의 (사상적) **정통성**(orthodoxie)에 의존하고 있는 것을 이성의 단일성 안에 토대를 마련하기 위해 부여하려는 경향을 보이는 학과들은 이와 같은 구축 고유의 효과를 단순히 배가시키고 있다. 이런 효과는 모든 결정에 대해 완전히 합리적이고 명백한 성립의 환상 속에 정확히 안주해 있다.[36]

게다가 박사 집단의 사회적 연대성을 보장해 줄 수 있는 모든 것과, 특히 아비투스의 지속적 균일성을 보장해 주어 현 회원에 의한 신입 회원 선거의 모든 형태(그것의 한계는 결국 친족 등용이다)를 보장해 줄 수 있는 모든 것에다 만들어진 자리가, 물리학자나 수학자로부터 임상의나 법학자로 이동할 때 증가하는 경향이 있다면, 그것은 부분적으로 **박사의 공통된 의견**의 지적 단일성을 사회적 단체의 단일성 안에 근거를 마련하려는 필요성이 강하면 강할수록 고유의 학문적 일관성이 더 불확실하고, 교수 단체의 **사회적 책임**이 더 크게 강요되고 있다는 것이 상당 부분 확실하기 때문이다.[37] 특별히 법학자들의 경우에서 볼 수 있는 것처럼 '책임 있는 사람들'의 집단은 지식인처럼 분산된 형태로 권위 자본을 위협하지 않고 나타낼 수는 없다. 집단이 나오게 된 투쟁의 명백한 흔적인 모순과 그것의 참된 기능을 폭로하게 했던 문제들을 '쓰여진 이성'으로부터 없애 버려야만 하는 것과 마찬가지로, 집단의 질서를 위협할 수 있는 모든 사람들을 예방적 차원에서 볼 때 질서의 수호자로부터 거리를 두어야만 한다.

---

36) 철학이나 문학·법학과 같은 분야에서 소위 이론적 작업의 상당 부분은 우리가 구조주의에 대해 아래에서 보게 될 것이지만, 우선적으로, 그렇지 않다면 독단적으로 사회적 필연성 안에 토대를 둔 ~ism(주의)으로 (마르크스주의나 자연주의·자유주의) 개념의 합리적 근거를 마련코자 하는 것으로 이루어진다.

37) 법학자와 더불어 현상적 정의 속에 공통적으로 지니고 있는 대상의 특별한 속성은 완전히 특별한 위치 속에 사회학을 위치시키고 있다는 것을 볼 수 있다. 박사들의 의견이 정통성의 형태를 취하게 된다면, 대개의 경우 가장 극단적인 분산에 빠지게 된다. 그런 분산 형태는 교수 집단에 들어갈 때 확실한 학교적 통제, 특히 사회적 통제가 없거나, 그런 의견을 산출하는 사람들의 사회적 출신과 학교 출신에 상관되는 다양성에서 나올 것이다.

여기에서 여러 다른 학부들의 권위의 근거가 되는 암묵적 위임 계약을 살펴볼 필요가 있다. 학부의 자유에 더 엄격한 한계를 부여하면 할수록 그것에 일치하는 사회적 책임은 더 중요하다. 그리고 고등 교육 기관의 특권적 이용자들——다시 말해 지배 계급의 구성원——이 이런 교육 기관의 기능을 이루고 있다는 표상에 대해서 분석할 필요가 있다. 1969년 교육에 대한 국가적 조사에서 답변을 분석한 것이 분명하게 보여 주고 있는 것처럼 학문 본래의 기능과 관련된 '대학'의 사회적 기능에 혜택을 부여하는 경향, 예를 들어 학문적 인식의 전진에 대해 '국가의 지도층 형성'에 우선 순위를 일치시키려는 경향은 피지배 계층의 구성원들로부터 지배적 계층의 구성원으로 갈 때 증가한다. 이학부 교수들에서 법학부나 의학부 교수로 옮아갈 때도 마찬가지의 현상이 나타난다. 그 결과 교수가 자신들의 교육 활동에 부여해 주고 있는 기능이나, 이런 교육 활동의 특권적 수혜자가 부여해 주고 있는 기능의 **일치**(coïncidence)는 동일한 방향에서 증가하는 경향을 보이고 있다(교수들 고유의 이익을 만족시키기 위해 교수들 자신들의 상대적 자율성을 이용하려는 일종의 이탈 불가능성이 같은 방향에서 증가하고 있는 경향을 보인다). 특히 1968년 이후의 기간중에 지배적인 각 분파(일반대학교)에 대한 의혹은, 학부에 대해 '젊은이의 부패' 장소라는 것을 항상 겪고 때로는 나타내 주고 있는데, 특별히 문학부와 인문과학부, 부차적으로는 이학부에 관계되고 있다. 대담중에 기업주가 언급했던 것에서 알 수 있듯이 이학부의 '오염' 효과에 따르며, 그랑제콜보다 훨씬 더 '확실'하지가 않다. 그것은 마치 전문 기술자 양성의 기술적 기능 달성이 사회적 기능의 달성을 위협하거나 위태롭게 하는 가능성을 보이게 되자마자 권한 위탁 계약을 파기할 준비가 되어 있던 것과도 같다.

이런 분석에 비추어 볼 때, 공개된 정보의 토대 위에서나 교수들의 하위 집단(학부에 따라 아주 다양한)에서 직접적으로 수집된 정보의 토대 위에서, 우리가 설정할 수 있는 학부 사이에 있는 정치적 차이의 진정한 의미를 더 잘 이해할 수가 있다. 정치에는 상당히 무관심하며, 어쨌든 정치에 대해 공식적인 태도를 그다지 표명하지 않는(결국에는 조합 가입률이 낮은) 이학부 교수들은 약간은 좌파 성향으로 기울고 있는 것 같다. 통상적인 이미지와는 반대로 문학부와 인문과학부 교수들은 전체적으로 이학부 교수들보다 조금은 덜 좌파 성향에 있는 것이 확실한데, 이것은 좌파보다는 우파나 중도우파에 위치해 있다는 것과도 같다. (청원서나 지지목록과 같이) 공식적인 입장 표명의 층위에서 소수의 좌파가 더 강력하게, 따라서 더 눈에 띄게 지향한다는 것을 표시하고 있다는 사실을 문학부 교수 전체에서 볼 수 있는 대목이다(**하물며** 조교나 주임조교를 포함한 교원 단체 전체를 다시 끌어들인다면). 정치적 문제에 대해 공식적으로 밝히고 있는 사회적 선동이 이와 같은 지식인계의 역사 현황에서 더 강하면 강할수록 대학계의 '지식인적' 축에 더 근접하고, 따라서 좌파에 더 근접한다는 것을 이해하게 된다. 사회 질서가 분명한 사람들에게 있어서는 정치적 무관심을 보이는 경향이 때때로 있으며, 정치적인 의사 표시와 같은 무례한 행동을 별로 하지 않는 (기초의학 연구자들을 제외한) 의학부 교수들은, 대개가 중도우파나 우파에 위치해 있다. 법학부 교수들의 경우에는 의학부 교수보다는 정치에 더 많은 관심을 보이지만, 대거 우파에 집중되어 있지 않은 것이 확실하다. 법학부 교수들은 특히 소수의 좌파에 속해 있을 때 정치적 문제에 대해 공식적 입장 표명을 더 많이 하는 경향을 보이고 있다.[38]

이런 분석은 한 행위자의 정치적 의견을 통해 이해되어야만 하는 것과 그것을 파악하고 척도를 측정하려는 조건에 대한 성찰, 다시 말해서 우리가 사적이라 부를 수 있는 정치적 의견(친한 사람들간에 표명되는 의

---

38) 발레리 지스카르 데스탱(프랑스의 전직 대통령) 후보를 지지하는 대학위원회에서(《le Quotidien de Paris》, 1974년 5월 17일) 의학부·법학부·경제학부 교수들은 특히 파리에서는 아주 확실한 모습을 드러냈다. 파리에서는 총 64명 중 의학부 교수 28명, 법학부와 경제학부 교수 18명(문학부 10명과 이학부 0명에 반하는 비율이다), 지방에서는 총 47명 중 의학부 교수 18명, 법학부와 경제학부 교수 14명(문학부 8명과 이학부 7명에 반하는 비율이다)의 비율로 나타난다(파리에서는 더군다나 5명의 학사원 회원과 CNAM(국립공예학교) 교수 1명을 포함하고 있다). 프랑수아 미테랑을 지지하는 서로 다른 목록은 마찬가지로 정밀한 분석을 허용하지 않고 있는데, 그것은 그 목록이 지칭될 때의 칭호가 너무 막연하기 때문이다. 하지만 문학부와 이학부는 그 목록에서는 너무 확연하게 드러나고 있었다.

견이나 기표소에서 고립되어 표명되는 의견)과 공적인 정치 의견 사이에 있는 관계에 대한 성찰을 가정하거나 도입하게 한다. 주지하다시피 우리는 그런 교수들 전체의 정치적 의견에 대한 정보제공자(그들의 학생이나 다른 교수들)에게 질문하면서 이런 관계를 확인할 수 있었으며, 다른 사람들의 정치적 의견에 대한 의견은 확실한 한도 내에서는 '판정자들'의 정치적 의견(우파와 좌파 사이에서 행위자들을 배치하기 위해 사용되었던 명시적이고 암묵적인 기준 체계, 그런 체계에 대해서 우파와 좌파 간에는 의견의 일치가 없다)에 따라서 다양할 뿐만 아니라, 대개의 경우 '참되고' '정확한' 정치적 의견의 명시적 의견에 따라서 실제로 이런 의견이 '진정으로' 표명되는 조건 속에서 다양해진다.[39] 실제로 정치적 의견이 나타나는 표현 속에서 표명되고 있는 의견을 우리가 허용한다면 ("의견을 말한다는 것이 말하는 것이다"라는 플라톤주의적 형식에 따라), 우리는 정치적 의견이 그 자체로 윤리적 성향과 고유의 정치적 경향과 표명된 의견이 제공되어져야만 했던 시장간의 관계 속에서 정의된다는 것을 보게 된다. 우리는 거의 항상 시장 효과(시장 조사의 효과는 조사된 사회적 특성에 따라서 변하며, 그것이 바로 시장 효과의 한 측면이다)로부터 파생되고 있는 변동성을 무시하고 있다. 특히 정해진 단체에게 있어서, 친한 사람들간의 속내 이야기의 양태에 대해 발화된 사적 견해나 조사 관계 속에서 익명으로 보존되어 있거나 여러 다른 완곡화(예를 들어 '우파'에게 요구되었던 '중도')라는 형태의 대가로 발화된 사적 의견을 추려내려는 경향과 공식적으로 표명된 의견, 선언문, 생각을 표시하는 것에 속하는 경향, 단체에 있어서 표준이나 규범과 양식적 의견과도 같이 유행에 따를

39) 공적인 태도 결정을 사적인 의견, 예를 들어 가까운 사람에게 비밀 이야기하는 것보다 더 '진실되고' '성실한' 것으로 생각하게 될 때, 사람들은 공적 의견 표명이 **과해질** 수 있거나 강제적으로——그렇다고 해서 반드시 덜 '성실하지' 않는 한——될 수 있다는 것을 망각한다. 예를 들어 공적인 의견 표명이 옹호하고자 하는 사회적 신분에 대해 유지하려는 역할을 이룰 때가 그러하다. 이런 관점에서 행위자의 '참된' 의견에 관계되어 있는 공통된 의견—— 'x는 좌파 출신이다'——은, 다양한 상황 속에서 행위자들의 공적 태도 결정에 대해 행사할 수 있는 영향력을 분석할 수 있게 해준다. 공적 태도 결정은 원칙적으로 이런 의견을 확인하거나 부정하는 의도를 가질 수가 있다.

의무가 있다고 느끼도록 강요하고 있는 속성의 경향, 이 모든 경향들간에 있는 간격은 침묵과 비밀에 의한 것이었다. 이런 간격에 주의하는 것은, 태도 결정의 갑작스런 방향 전환과 느닷없는 전이 탓으로 돌리려는 것을 피하기 위해서는 불가피한 일이다. 의견 공표세(勢)의 일반적 강화에 결부되어 있는 위기적 국면의 태도 결정과도 같은 것은 일정 부분 시장 효과에도 그 책임이 있다.[40]

    1969년에 '전국고등교육원조합' 구성원을 무작위로 추출하여 행했던 견본 분석은, 이학부나 문학부·의학부·법학부 교수들의 조합 가입률이 각각 15%, 30%, 6%(의학부의 조합 가입자는 대부분 기초의학 연구자들이다), 1%이며, '자치조합'에의 참여 비율은 확실히 역방향에서 변화하고, 우파 쪽에 더 가깝다는 것을 보여 주고 있다. (예를 들어 1983년 5월 '전국고등교육원조합'에 가입했던 교원은 다음과 같은 학부별 분포도를 보이고 있다. 법학부 1.2%, 의학부 3%, 약학부 1.2%, 문학부 26.1%인데, 그 중 사회학 1.9%, 교육학 1.1%, 심리학 1.3%, 철학 1.9%, 문학 4.8%, 역사학 2.7%, 지리학 2.5%, 언어학 1.6%, 어학 7.8%이다. 이학부는 56.3%인데, 그 중 수학이 16%, 물리학 16.4%, 지질학 1.6%, 화학 7.1%, 생물학 15.2%, 기계공학과 토목공학이 1%이다.) 1969년에 행해졌던 **AEERS**(과학교육연구조사연구협회)가 전국적 조사를 했던 것을 토대로 살펴본 분석은, 모든 자연 발생적 견본에 내재되어 있는 한계에도 불구하고 우리가 다음과 같은 주장을 할 수 있게 한다. 예를 들어 '대학'에서 조합 활동의 자유와 정치적 자유를 도입하는 것과 관련이 있든간에, 혹은 교수 임용 체계의 변화와 관련이 있든간에 교육 체계에 대한 여러 다른 학부 교수들의 태도 결정은, 고등 교육 기관 체계 안에 있는 각 학부의 위치와 상당히 유사하다(물론 대학 제도

---

40) 좌파 전체를 문학부 교수에게 허용하고 있는 것과 같이, 문학부 교수를 드러내 보이는 지각의 오류는——적어도 1968년 이전에는 상대적으로 드문——다소간은 영웅적 이단자로 나타나게 하고, 보이는 우파로서 공식적으로 밝히고 있다. 반면 1968년 5월 혁명에서 보다시피 그들은 정치적 태도 결정과 신문잡지의 위협적 행동을 자극하는 쪽에서 대부분 그들 동료들의 상당수를 비방하고 있다.

와 그것의 개혁에 관한 의견은 결코 직접적으로 사회적 출신에 의해 결정되지는 않았으며, 성향과 위치 사이에 있는 관계 속에서 결정된다. 그렇기 때문에 모든 기구에 대해 혜택을 입고 있는 '기적적인 출세자들'은 다른 요소들과 모두 동일한데, 그 가운데 기구와 그 기구의 서열 중에 가장 다루기 힘든 옹호자가 있다).

칸트가 확립시켰던 대립은 두 가지 학부라는 카테고리 사이에 있는데, 첫번째는 그 학부가 제공하고 있는 세속적 질서에 종속된 학부이고, 두번째는 모든 학과와 모든 현세적 한계를 뛰어넘고 있는 학부이다. 이런 대립은 법학 학과나 사회과학 속에서 완성시키고자 하는 형태와 한계를 출현시키고 있다. 사회과학은 상위 학부가 독점하고 있는 영역에 대한 자유, 게다가 세속적으로 하위 학부의 특징인 무책임성을 도입하면서 사회적 세계에 대한 사과와 정통성 있는 담화의 독점을 법률적인 학과들과 조금씩 다투어 가기 시작했다. 한편에서는 확립된 질서라는 이중적 의미에서 합리화를 목적으로 하고 있는 질서와 권력의 과학이 되며, 다른 한편에서는 질서와 권력의 과학이 되고 있다. 이런 과학은 공적인 것들을 정돈하려는 것이 아니라 그런 것들을 있는 그대로 고찰하고, 사회적 질서와 국가가 무엇인지를 고찰하게 하려는 데 그 목표가 있다. 그것은 역사적 비교나 상상적 변화를 통해 확립된 질서와 국가를, 실현되고 실현될 수 있는 가능성의 세계 속에 있는 간단하며 특별한 경우에다가 환원시키며 이루어진다.[41] 이것은 생각한 것보다 더 위험해 보이는 조작이다. 왜냐하면 그런 조작은 수많은 것에 일상적으로 밀착되어 있는 것을 미결 상태로 두고 있다는 점을 전제로 하고 있기 때문이다. 질서를 지키는 사람에게 있어서 이것은 이미 비판적 단절, 게다가 무책임의 증거가 된다.

---

41) 동일한 형태의 대립은, 문학부 자체 내에 있는 사회학과 표준이 되는 학과들 사이에서 지켜지고 있다. 사회학과 표준이 되는 학과는 (교육사회학을) 대상으로 취할 수가 있고, (예술사회학이나 문학·철학으로부터) 표준이 되는 학과의 대상을 취할 수 있다.

3

자본의 종류와 권력 형태

"특히 아카데미를 포기하지 말아야만 한다. 나는 가까운 장래에, 15일 내로 르루아 보리외 씨댁에 꼭 식사를 하러 가겠다. 그리고 나서 그와 함께 중요한 회의에 갈 것인데, 그 없이 우리는 선거를 할 수 없다. 나는 당신의 이름을 놀랍도록 자연스럽게 알고 있는 그분 앞에 이미 떨어뜨려 두었었다. 그분은 몇 가지 반론을 제시했었다. 하지만 그는 차기 선거를 위해 내가 있는 단체의 지원이 필요하다고 판단했으며, 나도 일정 부분 책임을 맡을 의향이 있다. 나는 그에게 우리를 결속시켜 줄 관계에 대해 아주 솔직히 말할 것이다. 나는 당신이 입후보한다면 내 모든 친구들에게 당신을 위해 투표할 것을 요구하겠다는 점을 숨기지 않을 것이다. […] 그리고 그도 알다시피 나는 상당수의 친구들이 있다. 내가 그의 협력을 확보하기에 이른다면, 당신의 가능성은 아주 확고해질 것이라고 평가하고 싶다."

—— 마르셀 프루스트, 《잃어버린 시간을 찾아서》

법학부와 의학부로 대표되는 '세속적인' 축과 이학부로 대표되는 '학문적인' 축 간에는, 대학 공간에서 두 분야가 차지하고 있는 위치로 인해 (1967년의) 문학부와 이런 대학 권력의 두 가지 종류 사이에서 벌어지는 논쟁을 관찰할 수 있는 특권적 지위가 있다는 것이 확실하다. 두 영역의 축에 있는 이 두 종류의 권력은 대략 전적으로 강요되는 경향을 보이고 있다. 법학부에서와 같이 의학부의 경우에 다른 위치와 그것을 점유하고 있는 사람을 통제하게 해주는 위치 겸직에 토대를 둔 대학적 권력의 우월성은 아주 분명하게 나타나기 때문에, 기초의학 연구자와 같은 순수한 연구자들은 약간 '걸맞지 않은' 것으로 나타나고, 이학부와 같은 다른 집단 속에 포함시키게 했다. 게다가 일부 예외적인 경우를 제외하고 기초의학 연구자들은 순수 이학자들보다는 덜 알려져 있다. 반대로 이학부의 경우에 단지 연구 활동에서 성공적 투자에 기반을 둔 학문적 위신은 지배력을 보상적 대리물로 나타나게 하는 경향이 있다(우리가 학문적으로 승인된 몇몇 행정관의 경우를 항상 대립시킬 수 있다 할지라도). 학장이나 학부장, 혹은 다른 학문 행정관과 같이 비권력층에 있는 사람까지도 지배력을 보상물로 나타나게 하는 경향을 보인다.

문학부와 인문과학부의 본령은 여러 다른 서열화된 원리간의 관계가 그곳에서 더 균형 있게 있다는 데 있다. 실제 한편에서 학부는 학문계, 그러니까 연구 논리와 지식인계의 성질을 띠고 있으며,[1] 그 결과 지적인 명성은 학부 고유의 것에 속하는 자본과 이윤의 유일한 종류를 이루게 한다. 다른 한편에서 정통적 문화를 전달시키는 임무를 맡고, 성별(聖別)

---

1) 그런 경향이 확실한 만큼 문학부나 인문과학부와 같은 교원 단체의 확장을 이용하여 학부는 상당수의 작가나 작가 겸 저널리스트, 혹은 저널리스트 겸 작가를 흡수하였다.

과 보존의 사회적 기능을 부여받은 기관으로서, 학부는 법학부와 의학부 교수들의 사회적 권력과 동일하게 사회 질서 중 가장 근본이 되는 구조에 참여하고 있는 고유의 사회적 권력 장소가 되고 있다. 요약해 말해서 학부는 원리 그 자체에 의해 구분되는데, 그 원리에 따라 전체 속에서 학부 공간이 조직된다. 연구나 학문적 목적으로 방향을 선회하거나 지식 인계나 고유의 문화적 목적으로 방향을 선회하는 행위자나 기관, 혹은 문화적 질서와 재생산자들 집단의 재생산 쪽으로 방향을 잡아가거나 문화적 질서 속에서 세속적 권력의 행사에 결부되어 있는 이해 관계 쪽으로 방향을 잡아가는 행위자와 기관 사이에서 벌어지는 대립은, 대학계 전체 속에서 보면 문화적 질서에서 지배적인 위치를 갖고 있는 학부와 고유의 세속적 질서 속에서 지배적인 위치를 점유하고 있는 학부 간에 성립되고 있는 대립과 유사하다.

그러므로 우리는 이런 영역〔界〕을 구성하게 하는 위치 공간 구조와 이런 구조를 유지하거나 전복하려는 목적을 지닌 투쟁 간의 관계, 다시 말해서 영역에서 활용되고 있는 특성들〔소유물〕을 기준으로 취하면서 구축된 '객관적' 분류와, 분류 기준의 서열을 보존하거나 변화시키면서 그런 분류를 보존하거나 변화시키려는 목적을 지닌 분류들의 투쟁 간에 있는 관계를〔문학부나 인문과학부와 같은〕더 한정된 규범 속에서 관찰하고 묘사할 수 있을 것이다.[2]

프랑스 '대학'이 강력하게 서열화되고 중앙집권화된 조직이기 때문에 문학부와 인문과학부 교수들은 가장 '강력하며,' 그들은 몇 가지 예외적인 경우를 제외하고는 파리에 있는 학부에 소속되어 있다는 것을 수용할 수 있다. 우리는 권력에 대한 조사를 하기 위해 조사의 출발 집단〔모집단〕으로서, 1967년 파리에 있는 주요 고등 교육 기관의 정교수 전체를 설정

---

2) 우선적인 차원에서 볼 때는 경합이라는 객관적 관점으로부터 동질적인 집단으로 취급될 수 있는 학부가, 여러 다른 질서의 차이 장소인 영역처럼 모순 없이 다른 분석 층위에서 나타날 수가 있다.

했다. 콜레주 드 프랑스(이학 계열 연구자는 제외한다), 소르본대학, 낭테르대학(파리10대학을 일컫는다), 고등연구원(제4·5·6학과들), 공예학교, 동양어학교, 고문서학교(그 결과 '자유' 지식인이나 대학 이외에서 자신의 지위를 유지하고 있는 지식인——예를 들어 라캉——을 배제하기에 이른다)가 해당되는 기관들이다. 국립자연지박물관이나 파리천문대, 횡경국(橫經局), INRA(국립농학연구소), 과학보급원과 같은 기관들은 문학이나 인문과학의 정교수를 고려하지 않은 사실로 인해 배제되었다. (아주 제한된 교수진을 갖춘) 고문서학교와 동양어학교에서는 (게다가 고등연구원에서 강의했던) 교수만이 요구된 특성들(소유물)을 갖고 있었다(우리가 아래에서 그 내용에 대해 정의하겠지만). 조교수 점유율에 있어서 아주 중요한 곳으로 판단되는 낭테르대학은 출발 집단(모집단)에 있어서 아주 취약한 채용자 비율 형태를 보이고 있다. 모집단에 채용되어 여러 기관에 연관되어 있는 교수들의 주된 소속 기관을 코드화하기 위해 우리는 사회적으로 승인된 서열을 채택하였다. 예를 들어 콜레주 드 프랑스나 소르본대학·고등연구원에 동시에 소속되어 있던 사람들을 콜레주 드 프랑스와 소르본대학에 소속되어 있다는 사실을 부여해 줌으로써 채택하였다. 이런 식의 조작 과정은 우리가 알고 있다시피 그 자체의 토론 목적이 되고 있는 서열에 대한 태도 결정을 포함하고 있다. 그 결과 고등연구원에 소속되어 있다는 것은 비겸임 교수로 제한되게 되며, 이것은 가장 희귀한 기관의 특성 중 하나라는 점을 인정하지 않는 것이다. 예를 들어 종교학을 연구하는 데 전념하는 제4학과나, 소르본대학·콜레주 드 프랑스와 긴밀히 연관되어 있으면서 문헌학이나 역사학에 할애하고 있는 제5학과, 아니면 제6학과에 관련되어 있든 간에 비겸임 교수로 고등연구원에 소속되어 있는 것을 제한시키고 있다. 제6학과는 고등연구원이라는 기관에 대한 충성심이나 연구에 대한 투자, 언론계·출판계와 더불어 특권을 부여받은 관계 효과에 의해서 그들 고유의 교수진들 효과에 환원될 수 없는 상징적이며 실천적인 효과를 생산하게 된다.

1967년 파리에 있는 여러 대학 기관에서 적어도 한 가지 지위를 갖고 있는 정교수들의 모집단 내부에서, 적어도 다음과 같은 두 가지 특성들

[소유물]을 갖고 있는 것에 따라 정의될 수 있는 정교수들의 모집단 전체를 채택하였다. 그 특성들[소유물]은 등급이나 자격이 다양하여 영역에서 효력을 보이기 때문에 학사원이나 교수자격시험심사위원회, 고등사범학교 입학시험심사위원회, 대학자문위원회(대학 내 권력), 1963년이나 1967년 CNRS(국립과학연구센터)위원회(학문적 권력)에의 소속이나, 지식인 잡지 편집위원——혹은 총서 감수자(지적인 명성)——《인용 색인》에서 5회 이상의 인용 비율을 보유하고 있는 경우(학문적 위신)에 채택된 것이었다.[3] 이와 같은 선별 양식은 여러 다른 권력의 소유를 그들의 힘에서, 그 힘의 행사 방법이나 효과 속에서 객관적 지표(학문적인 상(賞)이나 《인용 색인》에 게재된 것과 같은 상징 자본의 가장 객관화된 지표수에서)에 대한 기반을 두고 있으며, 모든 형태의 '평판 중시적' 방법보다도 더 확실하다. 그런 '평판 중시적' 방법에서 가장 좋지 않은 점은, 이런 종류의 연구에서 흔히 사용되었던 **눈덩이**(snowball)식과 같이 견본을 설정하는 데 있다는 것이 확실하다. 실제로 초기의 핵심 선택이 이후의 선택, 즉 최종적 모집단을 미리 결정한다는 것 이외에 '평판 중시적' 방법이 알게 되고 인식하게 된다는 사실에 의존하는 권력 형태에 특권을 부여하고, 다른 것들 중에서 이 권력 형태에 특권을 부여해 준다.

연구되고 있는 모집단을 구축하기 위해 사용된 선별 방식은 포착된 위치 공간으로서 대학계의 축소된, 그렇기는 하지만 사실에 충실한 모습을 산출하려는 목적을 갖고 있다. 그렇게 해서 포착된 위치 공간은 속성과 특권을 보유하고 있는 행위자들의 특성을 통하여 이루어지며, 가시적 효과를 산출할 수 있는 무기와 권력을 갖고 그런 위치를 취하거나 수호하기 위해서, 혹은 변화시키지 않거나 변화시키기 위해서 투쟁하고 있는 행위자

---

3) 우리는 소속을 결정하는 특성들[소유물]의 수에 있어서 연구실 실장을 채택하는 것을 포기했다. 실제로 이런 칭호가——흔히 학부 내에서나, 심지어 한 가지 이상을 지니고 있는 고등연구원에서와 같이——교수 신분의 속성이라는 경우와 진실한 연구팀에 의한 실제적 지도를 함유하고 있는 경우라는 것을 구분해 내는 일은 상당히 어려운 것이다. 그 결과 이런 칭호를 대학 내 권력의 지표로서, 학문성의 지표로서, 아니면 연구에 종사하는 지표로서는 취급할 수 없게 된다.

들의 특성들[소유물]을 통해 이루어진다. (특히 구조적으로 결정적인 위치가 소수의 사람들에 의해 대표될 수 있다는 한에서, 그리고 문화적 생산계에서 단 한 사람에 의해 대표될 수 있다는 한에서) 구조를 파괴하려는 우연적 견본 선정과는 반대로, 이와 같은 선별 방식은 권력 위치를 점유하고 있는 사람들의 특성들[소유물]과 권력을 통하여 특징짓게 해준다. 이런 공간을 구성하게 하는 관계 전체를 구축하기 위해 우리가 개개인에 결부되어 있는 정보에 의뢰해야 한다는 사실은, 몇몇 사람에 의해 특별히 소유된 실체로서 권력의 암묵적이며 명시적인 이론을 채택하고 있다는 것을 전혀 내포하지 않고 있다. 조사[앙케트]는 (**지배자가 누구인가?**) 찾아내려고 하며, 게다가 ('지도 교수'나 '특권적 지식인') 색인에 놓거나 손가락으로 가리키려는 목적을 전혀 내포하지 않고 있다. 실제로 여러 다른 위치에 결부되어 있는 여러 다른 종류의 특수적 권력은, 그다지 제도화되어 있지 않기 때문에 해당되는 위치를 점유하고 있는 사람들을 분리해 내기가 참으로 어려운 일이다. 이론적 내용에 만족할 수도 있는 문제이지만, 우리는 통상적으로 사물이나 사람에 결부되어 있는 실체나 본질로서 지각되고 실감된 권력의 온갖 원리에 속해 있는 객관적 관계 구조의 과학적 표상을 부여할 수가 없다. 그런 실체나 본질은 관여적, 다시 말해서 정해진 내기[게임] 공간에서 효력이 있는 특성들[소유물] 전체의 분석에 의존하면서 개개인들에게 결부되어 있다. 한 기관 구성원들의 개별 속성의 총합(예를 들어 고등사범학교 출신자들의 총수나 학사원 회원들의 총수)은 **기관의 사회적 중요도**(poid social de l'institution)를 정의해 주며, 기관은 구성원들 개개인을 총칭적으로나 혹은 세부적으로 특징짓고 있다. 기관에서의 개별 위치는 특성들[소유물]을 갖거나 갖지 않는 데 따르는 만큼, 그런 특성들이 기관의 위치를 더 많이 특징짓는 데 공헌하고 있다.[4]

구축되어진 모집단 구성이 채택된 기준, 다시 말해서 채택된 권력에 따라서 결정된다는 사실은 자명한 일이다. 지식인 잡지 편집위원회에 소속되어 있거나 총서의 감수를 맡고 있는 일과 같이 지적인 명성 지수를 누락시키는 것은, 대학 교원 중 가장 지식인적인 하위 집단을——게다가 종종 이런 자격에서는 가장 유명한——소멸시키게 하는 일이다. 마찬가지로 주간지인 《누벨 옵세르바퇴르》지에 글을 쓴다는 사실과 같은 기준을 도입하는 일은, 대학 권력에서 가장 전형적인 속성을 보유한 사람들에 의해 강력하게 거부될 것이 확실할 터이며, 몇몇 대학 교원이나 저널리스트를 가담시키게 할 것이다. 대학 과정에서 가장 많은 성별(聖別)을 갖고 있는 사람이 그들 교원과 저널리스트들을 붙드는 데 영향을 미친 모독이 어떻든 간에, 이들에게는 신문이나 주간지에서 특권을 누리기에 용이한 비판의 권력과 식을 거행할 때의 권력이 부여되었다. 이런 사실로부터 동일한 영역에서 아주 현실적인 영향력을 발휘할 수 있게 된다.[5] 사용 가능한 정보의 한계 내에서 모든 관여적 기준, 다시 말해서 추구된 목적을 부여하면서 의미 있는 차이를 결정하고, 해당되는 시기에 대학계의 구조를 구성하는 권력의 분포를 분명히 해두기에 적절한 기준을 도입했던 것이 어쨌든 확실해 보인다면, 조사가 현실 그 자체 내에 기재된 불확실성을 재발견하게 하고 재생산하게 하는 데에는 변함이 없다.[6] 정통적 서열화의 원리를 강요하는 것에 대한 투쟁은, 실제로 그런 서열화 원리에 있는 사람과 그렇지 않은 사람들 간의 경계가 항상 논의되고 서로 견주게 되며, 그리하여 각각의 시기에, 특히 시기에 따라서 유동적이며 변동하게 한다.[7] 이런 이

---

4) 지명도가 축소함에 따라 사용 가능한 정보는 축소되는 경향을 보이기 때문에, 이런 선별 과정은 연구 대상으로 삼은 집단을 문서화된 자료 속에서 가장 표시율이 높은 하위 집단에 한정해 가면서 조사를 수월하게 해주는 실질적 장점을 갖고 있기도 하다. 예를 들어 《인명록》 형태와 같은 출처에 입각하여 행하고 있는 많은 사람들의 경우와 같이, 연구 대상이 되는 집단의 한계를 사용 가능한 자료의 한계에 의해 불가피하게 놔두는 대신에 명시적이며 상세한(다시 말해서 관여적인) 기준을 통해 이와 같은 집단을 한정시켜 가면서 엄밀성을 대거 얻어 가는 것을 보게 된다(예를 들어 《인명록》에 게재된 연구 대상 교수들의 일부는 대학적 권력의 여러 다른 종류에 불균등하게 결부되어 있다──왜냐하면 부분적으로 《인명록》에 게재되어 있다는 사실은 '사교계의 승인 지표'가 될 수 있기 때문에 가장 위신을 내세우는 연구가들에 의해 거부되었다).

5) 저널리스트 겸 교수는 저널리스트, 특히 대학계에 **대해서** 영향력을 미치고 있는 문화 저널리스트와는 구분된다. 그 이유는 저널리스트 겸 교수가 모든 상관되는 이점을 갖고 자신들에게 저널리즘에 들어갈 수 있는 길을 열어 준 것과 같은 권력을 대학계 **안에서**도 행사할 수 있기 때문이다(당연히 이런 기준──그것의 중요성은 계속해서 증가했다──을 유지할 필요가 있음에 틀림없다. 이것은 몇몇 대학에서의 경력, 특히 고등연구원 제6학과에서의 경력이나, 이런 기구의 전체적 발달을 설명해 줄 수 있는 방법을 부여해 주기 위한 방법에 불과하다).

유로 해서 개인의 경력(게다가 특히 연령의)의 논리나 영역의 변화(특히 저널리즘과의 관계들) 효과들에 의해서, 더 앞서서 수년 전에는 지배적인 위치를 차지하고 있을 것이라고 생각되었던 인물이 사라질 수 있었고(예를 들어 피에르 르누뱅의 경우가 바로 이에 해당되는데, 그는 1964년 자신이 대학 권력을 포기했을 때 자취를 감추었다), 공간의 하부 아래쪽 경계에 충돌할 위험까지도 있었다(예를 들어 대학 권력의 지위를 누리고 나서 학문적 권위를 추구한 에르네스트 라브루스가 이에 해당한다).[8] 반대로 어떤 결정적 특성들[소유물]을 갖지 못했기 때문에 채택되지 않은 사람들은 수년 후에는 채택되어질 것이다.[9]

---

6) 조사[앙케트]는 순수한 대학 권력의 집중화를 분명 과소 평가하고 있다. 그 이유는 지표로 취급된 속성(예를 들어 CNRS와 대학자문위원회 등의 위원장 지위)을 보유하는 것에 결부된 권력의 **강도**나 이런 권력을 보유하는 **기간**을 고려하지 않고 있기 때문이다. 오랜 기간 동안 모든 학과를 지배했던 대학계의 거물 지도자가 차지하고 있는 위치는, 분석을 하는 데 있어서 현실보다는 분명하지 못하게 구별되고 있다. 다른 한편으로 집단 전체에 대해(비록 몇몇 학과에 있어서는 이런 지표들이 대학계의 권력 지표로서 변화한다는 것을 확인할 수 있었다고 할지라도) 지도받았던 박사 논문수와 박사 논문을 준비하는 학생들의 사회적 자격과 같은 가장 관여적인 정보임에 틀림없는 것들을 얻어낼 수 없었다. 마지막으로 보충적인 차이화 원리를 도입하는 일은 그 원리들(예를 들어 벨 레트르와 클린크시크 간의 대립) 각각이 얼마 안 되는 영역에만 관계되어 있다는 사실로 인해 제한되었다.

7) 연구 대상이 되는 집단을 포함하는 만큼 영역에서 위치 결정을 하는 것에 대한 불확실한 요인들이 되는 것 중에서, 가장 중요하다고 생각되는 것 중 하나는 자료 가치에 따른 보유된 정보의 불균등이 풍부하게 있다는 데 있다. 7, 8개의 상이한 정보원(源)에 의해 알려진 바들은 기타 다른 점에서, 모든 동일한 것들을 《인명록》과 그다지 좋지 않은 질의 보충적 정보원에 의해서만 알려졌던 것들보다 더 많은 특성들[소유물]을 부여받은 것으로 나타나게 할 위험성이 있다. 다른 구별되는 중요 요인은 부친의 직업에 관계된 신고의 ──대개는 확고한── 부정확성이다. 이런 부정확성은 특별히 관리직 간부나 상인(중간 관리직 간부나 고급 관리직 간부 간의 구별이나, 소상인이나 대상인 간의 관계를 구분하는 것을 포기해야만 했다), 심지어 교원들의 카테고리(중등 교원과 고등 교원 간의 구분이 수시로 불확실하다)에 영향을 미치고 있다.

8) 유행의 효과를 말할 수 있는 것이 무엇이든간에 학문적이며 지적인 위신은 대학적 권력보다 훨씬 더 견고하다. 이 대학적 권력은 소유자에게는 연결이 덜 되어 있고, **위치**에 더 연결되어 있다. 어쨌든 우리는──게다가 이것은 학문의 가치만을 인정하도록 주장하는 이 영역의 가장 본질적 특징 중의 하나이다──학문적 가치의 제도적 기준이 진정으로 존재하지 않거나 그다지 존재하지 않는다는 것을 알고 있다.

권력 공간의 구조

이렇게 구성된 모집단은 파리에 있는 '문학계' 고등 교육 기관의 정교수 총수와는 구분되고 있다는 것을 알 수 있으며, 그 전체에 둘러싸인 모집단은 계통적 차이에 의해 추출되었다. 여러 다른 교수들의 카테고리는 표상률을 갖고 있는데, 이런 표상률이 더 상승된 만큼이나 여러 다른 교수들의 카테고리는 자신들 영역에서 훨씬 높은 위치를 점유하고 있다. 콜레주 드 프랑스와 소르본대학은 훨씬 더 확실하게 자신의 영역에서 두드러지고 있으며, 반면 고등연구원이나 특히 낭테르대학 일부는 모집단에서는 표상률이 훨씬 더 미세하게 나타나고 있음을 볼 수 있다. 마찬가지로 학과에 있어서도 고전문학이나 고문헌학 · 현대사 · 사회과학, 더 낮은 차원에서의 철학은 표상률이 과대하게 나타나고 있었으며, 현대문학이나 어학 · 지리학은 그 반대 현상으로 나타났다. 권력의 여러 다른 형태——여기에서는 혼용된——에 도달하려는 가능성은 연령에 긴밀하게 결부되어 있으며, 마찬가지로 상속된 문화적 · 사회적 자본의 여러 다른 지표처럼 변동하기도 한다. 사회적 출신과 같이 농부의 자녀나 노동자의 자녀, 사무원 자녀 중 일부는 '유력자'의 집단에서는 그다지 중요하지 않은 반면, 교사 자녀나 장인(匠人)과 상인의 자녀들, 특히 실업가 자녀들은 그 집단에서는 훨씬 더 높게 나타나고 있다. 학교적 자본으로서는 고등사범학교 출신자라는 칭호와 교수자격 취득 연령에 한정되고 있다. 우리가 두 가지 거대한 권력의 부류를 구분하게 될 때, 관계는 조금 더 분명해질 것이다. 실제로 사회과학이나 역사학, 혹은 실업가 자녀들의 과대 표상률과 같이 나타나는 콜레주 드 프랑스 교수들의

---

9) 정보 수집에 관해서, 우리는 다른 4개 학부 교수들의 대표적 견본물의 경우와 동일한 과정과 정보원을 사용했다. 캉과 아미앵의 토론회에 참가하는 것과 출신 가정의 종교를 채택하지 않은 것을 제외했는데, 그 이유는 지정된 위치가 집단의 하찮은 부분만을 특징짓도록 하고 있기 때문이다. 반대로 내부 권력의 경력과 위치에 관한 모든 정보를 덧붙였는데, 이런 정보들은 이 단계에서는 각각의 의미를 다시 취하였기 때문이다.

과대 표상률은, 우리가 보게 될 내용이지만 더 높게 나타남으로써 지적이며 학문적 위신 쪽으로 기울고 있는 교수들을 향해 가는 경향을 보인다. 반대로 문학이나 문헌학 혹은 철학에서의 과대 표상률과 같이, 아니면 초등학교 교원이나 중·고등학교 교원 자녀들의 과대 표상률과도 같이 소르본대학 교수들의 과대 표상률은 순수하게 대학 고유의 권력 쪽으로 기울고 있는 교수 쪽으로 증가해 가는 경향이 있다. 고등사범학교 출신자라는 칭호는 여러 다른 형태를 보이는 성향과 결부되어 두 가지의 권력 형태를 도입하게 하는 보편적 전형과도 같아 보인다.[10]

　문학과 인문과학의 영역은, 두 가지 종류의 권력 사이에서 하나의 주된 대립을 축으로 해서 편성되고 있다. 고유의 대학적 권력은 무엇보다도 대학교수자격시험심사위원회와 (정교수를 임명하는) 대학자문위원회, 교수 단체의 재생산 수단을 억제하려는 데 그 토대를 두고 있다. 다시 말해서 이런 대학적 권력은 대학, 특히 고등사범학교에서 취득되고, 주로 대학──소르본──교수들의, 특별히 표준이 되는 학과 교수들에 의해서 장악된 자본의 소유에 그 기반을 두고 있다. 그들은 대개가 교육자나 중등 교원, 고등 교원, 특히 초등학교 교원들의 자녀이다. 또한 그들은 오로지 (프랑스) 대학이라는 범위 안에서만 나름대로의 가치를 지니고 있다. 이와 같이 사회적으로 코드화된 권력에 여러 다른 종류의 권력 전체가 대립하게 되며, 이런 종류의 권력은 사회과학 분야의 전문가에게서 흔히 만날 수 있는 경우이다. 예를 들어 연구팀을 지도하거나 학문계에 의해 일치된 승인, 정확히 말해서──인용과 번역을 통한──외국

───────────────

10) 학부 전체에 대해 성공한 학교적이거나, 혹은 학교 외적인 요소들의 유사한 분석은 여러 난관에 부딪히게 된다. 첫째 학력 자본의 지표는 완전히 비교가 불가능할 수 있고 (교수자격이나 박사 학위와 같은 칭호는 다른 학부에서는 아주 상이한 가치를 지니기 때문이다), 문학부와 이학부에서는 고등사범 출신자라는 칭호가 어떤 역할을 수행하게 하는 보편적 전형이 존재하지 않는다. 둘째 권력의 분화는 문학부에서만큼이나 도처에서도 분명하게 나타나며, 동일한 원리에 따라서 조작되지 못하고 있다. 우리가 보았던 것과 같이 지리적·사회적 출신은 학부 전체 속에서 성공의 차이에 긴밀하게 연관되어 있음에 틀림없다. 우리는 이런 차이를 공통의 기준(외적인 명성이나 학문적 성별(聖別) 등)을 통해 파악할 수가 있다.

아카데미 프랑세즈
라루스 68년판

번역 5권 이상

공로장

명예 박사

부친이 거상

다른 소속: 고등교육 제46학과
이태아·출신
무명·출소
마리의 사립 중등 교육

편찬위원회

웰베리전 출연

다른 소속:
고등연구원 제6학과

부친이 실업가·중역·기업가
16구 뇌이

중등 교육
콩도르세 리세
카르노 리세

레지옹도뇌르

인용 2-6
율이르그랑 리세
준비학급

다른 소속:
고등연구원
제4,5학과

13·14구
부친이 장인

고등교육위원회

다른 소속: 1900-1904년 출생
고매사

다른 소속:
CNRS(국립과학연구센터)

부친이 고등 교육 교수

다른 소속:
동양어학교
출생

부친이 엔지니어
파리의 다른 리세
준비학급

남프랑스 파예비
CNRS 위원회
자녀수 2명 인명록

자녀수 0명
고등연구원
제4·5학과

마리
마리 지역, 지방 대도시
마리 파리 지역·출생 지방·출생
자녀수 3명

부친이
초등학교 교수
고등학교 교사
고전문학과 문헌학
플라스티리에드 지자

고등 교육
지방·외국

하사원
1900년 이전 출생
2
4.30%

올레주 드 프랑스

부친이 엔지니어
중부 출생

인용 2-6
롤이르그랑 리세
준비학급

다른 소속:
고등사범학교

교수자격시험 소지자
교수자격심사위원

다른 소속:
고등사범학교(ENS)

약 1
5.17%

현대문학과 문헌학

언어학

고등사범학교(ENS)
심사위원

교수자격심사위원

자문위원회

고등 교육
지방·외국
소르본
마리 근교
번역 없음
파리의 다른 리세
동부 출생
프로방스·지중해
지방 출생

부친이 중등
교육 교수

양리 4세 학교의
준비학급

인용 0 혹은 1

북부 출생

중등부
출생

J. de Sailly
리세
준비학급 없음
변역 1-5권
부친이 상인
독신

부친이 진보적 교수 추가
중등도서 출생

정화성
크레주 문고

공립·사립
중등 교육

부친이 중등 교사·
상급 관리직

부친이 농민·노동자·
사무원

자녀수 5명 이상
다른 지방 출생

7구

8,17구 1910~14년 출생
5, 6구 1905~09년 출생
지방의 사립중등교육 교회 78, 92
4, 15구 1915~19년 출생

자녀수 1명

1920~24년 출생

지리학
자스크로 지자

남서부 출생

중등 교육
생루이 리세
루벨 율세르바틸로
미태랑 지자

파리의 다른 구

인용 7회 이상
사회과학
다른 소속: 파리자경영원 등
부친이 지주

중등 교육
서부 출생

연구팀장
외국에서 출생
준제의 현대사

자녀수 0명

1925년 이후 출생

고등연구원제6학과

연구팀장
지방의 유명
리세 준비학급

중등 교육
양리 4세 리세

교수자격심사위원

에서의 학문적 위신, 아카데미 프랑세즈에 소속되어 어느 정도는 제도화되다시피 한 지적 명성, 《라루스》 사전에 기재된 것, 일종의 고전적 신분을 부여해 주는 총서('이데아'나 '푸앵' 등)를 간행하는 일, 지식인 잡지 편집위원회에 소속되어 일하는 것, 마지막으로 텔레비전이나 발행 부수가 많은 주간지(《누벨 옵세르바퇴르》)와 같이 대량 보급 수단과의 연결을 통해 나타난 학문적 권력이나 권위가 이에 해당되는 것들이다. 이것은 성별(聖別)과 비판의 권력 지표가 되기도 하며, 동시에 명성에 대한 상징 자본의 지표가 되기도 한다.[11]

두번째 구분을 해주고 있는 원리는 다음 두 가지 측면을 대조시키고 있다. 한편으로는 학사원(부수적으로는 아카데미 프랑세즈)에 소속되어 있는 것과 같이 엄격하게 대학적 성별 칭호를 가장 많이 갖추고 있거나 인용이나 번역과 같이 학문적 성별 칭호를 갖고 있다든지, 혹은 《인명록》에 등재된 사실, 레지옹도뇌르 훈장 수여, 공로상을 받은 것과 같은 순수한 사회적 성별 칭호를 가장 많이 갖고 있는 사람들과 가장 나이가 많은 교수들을, 그리고 다른 한편으로는 위신의 제도화된 표장을 상실하거나 대학 내 권력의 하위 형태를 보유하는 것을 통해서 특히 부정적으

---

11) 우리는 기구와 성향 속에 기재되어 있는 대립에다가 엘가 로이터와 피에르 트리피에가 학문적 생산에 대한 두 가지 형태간에 설정했던 구분을 확실하게 결부시킬 수 있을 것이다. 한쪽에서 '최소화주의자들'은 그들이 추구하는 대상과 방법에 있어서 시행중에 있는 규범(국가 박사 학위 논문)에 합당한 작품을 생산해 내면서 위험을 최소화시키는 데 목표를 둔다. 다른 한쪽에서, 흔히 연구 기관에 소속되어 있는 '전문가들'은 학문에 발 빠른 공헌을 하기 위해서 단기간에 작품들을 생산해 낸다. (E. Reuter et P. Tripier, 〈내부 시장에서의 노동과 창조성: 대학 연구에 대한 프랑스 시스템의 경우 Travail et créativité dans un marché interne: le cas du système français de recherche universitaire〉, 《Sociologie du travail》, 1980년 7-9월호, 241-256쪽을 볼 것.)

〔도표 2〕 문학부와 인문과학부의 공간
대응 관계의 분석: 제1·2 관성축 도표 —— 특성들〔소유물〕
(개인에 대한 대응 도표는 첨부물에서 참조하도록 했다)
설명 변수(예를 들면 결혼에 대한 신분)는 가는 글자체로 되어 있다.

로 정의되고 있는 가장 젊은 교수들을 대조시키고 있다. 이런 구분은 마찬가지로 대학 교육 기관간에도 설정된다 할 수 있겠는데, 그것은 한편으로 콜레주 드 프랑스——특별히 전통적 학과, 정확하게 고대사와 고고학 전문가——와 더불어, 다른 한편으로 고등연구원과 낭테르대학과 더불어 설정되며, 또 다른 대립 관계가 교수들간에도 설정될 수 있다. 교수들간의 대립은 학문적 권위——CNRS 위원회에 소속되어 있다는 것을 통하여——를 갖춘 사람들과——대학교수자격시험 심사위원회에 소속되어 있다는 사실을 통해——학교적 재생산 쪽으로 방향을 잡아가거나 확실한 명성을 보유하고는 있지만 대학적 권력을 갖고 있지 못한 사람들간에 설정되기도 한다. 이런 구분은 상속 자본 안에 있는 계통적 차이에 일치한다. 이와 같은 형태하에서 사회적 성공의 정도는 파리의 부르주아에게 있어서는 사회적 근접성과 더불어 증가하는 경향이 있다. 실업가나 엔지니어·장교의 자녀들이나 학부 교수들의 자녀들은 대개가 파리나 지방 대도시에서 태어났으며, 사립학교를 통해 상당한 수혜를 받은 사람으로 지방의 작은 읍 출신자들이 대부분인 소농민이나 노동자·사무원들의 자녀에 분명하게 대립된 모습을 보이고 있다. 중간층의 영역은 사회적이며 지리적 공간의 중간 지역 출신 교수들에 의해 점유되었다.[12]

세번째 요소에 관한 것은 거대한 **대학 편성파**(Establishment)를 불분명한 것들의 소극적 총체에 대립시키는 일이다. 그것은 대부분이 소르본대학에서 높은 지위에 있는 사람들에 관한 것인데, 이들은 모든 학과를 독식하고 있으며, 이따금 내부 재생산의 관리(고등사범학교에서의 수업이나 교수자격시험 심사위원회, 고등사범학교의 심사위원회에 소속되어 있다는 사실)를 겸직하고 있는 '걸출한 대학인들'과 '훌륭한 지도 교수들'의 대학 편성파이며, 불투명한 것들의 소극적 총체에는 아주 한정된 학과(특히 고대사

---

12) 여기에서 기술되고 있는 관계 구조는 콜레주 드 프랑스나 소르본대학·고등연구원 제4·5·6학과나 낭테르대학과 같은 소속 기관들——예증할 수 있는 변수로서 이런 것들을 취급하면서——을 우리가 중립화시켜 나갈 때, 변형을 넘어 그 자체로 유지된다는 것은 주목할 만한 사실이다.

에서)의 전문가들이 있고, 대학 내부의 권력에서만큼이나 세속적 명성과는 무관한 사람들이다. (다시 말해서 경제학자나 사회심리학자와 같이 '대학'에서 주변적인 학과에 있는 전문가들만큼이나 콜레주 드 프랑스의 석학들이 이에 해당하는 경우이다. 이들 경제학자나 사회심리학자와 같은 전문가들은 자신들의 사회적 출신을 통해서만큼——이들 대다수가 상인들 자녀이거나 해외에서 출생하였다——이나 대학적 권력을 통한——이들은 고등사범학교 출신자들이 소수이다——'환경'과는 무관해 보인다.) (127쪽의 도표 3 참조)

위에서 살펴본 두 가지 축에 의해서 정의된 공간은, 아주 상이한 방식으로 대립되고 있는 위치나 성향을 보이는 계급에 일치하는 지역에서 조직되고 있다. (거의가) 순수한 (도표의 동쪽과 동남쪽) 상태에서 대학적 권력을 보이고 있는 지역은, 가장 통상적인 학과(서열의 아래쪽에 있는 외국어·현대문학·현대문헌학과 같은 전통적 학과들의 모든 현대적 변형) 중에서 평범한 교수들을 모으고 있다. 특히 이들 평범한 교수들은 1968년 5월 혁명에서 맹렬히 반발함으로써 알려지게 되었으며, 학생들의 항의 대상이 된 주요 표적 중 하나인 로베르 플라스리에르(고등사범학교의 교장)에게 공식적인 지지를 보냄으로써 알려지게 된 수가 상당하다. 이 지역은 외부적 명성 구역(서쪽과 남서쪽)과 고등연구원의 제6학과에 의해 특별히 수용되고 있는 젊은(혹은 어린) 교사들의 구역에서만큼이나 최고의 석학들이 자리잡고 있는 순수한 내적 위신의 영역(북동쪽)——학사원에 의해 성별화(聖別化)된——에서도 대립된 모습을 보이고 있다. 또한 이 지역은 대단히 학문적 위신(뒤메질·벤베니스트·뒤퐁 소메르)을 내세우는 상부 권역(북쪽)과는 대충 아무런 공통점도 없으며, 이들은 사회과학과 역사(북서쪽) 전문가들의 경우에서 지적 위신을 내세우는 사람들(레비 스트로스·아롱·페로·브로델이나 뒤비)과 결부되어 있다. (부록 4, 341쪽 참조)

분명한 것은, 최고의 석학들과 평범한 교수를 분리시키는 모든 것을 완벽하게 밝혀낼 수 있는 일이 그들의 저작이나 논문·문체의 차원에 있다는 것이다. 출판 장소가 너무도 한정된 모집단의 하위 집단을 특징짓고 있기 때문에 최종 분석에서 채택될 수 없었다 할지라도, 출판 장소는 이런 대립의 훌륭한 지표를 확실히 구성해 주고 있다. 출판 장소 중 한 곳은 독일인 서적상에 의해 19세기에 설립된 출판사 클린크시크이다. 이 출판사는 고도로 전문화된 학식과 매우 높은 수준에 있는 연구집과 석학을 한데로 모았다. 또 다른 한 곳은 게르만 국가들의 영향에 반발하여 프랑스 '대학'이 20세기초에 설립했던 벨 레트르사이다. 이 출판사는 학식이 풍부한 만큼이나 프랑스적 우아함을 걱정하는 작품집을 한데 모으려 했다. 공식적인 교육에 의해 규정된 문화(당시에 문화는 교양의 의미였다) 논쟁으로 보이지 않는다는 생각을 주기 위해 능숙하게 어려움을 해결하고, 투명하며 매력 있는 형태하에 본질적인 것을 가져다 주는 이 작품들을 토속적인 언어로 환기시켜 줘야 할 필요성이 있었다. 이들은 '현대언어학의 용어적 독창성'에 대해 경계심을 품고 있었으며, 새롭게 수입된 과학에 대해서는 '어느 정도 무게 있는 과학적 장치를 두려워했던' 문법학자였으며, '텍스트를 최고로 잘 이해하는 것과 그리하여 문학적 즐거움을 증가시키는 데'에만 목적을 두었던 주석가이기도 하였으며, 자신들이 행한 강연이 '재기 발랄한 익살과 농담'이기 때문에 상당히 비순응주의자들이라고 느끼는 교수들이기도 하였다. (괄호 속에 있는 구절은 사망자 명부의 기사에서 발췌된 것이다.)

석학들과 관련한 사회과학 분야의 전문가들에게 일치된 특권은 분명 《인용 색인》의 중요성에서 유래한다. 《인용 색인》은 첫번째 요소를 결정하는 데 상당한 기여를 하고, 여러 다른 학과나 여러 다른 연구자가 사회과학이나 미국식 전통으로 방향을 바꿔 갈수록 더욱 유리하게 된다. 대량

[도표 3] 문학부와 인문과학부의 공간
대응 관계의 분석: 제1·3의 관성축 도표　　　　　　　　　　　→
—— 특성들[소유물] (설명 변수는 가는 글자체로 되어 있다)

축 3, 3.49%

축 1, 5.17%

고등사범학교(ENS) 심사위원
교수자격시험위원
다른 소속: 고등사범학교(ENS) 심사위원
플라스리에르 지지
자문위원회
상리 4세 준비학급
어학

부친이 중등학교 교수
부친이 초등학교 교원
소르본
중등 교육 상리 4세 리세
고등사범학교 출신자
부친이 지인
프로방스·지중해 지방 출생 13·14구
다른 소속: CNRS
다른 지방의 리세 준비학급
부친이 거상

동부 태생
1905~09년 출생 자녀수 3명
파리 출생
파리와 인근 지역 출생
교수자격자
1910~14년 출생 자녀수 2명 1915~19 출생
철학
인용 2~6
루이르그랑 리세 출생 중부·동부 출생 1900~04년 출생 지방 출생
인명록 기초
레제옹도뇌르 수훈 배우자 사별
자녀수 4명 지방 대도시 출생
자녀수 0명 지방·외국

부친이 고등 교육 교수
지방의 우파 리세 준비학급
파리 교외 출생
지방·외국의 리세
번역 없음
현대문학과 문헌학 언어학
인용 0 혹은 1
고전문학과 문헌학

파리의 사립 중등교육
이태아 총서 푸앵 총서 텔레비전 출연
다른 소속: 고등연구원 제6학과
아카데미 프랑세즈 편집위원회
중세사와 현대사
부친이 지주
인용 7권 이상
마리의 다른 구 누벨 옵세르바퇴르
다른 소속: 파리정경학원 등
사회과학
이태랑 지지
고등연구원 제6학과

번역 5권 이상
크레주 문고
마리 16구
교외 78, 92
마리의 다른 리세 준비학급
마리의 다른 리세
부친이 엔지니어
부친이 실업가·중역·기업가
지리학
자녀수 1명
공로장 번역1~5권
정평성
연구부장
서부 출생
1925년 이후 출생
중등 교육 J de Scailly 리세
부친이 진보적 교수·작가
준비학급 없음
외국에서 출생
중등교육 생루이 리세

공문장 번역 1~5권
명예박사 리세·중부 출생
부친이 중급 관리직·고급 관리직
공무원 중등 교육
부친이 농부·노동자·사무원
CNRS 위원회
4·15구
5·6구
지방의 사립 중등 교육
1900년 이전 출생
낭테르
고등사범학교(ENS) 고등위원회
다른 소속: 동양학교
8·17구
1920~24년 출생
플레주 드 프랑스
제4·5학과
독신
부친이 상인
남서부 출생
고대사

보급 수단(저널리즘이나 텔레비전)과 연결되고 있는 중요성은, 《리르》(1981
년 4월, 68호, 38-51쪽)지 명부에 인용된 30명의 지식인 중 9명이 학문적
위신과 지적 위신의 두 영역에 있다는 사실에서 명백하게 나타난다.

〔교수자격시험이나 고등사범학교 입학시험 등의〕 최고 선발시험의 심사
위원회나 대학자문위원회와 같이 아주 엄밀하게 기구에 토대를 두거나
기구 안에 한정된 권력의 점유자들은 세속적으로──시간적으로나
──지배적이며, 순수한 대학적 성별(聖別)의 관점, 특히 지적 명성의 관
점에서는 지배적이지 못하다(그런 것들은 실질적으로 표현되지 않았다).
학교적 영예로 둘러싸여 있는(이들은 대개가 전국학력경시대회에서 입상
한 사람이거나, 고등사범학교 입학시험이나 대학교수 자격시험에서 수석 합
격한 사람들이다) 사람들은 성별과 승인의 변증법으로 이룩된 산물들이
다. 이와 같은 변증법은 교체되지 않고(즉 충실히) 가장 재생산하기가 쉽
고, 이런 식의 경향을 가장 많이 띠고 있는 사람들의 핵심부에서 초래되
었다. 일반적으로 이들은 자신들의 고유 능력이 실행하고자 하는 기구
적 조건에 더 긴밀하게 의존하면 할수록──문헌학이나 일반적으로 언
어 교육의 경우에서와 같이──그리고 하층 계급 출신으로 학교에 맡겨
진 아이나 학교를 졸업한 인재(초등학교 교원의 자녀들)로서 기구에 은혜
를 갚아야만 할수록 더욱 맹목적으로 기구에 집착하게 된다.[13]

---

13) 대학 외부의 세계에서 어느 정도의 전체적 폐쇄성은 흔히 세간적(世間的) 위협의 선
택적 거부로서 확실하게 나타나는데, 이런 폐쇄성은 지적 활동에서 저널리즘의 중요성이
증가되는 것에 따라 갈수록 심하게 느껴지고 있는 배제(排除)를 수용하는 한 방법에 불과
하다는 것이 확실하다. 저널리즘의 권력을 보유한 사람들에 대한 증언(Mona Ozouf in C.
Sales, L'intelligentsia, visite aux artisans de la culture, 《le Monde de l'éducation》, 1976년 2월
호, 8쪽에 나와 있는 선언을 참조할 것) 이외에, 파리의 철학 교수들이 했던 고백을 생각해
볼 수 있다. 이들은 '저널리즘과 철학 연구 간에는 상당한 거리를 유지'해야 한다고 선언
한 이후에, 온갖 노력에도 불구하고 《르 몽드》지에 기사를 결코 게재하지 못한 것을 통탄
해했다.

평범한 교수들과 집단 재생산

대학적 자본은 다른 위치와 그 위치를 점유하고 있는 사람들을 지배하게 하는 위치——고등사범학교 입학시험이나 대학교수자격시험의 심사위원회, 박사 논문 심사위원회, 대학자문위원회와 같은 교원 단체로의 접근을 통제하고 있는 책임을 맡은 모든 기구와 같이——를 차지하는 것을 통해 얻어지고 유지된다. 대학 교원 단체의 재생산을 결정하고 있는 이런 권력은 그것을 보유하고 있는 사람들에게 안정된 권위를 보장해 주는데, 이런 안정된 권위는 업적이나 인물의 비범한 특성들〔소유물〕보다는 서열상의 위치에 훨씬 더 결부되어 있는 일종의 직무상 속성을 나타내기도 하며, 빠른 회전을 보이고 있는 일반 학생들뿐만 아니라 박사 학위 논문을 준비하는 연구자 집단에서도 나타나고 있다. 이런 권위 안에서 평범한 조교가 모집되고, 그런 권위는 산만하고 지체되는 종속 관계 속에 위치해 있다.[14]

우리는 정보제공자 단체와의 면접에서 그런 재생산 권력의 전형적 이상을 구체화한 인물을 차용할 수가 있다. 이와 같은 극단적 경우에서 재생산된 권력은, 대략적으로 생산물의 학문적 가치와는 별개의 관계에 있다. "X라는 사람은 아테네 학원〔아테네 프랑스 고고학원〕의 옛 학생이었으나 고고학 연구에서는 상당히 끈기를 갖고 지속하지 못했다. 이 학생은 대중화되어 가는 경향을 보이고 있는 문학사로 방향을 선회했다. 하지만 모든 대학평의회에서 자문위원회나 CNRS와 같이 많은 결정을 하고 있는 기관에 소속되어 있다. 지난해에도 환상적인 목소리를 갖고 있어 CNRS에 선출되기까지 했었다 […]. 그는 어떤 지적 위신도 갖고 있지 않음에도 불

---

14) "권력의 요소라는 것은 조교나 주임조교를 가르치고 있는 박사 논문의 지도를 말한다. 이것은 중요한 활동 수단이다." (역사연구자, 1971년——기타 다른 곳에서와 마찬가지로 더욱 엄밀하게 정보제공자가 위치 공간 속에——그들의 익명을 드러내 보려는 위험이 없이——위치하도록 해주는 지표를 부여해 주는 일은 우리에게는 가능해 보이지 않았다.)

구하고 권력을 갖고 있는 사람이다 […]. 이 사람은 자신이 행한 업적이 그리 두각을 보이지 않음에도 유명하다. 책을 읽는 일은 그가 하고 있는 일의 시간만을 빼앗을 뿐이다. 마치 프랑스에서 그리스 문화를 연구하는 기 데 카르[작가. 대량의 대중 소설을 집필]와도 같다 […]. 그는 그리스 문학사를 집필했는데, 그 작품은 소논문을 이리저리 결합한 텍스트를 토대로 일반성을 겨냥하고 있는 작품이다. X는 양식 있는 사람들과 같은 독자를 겨냥하고 있다. 이것은 그리스 문학에 관한 저서가 아니지만, 제목이 잘 말해 주고 있듯이 그리스 문학사에 관한 저서이다. 이것이 모든 것을 말해 주는 대목이다. […] 우리는 X라는 사람에 대한 현상을 질문해 볼 수 있다. X는 항상 하찮은 사람으로 간주되었다 […]. 그런데 어떻게 그런 하찮은 사람이 실제로 정상에 이를 수 있단 말인가? 에라스무스 총서에서 X라는 사람의 책은 가장 형편없기로 유명하다. 사람들은 심지어 그 책에는 아무런 내용이 없다고 말한다. 그는 신입생으로 들어가서 교수자격시험에 수석 합격자가 되었다. 이것이 그 당시에 도움이 됐었다. 그는 엄청나게 많은 책을 발간했다. 그는 생각을 깊이 하지 않았기 때문에 빨리 작업해 나갈 수 있었다. 또한 스스로 이해하지 못하면서 모든 것을 해결해 간다."(대담, 고전문학, 1971년) 분명 이것은 극단적인 경우이다. 하지만 중요한 특징들이 다른 곳에서 나타난다. "Y는 지적인 위신을 갖추었지만 특별한 형태를 나타내 주었다." 그가 연구자가 아니라는 사실에 주의하자. 이것은 우리가 그에게 하고자 하는 비판이 아니며, 아주 일상적으로 하려는 것이 아니라 7, 8년 전에…… 나는 1963년에 이것을 말했던 기억이 있다. 나의 동료들은 이렇게 비상했단 말이다! "어떻게 했단 말인가! 그들의 지리학 개론서는 연구가 아니란 말인가?" "결코 아니다. 그것은 연구가 아니라 종합해 놓은 것이다 […]. 종합해 놓고 대중화시켜 놓는 사람이 학교 선생이란 말이다."(지리학자들과의 대담, 1971년) "개인적으로 위신을 과대 평가하지 말아야 한다고 생각한다. 지적 가치에 대한 고려는 순수한 대학적 권력보다 (지리학에서는) 훨씬 덜 중요하다. 나는 대부분의 사람들에 의해 그다지 훌륭하지 않은 박사 학위 논문으로 간주되고 있는 Y의 박사 학위 논문을 생각해 본다. 이 사람은 자신의 지적 가치에 기반

을 두고 있는 권력보다 훨씬 엄청난 권력을 대학 내에 갖고 있는 사람이
다[…]. 갈수록 조직수가 증가한다. 갈수록 생각해야 할 요소는 돈과 수
임 연구 과제, 관공서에 의해 지급되는 연구비 등에 접근해 가는 것이다.
이 시기에 그가 하고 있는 일은 자동적으로 지적 수준에 있는 일이 아닐
수밖에 없다."(지리학, 1971년)

개별 행위자들이 자신들이 차지하고 있는 개별적 권력 위치에서 실행
할 수 있는 반제도화된 권력의 정도는 '힘'이라고 일반적으로 말하고 있
듯이, 행위자들이 기타 다른 곳에서 보유하고 있는 모든 권력의 속성(다
른 곳에서처럼 이 경우에 '위원장님' '학부장님'과 같이 윗사람을 부를 때
사용하고 있는 용어를 통하여 확실히 상기할 수 있다)과 그들의 여러 다른
위치로부터 추출해 낼 수 있는 모든 교환 가능성에 속하는 것이다. 다시
말해서 개별 행위자들은 각각의 이차 기관에서, 자신이 구성원의 일부
를 이루고 있는 가장 높은 기관의 구성원으로서 총칭적으로나 개별적으
로(예를 들어 위원장이나 대선거인[영향력이 있는 사람들] 자격으로) 자격
을 보유하고 있는 힘을 끌어들이고 있다. 경쟁에 기반을 두고 서열화된
세계에서, 개별 행위자가 개입하는 하위층 기구의 구성원들은 최고위 기
구의 구성원이 될 것을 본래적으로 열망하고 있다. 대학계에서 '대학적'
혹은 '학자적' 축과 '지식인적' 축이라는 이 두 가지 사이에서 대략 똑
같이 분배되어 구성된 학사원의 구성원들은 영역 전체에 대해서, 특히
가장 대학적인 구역에 대해서 통제와 검열이라는 엄청난 권력을 행사할
수 있다는 것이 설명될 수 있다. 여기에서도 마찬가지로 자본은 자본을
향해 가고, 사회적 힘을 부여하는 위치를 점유하는 일은 새로운 위치를
점유하는 것을 결정하고 정당화하고 있다. 이런 새로운 위치는 그 자체
가 새로 자리를 점유한 사람들 전체의 힘을 강하게 해주고 있다.[15]

---

15) '사회적 힘'의 비유는 영역의 논리를 완벽하게 표현하고 있다. 비유 자체 또한 대
응 관계 분석이 힘 있는 점들의 체계에 대한 관성축을 연구하게 하는 것과 유사한 수학
적 조작을 통하여 복원하도록 해준다.

이런 사실로 인해 장 바티스트 뒤로젤이 피에르 르누뱅에 대해 썼던 것이 대학에 있는 대군주 전체에 대해 말할 수 있게 해준다. "르누뱅은 난감해하거나 술책을 쓰지 않고 자연적 필요성을 통해서처럼 요직에 이르려 했던 인상을 주었으며, 항상 자신에게 되물음하는 것으로 끝이 났다." 최초의 축적이 실현될 때마다 합리적으로 취득된 것을 관리하는 것 이외에 더 이상의 아무런 변함이 없다. "그 결과 그의 시간 중 중요한 부분을 흡수했던 수많은 위원회와 협의회 이외에 30년대말부터 1964년까지 지속적인 방식으로 프랑스 역사 편찬에 대해 광범위한 권력을 부여해 주었던 세 가지 위치에 접근해 갔고, 그렇게 해서 얻어진 것을 지켜 나갔다. 그 세 가지 방식은 소르본대학에서의 역사학과 주임, 대학자문위원회에서 역사 부문 부장, CNRS에서 역사학위원회 위원장의 위치가 결합된 것이다 […]. 그는 성공적으로 자신의 자리에서 후보자들의 가치를 조정하고자 했으며, 임명하는 데 있어서도 영향력을 행사하고자 했다. 파리에서 거의 모든 박사 학위 논문을 심사했던 것과 같이 1938년부터 소르본대학의 가장 오래된 현대사 연구가들이 있었기 때문에, 그는 지방에서 거행됐던 아주 드물지만 중요한 박사 학위 논문 발표에 초대됨으로써 모든 심사위원 중에서 위원장직을 맡고, 개인적으로는 미래에 조교수가 될 사람들을 미리 알게 되었다.[16] 공석이 되어 있는 자리와 마찬가지로 실질적 후보자들을 담아내지 못했던 '협소한 목록'을 대학자문위원회로부터 얻어냈다. 그리하여 그는 자기 자신 이외에 행해졌던 모든 각료 임용을 회피하게 되었다. 게다가 고등교육국장이 임명되기 전에 그의 의견을 물어보지 않았던 경우는 더더구나 없었다. 마찬가지로 그가 박사 학위 논문을 조정했던 것처럼 ──이것은 단순히 CNRS에서의 자리 관리에 의한 것일 수 있다──현실적으로 문서화되지는 않았지만 지배적인 권위를 사용할 수 있었다.[17]

---

16) 중요하다고 생각되는 국가박사 학위 논문 전체가 파리에 집중되어 있다는 사실은 (J.-B. 뒤로젤에 따르면, 1939년 11월과 1948년 12월 사이에 최우수 학위 점수를 얻어낸 현대사 연구에 대한 11편의 박사 학위 논문이 있다), 정교수를 신규 채용하는 데 있어서 전체적 관리를 가능하게 해준다.

일반적으로 통제된 지위를 겸직하는 일은 피보호자들을 구성하고 유지하도록 해주는 힘 있는 사람들간의 업무 교환 조건이다. 이행된 업무의 순환은 기관 전체의 규모에서만 파악될 수 있으며, 그런 순환이 직접적이고 즉각적으로 가시적 교환 형태를 취하는 경우는 매우 드물다. 이런 교환 속에서 A라는 기관에서 Y라는 학생의 개입에 대해 X라는 학생의 임명은, B라는 기관에서 X라는 학생의 개입에 대한 Y학생의 임명을 거꾸로 취하게 할 것이다. 통제되는 위치가 확장되고 다양하면 할수록—— 교육기관뿐만 아니라 연구 기관에서, 대학의 총서나 잡지뿐만이 아니라 신문이나 주간지 등과 같은 다른 영역에서——교환되는 주기는 더 길고 복잡하며, 문외한들에게 있어서는 해독할 수 없게 된다. X라는 학생을 위하여 Y라는 학생의 추천은, X학생이 그 답으로 편집위원회와 선거위원회 · 지원위원회의 회의 때 Y학생의 책에 대해 X학생이 주목할 만한 것을 시사함에 따라 X학생의 '이데올로기적 가족' 구성원들이 주간지에 서평을 실음으로써 보답되어진다. 이런 논리에서 고등사범학교 출신이란 사실은 학교 제도에 대한 능력뿐만 아니라 특히 성향을 얻어낸다는 것을 증명해 주고 있다고 이해할 수 있으며, 권력을 모으는 데 상당한 역할을 해준다. 학교의 교우 관계를 나타내는 사회적 자본은, 그런 관계가 후속되는 교환에 의해서 유지될 때 학과를 뛰어넘는 유일한 연대성을 이루게 하는 기반 중 하나가 될 수 있다. 이런 사항들은 학과의 규모에 한정된 국부적 소파벌 집단을 넘어서거나, 심지어 콜레주 드 프랑스가 제공하는 바와 같은 위신적 지위에 위치해 있는 대학 권력의 위치를 얻어내며, 유지되는 것과 관계될 때마다 결정적 역할을 수행하고 있다는 것을 설명해 주고 있다. 현실적이며 잠정적인 교우 관계의 사회적 자본으로서 고등사범학교 학생이 된다는 사실은, 실질적으로 유지되고 있는 모든 사회적 힘에 대한 증식 효과를 양산하고 있다. 그러므로 이런 권력 서열에서 더 높은 지위에 있

---

17) 이런 지위에 있는 피에르 르누뱅은, 최종적으로는 파리대학 문학부장의 지위와 국립정치학회 회장직의 지위를 덤으로 갖게 되었다. (〈J.-B. 뒤로젤에 의한 피에르 르누뱅의 사망자란 설명서 la notice nécrologique de Pierre Renouvin par J.-B Duroselle〉, in 《Revue d'histoire moderne et contemporaine》, XXII, 1975년 10-12월, 497-507쪽을 볼 것.)

을수록 더 영향력을 미치는 데 효력이 있게 된다.

대학적 자본을 축적하는 일은 시간(갖고 있는 자본은 연령과 긴밀히 연결된다는 사실에서 보여지고 있다)이 걸리기 때문에 이런 대학적 공간에서의 거리는 시간이나 시간적 격차, 연령의 차이에 따라서 측정된다. 그결과 영역의 구조는 행위자들에게는 가장 확실한 경력——조교직이나박사 학위 논문, 업무 능력 목록과 소르본대학에서의 교수직을 거치면서 고등사범학교에서부터 학사원에 이르기까지——형태로 나타나며,모든 다른 진로는 객관적으로 측정되었다. 이런 행위자들은 위의 과정——그것은 또한 경쟁이나 경합이 될 수 있다——의 중요한 개별 단계에 더해서 접근할 수 있는 표준 연령을 결부시키는 경향을 보이고 있다.그런 연령을 참조하여 우리는 모든 (생물학적) 연령에 대해 젊고 늙은것(구와 신)으로 나타낼 수 있다. 실제 권력적 지위는 시간에 의해 서열화되어 있거나 분리되어 있기 때문에 서열을 재생산하는 것은 격차의 유지, 다시 말해서 **계승의 순서**(ordre des successions)를 가정한다. '단계를생략하고 급격히 진보' 하려는(예를 들어 다른 곳에서 취득한 특성들[소유물]과 권력을 대학적 질서 안에 들여오면서) 사람들의 **신속함**(celeritas)을위협하는 것까지도 이런 질서가 하고 있다. **근엄성**(gravitas)과는 반대로우리가 생각하기 좋아하는 건전한 둔함이란 그 자체의 진면목(예를 들어박사 학위 논문을 집필하는 데 있어서)이 누구나 될 수 있으며, 그것은 수집된 질서의 근본 원리에 대한 이론의 여지가 없는 존중, 즉 **공손함**(obsequium)의 가장 진실됨을 증명해 주는 것이다.[18]

---

18) 우리가 보여 주게 될 테지만, 고참과 신참 간의 관계 위기는 조화의 파괴로부터 생겨난 것이다. 이 조화의 파괴는 대부분의 신참자들에게는 예상이 뒤섞여 있는 구조(대기)와 객관적 구조(가능성 있는 경로) 사이에서 설정되었으며, 행위자들의 승진 가능한 변화와 성향 변화가 동시에 행해지는 효과를 전제하는 한에서 조작된 파괴를 말한다. 그런 상황에서 '나이 든 사람' 과 '젊은 사람' 은 '차이가 생기게' 된다. 나이 든 사람은 정상적인 권리를 요구하는 것으로 체험됐던 것 속에서 출세를 하려는 야망을 알게 되고, 젊은 사람들은 윤리적 질서를 환기함으로써 나타나는 것에서 특권적 지식인의 보수주의 성향을 파악하게 된다.

영구적 혁명의 위협을 숨기기는커녕 이 영구적인 경향은 매번 경쟁에 참여했던 사람들과 경쟁에 의해 요구되고, 동시에 강화된 경쟁적 성향을 갖고 있는 사람 사이에서 만들어진 만인에 반하는 만인의 투쟁이 같은 논리에 의해서 시간적 격차의 체계처럼 질서의 재생산에 기여하고 있다. 왜냐하면 경합한다는 사실이 경쟁의 공통된 목표물을 인식할 것을 가정하고 환기시키기 때문이며, 다른 하나는 경합이 매순간 대략적으로 경쟁의 동일 지점에 위치해 있는 경쟁자들에게 한정되고, 경합은 더 진보된 위치를 차지하고 있는 사람들에 의해 중재되었기 때문이다.

지배 전략이란 것이 가능하게 하고 효력 있게 하는 구조 없이는 아무 것도 아니라는 점이 분명하다면, 경쟁자들의 전진 정도를 좌우하게 하는 위치의 억제가 부여하고 있는 권력의 효율성은 현실적으로는 신참자들——예를 들어 조교들——에 대해서만 행사되며, 경쟁 게임에 참가하는 것을 수용하고 그런 게임으로부터 목표물을 승인하도록 하는 조건에서만이 행사된다. 게다가 대학적 권력을 행사하는 일은, 영역에 의해 제공된 가능성을 이용하는 능력과 성향——그 자체가 사회적으로 얻어진——을 전제로 한다. "학생들을 거느린다거나 그들을 자리잡게 해주며, 또한 종속 관계에 있게 하는" 능력, 그리하여 지속적인 권력 기반을 보장받게 되는 능력과 "좋은 위치에 있는 학생을 거느리고 있다"(지리학, 1971년)라는 사실은, 무엇보다도 다른 사람들의 시간, 더 정확히 말해서 그들이 활동하는 반경과 학업 과정의 속도를 조작할 수 있도록 기술을 가정하거나, 입학시험이나 정규 과정의 시험에 합격하는 일, 박사 학위 논문을 발표하는 일, 논문이나 저서를 출간하는 일, 대학의 자리에 임명해 주는 일 등만큼의 여러 가지 달성 과정을 촉진시키거나 연기하게 하는 기술을 가정하고 있다. 그 반면에 권력의 여러 측면 중 하나일 수 있는 이런 기술은, 아주 흔히 학위를 충원하여 취득하는 사람들의 다소간은 의식적인 공범과 더불어서만이 발휘되고 있다. 그렇게 해서 모든 연령층으로부터 훌륭한 학생을 특징짓는 온순하면서도 복종을 잘하는 성향 속에, 간단히 말해서 약간은 유치한——독일에서는 박사 학위 논문 지도 교수를 '박사의 아버지(Doctorvater)'라고 부른다——성향 속에서 상당히 고령화될 때까지 대개의 경우 유지되고 있다.

　　"조교와 주임조교들은 잡지에 글을 게재하기 전까지는 어느 정도는 답
보 상태에 있어야만 했다[…]. 특히 파리에서는 그들이 1년이나 2년 정도
를 답보 상태에 있을 수 있으며, 이들이 LAFMA(주임조교들의 직무 적성
목록)에 막 등록되려고 할 때 지루하기까지 할 정도이다."(지리학, 1971년)
"지도 교수들은 조교를 임명하게 할 힘이 있기 때문에 권력을 갖고 있다.
그들은 두 가지 차원에서 권력을 갖고 있는 것인데, 조교를 선임하는 과
정에 있어서와 이런 임무 과정을 조교들에게 치르게 하면서 권력을 갖게
된다. 주임조교들의 직무 적성 목록에 등재함으로써 조교는 연간 계약직
이었던 위치를 전임직으로 변경한다. 그리하여 사람들은 이런 목록에 그
들을 등재하기 위한 규칙을 만들게 되는 것이다. 어떤 지도 교수들에게는
상당한 양의 박사 학위 논문 페이지수가 써져야만 했고, 다른 사람들에게
있어서는 열성의 문제이다."(문학, 1971년)

　　권력이 그다지 제도화되지 않았거나 아예 제도화되지 않은 모든 상황
에서,[19] **지속적인**(durables) 권위와 종속의 관계를 만드는 일은 **예상**
(attente)에 의존하고 있다. 예상은 기대된 것을 믿는 사람들의 행동을 지
속적으로——다시 말해서 예상을 지속시키는 기간 내내——변화하게
하는 것에 대해 관심을 갖는 목표와도 같은 것이다. 또한 지속적인 권위
와 종속의 관계를 만드는 일을 **기대하게 하는** 기술에 의존하고 있다. 이
것은 이중적 의미에서 살펴볼 수 있는데, 첫째는 희망을 조장하고 유지
시키는 기술이다. 이것은 예측을 저버리거나 부인하며, 낙담하지 않게

---

19) 공기업이나 사기업에서 영향력을 행사하는 것과 같이 관료주의적인 권력보다는 제
도화되어 있지 않는 대학 교원 단체의 재생산에 대한 권력은 문화적인 생산계에서 통용
되고 있는 성별(聖別)의 권력보다 더 제도화가 잘되어 있다. 어쨌든 의학부에서보다는 문
학부에서 제도화가 잘되어 있지 못하다. 의학부에서 주임교수는 모든 연속적인 시험(통근
조수시험이나 인턴시험, 해부외과시험, 교수자격시험 등)과 같은 제도화된 일련의 모든 관
리 수단을 배치하고 있다.

하려는 약속이나 교묘한 기법을 통해서 이루어진다. 둘째는 초조함에 제동을 걸거나 억누를 줄 아는 능력과 기한을 참아내고 받아들이게 할 줄 아는 능력을 통해서 동시에 이루어진다. 낙담은 대개 보증인에게 용기를 북돋워 주는 약속이나 말에서 나타난 것으로 기재되어 미리 행해진 만족과 희망, 그리고 무한정으로 오래되고 분산되며 연기된 만족과 희망을 지속시킨다.

그리하여 대학적 권력은 한편으로는 희망——그것 자체가 한쪽에서는 게임에서 역할을 하는 성향과 투자에 토대를 두고, 다른 한쪽에서는 게임의 객관적 불확실성에 토대를 둔——과, 다른 한편으로는 가능한 경쟁자들의 세계를 정확하게 획정시키면서 객관적 확률에 영향을 미치는 능력 속에서 구성된다. 지방의 한 교수가 소르본대학에 가기를 열망하는 한, 또한 소르본대학이나 콜레주 드 프랑스의 교수가 학사원을 희망하는 한, 자신의 선거를 위해 자신이 종속되어 있는 학사원의 구성원이나 소르본대학 교수는 자신의 조교를 채용할 수 있고, 선거에서(특별히 자신의 후계자를 지목하려는 선거에서) 자신의 목소리를 낼 수 있게 되거나, 아주 단순히 말해서 그에게 존경과 보증을 얻게 해줄 수 있다(우리는 그의 단호한 태도를 꺾어 버릴 수 있는 구체적인 예가 여기에서는 불가능함을 알 것이다). 권위는 출세를 예상하는 것에 토대를 두고 있다. 사람들은 무언가에 집착하는 한 단지 무언가를 얻어낼 뿐이다. 하지만 이런 예상 자체는 전체적으로 획정되지도 않고, 미결정되지도 않으며, 막연한 미래의 객관적 존재와도 무관하지가 않다. 메커니즘이 기능하기 위해서 동일한 칭호를 부여받고, 학교 교육에 있어서 동일한 세대에 속하는 여러 경쟁자들이 동일한 위치를 차지하기 위해 경쟁하는 일이 확실히 필요하다면, 제공된 자리를 합리적으로 열망하고 그 자리를 차지하고 있는 사람들에게 예측을 통해 동일화시킬 수 있기 위해서는——객관적 가능성이 어떤 한계 이하로 내려갈 때 불가능하게 되는 것——경쟁자들이 그 수에 있어서 아주 적어야 할 필요가 있다. 그럼에도 불구하고 경쟁자들이 예상을 소멸시키게 할 절대적 확실성을 갖지 않는 것에 대해서는 그 수가 매우 많아야 할 필요가 있다. 이상에서 정의된 자유의 공간에서 스승은 이

차적인 특성(연령이나 성별, 고등사범학교 출신자라는 신분)에 의해 구별
된 경쟁자들간에 존재하는 경쟁을 성석권이나 우선권("나는 당신을 적성
목록에 게재할 테지만 X 이전에는 하지 않을 것이다"), 약속과 서열을 상기
시키면서 중재해 나간다. 게다가 그는 매주 푸아티에나 렌·릴에서 온
'학생들'을 받아들이고 있는 세미나의 역할이나 기능에 따라서, 독일식
연구 세미나보다는 해마다 열리는 미국식 교수협의회를 조직하고 있는
전문적인 대집회, 다시 말해서 **대학 시장**(academic marketplace)[20]의 논리
에 더 근접해 있다. 입신출세를 지향하는 사람에게 있어서 거의 의무적
이며, 탐내는 자리에 대해 경쟁자들 전체가 하는 이런 모임은 더 진전된
스승이나 경쟁자들에게 모방적인 복종 안에서, 혹은 그것을 통해서 학문
적인 연구에 윤리적 관계를 주입시키거나 강화시키는 장소임이 확실하
다. 윤리적인 관계는 어떤 다른 요소들보다도 대학적 생산에 형태와 한계
를 부과해 주고 있다.[21]

시간과 권력

종속 관계와 그것의 운명은 '지도 교수'의 책략──그 자체가 지도 교
수의 위치나 성향에 결부되어 있다──과 '피보호자들'의 책략에 따라서

---

20) T. Caplow and R. J. McGee, 《대학 시장 *The Academic Marketplace*》, New York,
Doubleday and Co. 1965년(첫 출간은 1958년), 99쪽을 볼 것.

21) 같은 논리가 19세기에 로마상(賞)에 출전하는 화가들을 준비시켰던 개인 아틀리에
에서 목격되었다. 모든 것은 스승에 대한 절대적 복종 상태에 있으면서 나이를 먹을 때까
지 학생들을 유지하기 위해 행해졌다. (예를 들어 온갖 일련의 단계가 있었는데, 그 단계를 통
해서 복제화를 기초로 한 데생, 다음으로 석고조각에 의한 데생, 그리고 실물 모델에 의한 데생,
초상화 등은 스승에 의해 결정된 템포에 맞춰서 거쳐 갔다.) 더 나이 든 사람들은 그림 단계에
서 유지될 수 있었다. 사람들은 자기가 얼마나 오랫동안 정해진 단계에 있어야 할지를 몰
랐다. 콩쿠르에서 자신의 성공을 보장받은 것으로 유명해진 들라로슈의 아틀리에와 같은
곳에서는 참고 견디는 사람만이 막후 공작이나 음모에 의해 야기된 실망에서 살아남을 수
있었다. (A. Boime, 《19세기 아카데미와 프랑스 화가 *The Academy and French Painting in
the Nineteenth Century*》, Londres, Phaidon, 1971 et J. Lethève, 《19세기 프랑스 예술가들의 일상
생활 *La vie quotidienne des artistes français au XIXe siècle*》, Paris, Hachette, 1968년을 볼 것.)

좌우된다. 물론 이 두 가지 전략은 서로가 실행하고 있는 조건이라는 한계 속에서 나타나며, 거기에서 가장 중요한 것은 확실히 해당되는 학과 안에 있는 자리 시장이 갖고 있는 긴장감이다(시장의 긴장이 강하면 강할수록, 그리고 신입자들간에 경쟁이 단번에 더 강하게 될수록 게임을 쥐고 있는 지배자들은 더 쉬울 것이다). 정보제공자가 말하고 있듯이 "지적인 감정을 불러일으키고, 연구하도록 도와 주고, 출판하도록 후원해 주는" 교수들(언어학, 1971년)——틀림없이 이런 대학 공간 지역에서는 소수인——을 한쪽으로 제쳐놓는다면 자신의 위치에 적합한 '지도 교수들'은, 다시 말해서 그들의 피보호자들을 위치시키고, 경력을 보장해 주며, 권력의 교체 작업을 하기 위해 필요한 게임 감각을 부여받은 '지도 교수들'은 가능한 자신들이 키워 온 신진학자들이 너무 빨리 독립하도록 하거나, 활발한 경쟁에 너무 빨리 이르도록 하는 것을(정확하게 피보호자들에게 있어서) 피하게 하면서, 그들 신진학자들을 가급적 오랫동안 잡고 있으려는 걱정과, 그들을 낙담시키지 않고 자기를 따르도록(예를 들어 그들이 경쟁에 가담하는 것을 피해 가도록 하면서) 충분히 '밀어 주려는' 필요성 사이에서 최적 조건을 실현시켜야만 한다는 것을 알 수 있다. 이것은 그들의 대학적 위신과 흡인력을 강화시키면서 단번에 권력을 확립하게 한다.

하지만 특별히 사정에 능통한 정보제공자가 두 지도 교수의 비교된 책략을 제의하고 있는 분석을 인용하는 것으로 충분할 것이다. "X라는 사람은 어떤 일정한 시기에 많은 사람들에 둘러싸여 있었다. X와 같이 있으려 했었던 가장 강한 사람 중에는 여러 형태의 사람들이 있었다. X는 그들을 실망시켰겠는가? 지리적으로 그와 멀리 있던 사람들을 제외하고, X는 그들을 부추기지 않았다 […]. 멀리 있던 사람들은 X의 조교가 아니었다. X는 그들을 밀어 주었고, 그들은 자신들의 박사 학위 논문을 발표하였다. 그들은 Y가 38세에 소르본대학에 대충 그런 식으로 왔기 때문에 상당히 빨리 진출하려고 한 것이다. 그는 다른 사람들을 주임조교직 자리에 남겨 놓았다. 그는 이들을 그냥 배회하게 놔두었다. X의 조교였던 R과 같은 사람은 그 자리를 차지하지 않았다. 거기에는 X와 같이 있었던 다른 사람이 이미 있었다. 그들은 결국 강좌를 맡았지만, 40세가 넘어서야 맡게 된 것이다. 그들은 뱅센대학(파리8대학)에 임명되도록 하기 위해 1968년의 5월 혁명을 잘 이용했다. 만약 뱅센대학이 없었더라면, 그들은 여전히 소르본대학에서 주임조교를 하고 있었을 것이다. X의 학생 중에 현재 권력에 도달한 사람은 D를 제외하고는 없다. X에게 열심히 복종한 Y가 있지만 여전히 […]. 그들이 권력에 접근하게 된다면 더 이상 이들은 X를 충실히 따르지 않거나, X에 접근하지도 않는다. Z에게 가담했던 사람들이 있다. 그들은 Z 없이 시작을 했으며, 박사 학위 논문을 할 즈음에 도착하여 Z에 가담했고, 매번 박사들은 그의 도움을 받았었다."(지리학, 1971년)

권력이란 것이 상당히 신뢰에 의존하고 있으며, 홉스가 한 말에 따르면 "권력을 갖고 있다는 것은 권력으로 공인된 것이다"라는 것이 또한 사실로 통용되는 사회적 세계는 분명 얼마 되지 않는다. 마찬가지로 대학 권력의 집중화 현상은, 지원자들을 가장 강력한 보호자 쪽으로 이끌어 가는 책략의 효과에 의한 기여도를 고려하지 않고서는 완전하게 이해할 수 없다. 아비투스의 전략은 그러므로 의식적이면서도 무의식적이다. 스승을 칭송하는 사람에 의하면, '음모나 술책을 하지 않고 자연적 필요성에 의해서처럼' 지배적인 자리에 스승이 접근하려는 듯해 보였던 것과 마찬가지로, 가장 사정에 능통하고 또한 제일 많이 그런 사정을 갖고 있는 학생들은 자신들을 피보호자로 인정하도록 가장 영향력이 있는 스승에게 가져가기 위한 기회를 생각해 볼 필요도 없고 재어 볼 필요도 없다. 바로 거기에 자본이 자본 쪽으로 이동하게 하는 효과 중 다른 하나가 있는 것이다. 결과적으로 우리는 여러 다른 '지도 교수'에 의해 보유된 대학적 권력의 자본과, 그들의 상징적 자본의 정도와 표시를 나타내 주는 그들 고객들의 수와 질(학교적 자본에서 측정된) 사이에 긴밀한 관계가 존재한다는 것을 확인할 수 있다.

지도되어진 박사 학위 논문수만이 여러 다른 학과 내에서 유력한 '지도 교수'를 구분하기에 충분하다. 예를 들어 역사학은 데이터가 가장 확실한 학과에 해당한다.[22] 지라르의 주논문 57편, 라브루스 42편, 르누뱅 23편, 귀랄 22편, 페로이 21편, 몰라와 무니에는 19편이 있다.[23] 마찬가지로 그리스어에서는 페르낭 로베르의 주논문 33편(3편의 부논문과 박사 과정 논문 3편), 드 로밀리 여사 21편(4편의 부논문과 박사 과정 논문 9편), 플라스리에르 20편(8편의 부논문), 샹트렌 17편(8편의 부논문), 아를 여사 16편(박사 과정부 논문 12편) 등이 있다.[24] 또한 철학에서는 리쾨르가 10편(4편의 부논문), 이폴리트가 10편(3편의 부논문), 쉴이 10편(3편의 부논문), 장 켈레비치 7편, 발 6편(3편의 부논문), 강디약 6편(7편의 부논문), 알퀴에 5

---

22) 이렇게 한 계산은 《1966년 10월 1일 결정된 프랑스 본토에 있는 문학부에 제출된 현대 역사에 대한 박사 학위 논문 목록》에 의존하고 있다. (총 7백56편의 논문 중 3백47편이 주논문이고, 60편은 부논문, 2백71편은 박사 과정 논문이며, 대학박사 논문은 78편이다.) 이 목록은 프랑스 학부의 현대사교수협회의 요구에 의해 만들어진 것이다. 이 자료에 관한 기술 내용은 J.-B. 뒤로젤의 현대사 박사 학위 논문, 〈황무지 상태의 영역과 교양 있는 영역 Les thèses d'histoire contemporaine. Aires cultivées et zones en friche〉, 《Revue d'histoire moderne et contempraine》, 1967년 1-3월호, 71-77쪽을 볼 것.

23) 우리가 부논문을 덧붙일 경우에나 고작 차이를 보게 될 이런 서열은, 포함된 박사 과정 논문(하물며 이런 박사 학위 논문만을)에 대해서 지도되어진 박사 논문 전체를 고려한다면 아주 심오하게 변화된다. 만약 지라르나 뒤로젤, 몰라나 페로이가 항상 이런 순서나 처음 10편의 논문 속에 있다면, 레몽과 라인하르트가 나타난다는 것을 볼 수 있으며, 그 이후에는 파리정경학원이나 고등연구원의 교수 전체가 나타나는 것을 보게 된다. 이런 차이는 박사 과정 논문 지도만을 고려한다면 좀더 명확하게 보여진다. 그것은 레몽(낭테르대학과 파리정경학원) 44편, 빌라르(소르본대학과 고등연구원) 20편, 라인하르트(소르본대학과 파리정경학원) 18편, 셰스노(고등연구원) 14편, 가니아주(소르본대학)와 그로세르(파리정경학원) 14편, 라보(파리정경학원) 12편, 위르티그(파리정경학원)·륄리에(스트라스부르대학)·투샤르(파리정경학원)는 10편씩이다. (이런 숫자가 의미하는 바는 어떤 교수들은—— 여기에서는 정확히 파리정경학원의 교수들——다른 분야에 속하는, 그러므로 양립할 수 없는 박사 학위 논문을 지도할 수 있다는 사실에 의해 한정되어 있다.)

24) 이런 식의 계산은 인간과학관에 있는 연구자들에 대한 조사에서 신고된 박사 논문(준비되거나 심사된) 지도 교수에 의해서 집계된 것에 토대를 두고 있다. 이렇게 해서 완성된 계산은 《그리스어나 라틴어로 된 연구 업적 목록》(고등교육고대어교수협회, 1971년 6월)과 같은 공식적인 목록과 관련하여 지도된 논문 비율을 과소 평가하게 하는 계산 방식이다. 더군다나 학과의 모든 연구자들이나 교수들은 이 조사에서 회답을 해주지 않았다. 하지만 계산은 상대적으로 가까운 두 기간 사이에 제출된 논문이나 개별 교수들에 의해 전체적으로 지도된 논문수의 목록, 그리고 논문이 나타내 주고 있는 사회적 자본 목록보다 더 정확한 척도를 부여해 주고 있다. 왜냐하면 계산은 프랑스 대학 시장에 대해 실제로 투입될 운명에 있는 논문을 채택하였기 때문이다.

편(1편의 부논문), 구이에 4편(12편의 부논문), 캉길렘 4편(4편의 부논문), 수리오 4편(2편의 부논문)이 있다.[25] 우리는 모든 학문 분야에서 석학들이나 걸출한 연구자들이 콜레주 드 프랑스에 있을 때, 일반적으로 얼마 되지 않는 후보자들을 그것도 아주 상세한 영역에서만 지도한다는 사실과, 평범한 교수들 중에서 가장 힘이 있는 사람이 매우 다양한 연구를 상당히 많이 지도하고 있다는 사실 사이에서 표시된 차이를 관찰하게 된다.

하지만 가장 의미 있는 차이를 밝혀내는 것은 후보자들의 사회적 질을 고려할 때이다. 실제로 가장 힘이 있는 '지도 교수들' 주변에는, 영역에서 유능해 보이는 특성들[소유물](남성다움과 대학교수자격 소지자──심지어는 이런 시험에서 상위 석차에 들어 있는──고등사범학교 출신자라는 칭호)을 가장 많이 지니고 있으며, 그 결과(그후의 경력이 명백하게 증명해 주고 있는 것처럼) 잠정적 권력을 가장 많이 부여받은 후보자들이 집결하는 것을 볼 수 있다. 그렇게 해서 체계를 조작하는 달인임이 틀림없는 장 이폴리트를 철학 분야[26]에서 만나게 된다. 그 또한 고등사범학교 출신자로서 잠시 고등사범학교 교장을 지냈고, 소르본대학과 그 이후로는 콜레주 드

---

25) 1967년에 실행된 인간과학관이 행한 조사에 의존하고 있는 이 목록은, 그리스어의 박사 논문 목록과 똑같은 주의를 요구하고 있다. 특히 이 목록은 등록된 전체 논문수를 최소화하고 있는 것이 분명하다. 예를 들어 앙리 구이에는 대담에서 항구적으로 등록된 50-80편의 논문을 갖고 있었으며, 해마다 15건 정도의 논문 심사에 참여했다고 밝히고 있다. 그다지 요청되지 않았던 다른 교수들은 조사를 한 시점에 박사 과정 논문만큼이나 국가박사에 기재된 논문의 등록 건수를 25-35회 정도 갖고 있다고 말했으며, 5-6건의 논문 심사에 참여했다고 말했다. 1965-1968년에 소르본대학에 제출된 논문을 조사한 것은(*Répertoire raisonn des sujets en coursé des doctorats d'État*──*lettres et Sciences humaines*──*inscrites en France*, 1965-1970, Paris 10─낭테르대학과 인문과학자료센터) 경미하게 차이가 있는 목록으로 이르게 한다. 조사는 지도 교수들의 경력이 진행되는 중에 수집했던 피보호자의 자본보다도 더 제한되어 있는 시기에 여러 다른 교수들의 흡인력을 포착하기 때문에 파악되는 것이다. (예를 들어 1961년 콜레주 드 프랑스에 들어간 이폴리트는 퇴조한 반면, 정년 퇴직에 영향을 받은 수리오와 발은 사라지게 된다.) 엄밀한 분석을 하기 위해서는 대학의 세대를 구분해야만 할 것이다. 그 세대는 생물학적인 세대와 일치하지 않는 것이며, 생물학적으로는 동일한 연령이지만 소르본대학에 도달하는 데 여러 다른 연령에 있는 교수들은 자신의 피보호자의 질이나 양의 관점과는 완전히 비교할 수 없다. 또한 가장 힘이 있는 사람은 더 힘이 모자란 사람에게 접근해 가면서, 더 오래전부터 권력을 가지고 있는 사람으로 남아 있는 경우가 다반사이다.

프랑스에서 교수 생활을 하였다. 그는 분명 고등사범학교 출신자가 아니면서 낭테르대학에서(그 이후로는 미국에서) 교수 생활을 하는 폴 리쾨르와 대조되는 인물이다. 후설의 번역자나 주석자로서, 특별히 헤겔을 번역하고 주석하는 사람으로 많이 알려진 이폴리트에 비견되는 권위와 명성을 갖고 있고, 거기에다 현상학자로서의 저서와 언어철학자 · 해석철학자로서의 저서를 덧붙인다 할지라도 리쾨르는 분명 사회적 질로 볼 때 더 하위에 있는 박사 논문 준비자들을 받아들이고 있다. 이폴리트 휘하의 '박사 논문 등록자' 10명은 남성들이며, 9명은 교수자격 소지자이고, 6명은 고등사범학교 출신자이다. 조사를 한 시점에 6명은 파리에 있었으며, 4명은 이미 조교수로 있고, 주임조교 2명과 조교 2명, 그리고 **CNRS**에 연구원으로 재직중인 4명이 있었다. 리쾨르가 지도했던 10명 가운데 8명은 남성들이었고, 8명이 대학교수자격 소지자이며, 고등사범학교 출신자는 없었다. 2명만이 파리에 있었고, 5명이 주임조교이며, 3명이 조교, 1명이 조교수, 가톨릭 계열의 학교에 1명의 교수가 있었다. 그럼에도 불구하고 이렇게 행해진 단순한 탐색 조사는 규준이 되는 학과의 경우에 박사 논문의 기능과 역할을 분명히 지각할 수 있게 한다. 박사 논문을 통하여, 논문 지도 교수는 유일 가능한 위치에서 학부 교수의 지위에 이르게 할 수 있는 절대적 방법을 조정하고 있다.[27)]

---

26) 철학 박사 논문에서(논문을 연구한 사람에 따라 등록되거나 분류된) 이미 인용된 목록으로부터 우리는 논문을 지도한 사람 중에서 박사 논문을 재분배하였으며, 그 논문 하나하나에(연구자들에 대한 인간과학관의 조사에서 차용해 온) 그들 연구자들에 대한 입수 가능한 특징을 보충하였다.

27) 고등연구원의 지도 교수이면서 동시에 소르본대학 교수이기도 한 에르네스트 라브루스(혹은 두 기관의 구성원이기도 한 피에르 빌라르)에게 박사 논문 등록을 한 학생과, 오랫동안 대학자문위원회 위원장직을 역임한 소르본대학 교수 루이 지라르에게 박사 논문 등록을 한 학생을 비교해 보는 일은, 규준적 '대학' 이——역사학에서와 같이——고등연구원이나 파리정경학원과 같이 다른 기관에 의해 제공된 가능성으로 인해서 더 이상의 승진 가능성에 대한 독점권을 갖고 있지 않을 때 사정이 달라진다는 사실을 엿보게 해준다. 대부분의 루이 지라르의 제자들이 승진 가능성에 대해 불확실한 면을 갖고 있거나, 루이 메르마스 · 장 엘인스타인 · 루이 메산도와 같이 대학 외에서 알려지고 있는 반면에, 많은 에르네스트 라브루스의 제자들은 그들 세대에서 가장 권위 있는 역사가들에 포함되고, 고등연구원에서(혹은 뱅센대학에서) 그들 자신이 높은 승진 비율을 차지하고 있다.

대학적 경력의 성공은 반드시 가장 유명하지도 않고, 심지어 기술적으로는 가장 능력이 있지도 않는 힘 있는 한 지도 교수의 '선택'을 거쳐 이루어진다. '철학과 학생들'에게 있어서 1970-1980년대에 교직에 접근하려고 한 세대 중 가장 위신이 섰던 경력은, 1950-1960년대 소르본 대학 교수 중 1명에 전속되어 박사 논문 주제를 제출하는 것을 통해서 이루어졌다. 이들 교수들 자체도 30년 앞서서 에밀 브레이에와 레옹 브룅스비크에 전속되어 서로의 길을 찾아냈었다. 철학 공간에서 잘 확정된 영역의 전문가들(술 · 기통 · 구이에 · 캉길렘)에 전속되어 가장 '유망한' 몇몇 후보자들을 끌어들이면서 독점 과정을 거부하는 것 같아 보이는 전문화의 효과는, 현실적으로 볼 때 이런 독점화 과정을 강화시키고 있다. 실제로 가장 일반적인 주제는 암묵적이지만 모든 사람들에게 알려진 서열에 따라서, (다른 여러 지표 중에서 가장 전문화된 주제는 부차적 논문용으로, 그리고 전문가이기도 한 이차 지도 교수용으로 유보되었던 사실이 증명해 주고 있듯이) 가장 위신 있는 것이다. 박사 논문 지도 교수로부터 (객관적으로) 예기됐던 것이 무엇인지를 보기 위해서는 가장 매력적인 '지도 교수'들에게 제출한 논문 주제의 목록을 상세히 보는 것으로 충분하다. 이것은 어떤 예외도 있을 수 없는 진정한 연구 지도이고, 방법론적인 혹은 기술적인 조언이 되는 일이며, 철학적인 조언일 수도 있다. 하지만 그것은 일종의 품질을 승인하는 것이며, 관련된 자유로움, 더 무의식적으로 말해서 경력 지도나 후원이기도 하다(우리는 헤겔에 대한 얼마 되지 않는 논문 주제를 벗어나——게다가 희귀한 '주변적' 사실의 논문 주제——라이프니츠나 니체 · 알랭에 관한 연구, 그리스 사상사, 의미의 현상학 등에 관한 연구를 이폴리트가 행한 방식에서 만날 수 있다). 간단히 말해서 유명한 지도 교수와 그들 피보호자들 간의 지적 친근성은, 그들을 결합해 주는 사회적 친근성보다 분명성에서는 훨씬 떨어진다.

사실 주제의 '선택'과 지도 교수의 '선택'이 두 가지의 독립된 원리에 따르는 것처럼 보인다 할지라도, 그런 선택은 두 가지의 여러 다른 논리 안에서 동일한 성향을 표출하고 있다. 광범위한 주제와 저자의 고상함 속에서 밝혀지는 철학적 우월감에 대한 감각은 동시다발적으로 '지도 교수'의 선택 속에서 표명되고 있다. 적어도 '지도 교수'의 저서에 의해서 만큼이나 교수의 대학적 위치에 의해서 고려되는 어떤 순간에 철학 교수들 중 가장 철학자다운 사람으로 나타날 수 있으며, 동시에 철학적으로 더 야심을 요구하는 사람에게 철학적 활동에 대해 충분히 실행할 수 있는 사회적 조건, 구체적으로 말해 대학에서의 자리를 보장해 주기 위해 더 좋은 자리를 차지하려고 한다. 서로간의 '선택'은 이런 지적이며 사회적인 투자가 의미하는 바를 불가분적으로 표현해 주고 있다. 그것은 가장 위대한 대상과 가장 위신 있는 위치를 향해 논문을 제출할 자격을 취득한 사람 중 가장 성별(聖別)화된 사람들이 도입하여 취하고 있는 것이다. 배우자를 '선택'하는 것과 같이 지도 교수를 '선택'하는 일은 마찬가지로 어떤 면에서 보면, 자본과 자본의 관계이다. 선택된 지도 교수와 논문 주제의 우월 속에서 후보자는, 자신만이 갖고 있는 우월감이나 가능한 여러 다른 지도 교수들의 우월감을 갖고 있다는 생각을 확신하게 된다. 그것은 (가능한 모든 **알로독시아**(allodoxia)〔잘못 앎〕의 효과와 더불어) 지적인 것에 대한 좋거나 나쁜 취향과도 같은 것이다. 지도 교수는 자신이 선택한 것 이상으로 선택되어졌다. 또한 제자가 되지 않고서도 지적 인식의 형태를 승인해 주는 교수에게 부합하고 있는 학생들의 가치는, 지도 교수의 가치를 만드는 데 공헌을 한다. 그것은 마치 지도 교수가 학생들의 평가를 만들어 내는 데 공헌하는 것과도 같다.[28]

명시적인 판단 기준과 명확한 규칙에 기반을 둔 판단과 분류의 조작 산물로서 나타날 처지에 있는 연대성이 형성되는 것은, '선택' 원리에서까지 잘 조화가 되어 있는 파트너들에 의해서 조작된 모든 상호적 '선택'을 통해서 이루어진다. 다른 곳에서와 마찬가지로 여기에서도 실천 감각의 성향을 근본적으로 갖고 있는 규칙성이나 규칙의 결과, 확고하고 방법론

---

28) 이런 관점에서 후임자로부터 선임자에 이르기까지 불가피한 찬사와 이들이 말하고 있는 내용을 이해할 수가 있다. 이들의 내용은 '지도 교수'에 대한——감사의 의미에서 ——승인을 천명하는 것과 '스승'에 대한 지적 승인의 선언이 복잡하게 섞여 있는 것이다.

적 결과에 전가시키는 것을 조심해 둘 필요가 있다. 객관화, 특히 여러 가지의 개인적인 전략의 결과를 합산시키면서 통계학을 조작하고 있는 객관화는, 그 자체를 통해 의식에 매어두어야만 하는 이론 교체를 생산해 낸다. 객관화는 잘 이해된 이해 관계의 추잡스러운 계산 결과처럼 읽고 싶어 할 수 있는 관계에 대한 행위자들의 특성들(소유물)과 그들의 실천 사이에서 나타내어지고 있다. (다른 사람들의) 행동에 대한 순수한 공리주의적 철학은, 때때로 학문에 숨겨져 있는 일상적 논쟁에 대한 평범한 기본 원리를 해독하는 가능성이 있는 만큼 유감을 나타내는 데에서 자신의 잘못된 명석함을 종종 얻어내고 있다.

규정에 따라서 몇몇 사람에게 주어진 대담함, 게다가 경솔함은 많은 사람들에게 과해지는 제도상의 신중함에다가 그 몇몇 사람이 갖고 있는 최고의 정당함과 확실한 알리바이를 제공해 주고 있다. '빛나는 기질을 갖고 있는 사람'이 마련해 준 수단과 그들이 조장하고 있는 잘못된 대담함, 그들이 저지하려는 비겁하고 불투명한 연구 등을 통하여 '빛나는 기질을 갖고 있는 사람'에 대한 숭배는 **아카데미의 중용 정신**(academica mediocritas)의 신중함이 보이지 않는 한은 의혹과 유감의 인식론에 대립되며, 지적인 자유와 위험감이 있는 공포에 대립된다. 그런 숭배는 '진지함'을 상기하는 것과 더불어, 아카데미 중용 정신의 신중한 투자와 그것의 작은 이익에 협력하게 된다. 그것은 지적 자유에 대한 불신에 토대를 두고 있으며, 게다가 아주 특수한 반지성주의적 형태에 토대를 둔 질서를 혼란스럽게 하기에 적당한 모든 생각을 거슬리게 하거나 저지하기 위한 것이다. 학위 논문 심사나 서평에서와 같이 시대의 선두에 서 있는 사람들의 어느 한쪽도 지지하지 않는 매우 균형 있는 강의에서는, 아주 흔히 아카데믹한 판단을 방향잡아 주는 혁신과 지적 창안에 대한 경미한 저항, 착상에 대한 그리고 정신의 자유와 비판에 대한 반발이, 확실히 제도의 사고에 결부되어 있는 신분상의 보증을 제도에 의해 부여된 한계를 알지 못한 채 수용하고 있는 사람에게만 부여하고 있는 제도에 일치된 승인의 결과이다. 게다가 희망되어진 성향이 증가하는 것에 있어 박사 학위 논문만큼은 어떤 공헌도 하지 않고 있다. 이것은 '박사의 아버지'로부터 세습되어진 권위가 모든 실천에 대해, 특히 출판에 대해 실행하고 있는 경향을 보이는 확산된 통제가 개입함으로써 이루어진다. 스승과 대학적 생산물에 강요된 존경과 자체 조사를 통하여, 특히 연장된 종속 관계를 통해서 행사되는 '박사의 아버지'의 권위는 후보자를 유지시키며, 대개의 경우 진정한 학습의 기술적 필요성과는 아무런 관련이 없다.[29]

우리가 통상적으로 하고 있듯이 논문 심사라는 의례적 측면이 강조하는 것은, 어쨌든 본질적인 것을 가리는 일이다. 그 본질적인 것은, 논문 심사가 내포하고 있는 대학적 질서의 승인과 온순한 기다림 속에 남아 있다. 중세에 마구(馬具) 제조업에서 거장의 솜씨로 가는 길을 열어 준 시험을 지배했던 법령이 상기시켜 주는 바와 같이 거장 없는 거장이란 없다: 스승 밑에서 제자로 있지 않은 사람은 어떤 사람도 스승의 반열에 이를 수 없다(nullus assumi debet in magistrum, qui sub magistro non fuerit discipulus). 스승을 인정하지 않고 인정받는 스승은 없으며, 스승을 통해서 스승이 인정받는 것은, 거룩한 스승들 집단의 지적 사법권이다. 한마디로 말해서 제도의 가치와 제도적 가치를 인정하지 않는 스승은 없다. 그 제도적 가치란 것은 비제도적인 모든 사고에서 만들어진 거부, 그리고 대학적 '진지함'을 찬양하는 데에서 모두 자리잡고 있는 것이다. 그런 규격화된 도구는, 학문의 외양이나 윤리의 외양과 같은 모든 외양을 대학적 '진지함'을 위해 찬양하려고 한다. 비록 그것이 학문적 유효성을 선택하는 데 있어서 개인적이며 집단적인 한계의 변환 도구 이상일지라도 말이다.

별로 제도화되어 있지 않으며, 대리인을 권력을 위임하는 데서 배제하

---

29) 사회적 필요성은 기술적 필요성의 외관을 가려 가면서 단지 영향력을 행사하고 있다는 것이 자명하다. 그 결과 2개의 필요성간에 있는 이중 게임은, 두 부분이 갖고 있는 복잡성과 더불어 규칙이 되려는 경향을 보이고 있으며, 자유롭게 동의된 **학습**의 참된 계약이라는 제도에서 주된 장애물 중 하나를 이루고 있다. 그런 계약 안에서 강요되고 있는 구속이나 통제는 진정한 지적 자유의 조건이 되는 작업 도구를 제공해 주면서 그들 자체의 소멸을 목표로 하고 있다.

고 있는 모든 권력 형태와 같이[30] 순수한 대학적 권력이란 항상적이고 중대한 시간을 지출하는 대가를 치를 때에만이 축적되고 유지될 수 있다. 그 결과 베버가 이미 주목했던 것처럼, 대학계에서 행정적인 권력——예를 들어 학부장이나 학장과 같은——을 취득하거나 행사하는 일, 대선거인이나 구성원들의 비공인된 권력을 취득하거나 행사하는 일은 선거위원회나 온갖 종류의 위원회에 영향력을 지니며, 실제로도 학문적 권위 자본을 축적시키는 데 위협을 주는 경향이 있고, 그 반대 상황에서도 동일하다는 것을 엿볼 수 있다. 경제적·문화적 메커니즘의 객관화가 그다지 진전되지 않은 전(前)자본주의 사회 내에서 상징 자본을 축적하는 경우와 같이, 아카데미풍과 같은 특수한 권위 자본을 축적하는 일은, 대학적 권력을 행사하고 축적하는 기관의 망을 통제하기 위해서, 또한 교환 속으로 들여보내기 위해 자신이 몸소 맞서 싸우는, 다시 말해서 자기 시간을 빼앗겨 가며 치러야 할 것을 요구한다. 이런 교환을 하는 데서 여러 가지를 결집하는 일은 기회를 갖게 하는 시발점이 되며, 그 속에서 조금씩 다른 사람을 위해 하게 되는 봉사(서비스) 자본이 형성된다. 이 자본은 공범 관계나 동맹, 피보호자 집단을 확립하는 데는 필수 불가결한 것들이다.

그것에 대해 확신하기 위해서는, 마르셀 뒤리와 같이 도처에서 교수직에 봉직하고 있는 사람의 구체적인 시간표를 상상해 보는 것으로 충분하다. 1944년 소르본대학 교수에 임명된 그는, 30여 년 동안 '라틴어 세계'——그는 자신에 대해 이런 식으로 말하는 것을 좋아했다고 사람들은 말했다——의 최고 결정 기관에 참여하거나 의장직을 맡았으며, 행정직의 책임을 모두 겸임하였다. 그는 참석 배당권을 갖고 있는 인물로서, 라틴어문학연구소 소장이나 소르본대학의 학부장 및 교수자격시험심사위원회나 자문위원회의 위원장, 또한 라틴어문학회의 이사, 국제고전문학연구연

---

30) 문화적 생산과 재생산의 제도에서 권력이란 순수한 문화적 권위 형태, 일종의 **제도적 카리스마**를 내포한다는 것을 보게 될 터이다.

맹의 의장직을 오랫동안 맡아 왔다. 그리고 한시적으로 로마-아테네협회 회장, 기욤부데협회 이사를 지냈으며, "단 한번의 이사회에도 빠지지 않았다." 또한 문예협회이사회에 출석하였으며, 〔마드리드의〕 벨라스케스회관의 이사이기도 했다. "그를 정부 부처에서 제약을 가하지 않고 상담하도록" 하지만, 그는 여전히 '전 유럽을 지나서' 자신이 임무를 맡고 있는 콘스탄티노플이나 브라질까지 여행할 시간을 찾고 있다. (J. 외르공, 〈마르셀 뒤리의 추도문〉, 《기욤부데협회회보》, 1978년, 제1호, 1-3쪽과 P. 그리말의 《라틴문학 연구》, 1977년, 제55호, 28-32쪽을 볼 것.) 이에 반하여 학부장이기보다는 보좌직, 회장이기보다는 회계직, 소장이기보다는 서기를 맡고 있는 데서 보듯이, 후자적 측면에서 이 지도 교수의 전형적인 모습을 볼 수 있다. 하지만 피에르 윌르미에의 경력이 암시해 주듯이, 기구의 순조로운 기능에서는 헌신적이면서도 적어도 필수 불가결한 것임에는 틀림없다. (F. 로베르, 《기욤부데협회회보》, 1980년 3월, 제1호. 1-4쪽과 P. 그리말, 《라틴문학 연구》, 1979년, 제57호, 29-31쪽을 볼 것.)

전례(典禮)나 의식, 회합, 대표단에 참가하는 것이 함유하고 있는 시간의 헌납은, 대학적 명예성의 평판이랄 수 있는 이런 특별한 형태의 상징 자본의 축적에 가장 절대적으로 필요한 조건이기도 하다. 집단이 행하는 의례를 통하여 집단의 존재나 가치를 재확인하며, 집단의 가치와 의무·습관을 집단에 적합한 승인의 대가로 모든 집단이 동의하고 있는 승인은, 여기에서는 순수한 학문적 권위와는 상대적으로 독립된 내부적 권위 형태에 토대를 두고 있다. 논문심사위원회의 경우에(자기가 지도했던 논문 심사에 동료로 하여금 참여해 줄 것을 요구하는 사람은, 암묵적으로 상호성을 베풀어 줄 것이라는 의무감을 갖고 있고, 그렇게 해서 계속되는 교환의 회로선상에 들어가게 한다), 선거의 경우에(동료들의 후보자에게 호의적으로 발언하는 사람은 동료——또는 그의 후보자——에게서 신용을 얻어낼 수 있으며, 이런 신용은 다른 선거를 할 경우에도 가치가 있다), (동일한 메커니즘이 기능하는) 편집위원회나 신임인사위원회 등과 같은 경우에 대학인들이 들어가는 교환 속에서, 교환의 논리를 전공 논문 전체만이 포착할 수 있게 해준다. 권력의 축적 논리가 의무를 산출하는 의무의 악순환이나——권력을 발생시키는 유혹을 불러일으키는——권력의 점진적 축적 형태를 취하게 한다는 것은 틀림없는 사실이다.

하지만 여기에서는 대학계의 최근(1980년대를 전후한) 상태에 대해 정보제공자가 기술하고 있는 것을 따라야 할 필요가 있다. 자문기관의 발달과 더불어 최근에 대학적 권력과 시간의 등가성에 대한 논리는 한계에 도달한 것처럼 보인다. "이와 같은 위원회에 소속되어 있는 것은 상당히 많은 장점이 있다. 왜냐하면 당신은 요청되어졌고, 요구되어졌으며, 교우 관계망에——당신이 규칙을 지키고자 한다면——속하게 되고, 어느 정도 모든 사람을 알게 해줄 수 있는 망에 속하기 때문이다. 동시에 당신은 대학에 초대되어 전문가위원회 자리에 앉게 되었으며, 경우에 따라서는 강연을 하게 되었다. X가 나를 L에서 강연하도록 초대할 때마다, 내게는 4백 프랑이나 5백 프랑의 수입을 가져다 주었다. 재미있는 점은 이런 것이 아니라 자리를 찾아내는 것이다. 논문 심사를 치른 주임조교는, 그들이 자신의 입장에 있는 사람들이 아니라 할지라도 그들과 함께 일을 하며(어떤 사람은 조합에서 선출된 사람이고, 다른 어떤 사람들은 우파 정부에 의해서 임명된 사람들이다), 당신이 주임조교를 원하고 있든 혹은 원하고 있지 않든 간에 객관적으로 이런 위원회에 소속되어 있다는 사실 속에서 유통되고 있는 무언가가 있다. 개별 회기에 주임조교와 교수들이 함께 식당에서 식사를 하는 습관이 있었다는 것은 틀림없는 사실이다 […]. 이와 같은 위원회에서 자리를 차지하기에 유리한 이점들이 상당히 많다. 그 이유는 당신을 알게 할 수 있다는 사실 때문이다. 교수직을 찾고자 하는 주임조교는 자신의 논문이 통과될 때마다 지방의 위원회, 또한 주변적인 위원회에서 자리를 갖게 되었다면, 그러면서 동시에 거기에서 자리를 만들어 냈다면 지방의 전문가위원회는 즉각 그를 선취하여 확보할 것이다. 이것은 당신으로 하여금 저작물 간행이나 순수하게 지적인 것을 승인하는 측면에 의해서와는 다른 사회적인 교우망을 창출토록 해준다."(사회학, 1980년)

조합 활동이나 부문별 동업조합주의 덕택에 발달된 이와 같은 새로운 권력 형태의 경우에서, 권력이란 그 어떤 것보다도 더 시간 속에서 대가가 치러지는 것이다. 또한 부문별 투쟁의 강화는 주된 결과로, 학문적 연구를 위해 사용 가능할 수 있는 시간 전체를 감소하게 한다는 것을 추측케 해준다(결과는 그 자체로 희망되어지지 않고, 엄밀한 의미에서 연구로부터 기대하고 있는 이윤을 조금 갖고 있는 사람들의 이익에 합치된다). "보고서 7권을 만드는 일은 기술을 갖고 있는 사람에게는 빠른 일이다. 그것은 최대하루가 필요한 일임에 틀림없다. 반대로 자리를 잡는 일은 많은 시간(일주일)이 걸렸다. 금년에는 일주일에 한 석, 3일 반 동안에 한 석을 회의에서 차지하였다. 참으로 피곤한 일이다. 게다가 위원회 구성원들 사이에서 자료를 재분배하도록 하는 사무국이 있었다. 나는 주임조교로서 그 자리에 있었으며, 확실히 2시간 혹은 적어도 반나절을 보냈다. '아! 어떤 학생이 지원을 하였지만 그의 논문 지도 교수는 정치적으로 적수였다. 그러므로 지도 교수는 이 학생에게 자리를 줄 필요가 없었다.' 이것 이외에도 X는 여러 반나절을 정부 부서에 해마다 가야 했었다. 왜냐하면 정부 부서는 직접 위원장들과 일을 하며, 지령을 내려주고 있기 때문이다. 위원장은 위원회의 기초 구성원보다 훨씬 더 많은 일이 있다[…]. 많은 시간을 필요로 하는 것이 있는데, 위원회 구성원들간에 하는 전화가 바로 그것이다. 내가 생각하기에는 이것은 특히 교수들간에, 위원회 구성원들뿐만 아니라 지방에 살고 있는 사람들과도 해야만 하는 일이다. 조합 활동가들은 납득하도록 하기 위해 조합원들에게 보고서를 써야 하며, 써야 할 준비회의('전국고등교육교원조합'에서 선출된 위원간에)가 있기도 하다. 전체 시간은 대략 1개월 정도 걸리는 일이다. 어쨌든 내가 생각하기에는 그곳에 있던 해는 갑갑한 한 해였다. 그것은 CNRS〔국립과학연구센터〕와 관련해서는 대수로운 것이다. CNRS와 CSCU〔대학자문고등위원회〕를 겸직하고 있는 사람들이 있다. 그들은 그 자리에 자신이 보내는 1년 중 3개월을 보내고 있다."(사회학, 1980년)

그리하여 어떤 것도 대학계의 두 축을 차지하고 있는 사람간에 설정되어 있는 대립 전체를 (여러 다른 종류의 자본에 여러 다른 형태의 시간

수당이 일치하기 때문에) 그것의 시간 예산의 구조보다 더 잘 요약해 주지 못할 것이다. 한쪽으로는 대학적 자본의 축적과 관리를 하는 일에 특별히 집중하는 사람들이 있는데, 거기에는 상당수의 수업이나 교과서·사전·백과사전 등과 같은 순수한 대학적 권력의 도구이기도 한 지적 도구의 생산에 할당된 '개인적인' 일에 집중하는 사람이 포함되어 있다. 다른 한쪽으로는 외부적 명성의 상징 자본이 되는 것을 축적하는 데 기여하는 생산과, 이차적으로는 대표되는 업무에 집중하는 사람이 있다. 실제로 외부적 위신을 가장 많이 갖고 있는 사람들은, 자신들의 생산물(특히 토론회나 회의·강연·초대를 교환하는 것과 같이 학문적인 수출과 수입에 관한 업무를 가지고)의 직접적인 향상과, 엄밀히 말해서 생산을 허가해 주는 것과 모든 공적 활동, 특히 정치적 형태를 띠는 공적 활동을 허가해 주는 것을 갖고 있는 자신들의 시간 할당량에 따라 여전히 구분되어질 수 있다. 이와 같이 정치적 형태를 띠고 있는 공적 활동은 지식인의 사회적 역할의 일부를 이루게 하며, 그 자체로 반드시 인식되지는 않더라도 부분적으로는 공적 교우 관계나 홍보를 하려는 논리에 속하게 된다(예를 들어 저널리스트들과의 수시 만남이나 신문에 게재할 논문을 생산해 내는 일, 청원이나 표명을 하는 데 참가하는 일 등과 더불어서 행해지는 일 등이 해당된다).

우리는 대학적 권력이란 것이 대개의 경우, 그것이 끌어들이고 있는 순수한 학문적 자본이나 승인과는 별개의 문제라는 것을 이해할 수 있다. 이런 종류의 권력에 실제상으로나 법적으로도 바쳐진 것이 아닌 세계에서 세속적 권력은 권력의 하부 형태로서, 대용물이나 위로금으로서 가장 확실한 소유자의 눈에 나타나기까지 하는 경향이 있다. 연구에 몰두하고, 특히 성공적으로 연구에 몰두하는 사람들을 관리하는 데 헌신하고 있는 대학인의 심오한 양면성——특히 학교를 사랑하는 마음이 약하고, 사례를 별로 하지 않는 대학적 전통에서——을 마찬가지로 이해할 수 있다.

이 모든 점에 비추어 볼 때 세속적인 권력 위치를 지향하는 처음과 나중의 방향은 영역에서 공식적으로 승인된 목표만을, 다시 말해서 학문적 성공과 지적 위신만을 정복하게 하는 아비투스와 기회의 성향——이런 성향 자체가 예측과 **자기 실현 예언**(self-fulfilling prophecy)의 효과를 통하여 실현하도록 하는 데 공헌하는——에 의존하고 있다는 것을 추측케 한다. 위치와 성향, 아비투스와 영역 사이에서 만들어진 순환적 인과 관계의 논리는 학문적 투자의 최소 성공이 대리물이나 보상물과 같은 학문 외적인 형태의 투자를 수용하거나 찾도록 할 수 있게 하며, 역으로 학문적 투자의 수익을 감소시키는 데 공헌하게 한다. 그러니 최소한의 지적 성공이 아카데미풍의 권력이나 대학 행정의 지위——혹은 교육이나 연구에서 세속적인 성공에 대한 부차적 경로를 나타내 주는 이런 특별한 형태의 조합 활동——에 이르도록 하는 결정 원리이거나, 이런 소극적 취향의 결과인지를 결정하려는 것보다 더 무익한 일이라는 것은 어디에도 없을 터이다. 이 경우 말고도 적어도 위기 이전의 시기에 있기 때문에, 학교 문화에 대하여 대학적으로 승인된 성향은 아주 자연스럽게 관리적 지위에 이르게 한다.

이와 같은 대학 공간 지역은, 학교의 제도를 위해서나 그런 학교 제도를 통해서 생산되었기 때문에 제도의 재생산 조건을 무한히 생산해 내기 위해 자신의 성향에만 빠져들어야 하는 행위자들에 의해 점유되었다는 것은 어쩌면 논리적으로 타당한 일이다. 이런 행위자들은 제도의 재생산이 되는 조건 중 가장 중요하다고 생각하는 조건부터 시작해야만 했다. 그것은 문화에 대한 욕구와 열망을 제한하게 하고, 이런 한계의 무지를 받아들이게 하며, 동시에 세계에 대한 비전을 제약하고, 이런 손상된 비전에 찬동하도록 하는 것이다. 그 결과 가장 극단적인 특이성이라고 할 수 있는 '일반 교양(culture générale)'이라는 이름으로 보편성과 같은 것을 이해하도록 한다.[31] 수도원 같은 곳에 전 재산뿐만 아니라 모든 것을 바치는 사람〔신탁자〕은 항상 교회 이외의 다른 방도가 없다고 생각하는

---

31) 이런 관점에서 **학교적으로 수익성이 높은** 지식의 세계를 정의하면서나 **사고의 프로그램**을 생산하고 재생산하는 데 기여하면서, 피보호자——학생들과 미래의 교사——의 조건이라는 테두리에서 결정적인 역할을 하고 있는 시험 과목에 너무 지나친 관심을 줄 수가 없다.

경향이 농후하다. 그것은 그들이 문화적 재생산을 하는 기관의 거물이 될 때 더욱 농후해진다. 문화적 재생산을 하는 기관은 그들을 성별(聖別)하도록 하면서, 모든 다른 문화적 세계에 대해 자신들의 적극적이며, 특히 소극적인 무지를 성별하게 한다. 그들 선거의 희생자이면서, 이런 공적을 기적으로 치유한 사람은 충분함과 불충분함의 기묘한 조화를 나타내주고 있다. 이런 조화는 단번에 외부의 관찰자——예를 들어 레오 스피처와 같은 사람——에게 강한 인상을 준다. 그는 수 차례나 프랑스에 있는 라블레 연구가들의 "학교 내적 고립"과 "소르본대학 및 프랑스 전국 규모의 이중적 아우타르키[자급자족 체계]"를 언급하고 있다.[32]

프랑스 대학 교수 단체에서 문화적으로 최상층[귀족 계급]에 있는 사람들은, 근본적으로 학교의 체계에 가장 강하게 결부되어 있는 프티부르주아 계급 출신자들이며——소르본대학의 핵심은 창설자들의 자녀들 것이다——다른 나라(예를 들어 독일이나 영국) 대학의 문화적 최상층에 있는 사람들에 비해 확실히 문화적 상위층의 유산을 공급해 주는 모든 것을 잃고, 그것이 결여되어 있다는 것을 의식하지 못하고 있다면 프랑스 대학 교수 단체에서 가장 변함이 없는 특징을 이해하려 들지 않는 것과 같다. 가난한 사람의 지적 귀족주의는, 문화적 빈곤에서 생기는 악순환의 원리에 있다. 게다가 선발시험 제도에서 실현되어 있는 평등주의적 자코뱅주의[혁명주의]와 학교적 귀족주의의 결합이, 모든 학문적 성취에 대해 근본적으로 양면성을 지닌 성향을 산출해 낸다는 것을 이해하기 위해서는 민족적 성격을 내세울 필요가 없다. (학문적 지위에 대해 제도화된 모든 지표 연구를 단념하게 하는) 성과에 대한 모든 객관화된 서열화를 행하는 것에 반대하는 집단적 방어는, 그러므로 유명 지식인들에 해당하지 않고 열광적 상태와 어울릴 수 있다.

---

32) L. Spitzer, 《문체 연구 *Etudes de style*》, préface de J. Starobinski, Paris, Gallimard, 1970년 165쪽 n.26과 159쪽 n.2를 볼 것.

대다수가 교원 집단 출신, 특히 중·하류층 계급의 자녀들로서 거의 고등사범학교 입시준비반이나 고등사범학교를 거쳐 갔던 이들은, 여전히 고등사범학교 입시준비반이나 고등사범학교에서 가르치고 있으며, 대개는 교원들과 결혼을 했다. 표준이 되는 학과에서 표준이 되고 있는 교수들은, 학교 제도가 자신들을 선택하였기 때문에 자신들이 선택한 학교 제도에 동의하고, 역으로 자신이 선택하였기 때문에 자신을 선택해 준 학교 제도에 대해 갖게 되는 동조는, 이와 같이 전체적으로 조건화되었기 때문에 전체적이고 절대적이며 무조건적인 무언가가 있다. 사회적으로 구성된 행위자들의 성향이 미리 예정하고 있는 장소로 자신들을 옮겨다 주고 있는 성별화의 변증법은, 여기에서 충분히 기능하고 있음을 알 수 있다. 회원 자신에 의해 신임자를 채용하는 데 있어서 제도가 제도를 승인해 주는 사람들을 알아내는 지표를, 언어의 하부에서 가장 정교하다 할 수 있는 과학만이 찾아낼 수 있다. 예를 들어 '진지한 태도'라고 부르는 말은, 학교에서의 암시나 명령을 받아들이는 성향을 의미하는 것이고, 또한 그것의 보완물이 될 수 있는 '번득임'이란 말은 흔히 조숙함, 다시 말해서 학교 시험에 신속히 합격한 것과 동일한 의미를 내포하는데, 이것은 또한 '진지한 태도'를 나타내 주고 있는 여러 가치에 동조하는 것이 이르다는 사실을 나타내 주는 말이기도 하다. 가장 조숙한 사람은 어떤 의미에서는 가장 젊은 노인이라고 할 수도 있다.[33]

　순수한 대학적 권력이란 프랑스문학사나 고전문학·철학과 같은 규범학과에서 전형적으로 나타나는 것이라 할 수 있다. 이들 학과는 학교에서의 시험이나 커리큘럼에 긴밀히 연관되어 있으며, 그것들을 통해 중등 교육과도 긴밀히 연결되어 있고, 커리큘럼을 통해서는 수업과 선발시

---

33) 이것은 여전히 법학부나 의학부와 같은 학부에서는 분명 더한 사실로 나타난다. 이와 같은 학부에서 진지한 모습은 부르주아의 정상적 규격의 가치에 동화하는 지표를 강하게 요구하고 있다. 이런 학부에서 우수한 사람과 진지한 사람 간의 대립은 그리하여 관여적이지 못하고, 가장 우수한 사람이 거기에서는 가장 진지하고 가장 명확하고 가장 일찍 대학 교수 단체의 전통에 가입을 표명하는 사람이다(이와 같이 일찍 무르익은 진지함은 반대로 통제되고 지위에 적합한 방탕, 다시 말해서 사회적인 시공간 속에 한정되어 있는 방탕을 배제하지는 않는다).

험 문제의 내용을 손질해 가면서 교원 단체에 지속적으로 주입되어진 성향과 재생산할 만한 것을 직접 통제하고 있다. 일종의 사회적 도덕 권위를 맡고 있는 이 학과들의 교수는——프랑스어와 프랑스 문화, 그리고 그것을 지원할 수 있는 기관들을 옹호하는 데 적극적인 활동을 하고 있는 사실이 증명해 주고 있듯이——자신들이 교육상——그리고 '학문적인'——실천할 수 있는 주요 부분을 시험이나 선발시험의 요구에 종속시키고 있다.

이와 같은 반(半)법률적인 기능은 문법학자들의 경우에 눈에 잘 띄고 있다. 문법의 실증적이면서도 규범적인 의미에서 이해할 수 있는 문법학자들은 문법이 갖고 있는 중의성을 알지 못하면서도 언어가 무엇이며, 언어가 무엇이 되어야 하는가를 말하고 있다. "문법학자들은 두 가지 역할을 했다. 언어의 속성을 발견하는 것이 첫번째 역할이고, 두번째는 청소년들에게 그 언어의 속성이 갖고 있는 규범을 가르치는 것이다. 관찰자나 발견자로서의 문법학자는 언어학이라는 과학의 창시자였지만, 교수나 입법자로서의 문법학자는 사제나 판사·군주와 똑같은 기구에 속해 있는 사람이었다. 사제나 판사·군주가 종교나 법률·예법에 있는 규범을 확립하고 관리했던 것과 마찬가지로, 문법학자는 '양식 있는' 언어나 '정확한' 언어의 규범을 확립하고 해석했다."[34]

표준 학과에서 표준이 되고 있는 선생들은 자신들만이 갖고 있는 연구의 중요한 부분을 저서를 생산해 내는 데 할애하는데, 그 작품이 갖고 있는 학교적 의도는 다소간은 교묘하게 부인되었으며, 저서를 생산해 내는 일은 지식의 규격화와 정통적 지식의 규준화를 시도하는 것으로서, 문화적 권력의 특권——때때로 경제적으로 결실이 있는——과 동시에 도구가 된다. 이런 것들에는 물론 교과서나 '크세주'와 같은 문고판 서

---

34) E. Haugen, 《언어 투쟁과 언어 계획 *Language Conflict and Language Planning*》, Cambridge, Harvard University Press, 1966년 4쪽을 볼 것.

적, 또한 역사 분야에서 수익성이 높고 번창하는 수많은 '총론' 총서와 사전, 백과사전 등이 있다.[35] 흔히 공동 저자로 만들어지는 이런 '광범한 총론'은 수많은 피보호자들을 모아대고, 욕구를 충족시켜 주도록 해주는 것 이외에, 그것이 조작하고 있는 선별을 통해서 성별(聖別)(혹은 인기 명부)의 효과를 갖게 된다. 이런 효과는 무엇보다도 교사 집단에 대해서 실행이 되며, 그들 집단을 통해 여러 다른 종류의 교육을 받는 학생들에 대해서까지 실행된다.[36] 이런 '광범한 총론'은 수업에서 생겨나고, 수업 상태로 회귀할 것을 예정하고 있다. 또한 이 총론은 객관화되고 통합된 '학교'의 커리큘럼에 대한 무력증(불변성)을 존재하게 하고, 존속하게 해야만 하는 문제와 논쟁을 제도화시키거나 표준화시키고 있는 지식의 낡은 상태를 계속해서 영속시켜 가고 있다. 총론은 정통적인 보급을 할 수 있다는 자격으로, '박사들의 공통된 의견'이 확정하고 승인한 것을 주입시켜야만 하는 엄청난 재생산 교육의 자연스러운 연장과도 같은 것이다. 새로운 지식, 게다가 비상식적인 지식이나 그런 지식을 산출해 내려는 능력과 경향을 생산하기보다는, 이런 재생산 교육을 통해 틀림없다고 인정되는 지식으로, 아카데미풍으로 비준되고 승인된 지식으로, 그러므로 교육되고 습득될 만한('유행'이나 모든 현대주의적(modernistes) 이설과는 반대로) 지식으로 만들어 간다.

일반적으로 연구와 교육 사이에, 학과에 따라 어느 정도는 상당한 차이가 나는 구조적 격차는, 모든 동류 집단의 교육자들이 사회적으로 지위가 격하되는 것을 회피하려는 방법을 방어적 보수주의 속에서 찾으려고 한 데서 이루어진다. 어쨌든 이 사람들이 전달하기에 힘들어하는 지식에 대

---

35) 우리는 프랑스대학출판부(PUF)와 소르본대학 교수들이 맺고 있던 연결고리를 알고 있다. 이들 교수들은 기구의 권위에 의해 사회적으로 승인된 총론적 저서나 보조금에 의해 조성된 박사 학위 논문이 간행되는 엄청난 총서의 직무상 감수를 맡고 있는 사람들이다(동일한 논리에서 대학인쇄국의 작업장이 갖고 있는 모호한 기능을 분석할 필요가 있을 것이다).

36) 영역의 다른 축에서, 인기 명부의 효과는 신문이나 특히 문화 주간지의 중재로 인해 나타난다. 이런 매체들은 어떤 상황에서는 일반 학생 독자들에 대해 직접적으로 영향을 미친다.

해서 위선적인 거리를 취하기 위해 교육을 보충하고 있는 독점적 상황을 남용하는 것은 흔히 있는 일이다. "[현재의 연구가] 추구하는 것에 미치지 못하는 사람들에 관해서, 그들의 행동은 이론을 확산시키면서 그 이론을 파괴한다. 이들은 자신들이 문제와 문제가 취급되었던 방법에 대해 거짓 비판, 거짓 의견, 거짓 의견 표명을 통해서 확산시키고 있는 저자들을 찾아내려고 한다."(언어학, 1971년)

여기에서는 예를 들어 생산물을 동시에 일어나고 있는 재생산 활동(가르쳐지는 수업, 선발시험 채점 등)에 대조시키면서 경력에 대한 전기(傳記)와 참고 문헌의 세부적 분석을 받게 할 필요가 있으며, 어떻게 해서 연구 활동과 교육 활동 간에 시간의 배분이 되어가고 있는지를 검토할 필요가 있고, 마지막으로 이런 교육 활동의 내부에서 엄밀한 의미에서의 연구를 준비하게 한 교육과 교육자들을 생산해 내는 교육에 부여된 위치가 무엇인지를 결정할 필요가 있을 것이다.[37] 이 마지막 대조로부터, 여러 다른 기관과 여러 다른 교수들이 박사 과정 논문과 교수자격시험에 부여하고 있는 위치에서 지표를 찾아낼 수 있다. 박사 과정 논문이 학과에 따라, 그리고 동일한 학과 내부에서, 또한 지도 교수의 학문적 전환 정도에 따라서 아주 상이한 용도 대상이 된다 할지라도, 이 논문은 국가박사 논문이라는 제도에 의해 장려되고, 수년 동안 고독한 노력 끝에 생산된 독창적이면서도 전면적인 '승진 심사의 걸작품'이라는 야심에서 벗어나려고 하는 제도상의 가능성을 보여 주고, 구체적 지점에 대한 독자적 공헌을 가져다 주는 어떤 학문적 논문과 같은 연구 요구에 적합한 표현 양식을 찾아내려는 제도상의 가능성을 보여 주고 있다. 그런데다가 실제로 전통적인 학과에서 연구에 대해 개방된 학과로 이동해 갈 때, 심사중에 있거나

37) 소속기관이나 기타 다른 기관에서 교육의 '보충적' 시간을 조사하면서 교육 쪽으로 방향의 강도를 측정해 보았다면 흥미있는 결과를 가져다 주었을 것이다. 이 모든 상황에 비추어 볼 때 다음 상황을 생각해 보는 것이 가능하다. 그것은 우리가 '재생산자들' 축에 근접해 갈수록 더욱 중요한 경제적 이익을 확보하는 사람들을 흔히 볼 수 있다는 것이다. 그것은 또한 매우 경제적인 방법으로——지적으로——동일한 선발시험 과목에 대해——특히 교수자격시험과 같은——소르본대학이나 고등사범학교, 세비녜학교 등에서 수업을 다양화하면서, 중요한 경제적 이윤을 확보하는 사람들을 흔히 볼 수 있게 해준다.

취득된 국가박사의 논문 비율이 감소하고, 반대로 준비중에 있거나 취득된 박사 과정 학위 논문의 비율이 증가한다는 사실을 확인할 수 있다(알다시피 박사 과정 논문은 무엇보다도 이 학부에서 발전되었으며, 이 학부에서는 특히 고등 교육 교원 자리에 취직하기 위해 교수자격을 대신 취하려는 경향이 있다). 예를 들어 박사 과정 논문을 준비하지 못했거나 심사받지 못한 B라는 대학 교원은, 사회학에서는 40%, 언어학에서는 59.7%, 라틴어나 그리스어에서는 73.6%, 문학에서는 75.1%를 넘어서고 있다(문학과 인문과학의 연구자들에 대해 1967년 인간과학관에서 했던 조사에서 추출해 낸 이런 데이터는, 1968년 파리에서 심사된 상당수의 박사 과정 논문수가 사회학 32편, 민족학 17편, 심리학 14편, 그리스어 11편, 영어가 3편이라는 것을 보여 주는 박사 논문 경향을 수집해 놓은 자료를 면밀히 검토함에 따라서 확인되었다).

박사 과정 논문의 변화는, 문화적 작품에 대한 새로운 생산 방법과 평가 방법의 제도화에 대해 정확하게 파악할 수 있는 생각을 부여해 준다. 실제로 대학적 관습이 여전히 이 점에 대해서는 권리 요청을 극복했다는 것은 분명한 사실이다. 그것은 여러 가지 이유 중에서, 많은 교수들이 박사 과정을 취득한 박사들에게 박사 과정 학위를 수여하면서 그다지 중요하지 않은 것으로 표명했기 때문이다. 연구 작업을 승인하는 박사 과정의 박사는, 대학 내에서 표준이 되는 학과들의 시장에서 어느 정도는 전체적으로 가치를 박탈당하고, 교수자격시험자나 그들이 학교에서 행사하는 힘에 의해 항상 지배당했으며, 사회과학의 시장에서까지 옛 학위에서 유래된 자격(특히 교수자격)에 의해 확실하게 경쟁 대상이 되었다. 콜레주 드 프랑스와 고등연구원과 같이 연구 지도 교육에 가장 중점을 두고 있는 교육기관은, 어느 정도는 전체적으로 사회적 무게(중요성)가 없게 만드는 요소들 중의 하나이다.

"박사 과정 학위는 절대로 어떤 가치도 갖고 있지 않다. 여기에 한 가지 예가 될 만한 것이 있다. 2년 전 [고등사범학교의] 문학 계열 학생들에게는 교수자격시험이 면제되었었다. 이것이 부여해 주고 있는 것이 무엇이란 말인가? 우리는 무엇보다도 이런 면제를 이용하지 말 것을 특별히 고등사범학교 학생들에게 충고해 주었다. 그들이 이것을 무엇에 이용하겠는가? 박사 과정 학위에 이용하려든단 말인가? 그렇다면 박사 과정 학위는 그들에게 무엇을 주었단 말인가? 아무것도 없다 […]. 아주 현실적이며 심지어는 노골적으로까지 현실적인 내용을 유지하지 않을 수 없으며, 그러고 나면 지도 교수의 선택에, 때로는 약간의 시스템을 설명하게 된다."(문학, 1971년) "최고의 자격이 될 수 있는 것은 대학 교수자격이다. 박사 과정 논문조차도 아주 확연하게 낮은 것으로 간주되었다."(고전어, 1971년) "대학 조교의 수준에서 교수자격시험은 신분을 급상승하게 하는 원동력이고, 실제로 모든 한계는 교수자격 단계에 위치해 있다. 1968년에 교수자격은 몰락의 위기를 맞이하였다. 그것은 지금보다 결코 더 좋은 상태가 아니었다. 지도 교수들의 신임 인사 정책은 그것에 다시 중요성을 부여해 주고 있다."(역사학, 1971년)

순수하게 지적이며 학문적 위신으로부터 이런 세속적 권력을 분리시키는 모든 것에도 불구하고, 특히 세속적 권한의 범위 내에서 지적이며 학문적인 참된 권위로 인식되는 상황에 이른다는 것만이라도 알아차렸다면, 그리고 이런 사실로부터 세속적 권력이 연구 영역 자체에 대한 방향 전환과 지연의 효과를 행사할 수 있다는 것만이라도 알아차렸다면 문화적 질서 안에 있는 이와 같은 세속적 권력 기능을 전혀 이해하지 못했을 것이다. 그 이유는 세속적 권력이 모든 종류의 승인 행위와 의무적인 찬사(이것의 호의적인 태도에 대한 참고 문헌과 서평은 단지 가장 눈에 띄는 단면에 불과하다)를 얻게 해주기 때문이다. 이런 승인 행위와 의무적인 찬사는 그렇게 갈망되었던 위치에 대한 권력이 자극하고 있는 의식적이며 무의식적인 온순함과, 정통적인 모든 제도를 행사하는 권위 효과를 통해서 이루어진다. 게다가 더 심하게는 다음과 같은 원인 때문이기도 하다. 임명이나 예산 할당을 통하여, **하물며**(예를 들어 논문심사위원회에서) 성별(聖別) 행위를 통하여, 쟁점물(enjeux)(논의 대상이 되는 것)이 지적이고 학문적인 세계에서 모든 세속적 권력이 관여하고 있을 때마다, 모든 세속적 권력이 실제로 주장하고 있는 학문적이며 세속적인 것에 관해서 현실적이며 미리 즐기려는 가치의 일부가 학교적 성별의 덕택이라고 하는 모든 사람들은, 확립되어 있는 문화 질서 하부에 있는 일종의 복종이란 이름으로 내세우고 있는――입법권을 행사하도록 주장하는――정통성을 인식하는 경향이 있기 때문이다.

〔세속적 권력과 학문적 위신을〕 겸직하는 것은 절대적으로 배제되지 않았으며, 공간 중심에서 모든 아카데미적 운명에 대해 거의 절대적인 영향을 미치는 스승이나 지도 교수의 권력, 그리고 학자의 권위가 재결합하고 협상하는 데 성공하는 상당수의 교수들을 볼 수 있다(이것은 종종 소르본 대학과 고등연구원에서의 교수조합을 의미한다). 이 공간의 두 극단 사이에는 두 종류의 권력이 완전히 구분되어 있게 될 것이고, 이 양극단에 중간의 인물상이 존재한다는 사실에서 객관적인 근거를 찾아내는 알로독시아는 개인적이며 집단적인 자기 기만에 지원을 해준다. 자기 기만이 없다면 지적이며 학문적인 활동은 아마도 힘들 것이다. 알로독시아는 옛날 식으로 논문 지도 교수에게 자기만의 학문적 능력을 위해 연구되고 따르는 스승으로 인식되는 것을 허용해 주며, 제도상의 권력이 그에게 부여해 주었던 기회를 학생들의 공범이나 관대함이라는 이중화된 자기 기만의 대가로 이루어지게 한다.

재생산의 메커니즘을 지배하는 권력과 그것을 통해 교수 단체의 장래를 지배하는 권력은 의학부에서 완성되는 것을 볼 수 있으며, 이런 권력은 회원 자신에 의해 신임자를 뽑는 것을 통해서 대학 교수 단체에 접근하기 쉬운 통제에 의존하며, 지도 교수와 피보호자 간의 지속적인 보호와 의존적 관계, 그리고 마지막으로는 신임교수채용시험위원회, 자문위원회, 학부협의회, 게다가 개혁위원회와 같은 제도 내에 있는 권력적 지위의 지배하는 힘에 의존하고 있다.[38] 하지만 사회적이며 학문적인 요소

---

38) 의학부에서 권력의 근원에 대한 것으로 H. Jamous, *op. cit.*, 108-111쪽을 읽을 수 있을 것이다.

와는 불가분한 아카데미적 질서를 가장 확실히 보장해 줄 수 있는 것은, 지배적 기관의 정점을 향하여 가는 전진이 아카데미적 교리를 전수하는 데에서, 발전이란 것과 더불어 시간적으로 병행하게 하는 복잡한 메커니즘 속에 확실히 존재하고 있다. 이런 교리 전수 방식은 의학부에서 눈에 띄게 현저한데, 그것은 (한 관찰자가 지적했듯이 연구실의 학문적 방법에의 진정한 비법 전수가 아주 늦게 연기된) 선발시험의 계승에 의해서, 문학부 경우에는 박사 논문을 장시간 동안 기다림으로써, 다시 말해서 이 두 경우에 회원 자신에 의해 신임자를 뽑는 원초적 과정을 통해서 승인되었던 성향을 강화시키는 것에 의해서 뚜렷하게 나타났다. 이런 성향은 아카데미적 정통성이 교묘하게 섞여 있는 지식이나 권력과 더불어 결단코 이단적 결렬로 기울지 않았다.

성별화된 이단자들

문화의 재생산과 재생산자들 집단의 재생산을 우선적으로 지향하고 있는 렉토르(lectore)[확립되어 있는 말을 해석하는 것]의 위치와는 반대 위치를 차지하고 있는 사람들은, 자신들이 교육의 직무(하지만 콜레주 드 프랑스나 고등연구원에서와 같이 대학적으로 주변적 기관에서보다는)를 마찬가지로 수행한다 할지라도 우선적으로는 연구에 할애하고 있다는 공통점을 갖고 있다. 대개의 경우 연구팀의 수장 자리에 있는 이들은, 많은 시간을 요구하는 일과 소수의 논문을 지도하는 대학 내 권력적 지위에서 아주 드물게 만날 수 있을 뿐이다. 특히 새로운 학과, 정확하게는 민족학이나 언어학·사회학, 혹은 표준이 되는 커리큘럼에서는 낯선 (아시리아학·이집트학·인도학·중국학, 이슬람과 베르베르 종족학, 인도 언어와 문학 등의) 주변 학과에서, 혹은 경제사회학과 같이 표준이 되는 학과이지만 방법상에 있어서 혁신을 꾀해 온 학과에서 특별히 나타나고 있는 이들은, 적어도 이들 중 몇몇 사람에게 있어서는 대학계의 범위를 상당히 넘어서는 명성을 갖고 있다. (예를 들어 일련의 장기적인 의존 관계의 정점에 있는 학사원과 같이) '스승'이라는 대학 내에서 가장 위신 있는 승인 칭호를 겸하면서, 이들은 때때로 대중에게 가장 잘 알려진 '지적' 성별(聖別) 지표(문고판을 출간하거나 《라루스 사전》에의 인명 게재, 혹은 아카데미 프랑세즈에 소속되어 있다는 사실), 또한 지식인계에 있는 권력 위치에서 가장 잘 알려진 '지적' 성별 지표(지식인 잡지의 편집위원회에 참여하거나 총서를 감수하는 일 등), 종종 외국어로 집필함으로써 외국에서 알려지고 승인된(상당수의 인용 빈도나 그들의 저서가 번역되는 것은 이를 증명해 준다) '지적' 성별 지표를 덧붙이고 있다. 적어도 학파를 형성하려는 사람들에게 있어서 이들 '스승들'의 이름은 ~주의(ism)라는 개념에 결부되었고, 이들은 상징 자본이 적어도 어떤 경우에서는 사회적 권력을 수반하는 경향을 보인다 할지라도 피보호자보다는 학생이나 제자들을 둔다.

　상징적 권위가 신학문의 전문가들 사이에서 대개 서로 알게 된다는 사실은, 다음과 같은 내용은 은폐하지 말아야 한다. 이런 학과들은 과거의 권력 형태——자문위원회와 같이——와 그 학과들이 제공하고 있는 연구에 결부되어 있는 새로운 권력(예를 들어 CNRS 등과 같은 곳에서 연구자들이 자리와 연구 예산 등을 통제하는 위원회와도 같이)의 결합을 통해서, '재전환된' 몇몇 지도 교수들에게 표준이 되는 학과들의 군소 학술상의 영토와 공통의 척도 없이 권력 집중화를 실현시키도록 해주었다는 내용이 바로 그것이다. 제반 지위를 배치하는 폭은 상당히 확대되었기 때문에, 박사 논문이나 자문위원회를 통해 고등 교육에 취직하는 것을 통제하고, 동시에 CNRS의 위원회를 통해 연구자의 자리에 취직을 하는 것과 예산의 중요한 부분을 통제하고 있었던 사람은 전례 없는 교환 가능성을 갖게 될 수 있었으며, 그러므로 직접적으로나 간접적으로——특히 교수 단체에 가입하려는 것에 대한 통제를 통해서——오랜 기간 학과가 진행하고자 하는 모든 방향을 결정할 수 있었다.

　콜레주 드 프랑스와 고등연구원의 교수들, 학부에서 중요하지 않고 주변적인 학과에 머물러 있는 교수들, 혹은 표준이 될 만한 학과에서 가장 전문화된 분야에 소속되어 있는 교수들(예를 들어 기독교철학사의 전문가들)이 특별히 연구 쪽에서 자신들의 모습을 드러냈다면, 그것은 학부 내의 지배적 학과를 짓누르는 구속으로부터 어느 정도는 전면적으로 빠져 나오려는 공통점이 있기 때문이다. 그런 구속을 시작으로 해서 모든 책임과 위신, 이런 것들을 수반하는 권력을 가지고 수업 계획과 수많은 사람들을 받아들이게 한다. 수업 주제에서 자유로운 이들은, 소수의 미래 전문가들에게 새로운 대상을 탐구할 수 있게 해준다. 이는 해마다 시험과 선발시험의 과제물에 의해 요구된 문제에 대해서, 그리고 불가피하게 많은 학교적 시험의 논리에 의존해야만 하는 정신 속에서, 이미 달성된(흔히 다른 사람들에 의해서) 연구 현황을 대부분 교육직에 마련해놓고서나, 많은 학생들에게 드러내 놓는 것 대신에 하는 것이다.

두 축간의 대조는 대학과 다른 고등연구기관 간의 대조와는 혼동되지 않는다. 콜레주 드 프랑스 자체는 18세기 석학들이 서재에 파묻혀 있는 전통에서 전문가들의 입장을 벗어나 있고, 이 학교는 고대어와 같이 가장 고전적인 학과에서까지 전통적인 출세 과정(고등사범학교 준비 학급과 소르본대학을 거쳐 가면서)을 수강했으며, 때때로 저널리즘에서 얻어진 세속적인 명성을 통상적인 학술적 우수성이라는 칭호에 덧붙였던 몇몇 '걸출한 대학 교원들'을 자기 쪽에 포함시키려고 한다.[39] 덧붙여서 볼 사항은 모든 시대에 순수한 학교적 공적(고등사범학교에 좋은 성적으로 입학할 때와 교수자격시험에서 좋은 성적 순위에 있는 것)이, 아테네학원이나 고고학학교의 중재를 통해 풍부한 학식을 가진 사람이 되는 길이었다는 것이다. 대학의 학부는 연구를 지향하는 교수들을 중요하게 생각하고, 이는 특히 사회과학이나 중요하다고 생각되지 않는 학과에서뿐만 아니라 철학이나 역

---

39) '걸출한 대학 교원들'의 일정 부분은 1968년 이후 증가된 것 같아 보인다. 그것은 그 당시까지 격렬하게 대립된 위대한 석학들과 연설가들 사이에 있는 위기를 통해 야기된 대조의 덕택이었다.

사와 같이 표준이 되는 학과 중에서 가장 전문화된 영역에서도 볼 수 있는 현상이다.

그 대신에 주변적 위치 사이에 있는 몇몇 사람들의 권위가 어떻게 될 수 있든간에, 이런 주변적 위치는 재생산 메커니즘에 대한 권력을 어느 정도는 완벽하게 배제시키는 경향을 보인다. 이런 자리의 특징을 알고 있는 우리는 다음과 같은 사실을 깨닫게 된다. 그런 자리를 차지하고 있는 사람들은 대학적 질서와의 전면적 단절 상태에 있지 않으며, 단순한 재생산에 이르게 하는 '정상적인' 궤도와 관련해서, 또한 그런 궤도가 보증하고 있는 심리적이고 사회적인 안전성과 관련해서 어느 정도는 결정적 일탈을(그들 중 어떤 사람이 프랑스 이외의 지역에서 태어났던 것과 같이 '정상적' 경력과는 전면적으로 관계가 없을 때) 거의 모두 완수했다.[40]

'대학' 주변이나 외부에서 이런 대학적 궤도의 전형적인 경우 중 하나가 클로드 레비 스트로스의 경력인데, 그는 어느 인터뷰에서(그에게 있어서 교육은 항상 연구에 우선권을 넘겨 주었다는 것을 도중에 드러낼 것이다) 자신에 대해 다음과 같이 언급하고 있다. "나는 처음 몽드마르상에서 철학 교수로 자리를 잡은 후, 50년이 지나고서 같은 날에 은퇴를 했다. 공교육에 종사한 50년은 아주 긴 기간이었다. 1935년에는 브라질로 떠났고, 상파울루대학에서 자리를 잡고 있었기 때문에 2년 반 동안만을 중등 교육을 담당하는 데 있었다. 이 시기부터 교육과 연구는 항상 긴밀하게 섞여 있게 되었다. 나에게 있어 교육은 항상 청중 앞에서 행하는 시험대였으며, 나의 사고를 만들어 가는 것은 의무적이기까지 했다. 이렇게 사고를 만들어 가는 것이 후에 출판되는 형태를 취하려 했던 사람에게는 임시적이고 잘못된 것이 있다 할지라도 내가 취해야만 하는 행동이었다. 내가 집

---

40) 표준이 되는 '대학'에서는 외국인들에게 극단적인 폐쇄성을 부여하였지만, 주변적인 기관들, 특히 고등연구원은 두 차례의 세계대전 동안 독일에서 이주해 온 사람들을 받아들이는 장소가 되었으며, 1945년 이후에는 동유럽 국가에서 온 망명자들을 받아들이는 장소가 되기도 하였다.

필했던 모든 책들은 우선적으로 구두 방식으로 표현되어졌다[…]. 나의 경력은 경력을 갖출 기회가 제공되었을 때, 항상 외부 요인으로 인해 중단되었다. 브라질로 가게 된 것은 나의 경력을 완전히 바꾸어 놓는 계기가 되었다. 나는 기회가 제공되었을 때, 절대로 브라질에 가는 것에 대해 생각해 보지 않았다. 이후 브라질 내에서의 오지 탐험은 내게 있어서 대학적 일상 생활을 완전히 바꾸어 놓았다. 그리고 징집과 전쟁이 일어났다. 정전 이후에 나는 몇 주 예정으로 중등 교육을 하기 위해 돌아왔다. 하지만 비시 정권에 의해 교직 취임에 대한 법령이 개입되었으며, 나는 해임되었다. 미국인 동료들이 내 첫번째 연구에 사로잡혔다는 이유로 해서, 나는 미국으로 떠날 수 있는 행운을 잡게 되었다. 파리가 해방되면서 프랑스에 소환되기 이전의 몇 년을 나는 뉴욕에서 보냈다. 1944–1945년 겨울 사이 나는 파리에서 단지 6개월만을 머물러 있었다. 그리고 나서 대사관의 문화참사관으로서 미국에 파견되었다. 1948년 프랑스에 돌아왔을 때, 나는 인간박물관과 고등연구원에서 교편을 잡았다. 그리고 나서 1959년에는 콜레주 드 프랑스에서 강의를 하게 되었다. 이것은 나의 파란만장했던 대학 교원 경력이었는데, 가장 눈에 띄는 특징은 엄밀한 의미에서 그 경력은 '대학' 이외에서 항상 전개되어 왔다는 것이다."(《리베라시옹》, 1983년 6월 2일)[41] 이런 성별(聖別)화된 주변 인물 중 몇몇 사람들이나 가장 유명한 사람들 중 몇몇은 소르본대학과는 많은 어려움을 갖고 있었으며, 분쟁을 일으키기까지 했다. 게다가 알다시피 콜레주 드 프랑스에서 가장 유명하다고 할 수 있는 많은 교수들은 오랫동안 소르본대학에서는 '단죄를 받았던 이들'이었다. 그런 이유로 1960년을 전후해서 학사 학위를 취득하고자 했던 후보 학생들은, 실패에 빠지지 않고서는 귀르비치의 면전에서 레비 스트로스의 이름을 인용할 수 없었고, 외르공의 면전에서 뒤메질의 이름을 거론조차 할 수 없었다(조사 시점에 벤베니스트나 구루와 같은 경우를 가장 유명한 예로 든 것에 만족한다).

---

41) 마찬가지로 조르주 뒤메질의 경우를 언급할 필요가 있다. 그의 경력은 대부분이 외국에서, 그리고 표준이 되는 대학 이외의 전 지역에서 전개되었다.

이런 학자들의 사회적 · 지리적 출신은 전체적으로는 일반 교수들보다 분명히 더 혜택을 받고 있는데(그 혜택을 보는 출신이 그 같은 궤적과 결부되었다고 하는 경우에), 사회적 · 지리적 출신(그 이후의 궤적)과의 사이에 쉽게 알 수 있는 관계가 성립된다는 것은, 반드시 이런 점을 매개로 하여 결국에는 표준이 되고 있는 학업 과정과 동시에 사고 양식이나 그에 결부되어 있는 생활 유형, 관련되는 모든 일탈이 전제로 하고 있는 (상대적인) 위험을 일으킨다는 것과 같은 성향을 개입시키면서 이루어진다. 그것에 대한 효과를 관찰한 결과, 우리는 위험을 취할 수 있는 경향 ——모든 종류의 배급에서——이 객관적인 안정성과 그것이 조장해 주고 있는 보증성에 의존하고 있기를 바라는 법칙을 알게 된다.[42] 그렇게 해서 연구를 지향하고 있는 교수들과 교육을 지향하고 있는 교수들 간의 대조는 작가와 교수 간의 구조적 대조, 예술가들의 삶의 대담성과 방종함, 그리고 **호모 아카데미쿠스**(Homo academicus)로 함축되며 혹독하다 할 수 있는 엄격함 간에 있는 구조적 대조를 대학계라는 한계 내에서(특별히 작가들과 비평가들의 상당수가 교수 집단에 가입한 시점에서 당연한) 확실하게 완화된 형태로 재현해 보이는 것이다.

이것이 말해 주는 바는, 연구와 문화적 생산 축이라는 쪽에 위치해 있는 교수들은 반대되는 축에 위치해 있는 교수들과 마찬가지로 그들의 질서——전자의 구역에서 콜레주 드 프랑스는 고등연구원으로 가는 경향이 있고, 후자의 구역에서는 소르본대학이나 낭테르대학으로 가는 경

---

42) 가장 훌륭한 전문가들 중 종교가들(예를 들어 그리스 종교사가인 페스튀지에의 경우와 같이)을 찾아낸다면 틀림없이 그들의 학문적 자질은 소수파의 윤리적이며 종교적인 성향에 결부되어 있으며, 특히 소수파에 해당하는 사람들의 연구에서는 종교와는 무관한 '대학'의 한 중심에서 자신들의 위치를 정당화시켜야만 했었다(피지배 계급 출신자로서 기적적으로 성공을 거둔 사람들의 존재는 동일한 논리에 따라서 이해되는 경향이 있다). 마루와 같이 좌파 성향을 보이는 가톨릭교도에 관해서 보면, 학문적으로 진전된 위치에서 그들의 존재는 다음과 같은 사실에 의해 설명되어진다. 그와 같은 가톨릭교도들은 종교와는 무관한 지배적 전통에 대항하고, 동시에 다수의 가톨릭 전통——문학 연구(외르공이나 쿠르셀 등)의 진영과 공화주의적 전통에 반대하는 '인문주의적' 반동(교리에 어긋난 작품에 대한 가톨릭적 입장에서의 비난은 여기에서는 예의 범절과 우아함에 의한 문학적 형태를 취한다)의 진영에 위치해 있는——에 대항하여 자기 주장을 확실히 드러냈다는 사실이 바로 그것이다.

향이 있다──속에서 각각 서열에 따라 분배된다는 것이다. 서열의 원리는 이 두 가지에서 교수들이 소유하고 있는 자본의 총량인데, 하나는 주로 학문적이며 지적인 자본이고(학사원에 소속되어 있는 것과 연구소 소장), 다른 하나는 특히 대학적 자본(자문위원회에 소속되어 있는 것)의 총량이며, 이런 총량 자체는 고등사범학교 출신자의 지위와 연령(그리고 결혼 관계 여부나 출생지와 같은 변수)에 확실하게 결부되어 있다. (낭테르대학이 피지배적 위치를 점하고 있는 것과 같은) 가장 대학적인 구역 내부에서 서열화의 원리는 순수하게 대학적이고, 서열은 단순히 연령의 서열에 대응하며──고등사범학교 출신자와 같은──귀중한 칭호와 학과 간의 서열에 대응한다. 최고의 위치에서는 철학과 고전문학, 가장 낮은 위치에서는 지리학과 더불어 이루어진다. 다른 축에서 서열이라는 것은, 모든 유명함의 속성을 부여받은 소수의 교수들과 훨씬 적게 성별(聖別)화된 다른 사람들 사이에서 상징 자본에 따라 확립된다. 이 후자에 속하는 사람들은 고등연구원이나 사회과학과 흔히 결부되어 있으며, 특히 저널리즘에 어느 정도 출입이 잦게 참여하는 것을 매개로 하여 지식인계에 결부되기도 한다.[43)]

  다른 직무를 겸하는 이들 구성원들을 제외시키고 있기 때문에 통계학적 분석은 고등연구원의 제6학과의 위치를 제대로 복원시키지 못하며, 이와 같이 대학적으로 중요하지 않는 기관이 대학계에서 장악하고 있는 결정적으로 영향력이 있는 이유를 제대로 설명하지 못하게 한다. 그런 이유로 해서 기관 그 자체에 집착할 필요가 있고, 모든 프랑스 대학의 대학적 시설 가운데서 확실히 실행할 만한 유일한 기관이라는 **기관 효과**(effet d'institution)에 대해 집착할 필요가 있다. 조사 시점에, 다시 말해서 1968년 직전에 이것은 주변적인 기관이지만 위신이 있으면서도 활력적인 기관일 수가 있다. 이 기관은 통상적 학부들의 학교적 구속(예를 들어 신임

─────────────
43) 우리는 연구 축으로 이동하면 할수록 순수하게 상징 자본과 대학적 신분 사이에 생길 가능성의 격차가 증가됨을 볼 수 있다. 가장 위신 있는 지식인들 중 몇몇은 전혀 중요하지 않은 대학적 위치를 차지할 수 있었다(조사 시점에서는 루이 알튀세·롤랑 바르트·미셸 푸코와 같은 사람이 해당된다).

인사 선발시험이나 경시대회, 특히 교수자격시험을 준비하는 것과 같이)의 부재가 부여해 주고 있는 자유에 의해서, 또한 학문적이며 기구적인 야심 있는 계획을 부여받은 학문적 · 행정적인 지도부의 조직적 활동에 의해서 다른 모든 교육 시설과는 구분되고 있다. 이런 역사의 단계에서, 기관은 공식적으로 다른 기관에 소속되어 있는 수많은 교수들('겸임자들')을 포함시키게 된다. 이들에게 기관은 새로운 종류의 연구 활동에 대해, 대개의 경우 장기적으로나 집단적으로 연구 활동을 하도록 물질적 · 기구적인 조건들(장소나 행정적인 환경, 특히 개방되어 있는 진취적 사고)을 보장해 주고 있다. 대표적으로 '역사연구소'의 거대한 계획은 범례(paradigme)를 이루게 한다.

(사회인류학연구소나 역사연구소 · 고대사회비교연구소 등과 같이) 사회과학에 관한 초기 '연구소들'은 CNRS 내에서도 소르본대학 및 콜레주 드 프랑스 내에서도 창설되지 않았고, 고등연구원에서 창설된 것들이다. 고등연구원은 점점 더 자료센터나 도서관 · 지도작성법연구소 · 계산센터 등과 연구에 필요한 일련의 출판 수단(17개의 잡지가 1955년과 1970년 사이에 세상에 선보여졌다)에 필요한 것들을 갖추게 되었다. 연구 영역에서만큼이나 연구 교육법에서, 특히 사회과학에서 혁신적인 장소로 이 기관을 만들게 해주었던 가장 중요한 발전 요인 중 하나는 확실히 대담한 투자 정책 때문에 비롯되었다. 이런 투자 정책은 무엇보다도 기관의 한계 상황에 대한 합리적인 활용과 확실한 자기 주장을 하려는 자세——예를 들어 무시되거나 잊혀진 학과를 받아들이거나 미래의 연구자 등을 발굴하려는 것과 같이 다른 곳에서는 할 수 없던 것을 해야 하는 두려움과 같이——, 그리고 프랑스에서는 예외적인 기관에 대한 진정한 충성심을 만들어 내게 하려는 자세,[44] 마지막으로 외국인들에게 문호를 개방하려는 자세에 토

---

44) 고등연구원의 주된 독창성, 다시 말해서 고등연구원이 사회과학 분야에 진정한 연구 발전을 가져다 주었던 결정적 공헌은 과소 평가되고 있는데, 그렇게 해서 조사는 고등연구원에 대한 가장 성공적인 투자가 상당한 이익을 가져다 주었던 시기에 포착하게 되기도 했지만, 종종 다른 기구(특히 콜레주 드 프랑스)에 전가했던 시기에 포착하게 된 것이다.

대를 두고 있다. 제6학과는 항상 특별하게 외국에서 온 교원이나 영향, 혁신적인 것, 게다가 예산에 대해 환대하는 적극적 자세를 보여 주었다.[45]

단 몇 문장만으로 장기적이면서도 느슨한──특별히 1968년 이후 파리대학의 각 학부의 변화와 고등연구원의 위치의 상관적인 상승에 결부되어 있는──변화 과정을 특징짓기를 고집하지 않은 채, 어쨌든 겸임 교수들의 비중은 지도하는 팀에서 만큼이나(1960년대에 학술평의회는 전적으로 겸임자들로 구성되어 있었다) 교수 단체에서 약화되는 경향을 보인다는 사실을 주목할 수 있다. 왜냐하면 조직의 집행부(의장이나 사무국·학술평의회)가 순수하게 내부에 있는 사람을 모집하고 있기 때문이다. 따라서 제6학과의 겸임 교원들을 배제시키고 있기 때문에 이 조사가 1967년에 있던 이 기관의 비중을 과소 평가한다면, 시간이 진행됨에 따라 기관이 점점 더 생성되는 양상을 보인다는 아주 정확한 모습을 제시해 주고 있는 것이다. 이것은 아날학파에 의해서 집단적으로 축적된 상징 자본 덕택에, 위신 있는 겸임자들의 존재를 통해 여전히 확증되고 있는 상징적 전염 효과 덕택에, 그리고 신문이나 잡지·출판과 더불어 어느 정도는 유기적 관계를 유리하게 한다든지, 용이하게 하는 대중적 홍보 활동 덕택에 유지하게 되는 모습과는 어쨌든 상이하게 나타나는 모습이다. 거기에 소속되어 있는 교수들의 상당 부분은 정통파의 대학인들이 갖고 있는 칭호나 권력이 없는데, 그렇다고 해서 거장들이 갖고 있는 칭호에 비견할 만한 성별(聖別) 칭호나 학문적 저서들에 부여되는 것이 없다는 것은 아니다. 결여의 언어──경쟁이 되는 사람들의 언어──에서나 선택적인 거부의 언어에서 대립된 방식으로 기술될 수 있는 구

---

45) 외국, 더 정확하게는 미국과의 관계는 행위자나 학과·기구 간의 가장 강력한 차이화의 원리 중 하나가 된다. 마찬가지로 이런 관계는 승인에 대한 상징적 투쟁에서 가장 격렬했던 쟁점물(enjeux) 중의 하나이다. 제6학과는 학문적 '국제주의'를 지향하는 가장 높은 곳에 있는 장소 가운데 한 곳에 불과하다. 그곳은 수많은 학문상의 새로운 것에 대한 수입 장소였으며, (특히 역사학이나 기호학에서) 외국으로 수출되는 가장 중요한 전진 기지 중 한 곳이기도 하다.

성원들의 특성들[소유물]이라고는 별로 없다. 우리는 교수법의 모델(강의보다는 세미나), 수여된 칭호(교수자격보다는 고등연구원이나 박사 과정 논문의 학위), 심지어 교수들의 외부적 명성까지에 대해서도 동일한 것을 말할 수 있을 것이다. 외부적 명성에서 어떤 사람은 저널리즘과는 질이 나쁜 위협의 효과를 알아차릴 것이고, 반면에 이런 외부적 명성에서 다른 어떤 사람은 세계에 열려져 있는 것과 '현대성'에 대해 증명해 줄 수 있다는 것을 볼 것이다. 이와 같은 **구조적 불일치**(disssonance structurale)는 기관 그 자체의 규칙 속에 다음과 같은 식으로 각인되어 있다. 그 하나는 학위, 특히 박사 학위 수여에 대해서 고등연구원이 대학의 학부에 종속되어 있다는(적어도 최근까지는) 것이고, 다른 하나는 고등연구원이 수여하는 칭호에는 연구원 자격과 박사 과정 학위를 취득한 사람과 같이 두 종류가 있는데, 이 두 호칭간에는 서로 차이가 있다는 것이다. 연구원 자격은 바칼로레아가 없는 학생들도 취득 가능하며, 박사 과정의 학위를 위한 논문은——일반 학생들과 상관 관계에 있는 엄청난 분산에 대해 말하지 않고서도——아직은 대학 시장에서 별로 인정받지 못한다.

기관의 학술적 관례와의 단절에 근거를 두고 설립되어 있으면서도 구조적으로 교육적이고 학문적인 혁신 경향을 보이고 있는 기관의 이단적 전통은, 그들 구성원들에게 연구나 외국에의 개방, 학문적인 현대성에 대한 모든 가치를 가장 단호하게 옹호하는 사람이 되도록 한다. 하지만 이런 이단적 전통은 동일한 척도 내에서는 말로 하는 찬사와 명목상의 허구를 조장하고 있는 것이 사실이며, 최소한의 실질적 보상을 위해 최대한 상징적 이익을 약속하고 있는 활동에 대해 위신이 서는 정당화를 포함시킬 것을 조장하고 있는 것이 사실이다. 그렇게 해서 기관이 노쇠함에 따라 열망과 실현이라는 층위 사이에 있는 격차, 그리고 학문적 실천과 교육적 실천의 이상적인 표현과 현실 사이에 있는 격차는 계속해서 증가해 간다. 이런 구조적 편차를 메우려는 필요성은, 기관 전체에서 항상 더 강력하게 기관의 자율성을 위기에 빠뜨리게 하기에 적절한 홍보 정책을 훨씬 더 따라가야만 한다는 사실에서 분명하게 설명되고 있다. 마찬가지로 그런 필요성은, 아주 분명하게 선언되어진 과학성과 현실성의 야심을 실현시키려는 가장 확실하지 않은 교원들에게도 강요하고 있다. 이 교원들은 기관 이외에서, 특히 소위 말하는 문화적 저널리즘 안에서 기관 내에 인지되고 있는 것과는 부분적으로 독립적인 명성의 상징 자본을 획득하기 위해, 저널리즘의 온갖 위협을 금기시하고 있는 오래된 대학 규범을 위협해야만 한다. 기관의 위치에 대한 구조적 모호함은, 이런 모호함 자체가 심지어 어떻게 보면 그들의 지적 능력을 넘어 신용 대부로 살아가게 해주는 가능성과 자유를 제공해 주면서 끌어들이고 있는 사람들의 성향을 대폭 증강시키고 있다. 그렇게 해서 (구조적) 모호함은 저널리즘의 기준과 가치가 개입하는 것에 있어서, 대학 영역에서는 가장 힘없는 저항이라고 설명될 수 있다.[46] 엄청난 양의 박사 논문(특히 역사연구자들에게서)을 통해 나타난 장기적 생산 주기와 장기적 투자에 반대해서 성급한 지원자들은 짧은 주기의 생산을 선택하였는데, 그것의 범위는 일간지나 주간지의 논설이 될 수 있고, 생산을 발판으로 해서 상업화에 우선권을 부여해 주고 있으며, 저널리즘은 여기에서 수단이나 개요를 제공해 준다. 저널리즘은 위대한 석학이나 지식인에게 부여된 부수적 명성 형태를 보장해 주면서 열망과 가능성 간의 편차를 신속하게, 그리고 헐값으로 채우게 해준다. 그것은 심지어 타율성을 지향하는 기관의 발전 단계에서는 제도 내 자체에서 승진의 수단이 될 수도 있는 것이다.

적과의 공모

정통 교단에서 성별화된 성직자와 고등연구원과 같은 곳 주변에서 결

---

46) 사회과학에서 고등연구원은, 그리하여 대학계와 저널리즘계 사이에 있는 교류의 요충지가 되었다. 대학 제도에 대해서, 다시 말해서 직위나 승진에 대한 권력과 저널리즘과 출판에 대한 권력을 연결시켜 주는 사람들은, 직위나 승진과 같이 대학계에서 유통되고 있는 재물과, 서평이나 찬사와 같이 저널리즘의 영역에서 유통되고 있는 업무 사이에 있는 매우 복잡한 교환 회로를 통해서 막대한 상징 자본을 축적하고 실행할 수 있는 것이다.

집된 현대주의적 이단의 소(小)주창자들 간의 구조적 대립에서 정착되고 발생되고 있는 투쟁이, 공범 관계와 상호 보완 관계라는 형태를 배제하고 있지는 않다. 이와 같은 사회적 대립은, 프랑스의 경우에는 대학계가 오랫동안 문학계의 가치에 의해서 지배되었다는 사실에서 자신들만의 특별한 강함을 입게 되었으며, 이런 대립은 '인식론적 짝'과 같이 기능하는 양상을 띠게 되었다. '인식론적 짝'은 가능 세계가 양극단에 있는 위치에 의해 범위가 한정되었다고 믿게 해주며, 각각의 두 진영은 적대자의 경계에서 자신들의 경계를 가장 잘 정당화할 수 있는 것을 알아보는 것에 대해 방해를 한다. 다른 곳에서와 마찬가지로 여기에서 체제를 완전히 고수하려는 보존주의는 현대주의의 실질적이고 가정된 대담성을 허용해 주려는 안이함을 내세우고 있는데, 그 이유는 관례화되어 있는 복종을 확고히 하려는 것이다. 또한 현대주의는 체제를 완전히 고수하려는 보존주의의 너무도 분명한 고풍주의 속에서 절반의 혁신을 이루려는 정당성을 얻어낼 수 있으며, 혁신하고자 하는 자유와 안이함을 겸비하면서 새로운 학술적 관례의 토대를 마련하는 데 사용된다(예를 들어 구조주의적 기호학이, 오늘날 프랑스 교육 체계에서 경험하고 있는 관례화적인 성별(聖別)이 증명해 주고 있는 것과 같다).

이런 마음을 조이는 것의 효과는 영역의 구조 자체를 실행하는 구속의 경우를 반영하는 것이며, 그런 구속은 행위자들이나 기관, 혹은 고립된 상태에 있는 지적이며 학문적인 흐름을 서로 관계를 맺어주는 관계와는 무관하게 이해하려는 만큼이나 오랫동안 볼 수 없고, 난해하게 있다. 여기에서 대략적으로 보았던 문화적 생산의 사회학에서 위치 공간으로서 영역의 사회학으로의 이동을 현실적으로 조작하기 위해서는, 예를 들어(동시대적 문제인 만큼 사회적 규범이 금기시하는 경향이 있는 것) 의미 있는 경우들의 전문적 연구를 우선적으로 선행하면서, 주요 위치에서 대응하고 있는 궤도를 대응하는 생산물의 변천과 관계를 맺도록 해야 할 필요가 있을 것이다.

분석 논리가 당연히 그렇게 하도록 만든 것과 같이 차이나 게다가 대립에 대해 강조하면서, 적대 관계에서까지 명확하게 인정되고 있는 연대성과 공범성을 실제로 망각하게 할 수 있어서는 안 될 것이다. 영역을 분할시키고 있는 대립은 최상의 통일성을 향해 가는 데 필수적인 초월을 준비하는 일시적 모순도 아니며, 추월할 수 없는 이율배반적인 모순도 아니다. 예를 들어 한편으로 '진보'와 '진보주의자들,' 다른 한편으로 '저항'과 '보수주의자들'을 정렬시키고 있는 이원론적 대립의 견해를 강요하도록 두는 것보다, 그 어느것도 단순 소박한 것은 없을 터이다. 전체 속에서 취해진 권력계와 대학계에서와 같이 여기에서는 지배원리의 절대적 지배는 없지만, 상대적으로 독립적인 여러 서열화 원리가 경합적으로 공존하는 것이 있다. 각각의 다른 권력은 경합적이면서도 동시에 상호 보완적인데, 그것은 다시 말해서 적어도 어떤 관계하에서는 상호 연대적이라는 것을 말해 준다. 그런 권력은 상호 참여를 하고, 그것의 상징적 유효성의 일부는 이들의 권력에 결코 완전히는 배타적이지 않다는 사실에서 생겨난 것이다. 왜냐하면 세속적 권력은 전체적으로 지적 권위를 갖고 있지 못하는 자가 학교적 구속——특히 수업 교과과목의 부과——을 개입시킴으로써 정신에 대한 다소간은 구속적 형태의 권력을 손에 넣는 것을 가능케 하기 때문일 뿐이며, 지적 위신은 아주 특수한 형태 없이, 그리고 일반적으로는 세속적 권력의 아주 한정된 형태 없이는 진행되지 않기 때문일 뿐이다.

(지배적인 지배 원리를 강요하는 것에 대한 투쟁의 근거가 되는) 경합적인 서열화 원리가 지니는 복수성은, 개별 영역이——문학과 인문과학의 영역뿐만 아니라 학과나 학과 내부에 있는 전문적인 하위 분야 영역——전체 속에서의 권력계와 마찬가지로 무수히 만족할 수 있는 기회를 제공해 준다. 심지어 그런 만족이 위로 상금(예를 들어 세속적 권력 지위가 이에 해당한다)으로서 기능하고 있을 때조차도 대체할 수 없는 것으로 체험되어질 수 있다. 마찬가지로 이해할 수 없는 거부와 필연적인 선택으로 이끄는 자기 기만의 작업에 그렇게도 많은 소재를 제공해 주는 사회적 세계는 분명 얼마 되지 않는다. 대학인들(더 일반적으로 말해서 지

배 계급의 구성원들)은 자신들의 특수한 영역과 권력계에서 자신들의 위치에 대한 분석을 예상토록 하는 것보다 더 무한하게 만족감(또한 무엇보다도 자신에 대한)이 될 만한 방법을 항상 갖게 되고, 동시에 상대적 특권을 희망하려는 것보다 더 무한하게 불만족감(또한 무엇보다도 사회적 세계에 대한)이 될 만한 방법을 항상 지니게 된다. 이것은 아마도 그들 대학인들이 모든 지배 원리와 모든 탁월하다고 생각하는 형태를 겸직하고 싶어하는 과거의 향수를 그대로 간직하고 있기 때문일 것이며, 경합을 벌이는 분류법의 복수성에 결부되어 있는 심리적 이점을 보지 않기 때문일 것이다. 경합하고 있는 분류법의 복수성은, 우리가 모든 분류 원리를 누가하게 된다면 개인만큼이나 통계상의 계급수를 얻어낼 수 있고, 여기에서 개인들은 비교 불가능하고 독창적이며 대체될 수 없는 것으로 구성된다. 또한 개인들간의 경쟁에 가져온 전체적 제한 속에서 포착된 계급에 대한 효과를 더 많이 알아볼 수 없다. 이들이 계속해서 행동하는 것을 방해하지 않는 까닭은, 어떤 때는 현 회원이 신임자를 채용하는 경우나 세속적 권위를 임명받은 경우에 각각 뿔뿔이 흩어져 행동을 하고, 어떤 때는 보편주의적인 요구의 탈을 쓰고 어느 정도는 교묘하게 은폐된 동업조합주의적 방어 전략 안에서 집단적으로 행동하기 때문이다. 그 결과 동일 인물에 의한 지적 위신과 대학적 권력의 겸직은 체념되기도 하고 방해받기도 한다.

여러 다른 권력과 여러 다른 표현 간에 있는 이런 것들 스스로를 표현하고 정당화하는——정통적이거나 이단적인——구조적 공범성을, 문학적 텍스트의 정통적 해석에 대한 독점권을 고수하려고 했던 가운데 하나인 레이몽 피카르를 현대주의적 주석가의 대변인이라고 할 수 있는 롤랑 바르트에 대립시켰던 논쟁보다, 그 어떤 것도 더 분명하게 보여 줄 수는 없다. 그렇게 해서 창출된 준(準)실험적 상황에서 2명의 투사 주위에 동원된 두 진영의 사람들과 더불어 투쟁 영역처럼 기능하는 것을 볼 수 있으며, 이런 힘의 영역에서 그들 두 진영이 대립하는 원리가 정의된다. 이런 적대적 상황에 있는 이들 2명을 대립시켰던 논쟁의 진정한 원리를 이해하기 위해서는, 실제로 대학계 내에서 두 주역들에 의해 점유되고 있는 위치를 아는 것으로 충분하다. 또한 원리에 대한 각자의 의견 표명의 내용 자체에서, 이런 분위기에 정통한 관찰자들이 이미 지적하였듯이 점유된 자리간의 대립, 즉 문학 연구와 사회과학의 대립, 소르본 대학과 고등연구원 등과 같은 곳의 대립에 대한 단순 합리화된 이중 번역을 찾아보려고 애쓰게 될 것이다.

"대학 내에서 실천되고 있는 방법에 대한 극도의 다양함"을 모르고 있는 롤랑 바르트를 비난하는 레이몽 피카르는 이 점을 잘 알고 있었으며, "자신이 바르트를 공격하려고 자극했었던 망령, 즉 대학적 비평"과의 대비를 통해서만이 '새로운 비평(nouvelle critique)'을 정의할 수 있다는 권리를 거부한다.[47] 게다가 실질적으로 그의 옹호자들과 마찬가지로 그의 적이 되는 사람들은, 대학의 **기성 질서**(Establishment)에 대립되어 보이는 모든 것을 이런 식의 '새로운 비평' 속에다 정렬시킬 것이다. 지금까지의 '새로운 비평'은 그리스의 네르나 습지에 살고 있는 9개의 머리를 가진 히드라의 모양을 하고 있는 것과도 같았다. 이것을 대표하는 사람들이 '문학 작품에 대한 자신들의 접근'을 안내해 가기 위해 주장했었던 이데올로기에 따라서, '새로운 비평'은 실존주의의 선두, 현상학의 선두, 마르크스주의의 선두, 구조주의의 선두, 정신분석학의 선두에 있을 수 있었다.[48] 롤랑 바르트는 인간과학이나 사회학·역사학·정신분석학에서 이들 비평을 정착시킬 것을 명시적으로 요구하고 있다. 바르트를 지지하는 사람들은 "마치 마르크스나 프로이트·아들러·소쉬르·레비 스트로스가 전혀 말하지 않으려고 한"[49] 대학적 비평을 계속해서 고발해 간다. 〈새로운 비평〉이라는 기관지는, '독해'의 규칙이 "문헌학적인 규칙이 아니라 언어학적인 규칙"[50]이라는 것을 제기할 때 투쟁의

---

47) R. Picard, 《새로운 비판 혹은 새로운 속임수 *Nouvelle critique ou nouvelle imposture*》, Paris, Pauvert, 1965, 84쪽과 《le Monde》지 1964년 3월 14일, 28일, 4월 4일, 11일 기사를 볼 것.

48) J. Piatier, 〈'새로운 비판'은 사기인가?(La 'nouvelle critique' est-elle une imposture?)〉, 《le Monde》, 1965년 10월 23일.

49) J. Bloch-Michel, 〈바르트-피카르: 제3라운드(Barthes-Picard: troisième round)〉, 《le Nouvel Observateur》, 1966년 3월 30일-4월 5일.

모든 사회적 원리를 어떻게 보면 간결히 표현해 가고 있다. 이런 투쟁은 그것 이전에 이미 존재하고 있는 단절을 나타내 주고 있다——대략 동일한 단절이 1968년에 다시 출현될 것이다. 현대주의적 진영에서는 사회과학이나 철학에 근접해 있는 작가나 비평가들을 모은다(바르트를 추종하는 사람들은 대학 기구의 주변부에 있으면서, 그리고 수시로 외국에서 공동으로 공유하며 뒤죽박죽 얽혀 있는 사람들을 열거하고 있다. 《텔켈》파는 장 폴 사르트르 · 가스통 바슐라르 · 뤼시앵 골드만 · 조르주 풀레 · 장 스타로빈스키 · 르네 지라르 · 장 피에르 리샤르가 있다).[51] 전통을 지키려는 보수주의 진영에는, 과거 고등사범학교 출신자나 고등사범학교 문과 수험준비학급 출신자들과 같은 표준이 될 만한 대학인들과 보수주의적 저널리스트들이 있다. 이들 저널리스트들은 종종 고등사범학교나 고등사범학교 문과 수험학급을 거쳐간 이들이며, P.–H. 시몽 · 티에리 몰니에 · 장 코와 같은 사람들이 있다.[52] 이와 같이 대학계와 지식인계에서 상당한 흥미를 유발시키고 있는 신구 논쟁에서(어떤 주석자는 '문학 세계의 드레퓌스 사건'으로 말하고 있다),[53] 논쟁의 역할은 영역의 논리에 의해 우선적으로 배치된 것처럼 보인다.

기구의 측면에서 볼 때, **렉토르**(lector)[확립된 말을 해설하는 사람]는 박사들의 **독사**(doxa)[의견]를 정통 교리나 명시적인 신앙고백으로 확립해야만 하고, 심연의 믿음인 독사는 정당화가 필요치 않다. 기구를 유지하는 데 필요한 비용을 백일하에 제시할 것을 독촉받은 **렉토르**는, 자신의 이해 능력을 넘어서는 제식을 담당하여 집행하고 있는 자리에 대해 겸손하면서도 경건해 보이는 진상을 분명히 언술하고 있다. 자신이 주장하는 명백성에 뿌리박혀 있어 방법으로서 **에토스**(ethos)[인간의 사회적 행동을 지배하는 윤리적 규범], 즉 지위를 바라는 성향 자체와는 다른 어

50) R. Barthe, 《비평과 진실 Critique et vérité》, Paris, Seuil, 1966년 53쪽을 볼 것.
51) 《Le monde》지 1966년 2월 5일. 다른 사람들은 모룡과 루세트를 첨가시키고 있다.
52) R. Barthes, op. cit., 10쪽. n.1에서 레이몽 피카르에 호의적인 논문 목록을 찾을 수 있다.
53) R. Matignon, 질서 유지(Le maintien de l'ordre), 《l'Express》, 1966년 5월 2–8일.

떤 것도 제시해 줄 것이 없다. 그는 '인내심이 있으면서 겸손'하고, 또한 그렇게 되기를 바라는 사람이다.[54] 끊임없이 '신중함'[55]을 권장하고 있는 그는, (문학 주석자로의) 직무의 한계를 상기시키는데, 그것은 공무원 [국립대학 교원]들의 한계이기도 하다. 그는 "[원고를 비교 검토하여] 원문을 확정하는 본질적이며 난해한 일에 만족해하고" "라신에 관계되는 아주 작은 사실을 견고한 방식으로 결정할 것"을 원하고 있다.[56] 통상적인 제식에서 관례화되고 관례화하는 하찮은 작업에 자신의 노력을 바친 그는, 자신이 '설명하고 좋아하게 만들' 작품 앞에서 **자기 자신을 감추는**(s'effacer) 쪽을 선택한다.[57] 하지만 권한을 위임받은 대리인과도 같이, 이 질서의 인간은 집단의 승인(감사한 마음)에 비길 만한 자신의 태도 속에서 대단한 보증 원리를 발견한다. '객관성' '취향' '명석함' '양식'과 같은 모든 신앙 공동체의 최종적 가치, 두말할 필요도 없이 더 호전될 만한 가치를 표시하는 것을 자각하고 있는 그는, 자신의 생산물인 대학적 질서를 구성하는 확실성의 기본 요소를 의문시하는 것에 대해 파렴치한 행위로 생각하고 있다. 또한 분별 없는 위선과 파렴치해 보일 정도로 지나친 행동의 결과로서 자신에게 나타나는 바를, 고발하고 단죄하려는 것을 권리나 의무감으로 느끼고 있기까지 하다. 그의 옹호자들 가운데 한 사람은, 약간 자기 과시가 지나친 그런 요구자들의 타락한 듯한 방만 무례함과 성급한 주장이 예절을 지키려는 사람들에게 고취하고 있는 윤리적 혐오감을 잘 이야기해 주고 있다. 확실히 자신의 가치를 끌어내고, 대중으로 하여금 인기를 얻게 하는 기술을 갖고 있는 사람들이 있다. 하지만 그쪽에서는 텍스트 앞에서 뒤로 빠져 있으면서, 자기 모습을 감출 줄 아는 기술을 갖고 있는 사람이 있는데, 그들은 존재하기 위해 대기하지 않은 사람들이었다 […]. 내가 《라루스 소사전》이었다면, 나는

---

54) R. Picard, *op. cit.*, 69쪽.

55) *Id.*, 72쪽.

56) *Id.*, 78-79쪽.

57) R. Picard, 〈편안한 허무주의(Un nihilisme confortable)〉, 《le Nouvel Observateur》, 1964년 4월 13-19일.

'두 종류[카테고리]의 비평가'를 다음과 같이 정의할 것이다. '바로크적 비평가'는 독창적인 작가와 동등하거나 그보다 최상위에 있는 사람이며, 각자의 모습에서 독창적인 작자이다. 그는 작품을 보완하고 완성하기 위해, 그리고 변형시키고 왜곡시키기 위해 작품에 덧붙이고 있는 독자이다. '고전적 비평가'는 작품에 대한 겸손한 봉사자들이다.[58] 이런 용어법은 교회에서 사용하는 것이기도 한데, 이것은 애초의 **옥토르**(auctor)[창시자]를 대신해서 그 창시자답게, 아니면 그 창시자에 의해서만 보유되고 있는 **옥토리타스**(auctoritas)[권위]를 찬탈하려는 소(小)예언자에 지나지 않는 우쭐한 **렉토르**의 위브리스(hubris)[자만감]를 전제로 하고 있는 교단의 분노를 잘 이야기해 주고 있다.

사실상 롤랑 바르트가 주장한 것은 예언자적 역할이다. 반복이나 편찬에 전념하는 학교적 기구가 제공해 주고 있는 '텍스트의 평범한 설명'의 권태로움을 거부하고 있는 바르트는, '문학 국가'[59]를 지키려는 사람으로부터 찬탈된 권위를 고발하기 위해 정치적 언어를 채택하고 있다. 일반적으로 언어 사용이 난해하고, 과학성의 모든 외면적 기호를 공공연하게 드러내며, 언어학이나 정신분석학·인류학에서 누적된 어휘를 자유롭고 때로는 모호하게 사용하고 있는 바르트는, '전복'[60]의 의도나 '현대성'[61]의 결의를 분명하게 단언하고 있다. 종교에서 겸임사제들의 겸허함을 갖고 이중적 단절을 통하여 바르트는 과학의 최신 병기를 적용하면서 텍스트에 담겨 있는 의미를 획득할 수 있는 현대주의적 해석학자로 자임하게 되고, 해석을 통해 작품을 재창조할 수 있다는 창조자로 자임하게 된다. 이 작품은 문학 작품에서 만들어진 해석 자체에 의해

---

58) E. Guitton, 《le Monde》, 1965년 11월 13일.

59) Roland Barthes, *op. cit.*, 13쪽.

60) *Id.*, 14쪽.

61) "인문과학이나 정신분석학·마르크스주의·사회학 등이 파스칼이나 라신·말라르메와 같은 사람들에게 가져다 줄 수 있는 광명을 어떻게 거절하겠는가? 어떻게 비형식적 회화와 양자역학 이론이 있는 시대에, 갈릴레오나 필립 드 샹파뉴가 있던 시대에 그 비판이 사용했던 유일한 도구를 비판하도록 두겠는가?"(R. Matignon, 《l'Express》, 1966년 5월 2–8일)

만들어진 것이며, 참과 거짓을 뛰어넘어 위치해 있는 것이다. 박쥐의 전략을 통해서 보면, 그는 소르본대학에서 랑송류의 반계몽주의를 고발하기 위해서 정신분석학자·언어학자·인류학자의 역할을 하기도 하고, 과학주의자들이 유식한 체하려는 옹졸하기 그지없는 치사함에 반대하여 작가에게 필요한 단호한 주관주의적 권리를 주장하기 위해 작가로 변신하기도 하며, 그렇게 해서 실증주의의 하층민적 원죄로부터 벗어나고 있다.[62] 눈에 띄는 연구자의 과학적 상상력과 전위작가의 우상파괴적 자유를 통합시킬 수 있고, 그때까지는 양립 불가능한 전통과 기능 사이에서 사회학적으로 매우 강력한 대립, 생트 뵈브와 마르셀 프루스트, 고등사범학교와 살롱[사교계], 과학에서 환멸을 느끼게 하는 엄밀성과 문학가로부터 영감을 받은 애호감 사이의 대립을 해소시킬 수 있다는 것을 주장하면서, 바르트는 두 가지 묘사를 분명하게 이용하려 하고 있다. 그것은 구조인류학이 성공을 거둔 이후 상당히 많이 행해진 것이기도 하며, 과학의 이윤과 철학이나 문학의 위신을 누적시키고 있기도 하다. 과학의 시대에 근대화[쇄신]는 마치 수필가적 악덕이 과학적 미덕에 돌려 주는 이런 종류의 찬사를 통해 불가피하게 거쳐 간 것과도 같았다.

이런 대립의 애매함을 이해하기 위해서는 지난 세기말에 있었던 투쟁을 비교해 보는 것으로 충분한데, 이 투쟁은 과거 긴 역사를 지닌 문학 전통의 소르본대학(파리4대학)과 당시 긴밀하게 연결되었던 르메트르와 파게·브뤼네티에르와 같이 문학적 영역 전체에서 주창된——우리가 아가톤과 더불어 볼 것이지만——세속적 비평가들에 반대하는 뒤르켐·랑송·라비스·세뇨보스의 '누벨[새로운]소르본대학(파리3대학)'의 투쟁이다. 1968년 5월 혁명에서처럼 드레퓌스 사건에 대한 사회학이나 심리학·역사학과 같은 새로운 형태의 학문은, 오랜 역사를 가진 문학 계열 학과에 반대하고, 대략은 동일한 원리에 따라서 볼 때 창조 대(對) 과학, 개인적 생각에 반대하는 집단 작업, 민족적 전통 대 국제적 개방, 우

---

62) "우리는 레이몽 피카르의 책을 읽을 때, 그가 때때로 바칼로레아를 치른 사람이라는 인상을 받는다."(J. Duvignaud, 《le Nouvel Observateur》, 1965년 11월 3-9일)

파 대 좌파에 대립된다.[63] 하지만 표면상의 유추는 조작됐던 배치 변경을 은폐하지는 말아야 한다. '누벨소르본대학'의 쇠퇴기 계승자들은, 적어도 랑송의 학문적 요청에 의해서만큼 아가톤에게서 소중한 수사학적 환심을 사려는 태도에 의해 각인되었다. 1960년대의 기호학자들에 관해서 보면, 어떤 적이나 시대에 뒤떨어진 사고법('인간과 작품')에 대한 반대는 과학적이며 정치적인 '진보주의' 문제 쪽으로 돌려보내고, 기호학자들은 실제로 문화적 신문과 잡지, 이것이 자신들을 보장해 주고 있는 일반 학생들의 도움으로 '누벨소르본대학'의 '과학주의' '실증주의' '합리주의'에 반대하는 세속적 문학가들이나 수필가들의 오랜 투쟁을 추구한다. 하지만 사회과학의 '환원적 유물론(matérialisme réducteur)'에 반대하여 다시 시작된 이런 투쟁은, 이번에는 이상적인 만화 속에서 구현되고, 기호학이나 게다가 구조인류학과 더불어 과학적 엄밀성의 요구와 작가 비평의 세속적 우아함을 양립시킬 수 있다고 주장하는 과학의 이름으로 이제부터는 새롭게 성취된다.

근대화〔쇄신〕

이런 논쟁은 그때까지는 학교 시스템 전체 속에서, 혹은 과학과 문학, 과학적 문화와 문학적 문화——교수 집단과 정신의 능력과 힘이라는 이중적 의미에서——학부의 과학적 정의와 문학적 정의 사이를 초월해서 확립되었던 상징적 힘의 관계 변화에 대한 역설적 표현 중의 하나가 될 수 있을 것이다.[64] 레이몽 피카르의 저서는 오래된 학과들——학교 제도나 학교 문화의 재생산에 직접적으로 결부되어 있는 오랜 전통의 지배적 학과들——에 대해 처음으로 명백하게 대반격을 가한 책이라 할 수 있

---

63) C. Charle, 《자연주의 시대에 문학적 위기 La crise littéraire à l'époque du naturalisme》, Paris, Pens, 1970, 157쪽과 sq. 그리고 A. Compagnon, 《문학의 제3공화국 La Troisième République des lettrres》, Paris, 1983년을 볼 것.

다. 그것은 과학적 '현대성'과 동시에 문학적 우아함을 주장하게 해주기에 적절한 부분적 전환의 대가로, 표준이 되는 학과들이 위임받아 낸 영역을 침입하려고 하는 사람들을 겨냥한 책이기도 하다. 이와 같은 침입은, 학생 대중이나 지적인 일반 대중들에 의존하고 있으며, 그들의 요구와 기대감은 저널리스트 중에서 가장 지적이고 지식인들 중에서 가장 저널리스트적인 사람들간의 전환에서 생겨난 지적 야심에서 저널리즘에 의해 직접적으로 표현되거나 만들어졌다.

학생들이 교육의 전통적 정의에서 경쟁의 쟁점물로 인식되지 못했거나, 하물며 이런 경쟁의 판정자로 진정 인식되지 못했다고 할지라도, 그 학생들은 실제로는 대학계가 무대가 되고 있는 내부 투쟁에서 결정적인 역할을 하고 있다. 또한 무엇보다도 학생들은 전위적인 운동——현실적이거나 가정되고 있는——에 최소한의 지지자들과 활동가들의 부대를 제공해주고 있는데, 전위 운동에 필요한 부대는 대학의 **기성 질서**(Establishment)에 대립시키기 위해 필요한 것이다.[65] 그렇기 때문에 학생수와 하급 교원 수가 증가하는 것은 문화적 생산물의 양적인 수요 증가와 이런 수요의 질적 변화의 원인이 된다. 특별히 모든 지적인 '새로운 것들'이 문학부 내에 있는 새로운 학과 학생들 중에서 이런 새로운 것을 선택한 일반 대중〔독자층〕을 찾아내고 있다는 것은 확실한 사실이다. 이들은 잘못 정착된 지각

---

64) 기술주의적 현대주의 특권을 갖고 있는(동시에 생산에 관한 권력이나 재생산에 관한 권력과는 다른 새로운 권력을 갖고 있는) 사람들이라 할 수 있는 과학계의 고위공무원과 행정관들 중에서 동맹자들을 찾아볼 수 있는 과학적 문화를 옹호하는 현대주의자들과, 문학적 문화를 옹호하는 전통주의자들 간에 있는 대립은, 제3의 축인 사회정치적 문화를 나타나게 한다는 것을 숨기지 말아야 한다. 그 제3의 축인 사회정치적 문화의 중요성은, 정치계에서 그것의 상징적 유효성이 증가함에 따라서 증가하는 경향을 보인다. ('대학'에 대한 **AEERS**(과학교육연구조사연구협회)의 전국 조사에서 응답된 분석은, 다음과 같은 사실을 나타내 주고 있다. 학교 시스템의 기능 전체를 생산성의 요청에 종속시키려는 순수한 기술주의적 입장을 대표하고 있는 사람들은, 실제로 교수 단체 내에서는 나타나지 않았다. 그러나 상당수의 교원들은, 특히 이학부에서 일종의 과학 주도하에 재편성을 하려고 한다는 점에서 국가의 고위관료들의 의견과 일치하고 있다. 그들이 소수의 과학적 수단을 증가시키고 집중시키려 하는 노심초사한 생각은, 과학적 수단의 이용을 합리화시킬 수 있는 기술주의적 의지와 일치하고 있기 때문이다.)

과 판단의 카테고리에서 열망을 갖고 있는 지식인들이며, 지적 직업의 외면적 기호를 채택하려고 하며, 대개의 경우 유행하고 있는 학문——기호학이나 인류학·정신분석학, 혹은 마르크스학과 같은——의 모조판에 만족하는 경향이 있다. 게다가 새로운 형태의 생산자들은, 이런 새로운 독자층에 의해(그리고 그런 독자층을 사로잡으려는 데 집착하고 있는 출판인들에 의해) 제공된 가능성 속에서 출판할 만한 것의 한계에 대해 다시 정의하는 것을 받아들이게 하는 기회, 학문을 연구하는 사람과 평론 혹은 저널리즘 간의 경계를 없애게 해주는 기회, 평균적 교양의 생산물을 정확한 전위의 성과로서 통용시키게 할 수 있는 기회를 찾고자 하는 시점에 있다.

우리는 대학 내부에 있는 상징적 힘의 관계 발전에 대해서는 대학계의 자율성을 약화시키고, 대학 외부에 있는 성별(聖別) 결정 기관의 지배력을 증강시키게 했던 과정 전체의 분석을 통해서만이 설명할 수 있을 것이다. 이런 대학 외에 있는 성별 결정 기관, 특히 문화적 저널리즘은, 어떤 생산자나 생산물에게 대학 내적 결정 기관이 시성식의 길고도 느슨한 절차를 끝낸 후에 성별화하고 있는 것을 제공해 주는 것보다 훨씬 더 광범위하고 빠른 확산과 명성을 보장해 줄 수 있다. 이런 관계하에서 혼합적인 기관과 행위자들(**EHESS**(사회과학고등연구원)와 같이 미디어에 강력하게 결부되어 있는 대학적 기관이나, 《누벨 옵세르바퇴르》《마가쟁 리테레르》와 같은 교양 주간지, 《이스투아르》나 《데뷔》 등과 같은 고급 대중화 잡지)의 특성들〔소유물〕을 분석할 필요가 있을 것이다. 이런 혼합적 기관과 행위자들은 장르의 혼합이나 제한되어 있는 생산 영역과 대량 생산계 사이에 있는 차이의

---

65) 확실히 이런 학생 대중은 19세기 전체를 거슬러 올라가 보면, 지식인계와 예술계가 자율성에 점진적으로(특히 대학의 권위와 관계해서) 도달하는 과정에서 결정적 역할을 한다. 이것은 '부르주아 예술'만이 사용 가능했던 것을 '전위적' 생산에, 다시 말해서 생산과 보급이라는 특수한 결정 기관과 발전을 정당화시키기 위해 매우 중요한 대중에게 제공해 주면서 이루어진다(이것은 전위 영화의 경우에서 명백하게 보인다). 또한 이런 과정을 거쳐 지식인계의 자기 폐쇄에 기여하고 있다. 그렇다고 해도 영역의 외부에 있는 대중에게 동일한 방식을 사용하는 수단은 실질적인 혁신의 토대를 마련해 주고, 부적격과 보수성을 정당화시킬 수 있도록(예를 들어 실패의 무능과 정당화의 대용물로서 회화에서조차도 상당히 실행되고 있었던 정치화의 수단을 통해서) 해줄 수도 있다.

혼합, 저널리스트들과 대학인들 혹은 작가들 사이에 있는 차이의 혼합에 구조적으로 관심을 갖고 있다. 이런 차이의 혼합을 보다 더 정확하게 말하면, 짧은 주기에 있는 문화적 생산의 기획이나 그것들의 1년 단위 생산물——빠르게 정렬되고, 갖은 수단과 방법을 이용하면서, 그리고 참고 문헌이나 주석, 문헌 목록, 색인을 가득 채우지 않고 가장 크다고 생각되는 주제를 대담하게 손대려는 것들——과, 장기적 주기의 기획이나 그것들의 소규모적 유통 생산물——갈수록 대학에서의 출판이 어려움에 처해 있는 박사 논문과 문화적 밀수입의 즉각적인 이익을 끌어들이려는 것에 급급한 중개인들, 평균적 문화 재산과 고급적인 대중화의 재산을 생산하는 사람들이 극도의 조심성이나 분별력 없이도 인용할 수 있는 학문적 잡지들의 독창적인 논문들——간에 있는 차이의 혼합이다. 모든 연대망과 교환 회로를 재구성해야 할 필요가 있을 것이다(하지만 경찰이 하는 심문 고발을 드러내지 않고 어떻게 그것을 할 수 있단 말인가?). 그런 망에 의해서 행위자들 전체는 저널리스트 겸 작가, 작가 겸 저널리스트, 대학인 겸 저널리스트, 저널리스트 겸 대학인이라는 이중적 소속감과 이중적 신분에 따라서 정의되었다. 이들은 문화적 성별(聖別)의 권력을 부여받은 사람으로서 그들 자신이 성별화하려는 경향을 보이고 있다. 이들은 자신들의 명부에서 만큼이나 새로운 성별 결정 기관(편집위원회나 출판사 등) 내에서는 이렇게 겸직하는 사람 중에서 가장 정평이 나 있는 학자나 작가들과 더불어, 자동 증명적인 가치나 지각의 오류를 통해 자신들의 동료를 혼합해 가면서 문화적 성별화의 권력을 부여받는다. 이 정평이 나 있는 학자나 작가들은, 그들이 함께 있는 덕분에 수필가들에게 부여해 주는 성별의 보완으로서, 만년이 될 때 일반 대중 수준의 성공을 거둘 수 있도록 확신한다.[66] 이와 같이 기생적 성별 권력이 축적되고 있는 전략 논리를 분해할 필요가 있다. 그것은 성별화된 대학인이나 지식인, 그리고 그들을 성별화할 수 있다고 주장하면서 스스로를 성별화하고 있는 저널리스트들 간에

---

66) 부록 3에 실려 있는 〈프랑스 지식인들의 인기 순위인가, 혹은 판정자들의 정통성에 대한 판정자는 누가 될 것인가?〉를 참조할 것.

확립되어 있는 교환——상호적 이용을 불가피하게 내포하고 있는 상호적 경멸의 의혹이 없는 것이 아니라——을 분석하는 것이다(사르트르나 레비스트로스와의 인터뷰를 통해서 자신이 알려지게 된 어떤 대학인 겸 저널리스트는, 동료들부터 시작하여 그가 어떤 부류에 들어가게 했던 모든 사람들에게 성별하게 할 수 있는 권력을 부여했던 것을 볼 것이다. 그 동료들은 다른 일간지나 주간지에서 구조주의나 라캉의 정신분석학에 대한 자신들의 평론, 전체주의적 체제나 이데올로기에서 영감받은 자신들의 고발을 정당한 작품으로서 성별화하면서 이들 대학인 겸 저널리스트에게 복수를 할 것이다). 또한 미디어에서 취득되고 행사되는 상징적 권력 자본의 대학 시장에 대한(정확하게 말해서 사회과학고등연구원에서인데, 이곳은 부당한 침입에 대한 최소 저항 지점이다) 이전(移轉)의 형태와 조건을 기술하거나, 저널리즘과 출판 시장에 대한 대학적 권위의 개입 조건이나 형태(예로서 대학인들에 의해서 저널리스트의 저작에 동의하고 있는 서평을 조사하면서)를 기술하는 것이 필요하다.

정통적인 문화를 쇄신시키려 한 정의를 강요하려고 투쟁 속에 사회과학을 다시 착수시키려 한 완전히 특별한 위치, 즉 트로이의 목마 입장을 이해하기 위해서는, 사회과학이 어느 정도는 긴밀하게 참여하고 있는 두 공간, 즉 문학부 공간과 이학부의 공간에다가 사회과학을 위치시킬 필요가 있다. 우리가 고등사범학교 출신자들의 비율을 지표로서 취한다면(그리고 적어도 문학부의 경우에서는 대학교수자격 소지자의 비율), 여러 학과들의 사회적 서열을 명백히 할 수 있으며, 이 서열은 학생들과 또한 교수들의 (과잉 선별한 효과가 끌어들이고 있는 방해에도 불구하고) 사회적 출신에 따라서 서열에 **대체로**(grosso modo) 일치한다.

그리하여 예를 들어 1967년 A등급 교원 전체 중에서, 고등사범학교 출신자가 점하고 있는 비율을 각 학과에 일치하는 가치 척도를 재기 위해 취해 본다면, 다음과 같은 서열을 얻어낼 수 있다. 철학과 고대어 40%, 프랑스어 39%, 심리학 27%, 사회학 25%, 역사학 24%, 언어학 19%, 지리학

4%이다. 1967년에 소르본대학과 낭테르대학과 같이 더욱 선별된 정교수와 조교수 집단에서는, 독일어와 그리스어 75%, 라틴어 66%, 철학 60%, 스칸디나비아어나 러시아어와 같은 희소 가치를 지닌 외국어 53%, 프랑스어 50%, 역사학 48%, 심리학 35%, 사회학 30%, 영어 22%, 스페인어와 지리학 10%, 이탈리어와 민족학 0%로 얻어지고 있음을 볼 수 있다. 조교나 조교수들에게 있어서 서열은 대략 동일하지만, 비율은 훨씬 더 낮다.

세부적인 분석을 해보지 않고도, 우리는 사회과학이 이중적으로 피지배적 위치를 점유하고 있다는 것을 눈여겨볼 수 있다. 그것은 갈수록 중요성이 절실히 요구되는 서열, 즉 자연과학의 서열과 동시에 오늘날에는 문화의 주식 시장에서 자연과학과 과학적 가치의 주가 상승에 의해 위협받고 있는 구식 서열과 같은 피지배적 위치이다. 이것은 사회과학이 별 가치도 없으면서 하찮은 성공을 위해 부르주아 출신자를 위한 피난처와 같은 분야로서 기능하고 있다는 것을 설명해 주는 것이다.[67] 우리가 **과학의 효과**(L'effet de science)라고 부를 수 있는 것이 있는데, 그것은 기호학 연구 대부분이나 언어학과 정신분석학, 정신분석학과 경제학 등과 같이 1970년대에 증가됐던 인문과학의 제 분야에서 여러 다른 어휘 체계를 어느 정도는 환상적인 결합으로 나타내 주고 있는 전형적인 경우인데, 이들 효과는 사회적으로는 이중의 부정적인(문학도 이학도 아닌) 것으로 정의된 분야들이 시도된 것으로 이해된다. 이런 분야들의 시도는 기호를 전도시키면서 입장을 전환하기 위한 것이고, 과학적 엄밀함의 외양과 문학적 우아함이나 철학적 품위의 외양을 기적적으로 통합하는 와중에서, 혹은 그런 통합에 의해서 오랫동안 배척되어 온 문학적 (혹

---

67) 마찬가지로 사회과학은 '엄밀한(자연)' 과학의 몇몇 전문가들에게는 피난처가 되고 있다. 이들 전문가들은 자신의 출신 분야로 인해 피지배적인 상태로 있으며, 사회과학의 평가 절하와 비판적 표상의 은혜를 입고 있는 봉헌을 자신들의 출신 분야에 제공하는 경향이 있기는 하지만, 이들은 사회과학의 특수적 논리를 제대로 극복하지 못하는 경우가 있다. 이것은 과학의 현실적 논리와는 대개의 경우 어떠한 관계를 갖지 않고, 사회과학에서 방법론적 검열 형태를 확산시키게 하기 위해 그들의 특수한 자본을 사용하면서 이루어진다.

은 철학적) 전위주의와 과학적 전위주의의 위신과 이윤을 누적시키려는 시도로 이해된다. 전통적인 기준에 따라 피지배적(이중적으로) 학과들이 다른 점에서 볼 때, 동시에 그 학과들을 지배하는 학과들을 지배할 수 있다고 하는 지배의 순환 구조를 이해하지 못할 터인데, 이것은 이런 구조가 문학계 문화의 아성을 그때까지는 종속되어 있던 과학계 문화에 복종시키게 하는 경향이 있는 역사 과정의 위기적 순간을 특징짓는 것을 보게 될 경우에만 이해하지 못할 것이다.

우리가 '구조주의(structuralisme)'라고 불렀던 것의 사회적 성공은, 다음 사실을 통해 분명히 설명된다. 문화 저널리즘이 이런 분류하에 결집시켰던 사람들은, 적어도 공통적으로는 철학이나 문학·역사학과 같이 외부에 가장 개방되어 있는 표준적 학과에서 만큼이나 사회과학에서, 한 세대의 교수들과 학생들을 설정해 놓았던 모순에 반해 기적적인 해결책을 가져다주는 것 같아 보인다. 또한 그들에게는 '과학'의 토양 위에 재확인시켜 주고 있다. 이 점에 대해 확신을 갖기 위해서는, 교육에서 만큼이나 문화적 생산에서 구조언어학과 기호학의 사회적 용법을 분석해 보는 것으로 충분할 터이다. 교육의 경우를 보면, 이 학과들에 어느 정도 억제되어 차용한 것이 무질서를 피하는 데 최후의 성벽 역할을 해주었으며——특히 교수들 중에서 가장 젊고 현대주의적 성향을 갖고 있는 사람들에게 있어서——문화적 생산에서 이들은 최소 비용에서 재전환하는 것을 조작하는 일이 가능했다.

전통적 성향을 갖고 있는 고전 연구와 과학적인 측면을 주장하는 언어학·심리학·사회학·민족학, 게다가 기호학과 같은 새로운 학과들 간의 대립 주위에서 편성되고 있는 공간 속에서 위치를 점하고 있는 것에 결부되어 있는 이해 관계는, 어느 정도 가장 순수하다고 생각하는 지적 투쟁에서 가장 무의식적인 것을 일정 부분 꾸준히 다루어 간다. 이론이나 방법·기술, 게다가 문체에 대한 태도 표명은 항상 권력이 드러나고 요구하고 있는 사회적 전략 속에 존재해 있다. 특정 학과에서 연구를 점

⊕ 이학부	⊖ 경제학	문학부와 인문과학부 ⊕
	사회학, 민족학	
	심리학	
	언어학	
수학 물리학 생물학	지리학	현대사 문헌학 프랑스어
응용수학 화학	지질학	고대사 고전문학 철학

이론적
순수

실제적, 응용
경험적, 불순

이론적
순수

하고 있는 양과 연구에 대한 교원들의 성향부터 시작하여, 분야 전체에 결부된 대부분의 특징 사이에서 관찰되고 있는 상관 관계 속에서 인과 관계를 보지 않도록 조심해야 할 필요가 있다. 그럼에도 불구하고 프랑스에서 사회과학의 경우와 같이 연구는 무엇보다도 전통적으로 승진에서 배제된 사람들에게 있어서 일종의 피난처나 빠져나올 구멍과도 같은 것이었으며, 이런 목적으로 특별히 잘 정돈된 조직(CNRS와 같이)에서 공식적으로 인정되거나 보상받음으로써 주된 활동을 할 수 있는 자격을 갖추게 되었고, 대학의 학과에 자신의 모습을 내보일 수 있게 된다. 그것은 그 자체로 대학적 모델의 가장 특이한 특징과 더불어 결별을 하게 만드는 것이다. 대학 모델의 특이한 특징이란 교육 활동과 연구 활동을 미분화하는 것이고, 이를 위해 학교적 문제들과 주제 전체는 빈번하게 학문적 야심을 갖고 있는 서적을 출판할 수 있게 하며, 가장 '개인적인' 연구는 대개의 경우 그랑제콜 수험준비학급의 교재를 제공해 줄 수 있다.

　게다가 연구자들의 수적인 비중이 증가할 때, 교원들 신분은 변화된 모습으로 있다. 이들 교원들은 연구자들의 특성들[소유물]에 근접해 있는 학교적·사회적 특성들[소유물]을 제시하는 구제도에서 채용된 인사들의 산물과, 새로이 참여한 사람들의 산물 사이에서 구분되고 있는 이들이다.[68] 이런 변화는 연구 예산, 신임 연구자들을 임명할 책임을 갖고

---

68) 아래 제4장을 참고할 것.

있는 위원회나 정부위탁위원회, 학과에 있는 고유의 기구 제도를 통해서 진행되며, 아마도 연구자들의 신분에 대한 제도화를 통해서 확실하게 이루어진다. 이들은 모든 실천에 대한 주체적 규범으로 학문적 연구나 출판을 구성하게 하는 경향이 있고, 교육적인 투자를 두번째 서열에 격하시키려 하는 제도화를 통하여 교수 단체에 소속되어 있다는 효과를 방해하는 새로운 연대와 새로운 필요성을 부과하고 있다. 마찬가지로 문화적 작품의 생산과 유통으로부터 새롭게 제도화된 양식(사고 클럽, 연구사무실, 토론회 등)——관료 조직과의 교제를 조장시키는——을 통해서 새로운 사고 유형과 표현 양식, 지적인 작업과 지적인 역할을 인식하게하는 새로운 방법과 새로운 주제들은 지적 세계에 침투된다. 응용 연구에 공급되고 있는 공기업과 사기업의 수요, 그리고 사회과학의 사회적 용도에 주목하고 있는 독자층들——예를 들어 고급 관료나 정치가, 교육자, 사회노동자, 광고업자, 보강 위생을 담당하는 전문가들 등——의 출현은, 새로운 종류의 문화적 생산자들이 성공할 수 있다는 것을 촉진시키고 있다. (넓은 의미에서 볼 때, 점점 더 중요성이 더해 가는 경향을 띠고 있는) 대학계에서 이런 문화적 생산이 존재한다는 것은 대학의 자율성에 대한 근본적 원리와 더불어, 혹은 실천의 요구와 제재를 가하는 데있어 무사무욕과 무상성·무관심의 가치와 더불어 결정적인 결별을 하게 한다. 이런 학문적 경영자들은 자신들의 '연구소'에 대한 예산을 얻어내려는 데 몰두하고 있으며, 자신들의 기업이 원활하게 돌아가게 하기 위해 필요한 교제나 정보·조성금을 얻어낼 수 있는 위원회나 정부위임위원회를 수시로 드나드는 데 골몰하고 있고, 동시에 자신들의 생산 능력을 증대시키는 데 전념하여 자신들이 만든 물건을 알리게 할 수 있는 토론회를 조직하는 데 몰두하고 있다. 이들 경영자들은 흔히 있는 그대로 끌어와서 어색해 보이는 새로운 문제들을 도입하는데, 그것은 행동하는 인간에게는 선행되어야 할 비판 없이 모든 것을 흡수하려는 새로운 방식이다. 이들은 실증주의적 보고(報告)의 중립성과 관료주의적 보고서의 무미건조함을 겸비하고 있는 어투나 문체의 작품들을 생산하는데, 그것은 전문가가 권고하는 학문적 권위를 비호하기에 적절한 위엄

효과를 얻어내기 위한 것이다.[69]

모든 관료주의적 형태하에서 **책임을 지고 있는 지식인**(intellectuel responsable, 특히 정치 조직이나 조합의 상근 직원)을 명백히 규정하고 있는 관료주의적 신뢰감의 권리를 요청하는 일은, 지식인의 사회적 인물상(프랑스에서는 볼테르부터 졸라까지, 그리고 지드에서 사르트르까지 형성되어 있는 것과 같이)을 명확히 규정하고 있는 전체적 야심과 권력에 관한 비판적 거리를 취하려는 태도를 실제로는 보완물로 갖고 있다.[70] 이와 같은 문화적 투쟁 영역의 새로운 주역은, 새로운 형태를 띠는 성별화의 결정 기관 속에서 본래의 후원을 찾아낸다. 그 결정 기관은 대학적 혹은 지적 결정 기관의 무게를 적어도 정치적으로 균형을 이루게 하기에 적절하다. 예를 들어 경영자 중에서 가장 지적인 사람들과 지적인 사람들 중에서 가장 훌륭한 경영자들은, 자신들이 세계에 대해 갖고 있는 비전을 교환하는 클럽(장 물랭 클럽, 미래학회, 미래예측가집단 등)과 정부위탁위원회(특히 경제 계획 관련의 여러 위원회와 계획 입안자들의 용도를 위한 연구자금조달위원회)가 있다. 후자의 경우 행정 연구가들과 연구 행정관들은 학문의 미래를 법령으로 만들기 위해 상대방이 하는 말을 잘 경청하고, 각종 정책연구소나 반관반민의 일간지상에서의 비평——그것의 해석은 행동하는 지식인의 저녁 기도와도 같다——과 같은 관료적 문화 질서를 구성하고 있는 기관들은 언급하지 않고 있다.[71]

하지만 특별히 연구직에서 급여 생활을 하고 있는 이들은, 사회적으로나 기술적으로 분화된 거대 생산 조직(INSEE(국립통계경제연구소), **INED**

---

69) 이와 같은 새로운 시장의 출현은 특히 지리학에서, 마찬가지로 사회학에서 교수들 자신간에 있는 기회 분배를 변화시켰다. 이것은 새로운 평가 기준과 새로운 능력은 이제부터 작용했다는 것을 의식한 한 관찰자의 지적이었다. "갈수록 조직 기구가 존재한다. 중요한 것은 바로 내각이나 구(區), 센(Seine) 경시청 등에 의해 출자된 자금과 대표단·연구에 접근하는 것이다. 또한 이때 돈의 분배를 담당하는 것은 반드시 지적 수준이 아니다."(지리학자, 1972년)

70) 새로운 지식인의 정의에 대한 **권리 요청**의 이상적 형태 표현에 대해서는 M. Crozier, 문화 혁명(La Révolution culturelle), 《Daedalus》, 1963년 12월호를 볼 것.

71) 고등사범학교(ENS)를 희생시켜 가면서 국립행정학원인 ENA의 상승은, 이와 같은 지식인의 지배적 표상 변화에는 별로 기여하지 못하고 있는 것이 확실하다.

(국립인구통계학연구소), **CREDOC**(소비연구자료센터), **INSERM**(국립위생의학연구소) 등)이 발전함에 따라서 증대되고, 전통적인 작가나 대학 교수에 애착을 느끼는 교조적 분위기에 더 이상은 둘러싸여 있을 수 없다. 전통적인 작가나 교수들은 자신들만의 문화적 자본을 이용하고 있는 소규모 자영 생산자들이며, 문화적 자본은 신이 은총을 베풀어 주는 선물로서 지각되는 경향이 있다.[72] 연구직에서 급여 생활을 하는 이들의 일터에서 나오는 노동의 산물은, 대개 자신들이 이루었던 조건의 각인을 쓰고 있기 때문에 그런 것이다. '리포트'나 '보고서'는 흔히 대량 생산의 규격화되어 있는 규범에 따른 기일을 엄수하기 위해 성급하게 작성되기도 하고, 결과의 해석이나 체계화——방법론에 대한 끝없는 주석이나 부피가 있는 부록 등과 더불어——보다는 실현된 일을 늘어놓는 데 쓰는 소요 예산을 정당화시키려는 걱정을 할 수밖에 없다. 이들 리포트나 보고서는 가장 전통적이라 할 수 있는 박사 논문만큼이나 학문적 저작이나 논문과는 매우 거리가 멀다. 이런 전통적인 박사 논문은, 또한 이론의 여지가 없는 생산물을 항상 보여 줄 수 없기 때문에 일의 가치를 높여 주고, 일을 이해하게 해주는 사회적 필요성에 의해 각인되기도 했다.

실제로 독립된 연구 기관의 발전은, 모든 지적 활동 영역에 관계되는 새로운 구성 원리의 영향력을 증대시켰다. 이전 단계에서는 학교 시스템에서 가장 학교적인 구역에서 관찰될 수 있던 것들과는 달리, 그리고 시스템의 운행 자체에 의해 산출된 이런 기능, 다시 말해서 그 기능의 서열을 재생산하는 데 있어서 필수 불가결한 것들과는 달리 교원이나 연구자, 혹은 신임 교원을 채용하는 데 있어서 구식과 신식 산물을 눈에 보일 정도로 분리시키고 있는 차이는, 적어도 최종적으로는 단 하나의 지배적 서열화 원리에 의해 산출된 차이의 통일된 세계에, 여러 다른 법칙들에 의해 지배된 세계의 복수성을 대체하려는 경향을 보이고 있다.[73]

---

72) 통계학만이 밝혀낼 수 있는 둔감한 변화 가운데서 가장 중요시될 수 있는 것 중 하나는, 급여 소득 생산자수가 상당히 증가한다는 것이고, 그런 증가는 라디오나 텔레비전, 공적이거나 사적 연구 기관의 발전에 결부되어 있다. 반대로 독립적으로 예술이나 법률에 관련된 직업, 다시 말해서 지적인 것을 만들어 내는 직업은 감소하는 편이다.

위치와 위치〔태도〕결정

이상에서 살펴보았듯이, 전적으로 **대학적인 기준과 특성들**〔소유물〕**부터** 정의될 수 있다는 대학 공간 내에서의 위치는 '정치적' 위치〔태도〕결정에 긴밀히 연결되어 있다는 것을 볼 수 있다. 실제로 단지 대학적 특성들〔소유물〕로부터 구축된 공간 안에서 거리감과 원근감은, 1968년 5월 혁명과 **그 이후의** 투쟁에서 '정치적' 대립과 친화적 관계에 아주 긴밀하게 대응한다는 것을 볼 수 있다. (예를 들어 로베르 플라스리에르에게 지지 동의를 하여 서명하는 사람들 전체는, 대학 공간 내에서 '위협이 되는' 자신들 동료들이 점하고 있는 위치로부터 아주 가까운 곳에 위치를 점하고 있다. 마찬가지로 1968년 5월 혁명에 대한 청원서나 선언문 · 저작 등에서 공식적으로 자신들의 입장을 드러냈던 교수들은, 대학 공간에서는 찬성과 반대라는 정반대의 위치를 점하고 있다. **찬성을 하는 사람들**(les pour)은 도표의 왼쪽 아래에 전부 위치해 있고, **반대하는 사람들**(les contre)은 특히 오른쪽 아래에 위치해 있다.) 사정이 그렇다면, 그것은 실제로 여러 다른 교수들이 집단 방위를 긴밀하게 통제된 학교적 대중에 의해서 보증되고 보호된 시장의 방위에 결부해서 청하려는 성향이, 자신들의 생산물의 가치가 이 시장의 항상성에 의존하고 있는 단계에서처럼, 굳이 말하자면 그들의 능력〔권한〕――다시 말해서 그들의 특수한 자본――이 제도에 의해 받아들여진 신분상의 보증에 의존하고 있는 단계에서처럼 변화하기

---

73) 교육과 연구 사이에 있는 시간 배분의 관점에서, 대립은 두 가지의 극단적인 축 사이에서 각인되었다. 이 두 가지 축은, 한편으로는 문학부에서 표준이 되는 학과들의 교수들(혹은 극단적으로는 그랑제콜의 입시준비반 교수들)을 각인시키고 있으며, 다른 한편으로는 더 완전히 연구에 전념할 수 있는 사회과학 분야의 교수들과 연구자들을 각인시키고 있다. 동일한 대립 형태는 일반적으로 인정되고 있는 학교 교육과 직업적 실천 사이에 관계되어 있는 데서 나타난다. 고등사범학교 문과 수험준비학급이나 이공대학 수험준비학급의 교수들, 그리고 동일선상에서 볼 때 문학이나 문법 교수들의 학교적이며 전문적인 경력을 특징짓고 있는 완벽한 연속성은, 사회과학 분야에서의 연구가들에게 관찰되고 있는 대략 전체적인 불연속성(때로는 전환이나 단절을 표명하려는 근심으로 인해 의도적으로 배가되는)에 대립되고 있다(아래 제4장을 참조할 것).

때문이다.[74] 가장 전통적인 학과 내에 있는 가장 전통주의적 경향을 띠는 교수들에게서 학교 제도와 이 제도에 독점권을 보장해 주는 시장에 대해 의문을 야기시켰던 격한 반발은, 엄격하게 이 시장에 대해 그들이 생산한 생산물의 의존에 따른 것이다. 보통 통상적인 교수들의 문화적 생산물——그들 강의부터 시작하여——은, 어느 정도의 선에서 볼 때 학교 시장이라는 경계 이외에서는 가치가 없기 때문에(그것들은 외국에서는 별로 번역되지 않았다) 언어학이나 사회과학과 같이 더 형식화되고 강력한 학과들에 의해 제공된 신제품을 생산하는 시장에 내보이는 즉시 제도를 급습하는 위기로 인해 가치 저하의 위협을 받게 된다.[75] 언어학에 의해 난폭하게도 골동품 전시실로 보내진 문헌학은 전형적으로 학교적인 학과의 한 단면을 보여 주는데, 이 문헌학의 운명은 대부분이 문학 계열 학과, 즉 문학사와 고대어 · 철학과 같이 가장 잘 보호됐었던 학과에서조차 발생했다는 극단적인 경우를 보여 주고 있다.[76] 위기는 고등사범학교 출신자들 중의 문헌학자에게도 정면으로 관계된다. 이들 문헌학자들이 갖고 있는 신분상 고위직에 있다는 확실성 때문에 언어과학의 진

---

74) 대학 시장에 관한 여러 다른 종류의 대학 자본의 의존 관계는 외국으로 이주한 경우에서 아주 잘 알 수 있다. 학교 제도상 보증되고 있는 모든 문화적 자본에 영향을 주고 있는 이주 가치의 상실은, 문학사와 법률과 같은 범국가적 학교 제도의 특이성에 가장 직접적으로 결부되어 있는 종류의 자본에 더 확실하게 영향을 미치고 있는 것 같다.

75) 직무직을 독점하는 효과는, 퇴직으로 대표되는 것만큼이나 개인적 위기의 경우에서 결코 한번도 없던 일이다. 가장 난폭한 지배의 최후는, 대개 이 필독서의 저자들이 강의하는 갑작스런 실패에 의해서 나타나게 되었다.

76) '철학자들'의 하위 집단은(따라서 '문법학자들'의 하위 집단이지만 최하위에 있다는 것이 사실이라면) 다른 어떤 것 중에서도 사회과학——특히 구조주의——에 '근거를 제공해 주고' '사고하게 하며' 가입시키게 하는 경향이 있고, 적어도 과거의 야심과 지배의 모습을 되찾으려는 경향이 있으면서도 어느 정도는 혁신적 전환의 전략 대가로 공동의 운명에서 벗어날 수 있었기 때문에 철학과 사회과학 간의 관계는 동일한 논리를 따른다고 할 수 있다. 자리에 대해 과거에 정의하고 있는 것에 집착하는 사람들의 운명은 더 곤란할 따름이다. 사회과학과 특히 민족학이나 사회학은 1950년대에는 피난처 학과로서 그 모습을 보이고 있고, 왕도의 길을 따라가려는 가능성이 있는 사람, 즉 고등사범학교 출신자와 교수자격시험에 합격할 가능성이 있는 사람들에 의해 약간은 멸시를 받았으며, 오늘날에는 철학에 대해서 수긍할 수 없는 위협을 가중시키게 함으로써 나타나고 있는데, 어쨌든 이 분야가 항상 요구했던 왕도의 권위를 찬탈할 수 있음으로써 그들에게 나타날 수 있게 된다.

보나 외국, 심지어 프랑스 전역이나 고등연구원·콜레주 드 프랑스와 같은 주변적 기관에서 일어나고 있던 모든 것과는 전체적으로 관계가 없다. 그들은 언어학의 예기지 못한 출현 앞에서 일찍 위험에 처하고 몰락해 가는 전환 시점에 갑작스럽게 가치 저하가 되고, 밀려나게 되며, 혹은 강요되기도 했다. 언어학은 대개 고등사범학교 출신자들이 아니라 '하위에 있는' 학과들(예를 들어 현대어와 같이) 출신이거나 지방 출신자들인 주변적 인물에 의해 수입되거나 옹호되었다.[77] 사회적 공간 내에서 두 위치가 차지하고 있는 장소들이 시간이 지남에 따라 점진적이면서도 노골적인 방식으로 서로 바뀌어 가게 될 때마다 관찰되는 효과를 통해 볼 때, 옛날에 지배적 위치에 있던 지배자들은 자신들이 모르는 사이에 피지배적 위치로 조금씩 바뀌어 가게 되고, 적절한 시기에 필요한 전환을 하지 못한다는 신분의 고귀함이라는 가치에 따르면서, 어떻게 보면 그들 스스로가 퇴조하는 데 공헌한다. 우리는 분명 자본주의가 시작되는 시점에서 귀족 계급과 부르주아의 관계를 생각하곤 한다. 하지만 마찬가지로 1950년 대 베아른 지방에서 '대규모' 가족 농가의 장자를 연상해 낼 수가 있는데, 그들은 결혼 시장의 위기(다른 여러 이유 중에서도 위기의 주된 원인은 소작농과 하급 관사의 상대적 위치 변화에 의한 것이다)가 있던 시대에 신분이 낮은 사람과의 결혼을 피하려는 걱정으로 인해 독신을 고수할 것을 은근히 강요당했었다. 그리고 우리는 과거의 지배적 위치나 출세를 하기 위해 조직에 있었던, 프티부르주아 계급이거나 서민 계급 출신이면서 대학 교수 자격을 갖고 있는 고등사범학교 출신자들의 고통이 무엇인지를 이해할 수 있다. 이들은 대륙이 이동하는 것과 같은 미미한 변화 끝

_____

77) 1968년 5월 혁명 운동이 일어났을 때, 가장 미친 듯이 저항했던 문헌학자의 이름으로부터 한 정보제공자는 다음과 같이 말하고 있다. "이것은 예전에는 문법 교수자격시험이라고 불렸던 것의 순수한 산물이다. 그의 박사 논문은 어휘기술학이나 어휘론에 관한 논문이다[…]. 그 사람은 ……이다, 결국 그는 그것을 말했다……. 그는 자신의 박사 논문을 발표하는 데 있어서 '고등사범학교의 동기 입학자들' 중 첫번째라는 사실을 매우 자랑스러워했고, 이런 유형의 행로를 고의로 선택해 갔다. 실제로 문법은 그에게는 연구 대상이기보다는 승진 대상이었다. 그는 그것을 말했고, 또 말했다. 마찬가지로 그는 자신의 수업을 준비하지 못하는 것을 자랑했었다."(고전문학, 1971년)

에, 자신들이 투자한 것이 너무 불완전하게 보답되는 것에 지나지 않았음을 알게 될 때는 이미 너무 늦은 상태이다. 학교적 성공에 동의하는 희생자들은, 성별화의 효과를 통해서 무엇보다도 그들을 중등 교육의 교사 자리에, 그 다음으로는 대학이 확장되는 덕택에 지방대학에서 조교나 강사 자리를 맡도록 되어 있으며, 지방에서 고립되어 있는 사람들은 교육의 책무 등을 맡는 자리와 상관 관계에 있는 모든 효과와 더불어 있게 된다. 그들은 무시받은 위치에서 초기에 밀려난 불행한 경쟁자들을 보고, 표준이 되는 학과들과 새로운 학과 간의 관계 변화가 생기는 덕분에 '연구'의 전위에서 승진했던 사람들이다. 게다가 이 무리들은 대개의 경우 유행 그룹에 덧붙여져 있다는 말 이외의 칭호는 아니고, 그들 입장에서 보면 '대담성' 이외의 장점을 갖지 않는 것인데, 이 대담성의 장점은 대개의 경우보다 높은 사회적 출신에서 유래하는 것이고, 이 장점으로 인해 이 무리들은 주변적 기관 속에 몸을 던진다는 위험을 범할 수 있게 했다.[78]

---

78) 문화 주식——러시아의 공채 증서처럼 가치가 급작스럽게 하락된——의 크고 작은 소유자들이, 1968년 5월 혁명 운동이 일어나기 이전에 절망적으로 반발하고, 이런 의미에서 비장한 반발을 한 것을 이해하기 위해서는 이 분석을 염두에 둘 필요가 있을 것이다(제5장을 참조할 것).

4

집단 방어와 균형의 파괴

세대와 그 세대를 분리시키는 시간적 거리감의 표상은, 사회
와 그 사회의 부분 · 욕구 · 가능성과 상관 관계가 있다. 특히 전
쟁 전 긴 역사를 지닌 국가에서는 모든 자리가 점유되었고, 거
의 연공 서열에서만이 승진할 수 있었으며, 개인들은 석차를 가
지고 자신의 차례가 오기를 기다려야만 했다. 그리고 젊은이들
은 긴밀하게 밀착될 수 없는 정신 세계로 인해 연장자들과 거리
감이 생겼고, 집단의 두터움으로 인해 젊은이들이 연장자를 따
라잡기에는 몇 개 정도의 단계를 넘어야 할 것을 강요받았다.
　　　　　　　　　　　모리스 알바크스, 《사회 계급과 형태학》

대학계의 구조는 어떤 특정 시점에서는 행위자들간에 있는 힘의 관계, 더 엄밀히 말해서는 이 행위자들이 개인적인 자격을 소지하고 있는 권력과, 특히 그들 행위자들이 소속되어 있는 기관을 통해서 소지하고 있는 권력간에 있는 힘의 관계에 있는 상태에 불과하다. 이런 구조 속에서 점유된 위치는, 여러 다른 권력이 상대적 강점을 변화시키거나 유지시키면서, 혹은 더 선호하는 말로 하자면, 여러 다른 자본 사이에 확립된 등가성을 수정하거나 유지시키면서 그런 구조를 변형시키거나 유지하려는 전략의 근원[원리]에 속해 있다. 하지만 위기(특히 1968년 5월의 위기)가 그것들 이전에 존재하고 있는 단층의 선에 따라 영역을 분할하고 있다는 것이 틀림없다면, 그 결과로 교수들의 학교 제도와 사회적 세계에 대한 모든 위치[태도] 결정은, 결국 영역의 중심에 있는 자신들의 위치에서 근원을 찾아낼 수가 있고, 그로부터 내부적 투쟁의 결말은 단지 대치하고(en présence) 있는 힘과 여러 다른 진영에 대한 전략의 유효성에 종속되어 있다는 것을 결론짓지 말아야 할 것이다. 사회계의 전체적인 변화는 대학계에 영향을 미치는데, 특히 고객이 되는 학생수의 증가가 가장 중요하며, 이와 같은 형태적 변화의 중재로 대학계에 영향을 미치게 된다. 학생수의 증가는 대부분 교원 단체의 여러 다른 부분에 대한 사람수의 불균등한 증가를 결정하고, 그것을 통해 학부와 학과, 특히 그런 학부와 학과들 내부에서 학위 사이에 있는 힘의 관계 변화를 결정하고 있다.

　　바로 이것이 구질서의 옹호자들이 막연하게 느끼고 있던 것이다. 변화는 상당 부분 학생수의 비율에 따라 생겨나기 때문인데, 그런 학생수는 교원 수요의 상반되는 증가를 통해 대학 시장이 기능하는 것을 변화시킬 위험이 있고, 경력의 변화를 통해서 교원 단체 내에 있는 힘의 균형을 변화시킬 위험이 있다. 이들 구질서를 옹호하는 사람들은 **부동의 정원수**

(numerus clausus)로 이루어지고, 협의되지 않고 불가피하게 인원의 증가에 영향을 미치는 것에 반대하여 교수 단체를 옹호하려 애쓰고 있다. 그리하여 학생수의 증가에 의해 제기된 문제에 대한 해답으로 여러 다른 학부에서 불시에 나타난 변화를 이해하기 위해서는 매 경우 학생 인구의 형태적 변화 모습을 띠고 있던 개별적 형태, 다시 말해서 증가의 규모, 그것의 시기·강도, 시간적 지속 여부 등과 같은 **외적 변수**(variables externes)를 고려해야 할 뿐만 아니라 이런 변화에 직면한 기구 고유의 특징, 다시 말해서 여러 다른 학부에서, 그리고 그 학부들 내부에 있는 여러 다른 학과에서 신임 인사와 승진을 관리하는 원리와도 같은 **내적 변수**(variables internes)를 고려해야만 한다.

그래프 1. 법학부, 문학부, 이학부에서 교원 집단의 변동

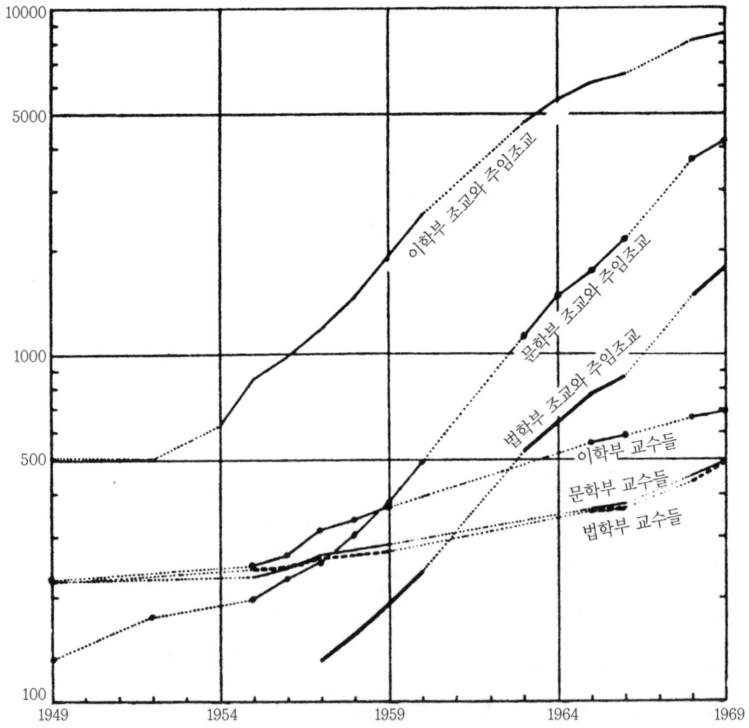

학생 인구의 갑작스럽고도 빠른 증가는 전후 출생률의 상승과 취학률의 전반적 증가[1]가 합해진 데서 기인되고, 이런 학생 인구의 증가는 1960년대를 전후해서 교수 단체의 증가를 결정해 주었다. 같은 시기에 정도의 차이가 있다 할지라도 학부 학생수에 대한 교원 비율이 증가하면서 교수 단체는 그 중요성을 더해 가게 되었다.[2] 이런 과정에 대한 가장 직접적인 결과는 학부에서 제공된 자리수가 괄목할 만하게 증가했다는 것이고, 적어도 어떤 교원 계층에게는 승진을 가속화시켜 주고 있었다.

'대학'의 변화에 관심을 갖고 있던 사람들의 대다수가 학생 인구의 증가 현상을 수의 효과(effet de nombre)(혹은 대중과 '대중화'의 효과)로만 생각했다는 것은 놀라운 일인데, 이것은 일상적으로 자연 발생적이며 반사이비적인 사회학――예를 들어 인구의 도시 집중 문제에 대한――이 행하고 있는 것과도 같다. 우리는 1960년대에 저널리스트 겸 대학 교원과 대학 교원 겸 저널리스트들의 멋진 시절을 만들게 해주었던 '질과 양' '엘리트와 대중' '대중과 질'에 대한 논쟁을 확실히 염두에 두고 있다. 게다가 사회적 행위자들이 생물학적 육체와 공간을 차지하는 특성들(소유물)을 부여받는 한 자신들이 불가피하게 실행하고 있는 **혼잡의 순수한 메커니즘적** 효과를 제외한, 그리고 이미 더 특수하게 사회적 효과, '눈에 띄지 않고 넘어가게 하는' 사실에서 기인된 '익명화'와 '무책임화'의 효과를 제외한 **형태적 요인의 작용이 개별 영역의 특수한 논리를 통해서만이 실행될 뿐**이라는 것을 일반적인 법칙 내에서 제기할 수 있다. 이런 개별 영역의 특수적 논리는 그들 고유의 형태를 이와 같은 효과들에 부여해 주고 있다. 대학의 크기(taille)의 증대로부터 자동적으로 대학 관료 기구의 복잡한 증대까지(게다가 그런 증대가 확실하단 말인가?), 혹

---

1) 취학률의 증가 요소들에 대한 분석을 여기에서 생각해 낼 수 없기 때문에, 우리는 P. Bourdieu의 분류, 계급 탈락, 재분류(Classement, déclassement, reclassement), 《Actes de la recherche en sciences sociales》, 1978년 11월 24일, 2-22쪽과 《구별짓기 La distinction》, Paris, Éd. de minuit, 1979년, 147-157쪽을 참조할 수밖에 없다.
2) 우리는 부록 2에서 1949년과 1969년 사이의 여러 다른 학부에서 학생 인구와 교수단(등급별)의 형태적 변화와 교원수와 학생수의 비율, 교원들의 등급간에 있는 관계(대학 교원 집단 A교원/대학 교원 집단 B교원)의 형태적 변화에 대한 자료를 보게 될 것이다.

그래프 2. 문학부에서의 형태적 변동

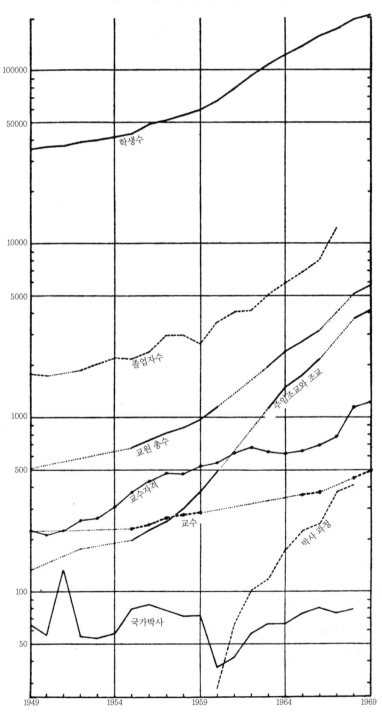

학생수

졸업자수

교원 총수

주임조교와 조교

교수자격

교수

박사 과정

국가박사

100000

50000

10000

5000

1000

500

100

50

1949   1954   1959   1964   1969

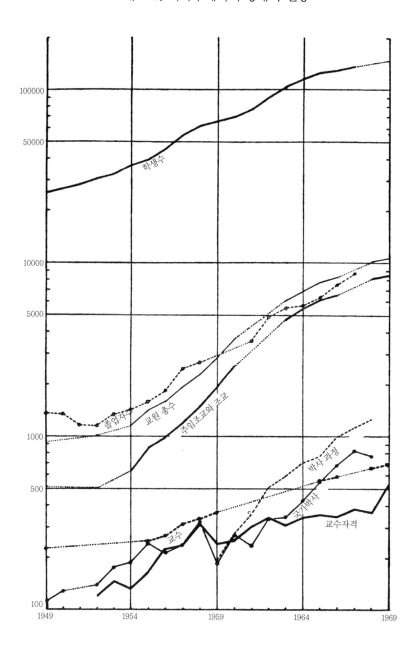

그래프 3. 이학부에서의 형태적 변동

은 학자적 고정관념에 따라서 '공동체'에서 '대중'으로의 변형, 아니면 적어도 **학자**(scholar)에서 **교육노동자**(educational worker)로의 변형을 거쳐 가지 않는다. 마찬가지로 대학적 권력 내에서 학문적 관리자 집단의 출현과 그것의 비중이 증대하는 것은, 영역의 구조 전체에서의 분석, 거기에서 전개되는 투쟁의 분석에 의해서만 이해될 수 있으며, 또한 각각의 영역이 학생수의 증가 효과와 여러 다른 계층의 교원 증가 효과를 이용할 수 있다는(이것은 특히 미국 대학의 경우에서 잘 나타나는데, 왜냐하면 미국 대학의 신분은 프랑스 '대학'보다는 더 수요에 직접적으로 종속되어 있기 때문이다) 해결책을 통해서만이 이해될 수 있다. 그렇기 때문에 형태적 분석은 교수 단체에 대해, 대학 세계와 그것의 하위 구분의 비전에 대한 분석 효과가 발휘된 것이며, 사용 가능한 자료에 따라 적어도 개괄적으로 그려야만 하는 대학계의 **구조적 역사**를 거쳐 간 것이다.

대학 시장에 대한 인구수의 증가로부터 생기는 학교 칭호의 수익성 증대는, 교육 시스템이 있어 왔던 역사의 여러 다른 시기에 고등사범학교 출신자와 교수자격 소지자에게 제공된 경력의 승진을 분리시키는 차이 속에서 분명히 나타난다.[3]

1938년과 1969년 고등사범학교 출신자들의 직업 (백분율)		
	1938년 총수 535명	1969년 총수 629명
교원:		
― 고등학교	44.5	16.4
― 수험준비학급	6.5	7.5
― 학부	24.6	46.8
연구원	1.5	6.8
다른 직업	22.9	22.5
합계	100	100

고등사범학교 연감을 토대로 한 통계(백분율은 이 학교 출신자들의 직업이 연감에는 언급되지 않았던 학생을 고려하지 않고 계산되었다. 백분율은 1938년에 30.7%, 1969년에 31.7%였다).

고등학교에서 가르치고 있는 고등사범학교 출신자의 일부와 학부에서 가르치고 있는 고등사범학교 출신자의 일부 간에 생기는 비율은, 1938년과 1969년 사이에 역전되었다. 게다가 변화는 숫자가 암시하고 있는 것보다 확실히 더 중요한데, 그 이유는 고등학교에서 가르치고 있는 대다수의 고등사범학교 출신자들이 가장 오래된 동기 입학자들에 해당되기 때문이다. 1969년의 시점에서 볼 때, 1920년에서 1929년 사이에 고등사범학교에 같이 입학한 동기생들 중 고등 교육 교수 31명에 대해 중등 교육 교수 40명을 계산해 넣을 수 있다. 반대로 1945년에서 1959년에 고등사범학교에 입학한 동기생 중 고등 교육 교수 1백50명에 대해 중등 교육 교수 23명(그 중 5명은 수험준비학급의 교수이다)을 계산할 수 있다(6.5대 1이라 할 수 있다). 마찬가지로 신임 교수자격 취득자수가 놀랄 만큼 증가를 보임에도 불구하고(그런 신임 교수자격 취득자로부터 1945년과 1950년 사이 2백50명에 대하여, 1965년과 1970년 사이 해마다 평균적으로 9백70명을 계산할 수 있다), 중등 교육에서보다는 고등 교육에서 가르치려는 문과 계열의 교수자격 확률은 1949년과 1968년 사이에 대폭 증가하였다. 게다가 모든 요소는 이런 변동이 이과계 자격을 갖고 있는 사람들에게 있어서 여전히 훨씬 더 눈에 띄게 나타난다는 것을 지적해 주는 것 같다. 예를 들어 1969년의 시점에서 1945-1959년 입학 동기생 중 이과 계열의 고등사범학교 출신자들은 단지 7.6%만이 중등 교육에서 가르쳤는데, 이는 1919-1930년 사이 입학 동기생 중 이과 계열 고등사범학교 출신자 비율 46.5%에 반하는 것이다. 문과 계열 고등사범학교 출신자들의 비율은 11.6%와 31.7%로 각각 나타났다.

　확대 상황이 고등 교육의 **한계**(seuil)를 최소한의 비용으로 돌파할 수

----

　3) 학교적 칭호의 전체적 분석이 오래 지속되는 것에 대한 변동을 분석하는 일과 관계되기 때문에, 우리가 고등사범학교 동기생들의 두 계열의 사회적 운명을 연구할 것을 선택했다면, 그것은 고등사범학교 출신자라는 칭호가 틀림없이(여러 다른 교수자격과 하물며 여러 다른 학사 학위와는 반대로) 학교적 칭호를 이루게 하기 때문이다. 학교적 칭호의 가치는 그것이 교섭될 수 있는 여러 다른 시장에서, 다시 말해서 대학의 여러 다른 하부 시장이나 심지어 외적 시장(적어도 최소한은 국립행정학원과의 경쟁으로 인해 가치 저하되었기 때문에)에 대해 가장 항속적이다.

	중등 교육 [s]	고등 교육 [S]*	고등/중등
1949년과 1968년 사이 고등사범학교에서의 대학교수자격 소지자들 수의 변동			
1949	5000(100)**	510(100)**	0.10
1960	7200(144)	1100(217)	0.15
1968	6020(120)	4200(823)	0.69

출처: 통계와 경제정세국, A. 프로스트, 《프랑스에서의 교육 L'enseignement en France》, 1800-1967, 파리, A. 콜랭, 1968년, 462쪽.

* 추정

** 1949년에 기본수 100

있도록(중등 교육에서 지난 시간의 대폭적인 감소가 그것을 증명해 주고 있듯이) 해주면서, 다른 무엇보다도 더 젊은 사람들에게 얻어 주려는 너무도 명확한(특히 연장자들의 눈에는) 이익은, 모든 교원 계층이 정도의 차가 있기는 하지만 이익이 되는 상황을 이용했다는 것을 묵과하지 말아야 한다. 예를 들어 공적인 정교수 자리수가 증가하는 것과 그것을 차지하기 위해 필요한 자격(박사)을 부여받은 교원들의 부족은, 결과적으로는 확대의 시기에 지방대학의 학부에 취임한 교수와 조교수들에게 파리대학에 취임할 수 있는 확률을 훨씬 더 많이 제공해 주었다. 파리대학은 모든 대학 서열의 최고 지점에 있으며, 그때까지는 아주 소수의 사람에게만 도달할 수 있는 가능성이 있는 곳이었다.[4] (파리대학 문학부의 정교수들 중에서 1960년 이후, 이 자리에 취임했던 사람과 이전에 지방대학에서 교수직을 역임한 이들은 자신들의 옛 동료들보다 고등사범학교 출신자이거나 대학교수자격 소지자들인 경우가 미미하다——고등사범학교 출신자와 교수자격 소지자의 비율은 전자에서는 34%이거나 80%인데 비해, 후자에서

---

[4] 문학부에서 1949년과 1969년 사이에 교수와 박사의 수는 아주 미미하게 변화한다. 반면 조교와 주임조교의 수는, 특히 1959년부터는 아주 빠르게 증가하고 있다. 게다가 박사 과정의 논문수는 놀랄 만한 속도로 증가하고, 교수자격은 중심적인 자리를 계속해서 점유해 가고 있다.

는 47%이거나 89%이다. 우리가 이미 보았던 것처럼 낭테르대학의 교수들에게서도 마찬가지이다.) 게다가 대학의 확대가 이 기간 동안 박사 칭호를 취득했던 중간 연령층의 교원들에게 아주 빠르게 승진을 보증해 주는 결과를 갖게 했다는 것을 알고 있다면, 우리는 다음과 같은 사실을 알수 있다. 이런 이중 변화는 한편으로 이류(대학 시스템의 예전 상태에서의 최고 기준에 따라) 교원들을 최고의 지위에 이르게 했는데, 그렇다고 해서 이들 교원이 교수 단체의 전통적인 가치 기준을 더 해방시키게 할 수 있는 가능성은 희박하다. 다른 한편으로, 차세대 교원 중에서(적어도 문학부에 있어서) 대학의 모델과 지적 위기 기간에 대학적 생산의 기준에 가장 용이하거나 가장 온순하게 순응했던 사람들이 있다.

하지만 정교수와 조교수(대학 교원 집단 A)의 층위에서 위쪽 방향으로 향하는 단순 이동과 요구되고 있는 인원 증대에 제시된 제한을 과하는 것이(실제로 문학부에서 특별히 눈에 띄었던 정교수들에게서 관리 비율의 하락을 볼 수 있다) 종래의 신임 인사를 채용하는 원리들의 중대 심각한 교체 없이 새로운 수요 상황에 대응하게 하는 것이라면, 교원 단체의 하급직에 있는 층위에서는 다르다. 이 경우에 인재 부족은 적어도 최종적으로는 교수 단체의 재생산을 위협하기에 적당한 책략을 강요할 위험이 있다. 이것은 교수들을 전통적으로 합법적인 것으로 간주되는 후보자들의 **한정된 특정 지역**(réserve limitée)에서 점점 더 폭넓게 끌어오는 것을 강요하면서 이루어진다. 게다가 많은 학과들은 세 가지 근본적인 관점에서 서로가 다르다. 학생들의 대량 유입의 중요성에 결부되어 있는 교원 보충의 중요성과 이 학과들이 마음대로 할 수 있는 교수자격 소지자들을 따로 비축해 놓은 양(量), 마지막으로 이런 비축에서 독단적으로 끌어들이려는 정교수들의 성향인데, 이 성향은 무엇보다도 정교수들의 학교적 칭호의 변화에 따르고 있는 것이다.[5] 새로운 학과들과 표준이 되고 있는 학과들은 이런 세 가지 점에서 아주 확연하게 대립되고 있는데, 그것은 우리가 다른 2개의 시장——혹은 2개의 하위 영역——으로 그 학과들을 취급할 수 있도록 하기 위한 것이다. 실제로 상대적으로 자율적인 개별 영역에 고유한 운행 법칙(자본과 투자의 특수한 형태, 신임자 채용과 승진의 기준, 분쟁 관리에 대해 제도화되거나 그렇지 않은 과정 등)을 연구하기 위해서는 **통일된** 노동 시장의 가설을 방치하거나, 동시에 근본적으로는 이질적인 데이터를 무리해서 모으려는 것을 포기한다는 조건하에서만이 지역·부문·직업에 따른 임금의 변동을 설명할 수 있을 뿐이다. 상대적으로 자율적인 영역은, 동일한 경제 공간 내부에 공존하고 있는(생산자들간에, 그리고 생산자들과 고객층 간에 있는) 지속적 관계의 구조화된 공간이다. 마찬가지로 많은 학부와 심지어 많은 학과의 교원 임용과 승진뿐만 아니라, 그것을 통하여 교원들의 실천이나 그들의 지위에서 관찰되는 변화를 이해할 수 있을 뿐인데, 이는 학부나 학과의 수많은 단위가 형식상으로는 동일한 자격이 시장에서는 상이한 가치를 받을 수 있고, 본래적으로 **막대한**(incommensurables) 보상(예를 들어 대학적 '권력'이나 지적 위신의 보상)을 얻어 줄 수 있는 상당수의 다른 시장을 이루는 요소가 된다는 가정을 하는 한에서만 변화를 이해할 수 있는 것이다. 그리하여 우리는 대학 교원 집단 A의 구성원 중에서 교수자격을 소지한 사람(그러므로 신임자를 채용하는 데 있어서 암묵적인 기준과 같이 교수자격을 유지하려는 경향)은, 새로운 학과(사회학 53%, 심리학 50%)보다는 표준이 되는 학과(고대어 97%, 문학 96%, 역사학 87%)에서 더 분명해

---

5) 다음의 분석은 1967-1968년 인간과학관에 의해 실행되었던 조사(이미 위에서 사용했었던)에서 추출해 냈던 통계 자료에 의존하고 있다. 무엇보다도 연차 인명록에 준비되어 있었던 이 조사(앙케트)는 문제없이 과학적 분석 대상이 되도록 구상되었다. 또한 기획 책임을 맡고 있는 장 비에(Jean Viet) 씨는 질문표의 작성에 참여할 수 있는 가능성을 우리에게 제공해 주었으며, 사회적 출신에 대한 상세한 질문 전체를 질문표에 삽입할 가능성을 제공해 주었다. 이 조사가 아주 향상된 응답률(전체에서 약 80%에 근접해 있는 이 응답률은, 역사학에서는 86%, 문학 연구에서는 67%로 변화한다)을 얻어냈다 할지라도, 그 조사는 일치하는 모든 조사에 내재하고 있는 오류를 묵인하고 있다. 우리가 그것을 다른 곳에서도 검증할 수 있던 것처럼 회답 성향이 제도에서의 동화 정도에 따라서 변화한다면, 그리고 책임자들이 서열에서 상위직을 차지하고 있는 연구자들과 교원들의 철저한 조사를 우선적인 목적으로 부여해 주며, 결국 대학 교원 집단 B의 위치 측정이 동시에 더 어려우면서도 더 불확실하다면 우리는 대학 교원 집단 B가 모든 학과에서 약간은 가치 이하로 나타났다는 것을 이해하게 된다. 그것은 견본이 되고 있는 모집단의 구조와 고등 교육 교원들의 전체 집단 구조의 체계적인 비교에서 나타나고 있는 것과도 같다. 동일한 논리에 따르면, 지방의 교원과 여성 교원들은 파리의 교원이나 남성 교원에 비해서 약간은 가치 이하로 나타나 보인다.

진다. 이들 새로운 학과들은, 예를 들어 철학과 같이 오래된 학과로부터 분리되면서만이 자율적 존재라는 사실을 획득할 수 있었으며, 중등 교육의 교과목에서는 교육되지 않았기 때문에 신임 교원 채용 선발시험에서 빠지게 되었고, 동시에 적절한 인재들을 예비하지 못한다는 공통점이 있다.[6] 이런 새로운 학과들이 오래된 학과들보다 분명 더 뚜렷한 인원 증가율을 보였다는 것을 덧붙여 보면, 새로운 학과 중에서 고전적 학과의 양식과는 완전히 상이한 신규 교원 채용 양식이 확립됐다는 것을 이해할 수 있게 된다.[7]

기능 대체

신임 채용을 담당하고 있는 교수들은 어떤 협의를 거친 것을 제외하고는 교수 단체의 사회적 항속성을 지키려고 애썼지만, 그것은 모든 실제적 선택에서와 같이 암묵적인 기준 체계, 그럼에도 불구하고 대략적으로는 서열화된 기준 체계에 의해서 인도되어진 결과에 불과하다. 이것은 일련의 기능 대체(substitutions fonctionnelles)를 통해서 얻어진다. 이 일련의 기능적 대리화는 적정한 후보자군(群, réserve)이 더 미약하고, 이전의 신임 채용에 의해서 손을 쓰면 쓸수록 더 강하게 그 필요성이 강조되었던 것이다. 그들의 신임 채용의 실천 속에서 암묵적으로나, 심지어 무의식적으로 채택되었던(그들이 대학 서열에서 더 높은 서열에 위치해 있는 학과나, 가장 희소성 있는 특성들〔소유물〕을 갖고서 노동력이 풍부한 학과에 소속되어 있을수록 더욱더 엄밀한 방식으로) 학교적 칭호나 성별·연령

---

6) 예를 들어 사회학은 철학의 학사 학위(윤리학이나 사회학의 학사)라는 범위에서만 문학부에 있는 자리를 찾을 수 있었다. 사회학의 교원 단체는 신임자 채용에 의해서도, 그들의 연구 양식에 의해서도 철학 교원 단체와는 구별되었으며, 1958년에 가장 많은 학생 집단이 있는 학부로 도달해 가는 시점이 되어서야 사회학 학사라는 칭호를 만들어 냄으로써 독립하기에 이르렀다.

7) 부록 2, b를 참조할 것.

에 관계되는 부차적 요구를 학과에 따라서, 다시 말해서 노동력의 수요와 정통적 자격을 예비하고 있는 사람들 간의 관계에 따라서 어느 정도는 전면적으로 포기해야만 했었다. 예를 들어 프랑스 문학과 같이 대학적 서열에서 가장 높은 직위를 차지하고 있는 학과에서, 그리고 거기에서 아주 엄밀히 선별된 구성원들은 실제로 전원이 교수자격 소지자이며, 아주 많은 수가 고등사범학교 출신자들이다. 또한 확장하고 있던 시기 초기부터 모집되었던 교원들 중에서 파리의 울름 가에 있는 옛 고등사범학교 출신자들의 상대적 비율은(이들은 상대적으로 그 수가 많다. 왜냐하면 교원 단체는 1963년과 1967년 사이에 아주 풍부한 노동력을 비축해 놓은 것이 고갈되지 않고 두 배로 증가하였기 때문이다) 파리 교외의 생클루에 있는 옛 고등사범학교 출신자를 위해, 더 일반적으로는 그랑제콜을 거쳐 가지 않은 교수자격자들을 위해 감소되었다(이전에는 적어도 표준이 되는 학과에서는 상당히 드문 일이다). 동시에 정교수 중 고전문학의 교수자격 소지자는 전통적으로 그리 평가를 받지 못했던 문법이나 현대문학의 교수자격 소지자들을 위해 감소하게 되었다.

예를 들어 문학부의 경우 1960년 이후 채용되었던 교원 중에서 울름 가에 있는 고등사범학교 출신자는 20%에 불과한데, 이는 1960년 이전에 입학했던 학생들 중에서 34.4%가 해당되었던 것과는 대조적이다. 반대로 생클루의 고등사범학교 출신자들은 1960년 이후 채용된 교원 중에서 7.4%이며, 고등사범학교 출신자가 아닌 교수자격 소지자의 비율은 65.5%이다. 이는 1960년 이전에 입학했던 사람 중의 5.4%와 58%에 각각 해당하는 것과 대비된다. 고대어의 교원들 중에서 고전문학 교수자격 소지자는 1960년 이전에 취임했던 사람들이 76%이고, 1960년 이후에 채용된 사람 중에서는 62.5%의 비율을 보이고 있다. 반대로 문법이나 현대문학에서 교수자격 소지자 비율은 1960년 이전에 취임했던 교원들이 24%에 달하고, 1960년 이후 채용된 교원은 37.5%에 이른다.

고대어나 역사학과 같이 그리 위신이 있지 않은 학과들을 보자면, 학교적 우수성의 암묵적이며 명시적인 서열 내에서, 이전의 학교 세대에서 동일한 자리의 자격을 갖고 있던 사람들이 점유하고 있던 것보다 더 하위 수준에서 곧바로 점유하고 있는 교원 채용은 그러므로 '위계 수준의 점진적 악화'에 기여하지 않고, 교원 단체의 규모를 확대시키려는 동일한 배려를 나타내 주기도 한다. 지리학과 같이 대학 서열에서 맨 끝에 위치해 있는 학과에서——지리학과에서는 고등사범학교 출신자들의 할당분이 항상 미약했으며, 이 분야에서 교수들은 대개 예전의 고등사범학교 문과 수험준비학급 출신자들이었고, 대부분이 교수자격보다 더 희소성이 없는 것이다——교원 단체를 방어하는 논리는, 새로이 채용된 교원들의 대학 칭호에서 변화되는 것이 아니다. 왜냐하면 이 경우에 교수자격은 특정군에 대한 하한과 상한을 동시에 구성하기 때문이다. 하지만 교원 단체를 방어하는 논리는, 여성의 증대와 교원 채용의 연령 확대 내에서 교원을 추출해 낸 것이다.

예를 들어 대학 교원 집단 B는 1963년에는 여성들의 15.2%만이 그 수에 해당하였으며, 1967년에는 23.6%만이 그 수에 이르렀다. 다른 한편으로 1950년 이전에 채용된 교원들 대다수는 28세가 되기 전에 고등 교육직에 들어갔으며, 동일한 분포에 따른 분포 양식은 1960년 이후에 채용된 교원들에게 있어서 30-35세 사이에 위치하고 있다. 만약 여성이 진출하는 것과 고령화가 더 이상 눈에 띄지 않았다면, 이는 문학이나 고대어에서 교수자격 소지자들에게 특권을 주려는 경향을 강화시키고 있는 요소들의 영향이, 전통적 서열의 하위에 위치해 있거나 상대적으로 과학적 연구에 개방된 학과에서는 훨씬 약하기 때문이다.

집단의 사회적 **항상성**(homéostasis)을 유지하려는 경향이 있는 실천적 감각의 전략은, 결혼 전략을 생각할 수 있다는 것을 제시해 주고 있다. 남녀의 **성비**(sex-ratio)가 불균형한 경우, 수가 부족한 성에 속하는 개인들의 결혼 한정 연령(아마도 이 연령을 중심으로 주위로 분산될 것이 확실한)의 변화는, 개별 사회 집단의 구성원들에게 경제적이거나 사회적인 신분과 같이 결혼이라는 점에서 볼 때 가장 관여적 기준에 대해 굽히지 않고 배우자를 손에 넣도록 해주면서 결혼 시장의 조정을 가능하게 하고 있다.[8] 고등 교육에 취임하는 연령의 하락으로 인해 확보되어질 수 있는 노동력 예비군의 증가는, 중등 교육에서 비교적 나이가 들었지만 어쨌든 오래전부터 교원들을 채용하려는 대립된 선택에 의해 확보될 수 있었다. 이들은 확대가 이 두번째 기회를 자신들에게 제공해 주지 못했다면, '적령이 지났기' 때문에 고등 교육에 결코 취임하지 못했던 사람들이다. 결코 완전히 배제되지 않은 이 두 가지 전략 중에서 후자가 가장 전통적인 학과, 즉 고대어나 최소한 문학과 같은 학과에서 우월해 보이는 것 같았다면, 그것은 이 학과의 교수들이 외적 정세에 의해 과해지고 있는 일탈을 특별한 강렬함과 성급함으로 통감하게 하고, 최소한의 위험이 있는 방책을 취하면서 그 일탈의 범위를 최소화시키려는 경향을 확실하게 보이기 때문이다. 마찬가지로 그들은 모든 다른 외적 상황에서 그들 고유의 경력 모델을 무의미하게 재생산하는 경향을 보이고 있기 때문이기도 하다. 조교들의 상당 비율이 제 나이에 학부에 취임하는데, 그들 조교들을 선발하는 담당 교수들이 20년 전 학부에 취임했던 연령에 해당된다는 점은 주목할 만하다. 그들 교수들은 현재 조교들과 마찬가지로 고등학교에서 10년에서 15년을 보낸 후, 그렇지만 더 향상된 지위를 가지고 대개의 경우 조교수에 취임하고 있다.

고대어의 여러 학과들에서, 1950년과 1960년 사이에 조교나 주임조교의 자리에 있었던 87%의 교원들은 32세 미만이었는데, 그에 반해서 1960

---

8) 제1차 세계대전에 뒤이어 일어난 결혼 시장의 혼란을 분석하고 있는 알바크스는 "전쟁이 끝날 무렵 23세에서 38세까지의 연령 범주를 포함하고 있는 남성 인구(1900년에서 1915년에 출생한 연령층)의 극단적인 감소(대략 4분의 1)는, 연령별 계층에서 젊은 사람들을 높이게 하는(아마도 가장 연령이 많은 몇몇 계층을 내려오게 하는)" 결과를 어떻게 가져왔는지를 보여 주고 있다. (M. Halbwachs, 전쟁 동안과 이후에 프랑스에서의 혼인율(La nuptialité en France pendant et depuis la guerre), 《Annales sociologiques》, série E. fascicule 1, 1–46쪽, repris in M. Halbwachs, 《사회적 분류와 형태론 Classes sociales et morphologie》, Paris, Éd. de Minuit, 1972, 231–274쪽을 볼 것.)

년 이후 같은 자리에 취임했던 사람들의 59%가 32세 미만에 해당하였다. 반면 전자에 해당되는 사람들 중에서 35세 이상이었던 이들은 13%이며, 후자에서는 28%의 점유율을 보였다. 마찬가지로 문학에서, 대학 교원 집단 B에서 여성이 점유하고 있는 비율은 1963년에는 19%에서 1967년에는 34.6%까지 이를 뿐만 아니라, 1950년과 1960년 사이 교원 집단 B에 취임했던 40%의 교원들은 30세가 채 되지 않았으며, 그들이 업무에 임하기 시작한 시기에 35세 이상인 사람은 27%의 점유율을 보였다. 이것은 1960년 이후 동일한 자리에 취임했던 이들의 25%와 33%에 각각 반하는 비율이다. 역으로 역사학과 같이 예비군과 증가율이라는 이중적 관점에 비추어 볼 때, 고대어 학과들과 대략 동일한 위치를 점하고 있는 학과에서 예비군의 양적인 증가는 고등 교육에 취임하는 연령이 낮아지면서 확보되었다. 1950년과 1960년 사이에 대학 교원 단체 B에 취임했던 역사학자들 중 50%는 32세가 채 되지 않았으며, 그들이 자신들의 업무에 복귀하는 시기에는 이미 36세 이상이 되었고, 그 비율은 30%를 점하고 있다. 이것은 1960년 이후 동일한 자리에 취임했던 사람들의 57.8%와 23%에 각각 해당하는 비율이다.

학생수의 증가가 필연적으로 결정하게 될 '중등화 교육'을 내세우면서 때때로 이런 형태의 신임 채용을 정당화한다 할지라도, 이미 연령이 있는 교수자격 소지자들을 채용하는 방책은 의심의 여지없이 이런 학과들의 상황에 대한 가장 분명한 지표를 이루게 한다. 이들 학과들에서는 중등 교육과 고등 교육의 구분이 교육 방법에 있어서 만큼이나 전달되는 지식에 대해서도 그다지 분명하지가 않았기 때문에, 중등 교육에서 몇 년을 보냈던 교원들이 자신들의 자리를 고등 교육에서 차지할 수 있게 된다. 또한 이들 학과에서는 교육 시스템의 위기와 그것이 전달하려는 문화의 위기가 찾아오는 것과 동시에, 젊은 교원들은 굳이 예를 들자면 고등사범학교 출신자들과 같이 원하는 능력에 맞게 맞춰서 양성된 이들까지도 이 시스템의 영속성에 있어서 어떤 위협을 감추고 있기까지 한다. 전통적인 학과의 교수들이나 '나이가 든' 많은 교수자격 소지자들을 선택한 이유는, 가장 젊은 교수자격 소지자들 중에서 자신들에게 붙여지는 칭호나 행동 양식이 기구를 재생산하기에 적당하도록 만들려는 생각 때문이다. 이들 '나이가 든' 교수자격 소지자들은 모든 이단적 능력이 없으며, 자신들 스승의 지식을 그다지 상대화하지 못하며, 마지막 행운의 승진을 통해 기구에 충성심을(적어도 일시적으로는) 한층 강화시키는 이들이다. 전통적 학과의 교수들 또한 학교적 생산물의 생산자와 학교 내 소비자들의 재생산 양식의 급변하는 변화가, 자신들이 갖고 있는 '기술적 노화'나 능력을 평가 절하하는 것에 대해 결정하는 것을 어느 정도는 의식적으로 삼가는 데 기여한다. 신임자를 채용하려는 정책적 쟁점은, 교원들의 능력이 생산이라는 학교적 재생산 양식의 영속화와 재생산 양식의 생산물이 가치를 부여받을 수 있다는 시장의 영속성이다. 고객층은 고등사범학교 문과 수험준비학급 학생들이나 교수자격시험 준비 학생으로 항상 갱신되었다. 게다가 모든 다른 기준을 근거로 해서 교수자격에 부여해 주고 있는 절대적 특권이, 모든 강의와 모든 시험의 최종 목표가 되는 교수자격시험의 지배를 통해서라는 것을 안다면, 그리고 이런 시험을 지배하는 지적 규범이 학사 학위를 취득하기 위한 준비나 심지어 논문 집필과 관계가 되든 간에 하위에 있는 모든 교육이나 수행에서 절실히 요구된다는 것을 안다면 이해된다.

동일한 논리를 새로운 학과에 적용할 수는 없다. 학과 고유의 예비군이 없기 때문에, 그리고 표준이 되는 학과──특히 철학──의 교수자격 소지자들 중에 신임자를 채용할 수 있다 할지라도, 정교수들은 하위직 교원들의 신임자 채용을 교수자격을 갖고 있는 집단에다 한정시킬 수 없다. 문학부의 교원들 중 대략 한결같이 유지되고 있는 교수자격 소지자들은, 1960년 이래로 모든 새로운 학과에서 대폭 감소되고 있다. 예를 들어 심리학의 교원 중에서 1960년 이전에 채용되었던 교수자격 소지자 비율은 44.4%이며, 그 이후 채용되었던 이들은 22.8%인데, 이는 그에 상응하는 사회학 교원들이 각각 해당되는 비율이 71.5%에서 42%까지 이르는 것과 대조된다. 하지만 중요한 점은 이런 새로운 학과들에서 과거 대학 질서에서 통용됐었던 것과는 완전히 다른 경향을 절실히 요구하고 입수하는 연구자들에 의해 교육자들이 수적으로 지배됐으며, 적어도 사회적으로는 어떤 점에서 볼 때 지배됐다는 사실이다. 확실히 학부 교수들은 '대학'이나 어느 정도까지는 연구직의 신임자를 채용하는 결정 기관에서까지 상당한 영향력(적어도 조사 시점인 1967년까지는)을 갖고 있으며, 이들 교수들은 교수의 신임 채용 수준에서는 전통적인 학과들의 원리와 그다지 차이가 없는 원리를(교수 카테고리 전체보다는 학교적 칭호에서 더 잘 부여되고 있는 연구자들을 계속해서 끌어들이려는) 유지하려 노력하고 있다.[9] 그렇다고 해도 정교수와 하위직 교원 혹은 연구자들(적어도 1945년부터 1960년 사이에 표준이 되는 학과들의 고객 내에서 종종 부정적 선별의 산물이 된) 간에 있는 격차는 계속해서 증가하며, 방법론의 합의 형성에 그다지 유리하지 않은 확산은 여러 다른 신분상의 카테고리 자체 내부에서도 역시 극단적이다.

동일 학과에 있는 교원들 중 교육이나 경력·칭호의 다양성은, 새로운 학과로 가기 위해 시장이 상대적으로 긴장된 상태에 있는 전통적인 학과로부터 멀어짐에 따라서 증가한다. 예를 들어 대학 교원 집단 B의 교원 중에서 고등사범학교 문과 수험준비학급 출신자의 비율은, 전통적 학과(문학 33%, 철학 32%, 고대어 25%, 역사학 21%, 영어 20%)에서 새로운 학과(언어학 18.8%, 심리학 16.3%, 사회학 8.4%)로 이행해 갈 때 계속해서 감소한다. 이런 새로운 학과에서 교원들은 대개의 경우 학부에서 더 단기적인 교육을 받았으며, 확실히 학교적 성공도가 크지 않으며(성적 평가 비율을 획득한 이후 판단할 만한 것이다), 개인적 학력에서 만큼이나(여러 다른 학과에서 취득한 학사 학위를 가중함으로) 집단적 차원에서 완전한 조화를

---

9) 그러므로 사회학을 연구하는 사람들 중에는 고등 교육에 가기 위해 연구직을 떠난 이들이 있으며, 이들은 연구직에 머물러 있던 사람들보다 더 높은 교육 조직 수준을 갖게 된다. 교원이 되었던 대학 교원 집단 B의 연구자들 중 46%는 교수자격을 소지한 이들이거나 고등사범학교 출신자들인 반면에, 대학 교원 단체 B의 연구가들 전체는 9.5%만이 교수자격을 소지한 이들이거나 고등사범학교 출신자들이다. 같은 방식으로 교원 단체 A에게 있어서 교수자격 소지자와 고등사범학교 출신자 비율은 교원이 된 연구자들 중에는 각각 50%에 이르며, 연구자들 전체 중에는 21%의 비율을 보이고 있다.

이루어 내지 못하고 있다. 동일한 학과 구성원들에 의해 보유된 여러 가지의 칭호와 그들 구성원들을 교육하는 데 있어서 이용된 학과들의 이종 혼합성(異種混合性)은, 대학의 정식 승인이 더 새로운 학과 쪽으로 감에 따라서 점점 더 강력해진다. 마찬가지로 전통적 학과의 교원들 거의 전부가 자신들의 경력을 중등 교육을 하는 데서 시작한 반면, 새로운 학과의 교원들은(더 중요한 만큼 가장 최근에 채용된, 그러므로 가장 젊다고 할 수 있는 카테고리 쪽으로 향한다) 직접 고등 교육, 특히 연구직에 상대적으로 중요성을 더해 가는 비율이 취임했으며, 취임 이전에는 아주 다양한 활동을 했고, 종종 현재의 직업과는 아무런 관련이 없는 경우도 있다.

인문과학 전문가들의 학교적 칭호와 형태, 그리고 교육 수준의 극단적 불일치는 다음 사실에 그 원인이 있다. 그것은 신임 채용을 담당하는 책임자가 전통적으로 행해진 신임 채용 양식을 따를 수 없고, 그렇다고 중등 교육에 있어서의 독립성(최근까지 교수자격시험이 없었고, 교원 경력도 없었던 것에 결부되어 있는 것이다)이 그들에게 준 자유를 이용해서까지 학과 특유의 평가 기준과 요구를 발전시켜 가고 훈련시킬 수 없다는 사실이다. 이학부에서는 부분적으로 박사 과정 논문처럼 대개가 연구 활동에서 두드러져 보이는 새로운 평가 기준을 발전시키고 부과했다는 것이 틀림없는데, 그 이유는 적어도 수학이나 물리학에서는 교수자격시험을 위한 수업이나 학문적 연구간 단절이 다른 학부에 비해 더 분명하고 뚜렷하기 때문이다. 그런 반면 가장 학교적인 자격(교수자격과 같이)은 연구 시장에서는 무익해져 가는 경향이 있고, 어쨌든 그런 자격이 학문적 칭호와 연결된다는 한에서만(수많은 대학 교원 집단 B와 수많은 박사 과정의 논문은 대략 병행해서 증가하고, 반면에 교수자격시험은 중등 교육의 신임채용시험과 같은 것으로 공식적인 역할이 한정되는 듯해 보인다는 사실이 제시하고 있는 것처럼) 자신들에게 충분한 수익성이 돌아온다는 사실을 얻어낼 수 있었다. 반대로 문학부 중 새로운 학과에서 교수자격이 없는 교원들 중에서 박사 과정 학위자의 비율이 다른 학과보다 더 많은 것이 사실이라면, 아무튼 박사 과정이라는 칭호 자체는 고등 교육이나 학문적 연구에서의 길을 가는 데 있어서 필요 충분한 조건을 이루지 못한다는 사실에는 변함이 없다. (그랑제콜 출신이라는 칭호를 말하지 않고도) 교수자격은 신임 채용을 담당하는 사람(1968년까지는 **CNRS**의 각종 위원회 자체에 의해서)에 의해 너무도 분명히 인증되었기 때문에, 연구직을 지향하거나 이미 연구직에 취임해 있는 대다수의 교수자격 소지자들은 여전히 박사 과정 학위가 면제되기도 한다. 박사 과정 학위는 주임조교 자리나 조교 자리에조차 자동적으로 길을 열어 주는 것이 아니다. 이것은 우리가 이미 본 바와 같이 어느쪽의 자격도 갖고 있지 않고는 고등 교육에서의 자리를 얻는 것이 불가능함을 의미하지는 않는다.

예를 들어 사회학과 같이 박사 과정의 학위를 보유하고 있거나 준비하고 있는 교원 비율이 상대적으로 많은 학과에서, 박사 과정 학위를 갖고 있지 않거나 적어도 그것을 준비한다는 것을 언급하지 않고 있는 대학 교원 집단 B의 비율은 단지 28%에 불과하며, 이는 그랑제콜 출신자들과 교수자격 소지자들의 85%에 반하는 비율이다. 어쨌든 대학 교원 집단 B에서 사회학 교원의 반도 안 되는 비율(44%)이 교수자격 소지자도, 그랑제콜 출신자들도 아니지만, 그들의 박사 과정 논문 심사를 받았다──이것은 그들 중 상당수가 이미 고등 교육 기관에서 영향력을 발휘했다는 것을 의미한다.

그 결과 교원 집단에 가입하는 것은 여러 다른 책임자들(특히 연구 단체의 지도자들)의 자유 재량에 위임됐으며, 그들의 선택은 최종적으로 교원 단체 전체에 의해 승인되고 비준되었다.[10] 그리고 결과적으로는 연구직에 취임하게 되는 확률과 점점 더 고등 교육 기관에 자리를 잡을 수 있는 확률은, 학교 자본만큼이나 적어도 대학적으로 수익성이 있는 사회적 관계의(거주지나 사회적 출신에 의해) 확대나 다양성, 그것의 질에 종속

---

10) 최근 '규정외(規定外, hors-statut)'에 있는 사람들을 대량으로 통합하는 것을 본 것과도 같다.

되는 경향을 보이고 있다. 신임자 채용 기준의 부재와 비일관성은 지망자들로 하여금 연구직으로 나아가게 하고, 이들 지망생들은 개인에게 결부되어 있는 특징과 자리의 객관적 특징 간에 있는 거의 우연적이라 할 수 있는 관계를 무시할 수가 없다. 그런 부재와 비일관성은 이들 지망생들을 걱정스러운 만큼——왜냐하면 어떤 것도 확실하지가 않기 때문에——보장된 구직 활동의 행렬——왜냐하면 어떤 것도 불가능하지가 않기 때문에——로 나아가게 한다. 그 결과 몇몇 유력한 보호자들의 지배하에 자신들을 고용하도록 해두고, 또한 가장 잡다한 칭호를 겸직하면서 한층 더 희소성의 가치를 갖게 한다.

계승의 위기

이전 상태에서 대학 시스템은 어느 정도 항상적이고 동질적인, 그러므로 순간에서 만큼이나 시간 속에서 상호 교환 가능한 사회적·학교 제도적 특징을 부여받은 대학 교원들을 생산하면서 자신들만의 고유한 재생산을 보장하는 경향이 있었다. 더 정확하게 말해서 시간을 통한 시스템의 항상성은, 대학 교원들이 모든 서열 층위에서 대학적 아비투스를 갖추게 했다는 것을 전제로 하고 있다. 이 대학적 아비투스는 라이프니츠가 말한 바와 같이 **본유의 법칙**(lex insita)인데, 이는 사회 집단에 내재되어 있는 법칙을 말하며, 생물학상으로 볼 때 육체에 내재해 있는 것을 말한다. 이것은 개인적 행위자들이 사회 집단이 정한 법에 복종시키게 하는 의도나 의식을 갖지 않고 현실화시키도록 하는 데 있다. 심지어 모든 명백한 규제와 명시적인 질책이 부재하기 때문에 열망은 특정한 시점에 특정한 카테고리에 대해서 한정된 궤도, 그러므로 표준적인 궤도에 적응하는 경향을 보인다. 대학 시장에 대해 일정한 가치를 부여받은 칭호의 소유자들은, 희소성이 있거나 자신들이 갖고 있는 칭호에 상응하는 가치를 부여받은 자리에서만 진정으로 열망할 뿐에 지나지 않는다. 더 정확하게 말해서 이들은 자리를 지원하는 경우, 이 자리에 대한 자격을 갖고 있는 사람 중 자신이 갖고 있는 자격과 동일한 자격을 부여받은 사람들의 평균보다 더 젊을 때——혹은 더 늙기까지 한——그 자리를 지원할 수 있는 권한이 부여된다는 것을 느끼지 못하며, 심지어 그런 경향이 있다는 것조차도 느끼지 못한다. 시스템 리듬에 잘 적응하는 양식 있는 생도는 앞서서 혹은 뒤늦게 알거나 느끼며, 결과적으로는 격차를 유지하기 위해서나 혹은 그것을 해소하기 위해 행동한다. 마찬가지로 표준적인 교수는 표준적 연령 구조를 혼합했기 때문에 실제 연령이 어떻든간에 지위나 이익·특권을 지망하거나 요청하기 위해서 너무 젊거나 너무 나이가 들었다는 것을 항상 느낄 수 있는 사람이다.

기구는 지(知)를 추구하는 리비도(libido sciendi)와 이것이 배후에서 함유하고 있는 지배를 추구하는 리비도(libido dominandi)를 불러일으키는데, 그것은 쾌락의 원리와 현실의 원리를 말하는 것이다. 하지만 이 기구는 이 두 가지 종류의 리비도에 한계를 부여해 주고, 심지어 지식에 대해서조차 획득하는 일이 정당하다는 것과 희망하고 원하고 사랑하는 일이 정당하다는 것 간에 통합된 경계선을(그런 이유로 초등 교육과 '초등 교육 이하의 집단' 및 중등 교육 간의 경계가 오랜 기간 동안 기능했다) 그려 주고 있다. 그런 것들이 방법들인데, 그런 방법을 통해 균형의 국면에서 그저 그렇게 기구가 제시해 주고 있는 내기〔게임〕나 자금에 방법을 투입하고 있는 모든 행위자들을 만들어 내게 된다. 기구는 어떤 사람들 중에서 확실히 일어날 수 있는 욕구불만이 투자의 원리, 다시 말해서 내기 그 자체에 대해 반항하여 우연히 변하지 않고서 제시한 것이다(그리고 '떨어졌던 사람 중 일등'을 한 드라마나 생클루의 고등사범학교 출신자, 혹은 울름 가에 있는 고등사범학교에서 떨어진 사람이 '고등사범학교 출신'이라는 것을 사칭하는 일은(프랑스에서 보통 노르말리앙(normalien)이란 호칭은 울름 가에 있는 고등사범학교 출신자들을 가리키고 있다), 좌절을 부정하기 위해 끝없는 노력에서 실제로 반복하는 경우에나 특별한 관계가 있지만, 이들 모두는 기구가 배제한 것 중에서 배제의 원리를 부인한다는 생각 자체를 배제해 버린다는 사실을 증명하기 위한 것이다).

이런 분석에 비추어 볼 때, 매순간 연령과 등급 간에 일정한 대응 관계에 의해 표출되는 기구나 그것의 질서, 이런 **계승의 질서**(ordre des suc-cessions)를 구성하는 시간적 구조의 객관적 변화가 가질 수 있는 파열하는 효과를 더 잘 이해하게 된다. 핵심적인 부분을 지키기 위해서는 고등사범학교 출신자가 아니거나, 여성 혹은 너무 나이가 든 사람이든 간에 ——이전 기준에서 볼 때——무슨 수를 써서라도 교수자격 소지자들을 채용할 것을 결정하면서, 교수들은 자신도 모르는 사이 교수 단체의 양식 있는 방어자로 행동했다. 기구의 추와 같이 움직이고 있는 조작을 감내하고 수용한 결과 내재되어 있는 법칙으로 볼 때, 기구의 법칙을 지니고 있는 행위자들을 기대해 볼 수 있으며, 이들 행위자들은 기구의 법칙에 의해 정의된 가능성의 변화에 따라서 자신들이 갖고 있는 열망을 변화시킬 것을 기대할 수 있다. 그리하여 교수 단체의 편성과 선별을 결정하는 기관(instances)이 모든 교원들에게 이 교수 단체의 서열과 가치관을 승인하는 데 있어 강하고 지속적인 성향을 주입시킬 수 있는 힘이 있었다는 범위 내에서, 기구의 가치관에 충실한 충분한 일손 예비군의 결여가 교원 양성의 전통적 과정에서 벗어나 '내면의 법칙(loi intérieure)'이 없었던 행위자들을 채용하는 것에 대해 기구(institution)가 제재를 가하지 않았더라면, 기구의 학생수가 증가하는 효과를 확실히 통제할 수 있었을 것이다.

신임 채용을 하는 데 있어서 일상적 실천의 변화는 교원 단체에 2개의 새로운 교사 범주[카테고리]를 가입시키게 하는데, 그들 교사들을 통해서 기구가 특히 배제시켰던 것을, 즉 정통적 희망에서 떼어내진 열망을 기구 속에 영입되도록 할 수 있었다. 그들은 한편으로 과거의 채용 방식에 의해 요구된 어떤 특성들[소유물]을 갖췄다고 할지라도, 자신들의 잘못된 승진 혜택을 입었던 것보다 다소간은 빠르게 드러내 보이려는 운명에 빠졌던 교원들이다. 왜냐하면 그들이 취임했던 자리는 자신들과 같은 사람들이 그 자리에 취임했던 것 이상의 자리가 아니었고, 그 자리는 이전에 암묵적으로 이런 채용 방식의 수혜자에게 보증되고 있는 승진의 확실성을 유폐해 주었기 때문이다(조교의 수가 교수의 수를 아무리 초과한다 할지라도, 더 많이 끝없이 새로 진급한 사람의 비율은 객관적으로 보아 서열의 맨 하위층에 머물러 있어 보인다는 사실이 상기시켜 주는 것과도 같다). 다른 한편으로 예전의 취임 칭호, 특히 이 칭호에 결부되어 있는 성향이 없기 때문에 자신들이 고등 교육에 취임하는 것을 기적에 의한 성별(聖別)로서 인식하는 경향이 별로 없거나, 하위 경력에 스스로 만족해하는 것을 수용하는 경향이 별로 없었던 모든 이들이 해당된다. 어느 정도 장기적으로 볼 때 고등 교육직에 자리를 잡았던 사람들 거의 전부에게 예전에 보장된 승진을, 그것이 갖고 있는 속성상 보장해 주었던 특성들[소유물]이나 성향을 갖고 있는 사람으로부터 가장 멀리에 있는 신입자들, 다시 말해서 35세에 조교가 되었던 문법 교수자격을 갖고 있는 여성만큼이나 28세에 조교로 임명된 사회학 학사 소지자가 **승진 기준**(normes de carrière)의 유지(조사 시점에 파리대학의 정교수들의 특성에 의해 확인된)는 자신들이 신임 채용시에 혜택을 입었던 **채용 기준**(normes de recrutement)의 위반을 허구적인 것으로 만들었다는 점을 우연적으로라도 발견토록 하기 위해 모든 조건이 만족스럽게 채워져 있었다.[11]

신임 채용 방식의 변화가 경력에서 승진 과정에 대한 어떠한 현실적 변화도 수반하지 않는 한, 그 신임 채용 방식의 변화는 결국 교원들이 신임 채용되었던 교육과 기준만큼이나 상이한 경력에 약속되어 있는 교원들의 두 카테고리로 하위직 교원들을 분할하기에 이른다. 그들은 한편으로는 기구와 승진 가능성의 구조 이전 상태에서 정의됐던 것과 같이, 지위 안에서 암묵적으로 남아 있는 승진의 이익을 얻으려는 운명에 빠져 있던 조교나 주임조교들이다. 다른 한편으로는 하위직 지위(수석 주임조교나 이과 계열에서의 정조교와 같은 지위)에서 자신의 경력을 끝내는 사람들이다. 공시적으로 규정된 지위의 형식적 동일성은, 그 배후에 학교

---

11) 신임 채용 방식의 원리에 강요되고 있는 변화와 승진 원리를 보존하려는 것 간에 있는 차이는 분명 아주 일반적인 현상이다. 이 현상은 단체(혹은 집단)가 신입자들의 양과 질에 의해 도입되고 있는 위협에 대해 스스로를 방어하려고 할 때마다 관찰되고 있다. 예를 들어 시립도서관의 직원이 이런 경우에 해당된다. (N. Seibel, 《시립도서관과 촉진 *Biblithèque municipale et animation*》, Paris, Dalloz, 1983, 95쪽을 볼 것.)

적 자본에 결부되어 잠재적 궤도간에 상당히 존재하고 있는 차이를 은폐하고 있다. 학교 시스템에 대한 태도 결정의 진정한 원리가 되고 있는 것은 바로 이 잠재적 궤도이다. 이와 같은 차이는 **궤도 경사(pente)의 단순지표(indicateur)** 속에서 밝혀진다. 궤도 경사는 항상 자리에서(동일한 학과에서)의 상대적 조숙함인데, 그 조숙함 자체는 항상 고등사범학교 출신자나 교수자격 소지자의 칭호가 지칭하고 있는 특성들〔소유물〕과 같이 더 빠르고 더 훌륭한 승진 혜택을 주는 특성들〔소유물〕을 갖고 있는 것과 연관되어 있다. 게다가 잠재적인 궤도에 있는 이런 차이점들, 그 자체는 교육 시스템(심지어 궤도 속에서 이런 차이점의 토대를 마련하는 것 같아 보이는 칭호나 소유물에 대해서까지)과 비교해서 완전히 상이한 관계에 대응하고 있다. 예를 들어 교수자격을 갖고 있지 않은 조교나 주임조교들이 교수자격을 폐지하는 데 있어 교수자격을 갖고 있는 사람보다 더 호의적이라면(74% 대 44%), 교수자격 소지자들은 자신들이 맡고 있는 등급에서 더 젊으면 젊을수록 교수자격 폐지에 더 호의적이다(예를 들어 교수자격을 갖고 있는 조교들 중 30세가 안 된 이들은 30세 이상인 이들보다는 교수자격을 폐지하는 것에 더 호의적이다. 그 비율은 48% 대 42%이다. 동일한 차이는 주임조교들의 경우에서도 나타난다).[12] 교수자격을 생각하는 것에 대한 이런 식의 자유는, 교수자격이란 칭호를 소유하는 것이 교수자격과는 독립된 지위 가치를 신입자들에게 약속하고 있다는 점을 안다면 납득될 수 있다. 그렇기 때문에 교수자격시험이나 관련된 교육에 대한 비판자는, 학교 기구에서 자신들의 향상된 지위나 연구에 기울이고 있는 학과에 소속되어 있기 때문에 교수자격에의 기준과는 독립된 가치를 강요할 수 있는 교수자격 소지자들에게서 거의 독점적으로 발견된다.[13] 교수자격을 갖고 있지 않거나, 자신들의 등급에 있어서 나이가 있는 주임조교들은, 특히 대학 관리의 새로운 조직에 있는 자신들을 구제해 주는 길을 기대하고 있다는 것을 동일한 논리에 따라서 이해할 수 있다.

---

12) 이와 같은 통계상의 자료는, 1969년에 실시된 과학 연구 발전을 위한 연구협회의 전국적 조사에서 응답한 것을 분석하여 추출해 낸 것이다. (이 조사에 대해서는 부록 1, 310쪽을 참조할 것.)

예를 들어 35세 이상의 사람들은 새로운 대학 내 조직 권력이 불충분하다고 생각하는 경향이 있는데(그 비율은 62%이다), 이것은 똑같은 연령층의 교수자격을 갖고 있는 주임조교들(21%)보다 더 높게 나타난다(우리는 교수자격을 갖고 있는 것에 따라서——교수자격을 갖고 있는 사람의 비율은 45%이고, 그렇지 않은 경우는 40%이다——30세 이상의 조교에게 있어서 동일한 방향, 그러나 훨씬 더 소수의 차이를 관찰할 수 있다). 1968년 5월 혁명의 위기 때, 우리가 믿을 수 있었고 쓸 수 있었던 것과는 반대로 각 학부를 이분화시켰던 대립은, 연령층의 의미에서 인정된 세대들을 대립시키지 않았으나 **대학적 세대들**(générations universitaires), 다시 말해서 그들이 같은 연령층일 때조차도 여러 다른 대학적 세대의 두 가지 양성 방법에 의해 생산됐던 행위자들을 대립시켰다. 과거 양성 방식의 산출물인 교원들이 나이가 들었거나 지위가 안정되어 있거나 혹은 젊은 사람이든 간에, 아니면 학교에서 확고한 지위를 약속받은 사람이든 간에, 이들 교원들은 학부에서 신임 채용의 수준에서 지켜낼 수 없었던 차이를 후에 승진의 수준에서 유지시키려는 욕심을 갖고 있다. 신임 채용을 하는 방식의 산물을 갖고 있는 사람이 이미 나이가 들었건, 과거의 칭호 방식을 요구했던 최소한의 칭호를 갖고 있던 사람이건, 혹은 젊거나 칭호를 갖고 있지 않은 사람이건 간에 새로운 신임 채용 방식의 산물은 그들로 하여금 학부에 취임하는 것을 희망하게 했던 장점에 도달하려는 승진의 법칙 변경만을 자신들이 기대할 수 있다는 것을 드러내게 했다. 게다가 일상적 실천의 규칙성을 단번에 추출해 내고 있는 법칙이 명시적으로 규정된 법칙이나 의식적으로 적용된 규칙이 전혀 아니었으며, 지원자들이 어느 정도 의식적으로 자신들만의 승진 리듬[속도]을 결정하는 데 협력했다는 것을 우리가 알고 있다면, 그런 **자각**(prise de conscience)은 그 자체로 메커니즘 전체를 정지시키는 속성을 갖고 있으며, 객관적인 변화를

---

13) 더 일반적으로 말해서 이 조사는 다음 사실을 명확히 보여 주고 있다. 그것은 교원들이 특성들[소유물](라틴어나 교수자격, 그랑제콜)에 더 무관심하는 만큼 그들의 실질적 가치는 이런 특성에 덜 의존한다는 것을 보여 주는 것이다. 설령 그런 가치가 이 최초의 특성을 소유하는 덕택에만 취득될 수 있다 할지라도 말이다.

이루게 한다는 것을 이해할 수 있다.

목적 없는 합목적성

행위자 전체의 행동에 내재되어 있는 논리를 분명히 해주고 있는 통계학은, 일련의 이론적 오류와 양자택일적 혹은 동시적 오류를 조장하고 있다. 언어의 자동 운동을 통하여 행동——행동은 미리 사상 그 자체 속에 써넣어지고 있어 보인다——에 대한 기계론적 내지 목적론적 철학이 들어오지 않고서 규칙성에 대한 통계적 확인을 명확하게 말할 수 없다. 얼마나 극단적으로까지 어휘 사용에 세심한 주의를 기울이고, 세상에 대해 "마치……인 것처럼 보인다"라고 기회가 있을 때마다 못박아 두었으나, 독자는 자신의 사고 습관, 특히 정치적인 것에 대한 견해의 습관에 끌려다니게 되어 아무리 해도 다음 사실을, 뜻모를 불가사의한 메커니즘, 그리고 일종의 집단적 음모의 결과로서 나타내는 것이라고 생각해 버리게 된다. 그 차이를 넘어서 어느 학과도(이것은 집단의 목적론적 가설만큼이나 기계론까지도 조장하고 있는 집단적 주체이다) 예전의 신임 채용의 원칙(이것은 명시적 규칙으로서 취급되기도 하는 것이다)에 가능한 만큼 적합한 행위자들, 다시 말해서 고등사범학교 출신자들 (그리고 우수한 순위에 들어간 자들)이며 교수자격 소지자들(그리고 우수한 성적을 받은 사람들에 포함된), 남성(이것은 두말할 나위가 없다)으로서—— 젊고 유능한 사람이라고 하는——이상에 가능한 만큼 적합한 행위자들을 수용했다는 사실이 바로 그것이다. 가장 있을 법한 해석은, 통계에 의해 기록되어 있는 결과를 잘 이해된 이익의 합리적 계산에 토대를 둔 행위들의 집합된 산물로서 이해하는 데 있을 터이며, 더 최악의 해석은 일상적인 논쟁이 '특권적 지식 계급(mandarins)'이라고 부르는 사람들의 행동을 집단적 이익을 방어하려고 의식적이고 조직적인 집단적 전략의 생산물로 생각하는 데 있을 것이다. 그런데도 이런 **음모**(conspiration)가 성립하는 조건의 문제, 예를 들어 사전에 행할 수 있는 협의나 현재 시행되고 있는

'규칙'에 대한 명료한 인식, 새로운 행동 규칙의 명시적인 제정, 그 규칙의 적용을 강제로 하게 하는 계층적 구조라고 할 수 있는 것은 전혀 문제될 바가 없다. 그것은 이런 음모 조건들이 분명하게 필요한 조건을 충족시키지 못했다는 것을 밝혀내게 할 것이다. 이것은 게다가 예를 들어 여성 교수자격 소지자와 나이가 있는 남성 교수자격 소지자——반드시 교수자격을 취득한 것이 오래되지는 않은——를 선택하는 것에 대해 보상적 대리화의 서열이 완벽하게 어떤 엄밀함을 갖지 않음을 증명해 주는 통계가 잘 보여 주고 있는 데서도 나타난다. 하지만 학문적 보고(報告)가 '메커니즘'과 같은 편리한 언어를(예를 들어 신임 채용의 메커니즘에 대해 말하고 있는) 조금이라도 사용하기만 한다면, 우리는 대학 교원 집단을 행위자들의 의식적이거나 무의식적인 온갖 개입과는 무관하게 확인된 규칙성을 산출할 수 있는 기계 장치로서도 생각할 수 있을 것이다. 인구통계학자들과 역사를 자연사로 환원하고자 하는 모든 사람들은 종종 이와 같은 자연 발생적 물리주의에 굴복한다. 이런 자연 발생적 물리주의는 게다가 목적 원인론(finalisme)으로부터 배제된 것은 아니다. 그 자체 행위의 결과를 기록하고 그 행위 결과에서 반응하기 위해 프로그램화된 사이버네틱스의 메커니즘 모델은, 보수적 과학주의가 경탄해하는 균형 회복의 신비로움을 설명하기 위해서는 더할나위없는 이상적 신화와도 같다. 그렇게 해서 우리는 교수 집단을——언어는 유도해 가는 요소들이다——호메오스테시스적인(homéostatique) 신비로운 메커니즘을 통해 자리잡은 유기체로 생각하는 데 빠져들 것이며, 그런 메커니즘은 행위자들의 모든 의식적인 개입과는 무관하게 위협받고 있는 균형을 회복하는 경향을 보이게 될 것이다. 조교들 중에서 교수자격을 소지하고 있는 이들의 비율은, '육체[집단]의 지혜'(캐넌의 저서 제목《신체의 지혜》에 의하면)가 유지하고자 하는 이런 항상적인 유기 요소들 중 하나에서 역할을 수행하고 있다. 하지만 이와 같은 지혜 원리가 위치해 있는가? 이런 행위자들의 무의식적인, 그럼에도 불구하고 집단적 목적에 합치되고, 결정적으로는 개인이나 공동의 이익에 가장 잘 부합하는 이런 행위자들의 행동을 결정하고 방향잡아 주는 것은 엔텔레케이아(entelechiea)

〔아리스토텔레스 철학 및 생기론에 있어서 완전성에 이르는 원리〕이다.

　이러한 일상적 실천의 통계적 규칙성과 이런 규칙성으로부터 밝혀져 나타나는 합목적성의 외양을 설명할 수 있는 것은, 동일 목적——이 경우는 지배자들의 특권의 방어——에 합리적으로 방향을 잡은 행위자들의 모집단을 상정하는 주관적인 목적론에도, 집단 그것이 마치 살아 있는 인간처럼 그것 자체의 목적——이 경우는 교수 단체의 방어—— 을 추구하는 것이라 할 수 있는 객관적 목적론에도 동조하지 않고 그것을 행하는 것, 즉 이 지혜라는 것은 객관적으로 조화롭게 구성된 여러 가지의 아비투스에 의해 생산된 전략의 결합——단순한 기계적 집합에 의해서는 환원될 수 없는——의 생산물을 간파하는 조건이 충족되는 경우에서만이 가능하다.[14] 하지만 인간 정신이란 것은 이런(주관적 목적론과 객관적 목적론) 양자택일에 따른 역사를 아주 심오하게 생각하는 습관이 있어서, 그것을 뛰어넘으려는 모든 시도는 서로서로의 일상적 사고방식을 낮추게 한다는 위험을 무릅쓰며 행하고 있다.[15] 이런 식의 일탈은, 일상적인 언어에 반하는 항상적인 투쟁의 대가에서만 모면되어질 수 있는 만큼 충분히 있을 법한 사실이다. 그리하여 정치가 소중히 여기는 이들 집단의 이름 중 하나를 주어로 쓰이게 하는 것으로 충분한데, 정치

---

　14) 오래전부터 내가 **최악의 기능주의**(fonctionnalisme du pire)라고 부른 것을 고발했기 때문에, 그리고 내가 아비투스의 개념을 사용하여 일부 집단이 얻어내고 있는 객관적 목적론의 외양을 설명하게 할 방법을 제공했기 때문에, 나는 '사회학주의(sociologisme)'나 '전체주의적 현실주의(réalisme totalitaire)' '초기능주의(hyperfonctionnalisme)'와 같은 표시——이와 같은 표시는 때로는 나 자신에게 붙여져 있던 것이다——에서 어느 정도 인정하고 있다고 말하는 것이 필요하단 말인가? (F. Bourricaud, 사회학 만능주의에 대항해서: 비판과 명제들(Contre le sociologisme: une critique et des propositions), 《Revue française de sociologie》, 16, 1975, supplément, 583~603쪽과 R. Boudon, 《역효과와 사회적 질서 Effets pervers et ordre social》, Paris, PUF, 1977.)

　15) 예를 들어 다음과 같이 말하고 있는 나의 저서(결국에는 매우 이해할 만한) 서평에 대해 생각해 보자: "이와 같은 〔언어상의〕 능력은 고상함에서나 권력에서 보상되는 자본과 흡사하다. 그런 능력을 소유하고 있는 사람들은 우리가 시장을 살려내는 것과도 같이 그런 능력을 수호하고, 언어상의 자본이 불균등하게 배분되어지는 것에 주의를 한다. 일상적으로 말하는 것을 뛰어넘어 단지 쓰여질 수 있거나 출판될 수 있으며, 예를 들어 인용될 수만 있고 접근하기가 용이하지 않은 학식풍의 언어가 지배하는 것은 중요하다."

는 그들 고유의 목적을("인민이 요구하고 있다⋯⋯") 제기할 수 있고 실현시킬 수 있는 역사적 주체로 지칭된 '실체(réalités)'를 구성하게 해준다. 이와 같은 사회적 신인동형론(神人同形論)이 내포하고 있는 객관적 목적론은, 일종의 자연 발생적 인격주의──그것 또한 일상적인 언어의 주어(sujets)로 쓰이는 문장에 각인되어 있는──와 아주 잘 공존한다. 공상속의 소설에서와 같이 일상적 언어는 개인적이거나 집단적인 역사를 결정적 연쇄 행동으로서 보게 해주고 있다. 그리하여 사회학자는 쓰기의 문제에 직면해 있음을 알 수 있는데, 그 문제는 빅토르 위고의 작품《93년》이나, 특히 플로베르와 같은 소설가들이 제기했던 문제와 아주 유사한 것이다. 이 소설가들이 '주인공들'의 특권적 시점 ──워털루에서의 파브리스──과 단절하고자 했었던 때인데, 미셸 뷔토르가 말하고 있듯이 그것은 "전장(戰場)에서 지원을 한 무수히 많은 개인들의 움직임과 인상을 연역해 낼 수 있다는 목적으로 그 전장"을 환기시키기 위한 것이며, 더 일반적으로는 "개인들이 눈곱만큼의 줄밥처럼 이끌어 갔었던 역사적 영역을 밝히기" 위한 것이다.[16) 행위자들을 힘의 영역 내에 투입된 단순한 단자로 환원시키려는 기계론적 시각에서 벗어나게 할 필요가 있다. 그런 힘의 영역은 제약이라는 한계 내에서 자신들이 선호하고 있는 것을 실현시키려고 애쓰는 합리적 주체를 재도입하면서가 아니라, 생물학적으로 개별화되어 있다 할지라도 개인을 초월하고 있는 성향을 부여받은 사회화된 행위자들을 재도입하면서 이루어진다. 사회화된 행위자들은 개인을 초월하고 있는 성향을 부여받으면서 결과적으로는 객관적으로 조직 편성되고, 어느 정도는 객관적 요구에 적합한 실천, 다시 말해서 개별적 성향만큼이나 영역의 구조적 힘에 환원시킬 수 없는 실천을 산출하게 된다.

학자적인 자세는 대개의 경우 모든 계산을 배제한 채, 아니면 명시적으로 규정된 기준 없이 조작되고 있는 실천의 '선택' 논리를 무시하도록 한다.[17) '지도 교수'에게 어떻게 해서 그가 자신의 조교를 선택했는지를

---

16) M. Butor, 《일람표 *Répertoire*》, II, Éd. de Minuit, 1964년, 214쪽과 228쪽.

요구하는 것은, 그가 어떤 기준에 따라 자신의 부인을 선택했는지를 요구하는 것 이상의 많은 의미는 없을 것이다.[18] 이것은 서로서로의 경우에 실천적 선별 원리나 지각과 평가의 도식을 끌어넣었다는 것을 의미하지는 않는다. 그렇게 끌어넣어서 누적된 결과는 회원 자신에 의해 신회원을 선거하는 방식의 실천 전체로부터 단번에 통계가 추출되는데, 그것은 어떠한 우연성도 갖고 있지 않다. 교수 단체의 집단적이며 조직화된 일종의 방어로서 나타날 수 있는 것은, 독립적인데도 불구하고 조직 편성이 잘되어 있는 재생산 전략의 무수히 많은 집합적 결과 이외의 다른 어떤 것이 아니다. 재생산 전략에 대해 행하고 있는 무수히 많은 행동은, 지배자의 아비투스라 할 수 있는 일종의 사회적 자기 보존의 산물이기 때문에 결과적으로는 집단의 보존에 기여한다.

사회학적 분석을 하는 데 있어서 무의식적으로, 그러므로 무질서라고 할 수 있는 데에 흔히 끌어들이고 있는 여러 가지의 행위철학이 순수하게 혹은 단순하게 사실들과 양립불가능하다는 것을 납득시키기 위해서는──전통적인 양자택일에 대한 진정한 도전이라 할 수 있는──현실 작용의 기술(記述)로 향해 가는 이행 과정으로서, 종래에 운행되어 왔던 방식의 위기에 의해 야기됐던 개인과 집단의 행위가 하고 있는 이런 목적 지향적 비전에 대한 실험적 반박을 첨가하는 것으로 충분할 터이다. 우리가 잘 알고 있다시피 실제로 1968년의 위기는 교수들의 집단 행동의 논리에 엄청난 변화를 겪게 했었다. 그런 변화는 '엘리트'의 연대에 의해 착상을 얻은 사람들이 하는 행동의 자연 발생적인 조직 편성 전체 대신에, **현상**(現狀, statu quo) 유지 쪽으로 단호하게 방향을 잡아가는 행

---

17) 학문적 자세에 내재되어 있는 이와 같은 오류는, 과학적 조사가 인위적 상황에서 분류의 행위와 사용되어진 기준을 이해하려고 애쓸 때 배가되었다.

18) "누가 당신에게 고등 교육에 취직할 것을 제의했는가? 이것은 마찬가지로 상세한 방식으로 밝혀질 수 있는 것이 아니다. 내가 고등사범학교 학생이었을 때, 부글레(Bouglé) 씨가 고등사범학교 교장이었다. 그는 내게 호감을 갖고 있었고, 내게 박사 논문을 쓸 것을 제의했다. 그렇게 해서 나는 고등사범학교에서 조교로 3년 동안을 교장 옆에서 근무할 것을 권유받게 되었다. 이것이 지도의 시작이었다. 그 당시 고등사범학교에 취직한다는 것은 어려운 일이었다."(철학 교수, 1972년)

동과 예정된 행동을 대체하면서 이루어져 간다. 통상적인 질서를 지배하는 지배자들의 관점에서 볼 때, 분명 대학의 통상적 질서가 자명해 보였던 것에 대해 이의 제기를 하게 만들었던 반동적 동원은 아비투스의 유사성이나 공통의 기억, 고등사범학교의 우정에 기반을 둔 인맥에 토대를 둔 확산되고 파악할 수 없는 결탁 관계를 질서 유지와 재건 쪽으로 방향을 잡아가는 조직으로, 즉 '자치조합'에 기반을 둔 적극적이며 제도화된 연대로 변모시키려는 경향이 있었다.[19] 그때부터 구질서를 만들었던 모든 것, 동일한 세계에 살고 있는 사람들간에 절실히 요구되고 있는 자유와 명백하지 않은 공모, 동일한 가족들의 세대간에 반드시 지켜야만 하는 공손한 친밀감과 같은 것들은 폐기되어 버린다. 너무도 분명해서 누구도 옹호하려고 생각하지 않을 사람을 옹호하는 문제와 관련되기 때문에 우리는 새로운 인물이 등장하는 것을 볼 수 있다. 그들은 대개의 경우 '집행 기관의 인물'이나 대립하고 있는 진영에서 전향한 사람들이며, 두번째 역할은 어쨌든 옛 지배자들이 일선에서 은퇴하는 것에 의해 전면에 나타나는 것에서 나타나고 있다. 집행 기관에 결부되어 있는 정치화나 전문화 덕택에 이들 익명의 대변자들은 흔히 과거 권위자들로부터 약간은 경멸시되었던 사람들이라 할 수 있는데, 그들은 사람들이 말하고 있는 것처럼 '실권을 맡게' 되었다. 이들은 이전 상태에서 목적 자체로는 제기되지 않는다는 조건에서만 도달할 수 있었던 목적(fins)을 목표(objectifs)로 부여해 주면서, 그때까지는 고등사범학교의 명성을 변조할 수 없는 루머나 말로 표현할 수 없는 유지 지표를 통해서만이 습득되어졌던 특성들[소유물]과 칭호의 명시적인 입회 조건을 법적으로 구성하고 있으면서, 동업조합에서는 최고 클럽——입회하는 것을 옹호하지는 말아야 하는——의 변화로부터 모든 결과와 이득을 추려냈다. 게다가 이런 사실로부터 자신들이 투쟁해야 할 것을 주장했던 논리까지도 강화시

---

19) 전국고등교육교원조합(SNES)이나 전국교원조합(SGEN)에 진보주의의 명칭을 그렇다고 해서 부여하지 않고, 자치조합의 보수적 경향을 인식할 수 있다. 이 모든 분석은 결과적으로는 이와 같이 드러나 있는 대립을 은폐시키고 있는 것을 나타나게 한다.

키는 데 공헌하였다. 그것은 자유에 대한 외견상의 불일치를 축소하고, 공통의 가치에 대한 공모 없이 합의를 숨기고 있는 보스들간에 있는 모순이나 대립·경합을 축소시키려는 노력을 하면서, 또한 하위직에 있는 교원들에 의해 지배되고 있는 조합의 통일전선에 대립하여 경영자조합의 통일전선을 대립시키려고 애쓰면서 이루어졌다. 간단히 말해서 아비투스의 자연 발생적 조직 편성이라는 거의 일관된 결과였던 것에 방어라는 측면의 일관성을 부여해 주면서 이루어진 것이다. 이런 것을 통해 그들은 교원들의 카테고리간에 있는 단절을 강화시켰는데, 이 단절이야말로 그들이 대항하고 있어야 할 것을 의미하는 이의 신청의 원인일 수밖에 없다. 또한 특별히 그들은 구질서의 주요한 기반 중의 하나였던 간과(méconnaissance)에, 혹은 우리가 신념이라고 부르기를 더 선호한다면 파괴에 공헌하였다. 애매한 것의 사회적 기능이 있으며, 그리고 세계의 클럽에서 보면 알 수 있듯이 대략 기준이 되고 있는 것들 중에서 가장 난공불락한 것들은 정의내리기가 가장 어려운 기준이다.[20]

시간적 질서

교원 단체를 이분화했던 위기는 신념의 위기이다. 경우에 따라 이런 이분화의 신분적 장벽은 승인을 전제로 하고 있는 신성한 경계선과도 같다. 게다가 우리는 위기가 결별하고자 하는——이런 결별조차도 이해시키고 있는——과거의 공통된 의견적(doxique) 질서를 그 위기의 진리 속에서 이해하지 못하고서 위기를 이해할 수는 없는 일이다. 기구의 기본 운행 상태와 위기적 상태, 이 두 가지 상태를 끊임없이 서로 옮아가면서 맺어지는 관계에서 기본 운행 상태의 실질적 분석 장치로서 기능하고 있는 위기적 상태와는 다르게 위의 두 가지 상태를 기술한다는 것은 실질적으로 가능하지가 않다. 종래에 해왔던 신임 채용 방식은 예

---

20) P. Bourdieu, 《디스탱숑 *La Distinction*》, *op. cit.*, 182쪽을 참조할 것.

상되었던 회원 자신에 의해 신회원을 선출하는 형태와도 같았다. 그런 선출 형태를 통하여 선임자는 하위 신분(주임조교라는 지위의 형태하에 이후로 제도화되었던)에서 평생을 헌신하는 아랫사람을 선택하지 않고, 언젠가는 자신을 계승하는 것을 청할 수 있는 잠정적 동료라 할 수 있는 사람들을 택하였다. 바로 그런 이유로 해서 자리에 취임하는 조건의 정의나 선별 기준에 대한 암암리한 수용에 신임 채용 방식은 그 토대를 두고 있다. 그런 선별 기준이 '엘리트'의 선출과 관계되는 것에 상응하기 때문에 암암리한 양식에 관해서만 기능할 수 있는 만큼 더한층 강력한 강제력을 띠게 되었다. 신임 채용 방식은 직무 취임의 최소한의 조건, 다시 말해서 소극적인 조건에 대한 최소한의 협의나, 더 정확히 말해서 피선거 자격자들의 모집단의 한계에 대한 최소한의 교감 이상의 그 어떤 것도 가정하지 않았다. 그 이유는 개개인이 자신만이 갖고 있는 가치와 자신의 동료들이 갖고 있던 가치 원칙에 있었던 기준 가치를 허락하는데 동의하였기 때문인데, 이것은 공공연히 말할 필요조차 없는 것이다. 예를 들어 고등사범학교 출신이 아닌 사람이 흔히 고등사범학교 출신자로 행동하면서 자신을 나타내려는 것을 증명해 주는 고등사범학교 출신이라는 칭호가 그런 경우이다. 다른 교수들이 이런 기준에 복종하는 한 그들 교수들의 선택에 대해 어느 누구도 거부하거나 이의 제기할 생각을 하지 못한다. 그렇기 때문에 교원 단체의 공시적이며 통시적인 균일성은 아비투스의 일치에 기준을 두고 있다. 이 아비투스는 동일한 선발과 양성 조건의 생산물인데, 그것은 객관적으로는 일치된 일상 실천과 객관적으로 일치된 선별 행동을 산출해 낸다.

대학적 서열의 위기가 교수나 주임조교들 간의 대립쯤에서 명확해졌다면, 그 이유는 주임조교, 특히 신임 채용 방식의 전형적 산물이라는 범위에 있는 주임조교 중 가장 나이가 많은 사람이 조교, 특히 젊거나 선취를 하고 있는 일종의 교수나 강사 이상으로 자신들이 채용되는 데에 포함된 약속과 변하지 않은 승진 과정에 의해 현실적으로 보장된 장래의 일간에 있는 모순을 전면적으로 통감하게 되었기 때문이다. 구제도의 상태에서 조교들은 정교수보다 그 수가 적은데다 대다수가 항상 교수자격을 소지하고 있었으며, 종종은 고등사범학교 출신자들이었다. 이들 조교들은 연령에 의해서만, 다시 말해서 시간의 지속성에 의해서나 모든 다른 점에서 가능한 만큼 그다지 차이가 없는 교수들에 의해서만이 차이가 있었다. 그들 교수와 조교의 차이는, 단순한 재생산에 토대를 둔 모든 사회적 질서 속에서 세대를 분리시키고 있는 차이와 같이 무가치하면서도 동시에 절대적인 차이를 나타내 주고 있다. 무가치한 이유는, 이후에 있는 승진이 어느 정도는 완전하게 예측할 수 있기 때문이다. 그것은 모든 학교적 수행이 직업상의 능력[권한]을 경쟁시험의 논리 속에서 해석하는 습관이 있었던 행위자들로 하여금, 실제로는 미세한 차이에 의해서만 차이가 있었던 궤도와는 비교할 수 없는 것으로서 체험하도록 했다. 또한 정교수의 수가 안정되어 있기 때문에 한 사람의 대학인의 생활주기가 완성에 도달하기 위해서는 조금 더 한 사람의 대학인 생애 주기가 최종 지점에 도달했다는 것을 기대해야만 했고, 또한 그렇게 기대하기에 충분했던 것이기 때문에 무가치한 것이었다. 그 결과 조교들이 교수들의 요구에 대립하여 부문별 요청을 독립적으로 인식할 수 있다는 것은, 짐작컨대 생각지도 못할 일이다. 그렇지만 동시에 상이한 등급의 위치를 점하고 있는 사람들을 분리시켰던 비압축성 시간의 간격은, 그들간에 존재하는 뛰어넘을 수 없는 거리를 만들어 냈다. 교수나 조교들은 대학인의 생활 주기와 동일한 존재이며, 그들은 동일한 자리나 동일한 직무, 동일한 권력에 대해 경쟁 상태로 임할 수가 없다.

대학의 고상함이란 칭호까지도, 다시 말해 동일한 본질까지도 부여받았던 젊거나 나이가 든 사람들은 오로지 본질이 되는 것과는 상이한 달성의 정도에 이르게 되었다. 경력이라는 것은 본질이 실현되기 위해 기대해야만 하는 시간일 따름이다. 조교는 약속을 하는 사람이며, 교수는 현실화된 약속이다. 교수는 약속을 현실화했던 것을 증명해 보였다.[21] 이 모든 것은 예상치 못한 세계를 생산해 내는 데 협력하고, 고참들이 평가절하시키고 신용을 떨어뜨리게 했던 다른 가치, 다른 이해, 다른 기준과 관계하여 이 모든 것들을 도입할 수 있는 개인들을 배제시키는 데 협력하고 있다. 노블레스 오블리주(Noblesse oblige)[지위가 높으면 덕도 높아야 한다). 지위가 높은 사람은 계승하려는 권리와 계승자의 의무라는 동일한 운동을 동시에 확립한다. 지위가 높은 사람은 많은 열망을 고취시키고, 그 열망에 한계를 부여한다. 지위가 높은 사람은 젊은 사람들에게 하나의 **보증(assurance)**을 부여해 주는데, 이 보증은 협약된 보증에 따라서 존재하기 때문에 인내나 격차의 승인, 따라서 연장자들의 안전을 내포하고 있다. 그리고 조교들이 만족하게 여겨서 아주 오랫동안, 그리고 일이 잘 되어갈 연령이 될 때까지 어떤 것도 갖지 않고서 서열——거기에서 중간적인 등급은 게다가 상당히 희귀하며, 설령 있다고 하더라도 최상의 지위에 따라다니는 속성들이 없으며, 단지 부정적으로만 정의되었다——중에서 하위직의 지위만을 차지한다는 사실을 받아들일 수 있는 것은, 조교들이 모두를 한번에 소유하도록 되어 있는 것, 조교라는 자리의 불완전함에서 교수라는 자리의 풍만함으로의 이행 기간도 없이 옮아가는 것, 그것과 동시에 어떤 것도 가지지 않은 유산 상속인의 카테고리에서 적당한 칭호를 가진 사람의 카테고리로 옮기는 것이 보증되고 있다라는 이유에 의해 단지 받아들일 수 있게 된다. 세습재산에 집착하여 만족감을 느끼는 확신이 고귀한 가문의(혹은 어떤 전통에서는 농민의 가문일 수도 있는) 장자들로 하여금 연장된 미성년자 신분에서의 희생과 종속을 수용할 수 있도록 하는 것과 마찬가지로, 지명된 유산 상속인에 대한 보증은 역설적으로 교수 자리에 지원하는 사람들이 장기간에 걸쳐 복종심을 갖게 하는 근원이 되고 있다. 그리고 우리가 박사 논문의 경우에서 볼 수 있듯이 승진의 규칙적인 속도를 조절하게 하는 제도상의 제약들은, 그런 제약을 받아들이는 사람들의 공범성과 더불어서만이 작동한다.[22]

국가박사 논문은 이미 우리가 살펴보았듯이 교수들로 하여금 계승을 열망하는 지원자들에 대해 지속적인 통제를 행할 수 있게 해준다. 국가

---

21) 이것은 문학부에서 권력에 관한 조사를 한 것에서 잘 나타나고 있다. 이 조사가 설정하고 있는(제3장을 참조할 것) 여러 다른 권력 분포는 연령에 긴밀하게 결부되어 있다(그것은 최소한의 권력 소유에 의해 정의된 집단에 적용하며, 현실의 권력자와 잠재적인 권력자를 대립시키기 때문에 이해되는 것이다). 젊은이들은 권력의 요소(고등사범학교 등과 같은 것)를 갖고 있기는 하지만, 모든 권력의 속성과 이익을 아직은 갖고 있지 않다.

박사 논문은 회원 자신에 의해 신회원을 선거하는 작업을 항상 내포하고 있는 시험을 장기간에 걸쳐 연장할 수 있는 방법을 제공해 주고 있으며, 이 논문은 동시에 계승을 열망하는 지원자들에게 지속적으로 유지하게끔 해주고 있다. 그렇게 해서 계승을 열망하는 지원자들은 종속적 지위에서(논쟁이나 비판을 배제하면서나, 심사 이전에 하는 논문 출판을 금하는 규칙을 이용하여 경합을 배제한 채) 유지될 수 있었다. 대학적 세대간에 있는 시간적 격차(20년이나 25년 사이)는 계승 질서를 잘 보존하기 위한 조건이기 때문에, 논문을 준비하는 기간의 지속은 이런 격차가 유지되도록 하기 위해 10년이나 15년 사이에서(덧붙여서 조교수나 지방대학 교수의 위치에서 10년에서 15년을 유임해야 한다) 위치해 있어야만 한다. 게다가 논문 작성에 필요한 연구 기간을 결정하고, 그것을 통해 연구 자체의 성격이나 연구의 양, 야심을 결정하는 교수 단체의 순조로운 재생산의 제도적 필요성이라는 것을——이것과 반대로 생각하는 것보다는——생각한다는 것은 확실히 과도하지는 않다.[23] 제도의 구속이 연구 작

---

22) 이 모든 효과는 확실히 지방에 있는 작은 학부에서 배가되고 있었다. 이곳에서는 교원수가 얼마 되지 않기 때문에 대학 교원 집단 B의 교원수는 종종 정교수와 동일한 교육상의 직무를 담당하였으며(교수자격시험에 대한 강의나 CAPES(중등교육교원적성증)에 대한 강의, 석사 논문 지도), 이런 양면성을 해결하는 것이 아니라 선취된 형태로 교수직에 동일화시키려는 경향을 강하게 띠고 있다. 일반적으로 파리와 지방 간의 대립보다는(분석된 이 2개의 모집단은 엄밀하게 말해서는 파리지앵이다) 영역의 다른 이분화 원리를 더 세밀히 분석할 필요가 있을 것이다. 몇 가지 예외적인 경우를 제외하고 도시권의 서열이 대략 학부의 암묵적인 서열에 일치한다 할지라도 지방 사회에 소속되어 있다는 것은 무시할 수 없는 특수한 권력의 근원에 있을 수가 있는 것이고, 각각의 지방 학부는 국가적인 혹은 국제적인 규모에서는 알려지지 않거나 무시되었다 할지라도 지방 권력의 결정 기관(계획을 꾸려 나가는 기관이나 지방위원회 · 시당국)에 참여하고 있는 **대학의 유명 인사들**(notables universitaires)을 보유하고 있다.

23) "당신은 당신의 박사 논문을 조금 더 일찍 제출해야 할 거라고 생각하십니까? 그것은 승진의 관점에서 보면 불가능할 것입니다……. 논문의 성숙도에서 보면[…]. 아닙니다, 나는 그것이 잘될 수 있다고 생각합니다."(역사학 교수, 1972년) 게다가 질문을 받은 대부분의 교수들은 이 질문에 부정적으로 대답하고 있다. 심지어 그들이 **통상의 기간**으로 간주됐던 것을 넘어서 위치해 있는데도 부정적이다(예를 들어 어떤 문학부 교수들은 자신들의 논문을 준비하는 데 14년을 할애했는데, 그들은 논문 심사와 논문 출판에 너무도 긴 시간이 걸리는 것에 대해서만 불만스러워하면서 그 기간을 할애했다).

업과 논문의 내적 필요성으로서 체험되었다는 사실은 오인과 신념 효과의 일부가 된다 할 수 있는데, 그런 효과는 제도상의 필요성을 완성하는 데 기여한다. 논문 그 자체에 대한 이와 같은 투자는 논문 지원자가 이미 대학인으로서 더욱 성별화되었다고 느끼면 느낄수록, 그러므로 더욱 우수하다고 느끼게 되면 될수록 더 엄청나게 되고, 논문 지도 교수의 정돈 명령과 주의에 의해 강화될 수 있다. 이런 투자는 또한 박사 칭호를 취득한 사람 중에서 가장 성별화된 조숙함(조기에 논문을 제출하거나 승진을 하는 경우를 말한다)에 이르게 되는 성향의 효과를 보상해 주는 경향이 있다.

(출세주의적 성급함과는 대조적으로) 정통적인 조숙함(조기 승진)은 원칙을 확충시켜 주는 예외이며, 승진의 실제적 논리를 오인하는 데 기여한다. 그런 조숙함이 대개의 경우 지도 교수의 개입에 결부된다면, 그것은 확실히 우연적이지는 않다. 그 지도 교수가 특정한 형태를 갖고 있지 않고 행동하는 것은, 마찬가지로 공통의 논리를 은폐시키는 경향을 보이는 것이다. 이 모든 것은 교수들이 학문적으로 더 우수하면 우수할수록——다시 말해서 자신들의 권위를 유지하기 위해 확실히 신분상의 격차에 더 의존하지 않는——초조함을 억제하는 데 있어 더욱 통상적 성향으로부터 벗어난다는 것을 실제로 보여 주는 듯하다. 우리는 교수들의(1920년대 철학 교수자격시험에 수석으로 합격했던 고등사범학교 출신자) 이런 증언을 통해서 그것을 엿볼 수가 있다: "아닙니다. 나는 더 일찍 [박사 논문 심사를] 통과할 수 없었습니다. 왜냐하면 나는 이미 논문을 아주 일찍 통과했기 때문입니다." 그리고 이 시기에 질송이나 브룅슈뷔크와 같은 이들은 나에게 다음과 같이 말해 주었기 때문입니다: "당신 논문을 당신 인생의 걸작으로 생각지 마세요. 젊었을 때 박사 논문을 통과해야만 합니다. 그것이 연구자로서의 첫 작업이거든요." [⋯] 그것은 질송과 (질송보다 훨씬 나이가 많았던) 브룅슈뷔크가 사람들에게 말한 것과 같이, 사람들의 진정한 지적 정책이었다: "당신의 박사 논문을 위해 45년을 기다리지 마세요." 이것이 그들의 생각이었다. 사람들은 "프랑스 박사 학위를 하는 데 너무도 많

은 시간을 보낸다"고 말한다. 하지만 이 시기부터 아주 우수했던 사람들은 당신에게 너무 빨리 해나가지 말 것을 조언했으며, 당신이 인생을 살아가는 동안 하나의 걸작이 될 것이라고 생각지 말도록 조언해 주었다. 마찬가지로 일련의 가속화된 승진 책임자인 메이에(특히 그 중에서도 벤베니스트와 샹트렌의 승진)의 경우를 내세울 수 있을 것이다.

하지만 진정한 조절 장치(régulateur)는, 이와 같은 **정통적 야심에 찬 감각**(sens des ambitions légitimes)(자기 자신에 대한)과는 단지 다른 것에 불과하다. 이런 감각은 지위를 요구하거나, 그런 지위를 얻어내기 위해 필요한 일을 해야 하는 것을 자극하거나 동시에 허가해 주는 것을 스스로 느끼도록 한다. 이와 같이 대학인의 생애에 대한 리듬 감각은, 현실 가능한 경력 구조의 통합 효과(세대 전체나 특별한 특성들〔소유물〕을 부여받은 개별적 개인에 대해)처럼과는 다르게만 이해될 수 있다. 적절하게 사회화된 행위자의 총체(고등사범학교 출신자나 고등사범학교 문과 수험준비 학급의 학생들이 그 중에서 핵심이다)는, 그들 연령층의 행위자들 (대개의 경우 고등사범학교 동기 입학생으로 구성되어 서로간에 인식을 하고 있는 그룹으로 함축되는)의 예측 가능한 일련의 궤도——그것은 의식적으로 말하려는 것이 아니다——를 마치 염두에 둔 것과 같으며, 매순간 자기 자신의 과거의 궤도와 그것이 상정하고 있는 미래의 궤도를 가늠해 볼 수 있고, 대학인의 표준성이라는 기준에 비추어 가늠해 볼 수 있고, 그러므로 자신에게 있을 상대적인 성공과 실패를 평가할 수 있는 것과도 같다.[24]
모든 조교들을 위해 교수의 장래를 제안하고 있었던 단순한 재생산의 순환이 소멸하는 것은, 승진의 시간적 구조와 관계해서 박사 논문 작성에 대한 자동화의 원인이 되기도 하고, 적어도 부분적으로는 그런 자동

---

24) "결과적으로 나는 36세에 교수자격시험을 통과했고, 47세가 되면서 박사 논문을 했기 때문에 10년이란 기간은 국가박사 논문을 하는 데 있어서 일상적인 것이라고 말하고 싶다. 이것은 문학부에서는 일상적으로 있는 일이며, 일반적으로 그 정도는 고려하고 있다. […] 나는 통계를 내지는 않았지만, 그것을 결과적으로는 빨리 할 수 있는 것이 아니다. 내 생각에 10년은 적절한 기간일 것이다."(그리스어 교수, 1972년)

화의 결과이기도 하다. (적어도 외견상으로는) 가능한 궤도에 대한 분포 공간이 전복되는 것은, 그것이 심지어 한정되어 있다 할지라도 정교수 집단의 증가를 결정하는 원인이기도 하고, 다음 사실을 설명하는 데 확실히 공헌하고 있다. 그 사실은 새롭게 채용된 조교들 중에서 대학인으로는 가장 덜 사회화된 사람들은, 내부 승진시험으로서 박사 논문을 취급하면서 훨씬 단기간에, 그러므로 지원자들의 기나긴 인내를 명확하게 요구했었던 관습과 예법과의 절교로 박사 논문 작성하기를 시작한다는 것이다. 하지만 그런 전복은 마찬가지로 다른 사실을 설명해 주고 있다. 해안가에 버려진 해상동물과 같은 식으로, 과거 대학인들의 생활 주기와 같은 리듬에서 박사 논문을 작성할 것을 고집하는 수많은 비공식 칭호(고등사범학교 출신자나 교수자격을 보유하고 있는 이들의 칭호)의 소지자들은 조석의 리듬이라는 테두리 속에서 계속해서 살아가려고 하며, 자신들이 특별히 빨리 승진하지 않을 때는 대학 확대에 따른 이득은 실제로 박탈당했다는 사실이다. 공식적이거나 비공식적인 칭호(국가박사와 같은 칭호의 경우)를 결합해 주고 있는 후보자들의 부족은, 새로운 규칙을 이해하는 데 가장 신속했었던 신참자들로 하여금 새롭게 만들어진 교수직의 상당 부분을 차지하게 해주었다.

균형의 파괴

그리하여 승진 기회의 (한정된) 증가의 결과와 특히 신임 채용의 개혁에 결부되어 있는 행위자들의 성향 변화라는 결과하에서, 계승의 순서를 자명한 것으로서 허용하게 되었던 기대와 현실 가능한 궤도 간에 있는 직접적 일치는 파기되었다. 통합된 시간 구조와 객관적 구조의 일치에 기반을 둔 대학 질서는 두 가지 종류의 도전에 직면하게 되었다. 첫번째는 신참자의 개인적 도전인데, 이 신참자는 예전에 집단에 가입할 때 전제하고 있었던 칭호나 성향이 없는 사람이고, 이들은 그때까지 적절하다고 판단되는 완만함과 신중함을 거부했다. 이것은 새로운 학과에서 특별히 나타나고 있다. 그런 학과에서 과거 신임 채용 기준을 방기하는 일은, 교육상 혹은 학문상의 능력 평가에 대한 새로운 기준 시스템을 구성하는 데 수반되지 않았다. 그 결과 정교수 집단의 증가는, 어떤 다른 학과에서보다도 상승의 단계를 무시할 줄 알고 있었던 규범적 칭호 없는 신참자와 동시에 규범적 칭호를 갖고 있는 사람들에게 이득을 주었다. 여기에서 규범적 칭호가 없는 신참자들은 신입 자격으로서 학문적 요구에 더 합치된 새로운 생산 형태——예를 들어 경험적으로 토대를 두고 수사적이거나 이론적인 전제를 제거한 연구——가 아니라 과거 박사 논문의 간략화와 과소 평가된 형태를 제시해 주며, 반면 규범적 칭호를 갖고 있는 사람들은 전문적인 능력의 취득이나 그것을 취득하려는 성향도 보증해 주지 않는다.[25] 또 다른 도전은 대학적 서열에 대해 공공연하거나 잠재적인 이의 신청이 이루고 있는 집단적 도전이다. 그런 대학의 서열은 본래적으로는 학문적 기준에 따라서 정당화되기가 어렵거나, 근본적으로는 모순적인 원리에 입각해 있다. 조합 운동은 자신들이 정통적으로 원하는 것 속에서 환멸을 느끼고 있었던 사람들 전체 감정에 대한 표현 수단으로 이루어지곤 했으며, 이들은 신임 채용 방식으로 은혜를 입고 있던 사람들과 관련이 있다. 이렇게 은혜를 입은 사람들은, 교원 단체의 증대에 의해 제공된 새로운 가능성을 이용할 줄 모르는 사람들이었으며, 과거 신임 채용 방식에서 마지막으로 채용된 사람들이었다. 이와 같이 마지막으로 채용되었던 사람들은 아비투스의 **히스테리시스**(hysteresis)〔이력(履歷) 현상〕의 희생자이며, 종종은 뒤늦게 계획된 박사 논문 작성을 연

---

25) 아웃사이드에 있는 사람들의 빠른 승진이 자신들의 예외적 성질로 인해 강하게 각인된다면, 그들의 승진은 통계적으로는 전혀 민감하지가 않다. 고등사범학교 출신자나 교수자격 소지자들은 다른 학과 교원들의 카테고리보다 더 빠르게 승진을 한다. 그리고 이런 격차는 사회과학에서 더 두드러지게 나타나는데, 사회과학에서 고등사범학교 출신자들이나 교수자격 소지자들은 다른 학과에서보다 더 뛰어나다. 예를 들어 사회학에서 대학 교원 단체 B에 속해 있는 고등사범학교 출신자 중에서 단지 10%만이 36세이거나 그 이상인 자들인데, 이에 반해서 고등사범학교 출신자가 아니면서 교수자격을 소지하고 있는 사람은 23%, 학사 출신자들은 36%이다. 반면 문학부에서는 대학 교원 단체 B에 속해 있는 고등사범학교 출신자 중 41%가 36세이거나 그 이상이며, 반대로 교수자격 소지자 중에서는 65%와 학사 출신자들은 67%의 점유율을 나타내고 있다.

장하려 한다. 박사 논문은 잘못된 빠른 승진을 무릅쓰고 얻어진 교육직이라는 위치 속에 기재된 책임과 의무에 의해 (시간강사의 경우에) 경쟁되어졌다.

하위 교원 채용 조건의 변화는 조교나 주임조교에게만 있는 이익의 출현과 그 이익의 확인을 야기시켰으며, 동시에 ('자치 조합'을 설립하는 것과 더불어) 교수들의 부문별 이익에 대한 확인을 야기시켰다. 조합의 '투쟁' 논리는, 적어도 공식적인 경우(예를 들어 CNRS에서의 선거나, 학부에 있는 대학자문위원회에서와 같이)에서는 사제 관계와 같은 세습적 관계의 논리로 항상 대치되는 경향이 있다. 이와 같은 세습적 관계는 자유주의(libéralisme)와 **페어 플레이**(fair play)에 의해서 특징짓는데, 그런 자유주의와 페어플레이는 교수들과 조교들이 동일한 채용 방식에서 유래한 것을 마찬가지로 오랫동안 통용했던 것이었다.[26] 어쨌든 교원이라는 신분상의 카테고리(조교 · 주임조교 · 강사 · 교수)간에 있는 대립에 토대를 둔 구분과 통일성은 계층의 투쟁이나 노동쟁의라는 모델에 대해 대개 생각되고 말해진 것인데, 그것은 동일한 지위에서는 예측된 궤도에 따라서 상당한 차이를 은폐하고 있다. 그 결과 중간적 카테고리에 있는 교원들은 유동적인 전략이나 동맹을 지향하게 되었고, 자신들이 지배적 지위에 도달하는 데 있어 적당한 가능성을 갖고 있기 때문에 실천적 파악을 하는 것에 따라서 개인적인 구제나 집단적인 구제 사이에서 균형잡히게 되고, 번갈아 하도록 되었다.

스승과 스승의 위치에서 미리 행해진 동일화의 관계와 정통적 승진의 기준에 동의함이라는 데서 지위를 갖고 있는 사람이나 지원자들의 공범성을 단절시키면서, 신임 채용 기준의 변화는 대학계를 종래에 경력이 갖고 있는 힘과 그 힘의 침범으로 모아진 효과에 자리를 넘겼다. 게다가 우리는 신임 채용과 승진이 교육상 혹은 학문상의 생산성과 유효성의 기준

---

26) **교섭**(bargaining) 형태의 출현이나 카테고리 간에 있는 타협 형태의 출현(교원 단체 A와 교원 단체 B), 혹은 대학자문위원회에서나 CNRS 등에서 조합간의 타협 형태의 출현과 같이 이런 상황이 결정했던 표상과 실천 속에서의 모든 변화를 분석할 필요가 있을 것이다.

에만 의존하고 있는 질서의 실천적 수립을 강요할 수 있는 세력이 어디에서 나타나는지를 알 수가 없다.

5

위기적 순간

"사업이 중단 상태에 있기 때문에 불안감과 배회하려는 생각이 모든 사람을 자신의 집 밖으로 밀어냈다. 자유스러운 복장은 사회적 지위의 차이를 완화시켰고, 증오는 가려졌으며, 희망이 펼쳐졌고, 민중들은 즐거움으로 가득 찼다. 획득된 권리의 오만함이 얼굴에 표출되었다. 사람들은 사육제의 즐거움과, 활발한 태도를 보였다. 하지만 그 어떤 것도 초기의 파리 모습과 같이 재미있는 것이 아니었다."

"배우가 하고 있는 연기는 대중들을 자극했으며, 파괴적 동의가 서로 교차해 갔다.
― 더 이상 아카데미도! 더 이상 학사원도!
― 더 이상의 전도회도!
― 더 이상의 바칼로레아도!
― 대학 학위를 더 낮게!
― 그것들을 보존합시다라고 세네칼은 말하지만, 그것은 일반 투표에 의해 부여되었다. 진정한 유일 판정은 민중에 의해서만이 이루어진다!"

"대중의 이성은 천재지변이 일어난 뒤처럼 불안해졌다. 의식있는 사람들은 자신의 인생 전체에서 백치로 남게 되었다."
귀스타브 플로베르, 《감정 교육》

자료가 전기적 체험의 부분적이면서도 표면적인 것에 제한되어 있지만, 판단하고 설명하려는 야심으로 인해 그 사상적 경향을 드러내고 있는 5월 혁명에 할애된 대부분의 평론은 푸앵카레가 로렌츠의 이론에 대해 언급하였던 것을 생각하게 해준다. "우리가 보았던 설명이 필요하다. 우리는 항상 그 설명을 찾고 있다. 가설이란 것은 가장 적게 실패할 수 있는 자산과도 같다."[1] 사회과학의 전문가들이 형편에 맞춰 가설을 제한 없이 되풀이하려는 시도는, 이들 전문가들이 **사건**이나 위기적 사건에 직면할 때에만 행해지는 것이다. 사회적 세계의 의미가 균형을 잃게 되는 순간은 바로 도전이다. 이 도전은 세계의 의미를 읽어내는 것을 일거리로 삼는 모든 사람들에 대한 단순한 지적 도전인 것만이 아니다. 또한 그 도전은 존재하는 것을 규정하도록 가장하여 그들이 읽는 것에 적합한 것을 존재하도록 요구하고, 그러므로 직접적인 정책을 산출해 내도록 요구한다. 그들이 **즉각** 발언하는 것을 내포하고 있는 것인데, 그것은 심사 숙고하여 발언한 것일 뿐만 아니라 투쟁을 하여 최종적으로 얻어낸 것이다. 사회적 사건의 해석이 제공할 수 있는 정치적 이익은 그 사건의 '현재성'에 긴밀히 의존하고 있다. 다시 말해서 그런 사건이 물질적이거나 상징적인 이해의 대립 쟁점이기 때문에 자신들이 관점을 야기하는(그것은 **현재**에 대한 정의이기까지 하다. 이 현재는 즉각적으로 주어진 것에 결코 완벽하게 환원될 수 없다) 정도에 따라 의존하고 있다. 그 결과 문화적 생산물간에 있는 차이의 대부분 원리는 해당되는 문화적 생산물이 의식

---

1) G. Holton, 《과학적 창조, 주제와 해석 *L'invention scientifique, Themata et inter- prétation*》, trad. P. Scherer, Paris, PUF, 1982, 368쪽에서 인용된 H. Poincaré, 《1900년의 물리학 회의 *Congré de physique de 1900*》, I, 1990, 22를 참조할 것.

5. 위기적 순간 241

적으로 예정해 놓은 것보다 무의식적으로 예정된 시장에 있게 되는데, 그 시장은 제한된 시장이며 대량 생산되는 시장이다. 그런 제한된 시장에서 극단적인 경우 생산자는 고객을 위해서는 자신들의 경쟁 관계에 있는 사람들 전체만을 갖게 된다.[2] 이와 같은 두 종류의 시장은 문화적 생산물(그리고 그것을 만드는 사람)에 대해 물질적이거나 상징적 이익, 다시 말해서 판매의 성공, 독자, 고객층을 보장해 주고, 또한 지속되는 규모만큼이나 중요성에서 극도로 불평등한 사회적 가시성과 명성——신문지상에서 점유되고 있는 지면은 아주 좋은 척도를 이루게 해준다——을 보장해 준다. 평론 쪽으로 후퇴의 위기에 극도로 노출되어 있어 사회과학이 지연되는 이유 중 하나는 순수하게 세속적 성공——현재성의 관심에 결부되어 있는——을 획득하려는 가능성이 우리가 연구 대상의 시간 속에서 멀어져 감에 따라, 다시 말해서 학문적 작업에 투입된 시간이 증대함에 따라서 감소한다는 것이다. 투입된 시간은 생산물의 학문적 충분 조건이 아닐지라도 필요한 조건이다. 연구자는 조명등이 꺼지거나 무대에 있는 것이 모두 치워질 때와 같이 단지 축제가 끝난 이후에서야 다가올 수 있다. 그 연구자들의 생산품[작품]은 어떤 **즉흥**이라는 매력도 더 이상은 갖고 있지 않다. 사건의 즉흥적인 직접성에서부터 출현한 의문에 반하여 구축되고, 문제이기보다는 불가사의한 문제이고, 필연적으로 부분적이고 수정 가능한 분석이기보다는 전체적이며, 결정적인 태도 결정을 요청하는 학문적 규약은 그 의문에 대해서 좋은 양식의 담화라는 훌륭한 명확성을 갖고 있지 않다. 양식의 담화란 항상 단순화하는 것에서 시작하는 것이기 때문에 그것에 있어서 단순하게 있는 것은 어려운 일이 아니다.

직접성과 대등한 즉흥적 주목은 그런 즉흥적인 것이 야기하고 있는 사건과 감정 속에서 흐려지게 되고, 위기적 순간을 고립시킨다. 이런 위기적 순간은 그 자체가 설명으로 둘러싸이면서 전체적으로 구성되어 있고, 그것을 통해 즉흥적 주목은 역사철학을 도입하기까지 한다. 직접성과 대

---

2) 이런 대립에 대해서는 P. Bourdieu의 상징적 자본 시장(Le marché des biens symboliques), 《l'Année sociologique》, vol, 22, 1977년 49-126쪽을 참조할 것.

등한 즉흥적 주목은 역사 속에서, 어떤 의미에서 보면 다른 순간보다도 더 역사적이라 할 만한 특권적 순간이 존재한다는 것을 상정하게 해준다 (혁명을 최종적인 단계 즉 **텔로스**(telos)로, 그리고 절정 즉 **아크메**(acmè)로 묘사하고, 보편적인 그래서 최종적인 계급으로 그들 행위자들——프롤레타리아나 학생 등——을 묘사하고 있는 종말론적이거나 고전적 혹은 현대화된 견해 속에서 개별적인 경우를 볼 수 있다). 반대로 학문적 의도는 통상적인 일련의 사건 속에서 보통 이상의 사건을 위치시키려는 목표를 갖고 있다. 그 사건 내부에서 일상적인 사건은 설명된다. 이것은 그 다음 역사적 연속의 특정 순간이 존재한다는 것에 대해 그 특이성을 어떻게 존재하게 하는지를 묻기 위한 것이다. 그것은 우리가 마치 **임계**(臨界) 현상과 더불어 통상적 사건의 계속되는 첨가가 특이한 순간이나 비상한 순간으로 이르게 하는 질적인 비약을 보는 것과도 같다.

1968년 5월 혁명과 같은 위기——그리고 확실히 모든 위기——, 특유의 필요성에 사로잡혀 여러 영역 속에서 뜻밖에 도래된 사건들과는 부분적으로 독립된 일련의 교차는, 이전에 했던 것과 관련하여 분명한 단절을 도입하고 있다. 그것은 선행된 일련의 사건 속에서 그런 위기를 대체하면서만이 이해할 수 있는데도 불구하고 도입되고 있는 실정이다. 전반적 위기로 바뀌어 가고 있는 대학의 위기는, 대학계 내부와 외부에서 위기에 대한 차등적 확대 조건의 문제를 제기한다. 재생산 양식의 위기(학교적인 차원에서 볼 때)가 그렇게 해서 전반적 위기의 근원에 있을 수 있다는 것을 설명하기 위해서는, 교육 제도가 사회적 재생산에 기여하는 중대한 공헌을 점점 더 알기 때문에, 또한 그 결과로 학교 제도에 대해 학교적 투쟁의 쟁점물이 점점 더 논의된다는 것을 알기 때문에[3] 교육 제도가 산출했던 사회적 효과를 설명해 줄 수 있는 모델을 제시할 필요가 있다. 그 효과 중에서 가장 눈에 띄는 것은 반항에 대해 일종의 집단적 성향을 생성하고 있는 **구조적 계급 탈락**이다. 하지만 **적절한**(ad hoc) 가설을 사용하지 않고, 위기의 구조적 조건이라는 분석의 기반 위에서 대학 공간, 그 다음에는 위기 출현이 나타냈었던 사회적 공간의 여러 지역에서 위기 출현의 논리를 이해하도록 해주는 모델은 마찬가지로 구조의 **위기적 상태**인 대학계의 아주 명확하게 한정된 지역에서 어떻게 설립되었는지를 이해하게 해준단 말인가? 개별적 세계에서 위기적 긴장감의 근원에 있다 할 수 있는 구조적 요소들은, 비상한 사건의 출현에 호의적인 위기 상황을 산출할 수 있는 가능성이 최고조에 달하게 되는데, 이런 경우는 최대 강도가 다다르게 되는 여러 잔재적 위기의 결과가 **동시 발생**(coïncidence)으로 실현되는 경우에서 볼 수 있는 것이다. 비상한 사건의 행할 수 있는 정상적인 운행은 있을 수 없는 일이고, 적어도 '예외적'이며 '우발적인' 사건이어서 사회의 효력이나 의미가 없는 사건이라 할 수 있다. 국부적인 위기의 동시 발생에 대해 책임을 져야 하며, 그것을 통해 공시화된 위기의 통합 ——단순한 합계가 아니다——으로서 전반적인 위기의 동시 발생에 대해 책임을 져야 하는 특수한 원인은 무엇이고, 다른 영역에서 정돈된 것으로서 전반적인 위기 상황과, 획기적인 일이 되는 것으로서 역사적 사건을 정의하고 있는 다른 영역에 있는 이런 **공시화**(synchronisation)에 있는 고유한 효과는 무엇이란 말인가? 역설적으로 위기적 상황을 그 자체로 '예측할 수 없는 새로운 것의 창조'나, 적어도 새로움의 가능성에 대한 분출, 요약해 말해서 모든 미래가 가능하

---

3) 교육 시스템은 증가하고 있는 일정 부분의 위치를 점하려는 권리를 재분배하려는 공식적 도구가 되고자 하는 경향을 보이기 때문에, 그리고 그런 교육 시스템은 계급 관계의 구조를 그 구조 속에서 위치를 점하고 있는 사람들의 (사회적) 양과 질의 유지와 변화를 개입시킴으로써 그런 계급 관계의 구조를 유지하거나 변화시키고 있는 주된 도구 중 하나가 되고자 하는 경향이 있기 때문에, 개인적이며 집단적인 행위자들(학부형들의 연합체나 관공서 직원, 기업주 등)은 교육 시스템이 기능하는 것에 관심을 갖고, 그것을 변화시키는 것을 주장하는 일에 대해 관심을 갖는다. 왜냐하면 그들은 그런 교육 시스템으로부터 자신들의 이익에 관한 만족할 만한 것을 기대하고, 교육 시스템이 변화하는 것을 열망하는 수는 증가하는 경향을 보이기 때문이다. 이런 일련의 과정들에 대한 지표는 중산 계급에 있는 학부형들의 연합체가 확장되는 것에서 볼 수 있으며, 새로운 형태의 가족적 연합체를 창설하는 행위는 경영자나 전문 지식을 갖춘 고위 관리직, 교원들을 규합시키면서——캉·아미앵·오를레앙의 토론회를 조직하고 있는 사람들과 같은 집단——특수한 압력 집단의 출현 중에서 우선적으로 교육 시스템 쪽으로 향하고 있다(그리고 부수적으로 신문에서 교육 문제에 유보되어 있는 위치와——오늘날 이런 신문은 연합체로 결집된 1명 혹은 여러 명의 '전문가들'을 모두 포함시키고 있다——혹은 여론 조사의 이런 질문에 할애하고 있는 부분적 질문들이 있다).

게 보이고, 부분적으로 이런 척도 자체에서는 그렇게 보일 수도 있는 것으로서 정의하고 있는 바를 이해할 수 있는 위기적 순간을 다시 삽입한다는 조건에서 확실하게 이루어진다. 또한 어떤 의미에서는 위기적 순간의 독자성을 만들고 있는 것을 무효화시키면서, 이해 가능성의 원리를 있게 하는 연쇄 속에서 위기적 순간을 다시 삽입한다는 조건에서만 확실히 이루어진다.[4]

우리가 이론적인 문제라고 할 수 있는 이 모든 문제들은 역사적 문제로서 고찰되어져야만 한다. 그것은 헤겔이 《정신현상학》 서문에서 지적하고 있듯이, 개념에 의한 '중단'을 받아들이지 못하는 단순한 묘사와 실질적 현실의 침입을 더 이상 감당하지 못하는 순수한 '추론' 사이에서 사회적으로 확립된 구분 효과를 중화시키려 애쓰는 것을 전제로 하고 있다. 하지만 우리는 학문적 작업의 비전과 구분이 가장 잘 확립되어 있는 원리들을 의문시할 수가 없는데, 이런 단절의 노력에서 생겨난 작품이 이해되지 않고 간과된다는 위험을 무릅쓰지 않고서는 의문시할 수 없다. 이론의 요구와 경험의 요구에 결핍되어 있어 보이는 것을 드러내지 않고 동시에 탐구하는 데 가장 확실한 지식을 이해하려는 것의 배후에 있는 바를 드러내지 않고서는 의문시할 수 없는 일이다. 그런 것들은 학생의 (권력이나 정치 등에 대한) 소논문의 테마가 되는 경우 이외에는 이론적 문제를 인정하는 기술을 모르는 사람이고, 또한 노력 그 자체에 대해서 불신의 생각을 품고 있다든지, 침묵을 지키고 있다든지 하는 사람들이다. 이 노력이라는 것은 역사적 기술이 전개해서 생긴 사건들의 연쇄를

---

4) 이와 같은 고찰과 의문은 모든 위기(혹은 혁명)로 확대될 수 있는 것 같아 보인다. 여러 영역의 논리를 그 자체로는 이해하지 못해서 어떤 점에서는 혁명적인 사건의 통일성을 명백한 것으로서 부여하지 못하게 되거나, 반대로 어떤 점에서는 여러 국부적 위기를 각기 다른 동기에 의해 작동하여 각기 다른 그룹에 대응하는(귀족의 혁명이나 의회 혁명·농민 혁명 등) 연속적 순간으로서 취급하거나, 개별적 설명의 한계에서 정의할 수 있는 개별적 위기의 부가적 전체로서 국부적 위기를 취급하지 못하게 된단 말인가? 만약에 개별 혁명이 실제로 여러 혁명간에 연결되어 있는 혁명을 내포하고 있다면, 그럼으로써 여러 원인이 되는 체계를 만들게 된다면 개별적 위기의 통합에 대한 원인과 결과를 더군다나 문제시할 필요가 없지 않는가? 등등.

여러 가지 다른 **효과들**——물리학의 의미에서——의 산물로서 다루려
고 하는 그런 노력, 다시 말해서 다른 모든 것들의 일이 같은 경우 어떤
몇 개의 조건이 전해질 때마다 반드시 생겨야 할 이해 가능한 시퀀스의
특이한 통합으로서 취급하려는 노력밖에 되지 않는다.

특이한 모순

위기를 설명한다거나, 혹은 적어도 그 위기의 출현이나 일반화의 구조
적 조건들을 설명한다는 것은 취학자들의 인구 증가에 대한 주된 결과를
주목하지 않고서는 불가능할 수 있다.[5] 다시 말해서 학교 칭호의 가치 저
하를 주목하지 않고서는 불가능한 일인데, 이런 학교 칭호의 가치 저하
는 특히 가장 특혜를 받고 있는 사람에게는 받아들일 수 없는 전반적인
계급 탈락을 결정해 준다. 두번째는 교육 시스템의 운행 변화는 교육을
받는 집단의 형태론적이며 사회적인 변화로 귀결된다. 취학자의 인구 증
가와 학교적 칭호(혹은 대학생들의 신분과 같이 그들이 길을 열어 가야 하는
학교적 지위)의 상반되는 가치 저하는 연령층 전체에 충격을 주었다. 그
연령층은 신분상의 열망——이전 시스템에 있던 상황에서 대응되는 가
능성을 현실적으로 제공해 주었던 지위나 칭호 속에서 각인되었던——
과, 고려된 시점에서 이런 칭호와 이런 지위에 의해 실제로 보증된 가능
성 사이에서 **구조적인 차이**를 결정하는 공통의 경험을 통해서 상대적으
로 하나로 통합된 사회적 세대로 구성되어 있다.[6] 이와 같은 격차는 지배

---

5) 이 점에 대해서, 그리고 특별히 순수하게 학교적 재생산의 통계적 논리와 가치 저하
의 공통 체험을 하나로 만들게 하는 효과에 대해서는 P. Bourdieu, 분류, 계급 탈락, 재분
류(Classement, déclassement et reclassement), 《Actes de la recherche en sciences sociales》,
24, 1978년 11월, 2-23쪽과 《La Distinction》, 147-185쪽을 참조할 것.

6) 그렇게 해서 세대 대립(일상적 의미에서)의 도식에 따라 5월 혁명의 위기를 생각하
고자 했던 모든 사람들(그리고 그들 수는 상당히 많다)이 외관상의 모습을 취하도록 놔두
었다는 것을 알 수 있다. 게다가 잘 알다시피 칭호에 대한 가치 저하는 해당되는 행위자
들의 사회적 출신에 따라서 완전히 다른 효과를 가져왔다.

계급 출신의 자녀들 이외에는 결코 엄청나지가 않다. 이들 자녀들은 학교적 자본으로 상속받게 된 문화적 자본의 전환을 조작하는 데 성공하지 못했다. 이것은 그들의 사회적 장래가 완전히 학교적 자본에 의존하지 않을 때조차도 그러하고, 그들의 가족이 소유하고 있는 경제적 혹은 사회적 자본이 노동 시장에 대해 자신들의 학교적 칭호에서 최대한의 수익을 얻게 해주고, 그렇게 해서 대체되는 직업 경력에 의해 (상대적인) 실패를 보상해 줄 때조차도 그러하다.[7] 요약해 말해서 학교적 구성 요소에서 재생산 양식의 특이한 모순은, 계급 구성원들의 일부를——그들 구성원들 일부의 동의를 가지고——배제하면서 오로지 계급의 재생산에 공헌할 수 있는데, 이런 특이한 모순은 위협받고 있는 재생산의 가능성을 알고 있는 사람들의 수가 증가함에 따라서 점점 더 위기적 형태를 띠게 된다. 자신들이 배제되는 것에 대해 거부를 하면서, 결과적으로는 자신들을 배제시키는 기구의 정통성에 대해 이의 신청하는 쪽으로 돌아가게 되는데, 이런 이의 신청은 계급이 영속하는 근거 중 하나를 문제시하면서 계급 전체를 위협하기에 적절한 것이다.

가치 저하의 효과는 사회적 자본의 첨가에 의해서 전혀 수정되지 않았기 때문에, 동등한 칭호나 위치에서 사회적 출신에 따라 소유자들의 서열 속에 물러나게 함으로써 그 위력을 갈수록 십분 발휘하고 있다. 그렇지만 이런 효과에 대한 **허용성**(tolérance)은 동일한 기준에 따라서 변화하기도 하지만, 역방향으로 변화하기도 한다. 그 이유는 한편으로는 희망이 객관적 가능성과 같이 축소되는 경향이 있기 때문이고, 다른 한편으로는 다양한 메커니즘, 예를 들어 시장의 다양성——가치 저하된 어떤

---

7) 인플레이션의 유사성——개인적으로 이미 이전의 연구 작업 단계라 할 수 있는 데서 사용했었던 것(P. Bourdieu, 《학교적 칭호의 인플레이션 *L'inflation des titres scolaires*》, 로네오식 등사기로 등사됨(ronéotypé), Montréal, 1973년 참조)——에 대한 유효성을 제한하는 이유 중에서는, 행위자들이 개인적이며 집단적인 책략의 가치 저하에 대립시킬 수 있는 사실이 있다. 그런 책략은 칭호(새로운 직업을 창출하는 일)를 가치 있게 하기에 적절하고, **새로운 시장**과 지배적인 위치를 차지하고 있는 권리를 정의하고 있는 기준, 그리고 상관적으로 권력이라는 영역의 내부에서 위치 구조를 어느 정도는 완벽하게 변경시키기에 적절한 새로운 시장을 만들어 내는 것으로 이루어져 있는 것과도 같다.

학위는 더 박탈감을 갖고 있는 사람의 눈에는 어떤 상징적 가치를 간직하고 있는 것이다――과 칭호에 대한 명목상의 가치 상승에 결부된 부수적인 장점과 같이 가치 저하를 은폐하고 있기 때문이다. 기적적으로 승진한 사람은 자신의 출신 계급(초등학교 교사의 자녀들이 이학부에서 조교가 되거나, 소작농의 자녀가 일반중등교육학교(CEG)의 교수가 되는 것과 더불어) 구성원에게 있어서는 그다지 가능하지 않은 지위에 도달하는 것인데, 그것은 그 위치가 이전 효과에 의해서 가치 저하, 다시 말해서 사회적으로 떨어진 상태에서 있게 되는 시점에 일어나며, 유사성에도 불구하고 어떤 의사의 자녀들은 현대문학에서 학생이나 교육자가 된 것과 같이 지배 계급 출신인데, 자신의 지위를 유지하기 위해 충분한 칭호를 부여받지 못한 사람들의 어느 정도는 눈에 띄는 쇠퇴와는 근본적으로 다르다. 계급 탈락에 결부되어 있는 경험은 아주 다르기 때문에, 학교 공간과 사회적 공간 속에서 다른 위치를 차지하고 있는 행위자들간에 성립된――다소간은 허구적인――동맹에 토대를 제공해 줄 수 있다. 마찬가지로 적어도 위기 앞에서 부분적으로 조직 편성된 반응에 토대를 제공해 줄 수 있다. 그런 객관적 반응의 일치를 '전염'의 효과에만 전가시키는 것은 잘못된 일이다.

학교 체계 내부에서 위기의 모습을 띠고 있던 형태를 이해하기 위해서는, 여러 교육 기관의 학생수 증가를 식별하는 것으로 충분치가 않다. 이와 같이 본래적으로 형태론적인 현상들은 아주 엄청난 효과를 실행했던 것이 사실인데, 교육보고서의 변모나 학생들의 생활 경험 전체의 변모를 조장하면서 확실히 실행하였다. 하지만 중요한 것은 교육 기관의 학생수 증가와 특히 이렇게 해당되는 학생 집단의 사회적 구성의 상관적 변화는, 그 해당 교육 기관이 교육 전체의 학교적(그리고 사회적) 서열에서 잠재적으로 차지하고 있는 위치에 따라서 결정된다. 그렇게 해서 그랑제콜(혹은 수험준비학급)은 일반 학부보다 훨씬 충격을 받지 않았으며, 의학부 내부에서도 법학부나 이학부, 특히 문학부보다 더한 충격을 받지 못했다. 그리고 이 문학부 내에서 전통적인 학과는 새로운 학과, 특히 심리학이나 사회학보다 학생수의 대량 유입에 의해서 훨씬 영향을 받지 않았다. 다시 말해서 학생수가 증가하는 사회적이고 학교적인 결과는, 각 교육 기관(그랑제콜이나 학부·학과)에서 더 두드러지게 나타나는 만큼 기관의 서열 내에서 차지하고 있는 위치——그리고 부차적으로 제공된 교육 내용——는 이전 시스템의 상황에서는 배제되었거나 탈락되었을 수 있는 학생들에게 은신처로 이용할 소지를 마련해 주고 있다. 덧붙여 말해서 열망과 객관적 가능성 간에 있는 불일치에 특수하게 결부된 효과는, 어떤 새로운 학과에서 나타내 주고 있는, 특히 남학생의 경우는 사회학, 적어도 여학생의 경우에는 심리학과에서 볼 수 있듯이 이런 식의 사치스런 은신처에서 만큼이나 결코 강력하지 못하다. 이와 같이 학과가 차지하고 있는 학교적 위치는 명확하지 못하고, 그 자체가 명확하지 못한 사회적 위치에 개방하고 있기 때문에 그런 위치를 차지하고 있는 사람들 자신이나 다른 사람을 위해, 자신들의 현재나 미래 주변에서 불확실과 애매함의 후광을 유지하도록 하기 위해 학교적 위치를 만들어 내게 된 것이다.

교육 기구 내부에서 위기의 확장을 지배하고 있는 동일한 법칙은, 특수적 위기에 있는 기구를 넘어서 확장 또한 마찬가지로 지배하고 있다. 사회적 위치를 지배하고 있는 사람 중에서, 학교 칭호의 가치 저하에 의해 각인되어 학교 세대에 속하는 행위자들과 그들의 객관적 성취 가능성과 관련하여 어긋나게 된 열망을 부여받은 행위자들의 출현 빈도는, 사회적 공간 속에서 다른 위치를 점하고 있는 사람들의 위기에 대해 자동적으로 차이가 나는 반응을 설명해 주고 있다. 학교의 시스템 속에서 근원을 찾아내게 하는 위기는, 계급이나 특정한 계급 내에 있는 하위 집단의 위기와는 전적으로 뒤섞이지 않는다. 확실히 비판 운동은 지식인들의 하위 집단 속에서, 더 구체적으로는 교육 시스템이 승인하지 못했던 지배 계급 출신의 행위자들을 영입하기에 가장 적절한 사회적 공간이라는 영역 속에서 지식인 자신의 선택 영역을 찾아냈다. 하지만 그런 운동은 중류 계급의 각기 다른 하위 집단 속에서 반향, 게다가 공범을 만나게 할 수 있었다. 그리고 노동자 계급이나 농민 계급에서까지도 기술 교육을 통해 합격되거나, 심지어는 장기 보통 교육을 통해서 합격하여 중학교나 고등학교의 학생 신분(출신 그룹에서는 더 가치가 있음으로써 더 희귀할 수 있는 위치)에, 대학입학자격 취득자라는 신분에 분명하게 각인되어 있는 열망 속에서 환멸을 느낀 젊은이들간에 반향과 공범을 만나게 할 수 있었다.

이는 극한치를 갖고 있는 경우인데, 일반 교육 수료증이나 CAP (직업자격증), 심지어는 바칼로레아(1968년에 이런 칭호를 부여받은 수천 명의 OS (양성공)를 헤아릴 수 있다)를 보유하고 있는 이들은, 일반 교육 수료증이나 심지어 기술 수료증에 경제적이고 상징적인 미세한 가치를 승인하고 있는 육체노동의 직업을 추구하는 쪽으로 보내졌던 사람들이다. 이들은 그렇게 해서 객관적이고/혹은 주관적인 자격 저하가 될 처지에 있게 되고, 그리고 수료증이 쓸모없다는 경험을 통해 생겨난 낙담할 처지와 같은 상황에 있게 된다. (예를 들면 수료증을 갖고 있는 어떤 젊은 노동자는 온갖 학교적 증서를 갖고 있지 못하는 노동자들, 혹은 '최악의 사람들'과 동일한 노동, 그리고 외국인들과 동일한 노동을 성취하도록 강요되었고, "나는 좌철(座鐵)을 절단하기 위해 4년 동안 수업을 수강하지 않았다"고 결론짓고 있다.) 1968년에 학생들이 '공장에 노동자들과 논의하러 올 수 있다'는 것이 바람직한 것인지를 알려는 질문(노동자 인구의 대표적 견본에 대해 1968년에 제기되었던)에 대한 답변은, 교육 시스템의 위기에 의해 '관련됐다'고 느끼는 사람들의 사회적 특징에 대한 지표를 제공해 준다. 학생들에게 공장을 개방하는 것을 찬성한다고 밝히는 일부 노동자들은 최고 20-24세의 연령층과 특히 15-19세의 연령층에서 나타나고, CAP를 소지한 노동자들 중에서도 나타난다(G. 아담, F. 봉, J. 카프드비에, R. 모리오 저, 《1970년대 프랑스인 노동자》, A. 콜랭, 1970, 223-224쪽을 참고할 것) 게다가 노동자들(지배 계급의 구성원들과는 반대로 자신들이 연령에서 앞서감에 따라 좌파 쪽에서 점점 더 생각하고 있는 사람이라는 것을 알고 있다) 중에서는 다른 사회적 계층 가운데서와 같이 시위에 참여하는 사람은 교육 수준과 더불어 증가하고, 연령과 더불어서는 감소한다는 것을 관찰할 수 있었다.

취학하게 된 행위자들의 수가 증가하고, 수여된 칭호의 상반된 가치 저하 효과는 기계적인, 그럼으로써 동일한 방식으로 실행되겠지만 그런 효과를 겪고 있는 행위자들의 성향에 따라서 의미를 갖게 될 뿐이다. 그렇게 해서 심지어 분석의 논리나 그 분석이 표현하고 있는 담화의 논리에 반해서, 다시 말해서 정신이 완만하고 불균등한 변화 과정의 형태를 취했던 것을 공시화하고 보편화하려는 경향에 반해서 다른 형태를 기술할 필요가 있다. 그것은 무엇보다도 사회적 출신이나 교육 시스템에 관하여 상반된 성향에 따라서, 가능성에 희망을 조절하는 과정과 성취하는 데 열망을 조절하는 과정, 그리고 특별히 최소한의 성공이나 실패를 수용하기 위해 필요한 투자 중단 작업이 모습을 띠고 있는 다른 형태를 기술할 필요가 있는 것이다.

실제로 교원간의 긴장과 학생들의 계급 탈락에 대해 책임이 있는 형태상의 변화들(구성원들의 수)이 무엇보다도 이학부에서 나타나는 시기와, 뒤이어 일반화되어 갈 공공연한 위기가 대학계의 특이한 영역에서 확연히 드러나는 시기 사이에 있는 중요한 **시간적 격차**를 망각하지 말아야 한다. 이와 같은 시간적 간격은 기구 내에서 돌발한 변화와 이런 변화가 현재와 미래의 조건에 대해 실행하고 있는 결과——다시 말해서 학생들의 경우 학교 칭호의 가치 저하나 자신들의 상대적이며 절대적인 계급 탈락, 그리고 새로운 기준에 따라 채용된 하위 교원들의 경우 자신들의 지위를 차지하고 있는 이들에게 분명하게 약속된 경력에 사실상 도달하기가 불가능함——를 어떤 행위자들의 의식에 간헐적으로 생겨나게 해주기 위해 필요한 시간에 일치한다. 게다가 만약 형태상의 진전 효과에다가 열망을 맞추기 위해 필수 불가결한(열망해하는 비통함의) 작업이 반드시 오랜 시간을 필요로 한다면, 그것은 행위자들이 사회적 공간의 아주 한정된 부분만을 (게다가 이전 시스템 상태의 산물인 지각이나 평가의 카테고리를 통해서) 보는 것이고, 따라서 그들 행위자들은 자신들만의 경험과 카테고리적인 논리보다 개인적인 논리에서 자신들의 상호 인식 세계에 속하는 행위자들의 경험을 해석하도록 한다. 그 결과 형태상의 변화는 무수히 많은 부분적 경험이라는 형태하에서만이 그들에게 나타나고, 전체로서 포착하고 해석하기에 어렵게 되는 것이다. 마찬가지로 장래의 비전에 대한 이와 같은 변화 과정을 분석함에 있어서, (예를 들어 공식적인 혹은 비공식적인 통계연구소와 같이) 사회적 세계의 학자적 표상을 산출해 내는 역할을 맡고 있는 기관의 역할이나, 그 결과 기대될 만한 미래의 표상을 조작하는 것(예를 들어 진로에 대해 조언해 주는 사람과 더 일반적으로는 칭호나 자리의 미래에 대해 정보를 제공해 주는 책임을 맡고 있는 모든 행위자들)을 맡고 있는 기관의 역할을 고려할 필요가 있을 것이다.

이와 같이 기적이 일어난 사람의 경우에, 특별히 일어날 것 같지 않은 사회적 카테고리의 위치에 있는 학생들(혹은 교사들)이 있는데, 심지어 가치 저하된 이런 위치에서 나타나게 된다는 사실만이——그리고 자신들의 존재에 의해서조차——인플레이션 시기에 명목 임금의 상승에 비견할 수 있는 상징적 보수를 설정하게 하고 있다. **알로독시아**는 그들 자신의 위치를 지각하거나 평가하기 위해서 사용하고 있는 도식이 이전 시스템 상태에서 나온 산물이라는 사실에서 각인되었다. 게다가 행위자들 자신은 자신들이 현재 소유하고 있거나 존재하는 것에 대해 **만족해하려고** 하거나, 너무도 평범하여 자신들의 운명을 사랑하게 하려 하는 (더 확실하면 할수록 더 불리해지는) 아주 일반적인 메커니즘에 따라서 자신들이 희생자가 되는 기만의 공범자가 되어가는 심리적인 이득을 갖고 있다.[8] 실제로 이와 같은 표상은 집단의 공범과 더불어서까지도 완전하게 달성될 수 없다는 것은 의심해 볼 수 있는 대목이다. 또한 자기 스스로 만족해하는 이미지는 현실주의적 표상과 더불어서 항상 공존해 있을 법하다. 그 이유는 첫번째(자기 스스로 만족해하는 이미지)가 직접적으로 **이웃해 있는 사람들**과 경합함으로써 체험되기 때문이고, 두번째(현실주의적 표상)는 자기 소속 집단과 구별되는 **다른 집단**(out group)에 맞서 집단적 요구 속에서 체험되기 때문이다.

---

8) 다수의 상호 작용과 어느 정도 지속할 수 있는 다수의 사회적 관계조차도 방어 체계의 객관적 강화를 요구하는 무의식적 연구를 원칙적으로 지니고 있다. 이 방어 체계는 부분적으로는(하지만 아주 다양한 정도에서) 항상 사회적 세계의 비전이다.

이와 같은 **이중적 자각**(double conscience)의 효과는 지배 계급 출신이고, 새로운 학과 쪽으로는 학교적 자본을 별로 받지 못한 학생들을 유도한다는 논리 속에서 볼 때 더 명확해 보인다. 그런 새로운 학과들이 갖고 있는 흡인력은, 이 학과들이 제공하고 있는 미래의 막연함과 투자 삭감을 미루도록 하는 자유에서 분명 더 많이 유래하고 있다. 또한 이런 이중적 자각의 효과는 잘못 정의된 직업 쪽으로 방향을 잡아가는 와중에서 볼 수 있는 것이다. 그런 직업은 가능한 한 가장 오랫동안 다른 사람에 대해서 만큼이나 자신에 대해서 사회적 자기 동일성의 불확정성을 영속시킬 수 있도록 하기 위해 만들어진 직업인데, 예를 들어서 과거의 작가나 예술가의 직업, 문화적 생산을 해내는 모든 직업, 혹은 지식인 영역, 대학계 영역, 의학계 영역의 경계에 있는 모든 새로운 직업이——새로운 직업을 생산해 내면서 가치 저하를 모면하기 위한 노력과 더불어 직접적인 관계에서 증가했던 것이다——해당된다. 이 모든 점에 비추어 볼 때 위기적 긴장감이 더 강하면 강할수록, 현실과 자신이나 자신의 사회적 미래의 표상 간에 있는 거리는 더 엄청나고, 그런 거리감은 더 오랫동안——더 중요한 심리적 대가로——유지되었다는 것을 가정할 수 있게 한다.[9]

그러므로 의심의 여지가 없는 위기는, 부적합한 열망의 영속화에 알맞은 모든 사회적 장소에서 최대한 위기 자체의 강도를 알아보았다는 것을 우선적으로 제시해 볼 수 있다. 또한 두번째로 제시할 수 있는 것은 극적인 수정에 당면하고 있는 부적합함을 조장하기에 적절한 이런 (사회적) 장소들이, 그 장소가 약속하고 있는 사회적 미래가 구체적이지 못하기 때문에 부적합한 열망에다가 행위자들을 끌어들이고, 이런 부적합함

---

9) 현실에의 회귀, (우리가 통상적으로 '자각화'를 통해 이해하고 있는 것과는 하등의 관련이 없는) **사회적으로 억압된 것의 진정한 회귀**, 점유되고 있는 위치의 객관적 진상 발견에 오랫동안 대립된 방어의 붕괴는 위기의 형태를 띨 수 있다. 그와 같이 강렬한 위기가 확실히 엄청나면 엄청날수록 더 오랫동안 연기되었고(《40대의 위기》를 참조할 것), 그런 위기는 집단적 위기 속에서 어느 정도는 승화된 형태하에 표현될 수 있는 촉발 장치나 가능성을(1968년 5월 혁명의 위기에 결부된 모든 윤리적이고 정치적인 회심의 경우가 증명해 주고 있는 것처럼) 찾을 수 있게 한다.

의 영속화에 알맞은 조건들을 보증해 준다는 것이다. 이와 같은 가설을 검증하기 위해서 학부나 그랑제콜·학과가 갖고 있는 동질성과 이질성을 지표로 삼을 수 있고, 대응하는 모집단의 분포가 분산하는 정도를 사회적 출신이나 학교적 자본(바칼로레아에서의 구분)에 따라서, 혹은 더 가설에 근접해서는 사회적 출신이나 학교적 자본 사이에 있는 관계에 따라서 지표로 삼을 수가 있다. 실제로 열망과 가능성 간에 있는 격차는, 사회적 출신이 격상되어 있는 학생들과 학교적 자본이 미약한 학생들의 비율이 증가할 때 확장되면서 십중팔구 진행돼 간다는 것을 가정해 볼 수가 있다. 그리고 난 다음으로는 학교 교육 기관의 각 부문에 따라서, 사회적이고 학교적인 동질성의 정도 편차가 위기의 강도 편차에 일치하는지를 결정할 수가 있다.[10]

    대학계에서 각기 다른 위치(그랑제콜이나 학부·학과)를 점하고 있는 이들(학생이나 교원, 특히 하위 집단의 교원들)의 사회적 출신이나 학교적 자본(또한 부차적으로 성별, 증가율, 거주지)에 따른 분포 조회만이, 그리고 1968년 5월 혁명 기간 동안 이런 단체가 취하고 있는 태도의 동일한 변수에 따른 편차 조회만이 제시된 모델을 검증하거나 반박하게 해줄 것이다. 어쨌든 입수 가능한 데이터에 상응하는 범위 내에서 이 두 가지 계열간에 대응 관계가 있다는 것을 확정할 수 있다. 통계는 각각의 교육 기관에서 중류 계급 출신자들의 자녀들이 점하고 있는 상대적 점유율의 증가를 읽어낼 수 있는데, 이와 같은 통계가 각기 다른 형태의 학교들(고등학교나 CEG(일반중등학교) 등)을 뒤섞는다 할지라도——따라서 각각의 학교나 심지어 각각의 학급 내에서 학생들의 상대적인 사회적 동질성을 유지하려는 것을

---

10) 이 모델은 위기에 대한 개인적 반응을 정확하게 이해하는 것을 허용하지 않는다. 이런 개인적 반응은 사회적 출신에 결부되어 있는 성향의 변수나 학과의 위치에, 그리고 학과 속에서의 위치(대학적 신분이나 지적 위신)에 결부되어 있는 위치의 변수, 경제 정수의 변수에 따라 변화한다. 경제 정수의 변화는 특히 대학 제도의 위기나 비판 강도에 따라 변화하는데, 그것은 학과나(그리고 파리나 지방의 국지화에 따른) 동일 계열 혹은 동일 신분의 행위자들 가운데서 가장 빈번하게 있는 태도 결정에 따라 결정된다.

목표로 하는 학교적 차별의 메커니즘을 은폐하기 때문에──위기가 선행되었던 시기중에 학생의 사회적 동질성이 일반적으로 감소하는 경향을 관찰할 수 있다. 가장 높게 나타나는 학교나 학부·학과(예를 들어 그랑제콜이나 의학부, 심지어 고등학교의 고전 계열 학과들이 있다) 혹은 가장 낮은 학교나 학부·학과(예를 들어 CET(기술교육중학교)나 단기 IUT(공업기술단기대학)이 있다)에서 확실하게 나타나고, 사회적인 혹은 학교적인 동질성, 특히 흔히들 말하는 대로 사회적·학교적 동질성은 교육 시스템의 서열에서는 중간적이고, 적어도 모호한 위치를 차지하고 있는 학교나 학부·학과에서 일반적으로 약하게 나타난다. 다른 한편으로 반체제 활동에 참여하고 있는 지표가 부족한 경우라면,[11] 1968년의 대학 선거에 참여하는 비율 내에서 설정된 대학적 질서에 순응하거나 동의하는 지표를──게다가 그 지표는 모호한 지표인데, 그 이유는 기권표의 상승된 비율이 참가인의 명시적인 거부의 산물이거나, 그러므로 진정으로 부정적인 태도 결정은 상실의 과정에서 유래된 정치적 무력감의 표현일 수 있기 때문이다──볼 것을 수락하게 되거나, 투표자의 비율이 졸업 후의 명확한 직업과 관련하여 분명하게 정의되는 학교나 학과·학부에서, 예를 들어 보자면 의학부(68%), 더 낮은 비율의 법학부(53%), 혹은 대학 서열의 정반대에 있는 IUT(77%)에서 최고로 나타나는 점을 주목할 수 있다. 반대로 투표율이 낮게 나타나는 곳은 사회적 서열 내에서 아주 분명하게 흩어져 있는 위치에 대응하는 직업으로 유도해 가는 학부나 학과에서 나타나는 것을 주목할 수 있다. 그것의 전체에서 볼 때 문학부(42%)와 이학부(43%)에서 확연히 낮은 비율로 나타나고, 그 비율은 사회학(26%)이나 심리학(45%)과 같은 학과에서는 가장 낮은 수준에서 설정되고 있다. 사회학이나 심리학과 같은 학과는 특별히 분산되고 애매한 직업으로 유도해 가는데, 이들 학과들은 프랑스문학(60%), 그리스어(68.5%), 라틴어(58%), 역사학(55%), 혹은 지리학(54.4%)과 같이 중등 교육의 교수직에 권리를 열어 주는 학과들

---

11) 미래의 역사가들은 모델을 검증하기 위해 필요한 정보를 경찰 고문서 속에서 틀림없이 찾을 수 있을 것이다.

에 분명하게 대립된다. 별도로 독립된다고 보여지는 철학은, 그것이 제시하고 있는 장래성으로 인해 사회과학과 서로 비슷하게 닮아가고, 20%라는 아주 낮은 비율을 제시해 주고 있다.(《르 몽드》, 1969년 3월 13일)[12] 학과나 학부에 따른 분포 구조는, 대학 선거에의 참여가 전체 속에서(확실히 부분적으로 도처에서 관찰되는 학교 크기의 결과 때문에) 더 높은 층위에 위치해 있을지라도 지방에서는 동일하다.[13]

하지만 이런 새로운 학과가 최대 강도에 달하는 이 2개의 잠재적 위기 효과에 대한 우연한 일치를 실현시키고 있는 장소라는 것을 알지 못한다면 새로운 학과들의 특별한 역할, 특히 사회학과의 특별한 역할을 위기가 발생하는 데서 완전하게 이해하지 못한다. 문학부의 새 학과들은 하급적이고 동시에 명확하지 못해서——특히 이들 학과들은 학교적 성공을 그다지 해내지 못했기 때문에——결국에는 사회적 성공을 손에 넣는 객관적 가능성에 대해 정말로 부적합한 열망을 갖고 있었던 지배 계급 출신의 학생들과, 다른 하나는 가치 저하된 칭호를 가치가 나가게 하기 위해 필수 불가결한 사회적 자본을 소유하고 있지 않기 때문에 귀족에 이르는 길에서 내쫓겨지고 자신의 야심으로 위협받고 있는 중류 계급 학

---

12) 1968년 5월 혁명 이전이나 그것이 일어난 동안에 상당수의 고등사범학교 출신자들이 반체제 운동에서 맡고 있었던 역할에서 예외적인 것을 보려는 사람들에게는 다음과 같은 사실을 환기시키는 것으로 충분할 터이다. 1960-1970년대의 시기는 고등사범학교 내에서 점하고 있는 위치 약화, 마찬가지로 확실히 고등사범학교 출신자들에게 객관적으로 제공된 사회적인 위치의 약화——비록 학부에서는 고등사범학교 출신자들을 신임 채용하는 것이 증가했다 할지라도——에 의해 특징지어졌다. 이와 같은 약화는 고등사범학교 학생들의 사회적 출신이 상승함과 일치하는 대목이다. 예를 들어 자유업이나 엔지니어 및 고위 간부직 자녀들의 일부는 울름 가의 고등사범학교에서는 1958년과 1965년 사이 38%, 1966년과 1973년 사이에는 42%, 1974년과 1977년 사이에는 43.3%에 이르게 되며, 생클루에 있는 고등사범학교에서는 1956년과 1965년 사이 14%에서 1966년과 1973년 사이에 28.6%, 1974년과 1979년 사이에는 32.2%까지 이르게 되었다. (J. N. Luc et A. Barbé, Saint-Cloud, 《고등사범학교의 역사 Histoire de l'École normale supérieure de Saint-Cloud》, Paris, Presse de la FNSP, 1982, tableau 10, 254쪽과 tableau 6, 248쪽.)
13) 일반적으로 위기는 지방에 있는 학부에서와는 완전히 다른 형태를 띠고 있는 것 같아 보인다. 그 지방의 학부에서 결집된 집단의 수와 정치적 지도자로서 '예비군'은 그리 중요하지 않았고, 우리가 보았던 바와 같이 등급간의 관계는 질적으로 아주 차이가 있었다.

생들을 받아들이는 조건을 갖고 있었다. 다른 한편으로 우리가 이미 본 바와 같이 이런 새로운 학과들은 대학 기구에 취약하게 동화된 하위 교원을 대량으로 채용하면서 학생 인구가 상당히 급속도로 증대하는 데에 대응해야만 했었고, 그 때문에 의외로 (정도의 차이가 있지만) 고등 교육에 취임하기 위해 생겼던 이 열망의 수준 상승과 대학적 서열에서 하위 등급에 머묾으로써 발생하는 실망감 사이에 있는 모순으로 인해 상심 그 자체에 이르게 된다.[14]

사회적이고 학교적인 이질성이 5월 혁명 운동에 대한 학생들의 자세를 설명해 주고 있는 것과 마찬가지로 과거의 궤도, 특히 잠정적인 궤도의 분산이나 등급간에 있는 상관적 신장은 여러 다른 교원들이 갖고 있는 원칙에 속해 있어 보인다. 여러 다른 학과의 교원 단체에 대해 공시적이고 통시적인 특징과, 그들 교원들이 5월 혁명의 운동에 차별적 참여, 혹은 여러 다른 등급의 교원들간의 대립을 5월 혁명에서 나타내 주고 있는 강도를 마음속으로 관계시켜 놓은 것을 확인하는 일로 충분하다. 하지만 가능한 한 더 멀리 논증을 밀고 나가기 위해서 지리학이나 사회학 교원들과 같은 경우에서 행하고 있는 분석을 적용시켜 볼 수가 있다. 그들 교원들이 이 2개의 피지배적 학과에 소속되어 있다고 할지라도, 이들이 교육 시스템의 장래에 대해 훗날에 있을 투쟁과 운동에서 아주 다른 역할을 했다는 것을 설명하기에 적절한 차이를 제시해 주고 있다. 학교적인 것만큼이나 사회적인 계층의 가장 낮은 층위에 위치해 있었던 지리학자들이 모든 등급에서 확실히 구체화되어 있는 사회적이며 학교적인 특징 전체를 제시해 주

---

14) 그렇게 해서 **국면 과정**에 놓여 있는 두 가지의 과정은 영역 이외에서(적어도 부분적으로는) 자신들의 원리를 갖고 있다. 그 첫번째는 중등 교육과 고등 교육 취학자수의 전체적인 증가와 학부와 학과 간에 각기 다른 사회적 출신 학생들의 차이적 분포를 결정했던 요소들의 전체 속에 있는 것이다. 두번째는 대학계의 다른 영역과 노동 시장 간의 관계 속에 있는 것이다. 혹은 사람들이 더 선호하는 바대로라면, 여러 다른 칭호와 고용 시장에 대해 고찰된 시점에서 제공된 자리 간에 있는 관계 속에 차이적 '가치 저하' 효과들과 더불어 있다. 이런 효과들은 여러 다른 칭호에 영향을 주고, 어느 정도는 강하게 상속받은 사회적 자본에 따라 여러 다른 보유자들에 영향을 준다.

고 있는 데 반해서 사회학자들은 이런 특성들간의, 특히 계층의 하부 층
위에서 아주 명확해진 불일치에 의해 특징지어진다. 지리학자들 중에서
고등사범학교 출신자들의 비율은 교원 단체 A와 B에서 상대적으로 약하
게 나타나는데(각각 4.5%와 3%), 이 비율은 서열의 정점에 있는 사회학자
들(역사학자들 24%와 심리학자들 27%에 아주 근접해 있는)에게서는——
게다가 대개는 철학 출신인——상대적으로 높게(25%) 나타난다. 반면에
그 비율은 서열의 하부 층위(교원 단체 B)에 있는 사회학자들 중에서는 가
장 낮게(심리학에서는 10%, 역사학에서는 13%에 반해서 5.5%) 나타나는
데, 그것은 지배 계층 출신자들의 교원 비율이 상부 층위(교원 단체 A)에
서 만큼이나 이런 카테고리에서 대략 높게 나타남에도 불구하고 나타난
것이다.[15] 서열의 정점과 기저 사이에 있는(등급에 따라 사회적 혹은 학교
적 칭호의 거의 교차적 분배에 토대를 둔) 이와 같은 이중적 불일치는 신임
채용 방식의 이원성 중에서 가장 눈에 띄는 표현임이 확실하다. 그와 같
은 이원성은 학과의 구조적 모호함에서 유래되는 동시에, 그런 모호함을
강화시키고 있다. 여기저기에서 조르주 캉길렘이 말했던 것처럼[16] 사회학
과 같이 거드름을 피우는 학과는 철학과 더불어 경쟁을 하면서 과학의 서
열 정점을 열망하며 위치해 있다. 이와 같은 철학은 야심을, 그것도 과학
의 엄밀성을 갖고 충족시켜 가고 있다. 이런 학과는 또한 피난소이기도 하
지만, 이론이나 정치 · 정치 이론의 엄청난 야심을 확신하기를 원하는 모
든 사람에게 최소한의 학교적 입장료에 대해 최대한의 상징적 이익(사회

---

15) 대부분의 학과에서 연구자들은 교원들보다 더 높은 사회적 출신이다. 사회학에서 연
구자들의 58%, 심리학에서 52%, 지리학에서 56.5%는 상류 계급 출신자들이며, 이것은
상호적으로 동일 학과의 교원들 50%, 40%, 40.5%에 반하는 비율이다. 이런 현상은 이
해할 만한 현상이다. 왜냐하면 오늘날 연구자들의 직업에 이르게 되는 가능성은 근본적
으로 학생 신분이나 연구 실습생이라는 신분에서 아주 오랫동안(이 점에 관해서는 장학금
이나 보수에도 불구하고 실제로 더 혜택을 받는 사람에게 유보된 성향이나 경제적 필요를 가정
하고 있다) 스스로를 유지하려는 가능성에 의존하기 때문인데, 그것은 연구자들 단체에 인
정되게 하기 위해서나(인간 관계 덕분에 그것은 불균등하게 분배되었다) 영향력 있는 '지도
교수'의 지지를 얻어내기 위한 것이다.

16) G. Canguilhem, 《생명과학의 역사에서의 이데올로기와 합리성 Idéologie et ratio-
nalité dans l'histoire des sciences de la vie》, Paris, Vrin, 1977, 33–45쪽을 참조할 것.

적으로 상류 계급 출신과 보잘것없는 학교적 성공을 한 남학생들에게 사회학이 해당되며, 동시에 똑같은 특성들(소유물)을 부여받은 여학생들에게는 심리학이 해당된다는 것을 설명하고 있는 정치와의 관계)을 제공하고 있는 사치의 피난처이다.[17] 사회학자들이나 지리학자들은 '대학'이 이의 신청하는 운동에서는 아주 분명하게 구분된다는 것을 이해할 수 있는데, 특히 그들은 조합 운동을 하는 데 있어서 '좌익주의적' 경향과 '개혁주의적' 경향 간의 대립, 대학 기구와 사회적 세계의 포괄적이면서도 '급진적인' 이의 신청과 교원들의 승진이나 교육 내용과 교육 방식의 개혁에 대해 강조하고 있는 '협조주의적' 요구 간의 대립을 상징화할 정도로 아주 분명하게 구분되고 있다는 것을 이해할 수 있다.

새로운 학과의 하급 교원들과 학생들 중에서 다수의 5월 혁명 지도자들이 모집되었는데, 이들 새로운 학과들의 학생들과 교원들 간에 존재하는 구조적 유사성의 직접적 직관을 부여하기 위해서, 한편으로는 1950년과 1968년 사이에 그랑제콜 학생들과 문학부와 이학부 학생들의 증가 진행 과정을 제시하고, 다른 한편으로는 정교수의 수와 하급 교원들(조교나 주임조교)의 수를 제시하는 것으로 충분할 것이다. 학생들보다는 더 분명하게 고등 교육의 교수가 될 가능성을 더 갖고 있는 고등사범학교 교수와 학생들 집단은 그다지 견고하지 않은 반면에, 다른 두 집단인 하급 교원들과 학생들의 집단은 상당히 눈에 띌 정도의 신장세를 보였다. 결과적으로 그랑제콜의 학생들은 언젠가는 자신들이 차지할 수 있을 것이라는 지위의 점유자들을(그랑제콜 준비학급이나 학부의) 자신들의 교수들 중에서 **인식**할 수 있다. 반대로 학부 학생들뿐만 아니라 조교들 중 어떤 이들은 신임 채용 방식의 혜택을 받았기 때문에 실제로 교수직에 이르기 위해 항상 필요한 부차적 특성들(소유물)(고등사범학교 출신 칭호나 교

---

17) 사회학의 영역에서 투쟁 양상을 띠고 있는 특별한 강도는 무엇보다도 교원 단체의 분산에서 기인된다는 것을 알고 있으며, 어쨌든 사회학의 영역에서는 우리가 흔히 하는 것처럼 학과의 과학성에 대해 최소한의 지표를 볼 수 없다는 것을 알고 있다.

수자격의 칭호)을 갖고 있지 않은 이들이다. 또한 그들은 특히 이학부에서나 문학부의 새로운 학과에서는 학생들에 매우 근접해 있는 이들이며, 정교수와 더불어 예상되는 동일화의 관계를 덜 설정하려는 경향을 틀림없이 느끼는 이들이다. 이와 같은 동일화 관계는 투자를 조장하기 위해 확실히 아주 잘 만들어진 것이고, 특히 교육 질서에서 동의의 영속화에 호의적이라 할 수 있다.[18] 다시 말해서 가장 선별적인 선발시험에서 선출된 교사들과 가장 덜 선별된 학생들 사이에 있는 역설적 관계는, 이학부나 문학부에서 오래전부터 정립되었던 것인데——그리고 최근에는 경제학과에서도 요구되어진——이와 같은 역설적 관계는 하급 교원들과 정교수들 사이에서도 생겨나는 경향이 있다. 하급 교원들은 흔히 학부 학생 집단 출신이고, 교수직 자리에 이를 수 있는 승진으로부터 사실상 배제되고 있으며, 정통적 후계자와는 달리 그들만의 장래에 대해 실현될 수 있는 것이 무엇인지 알 수 없는 이들이다.[19] 요약해 말해서 잠재적 단층선은 갈수록 분명하게 교수들과 조교 혹은 주임조교들 사이를 거쳐 간다. 조교나 주임조교의 대다수는 객관적으로 볼 때 정교수들보다는 학생들에게 더 근접해 있다. 이와 같이 **예견된 동일화의 연쇄**——이런 동일화는 재생산하는 경향이 있는 계승의 질서 속에 그 토대를 두고 있다——에 대한 단절은, 일련의 행위자들이 이탈하는 것을 유리하게 하는 속성이 있다. 자신들의 지위에서 그때까지 기재되어 미래에 대한 경쟁을 배제하고 있는 행위자들은 경쟁 그 자체를 의문시하게 한다. 게다가 우리는 혁명적 과정의 일반적 모델에 대해 개별적으로 실현화된 것을 여기

---

18) 우리는 이학부의 몇몇 조교들이 어떻게 해서 자신들의 학생들에게 접근해 가고, 교사의 역할을 포기토록 했는가를 보여 주었다. 그것은 교수나 '고등사범학교 출신자들'의 경쟁이 그들 자신을 위해서 생겨났다고 하는 장애에서 벗어나도록 하기 위한 것이다. 그들의 '위협'은 대개 면접에서 상기되었고, 이들과 마찬가지로 조교가 될 수 있었다. (P. Bourdieu, 학교의 시험과 사회적 성별화, 그랑제콜에서의 준비학급(Épreuve scolaire et consécration sociale, les classes préparatoires aux grandes écoles), 《Actes de la recherche en sciences sociales》, 39호, 1981년 9월, 3-70쪽을 참조할 것.)

19) J.-Y. Caro, 경제 연구에의 교육: 개혁을 위한 시나리오(Formation à la recherche économique: scénario pour une réforme), 《Revue économique》, 34권, 1983년 7월 4일, 673-690쪽.

에서 반드시 인식할 수가 있다. 희망과 가능성이라는 순환의 객관적인 단절은, 피지배자들 중에서 덜 피지배되었던 중요한 하위 집단(여기에서 는 교원들의 중간적 카테고리, 다른 곳에서는 프티부르주아들)으로 하여금 경쟁으로부터, 다시 말해서 피지배자들에 의해 제기된 역할과 목표의 승인을 내포하고 있는 경쟁의 투쟁으로부터 벗어나도록 하고, 우리가 혁명적이라고 말할 수 있는 투쟁 속으로 들어가도록 한다. 혁명적이라 부를 수 있는 것은 다른 목표를 제정하려는 데 있는 한에서는, 그리고 거기에서 승리를 거두게 하는 역할과 성공 수단을 어느 정도는 완벽하게 재정의하는 한에 있어서 말할 수 있는 것이다.

공시화

사회학에서의 학생들과 조교들은 그렇게 해서 여러 다른 영역에서 상응하는 위치를 점하고 있는 행위자들의 성향과 이해 간에 있는 **우연의 일치**에 해당하는 경우 중 하나를 제시해 주고 있다. 그런 일치는 여러 다른 영역에 잠재하고 있는 위기의 **공시화**를 통해서 위기의 일반화를 가능케 했다. 그와 같은 집중은 국부적 위기의 양상화와 정세에 가해지는 동맹이라는 것을 조장하는 일이지만, 문학부에 이어 이학부 전체에서 이런 집중 현상이 두드러지게 관찰되어지고, 어려운 자리에 부딪히고 승진길이 단절되어지는 운명에 있었던 하급 교원들 중 중요한 하위 집단이 갖는 환멸이 대응하는 학생들, 즉 칭호의 가치 저하를 동반했던 계급 탈락의 위기에 직면했던 학생들의 환멸과 만났던 것이다. 마찬가지로 그런 집중 현상은 대학계 내에서까지 이의 제기에 빠져 있었던 이들 전체와, 대학계 외에서 구조적으로나 때로는 기능적으로 문화적 생산과 보급 기관의 하급 행위자들과 같이 동일한 위치를 차지하고 있었던 이들 전체 사이에서 관찰되었다.

지역적인 위기는 사회적 공간에 있는 다른 지역으로 확장될 수 있고, 그렇게 해서 전반적인 위기, 즉 **역사적 사건**으로 변화될 수가 있다. 그것은 개별 영역이 영역 자체의 상대적인 자율성에 유래하는 다른 **속도**가 주어졌다고 볼 때 산발적으로 흩어져 있는 질서에 정상적으로 개방하거나 종결하게 해야 하는, 아니면 흔히 말하듯이 과거사에 대한 환상을 이용하여 역사가들이 작성하고 있는 연표가 암시하는 것과 같이 필연적으로 통일된 인과 계열을 조직하지 않고 계승되어지는 사건들을 **동시에 발생하게 하는** 힘을 그런 위기가 산출하고 있는 **가속도**의 효과를 통해서 갖고 있을 때 변화될 수가 있다. 그 결과 전반적 위기 속에 있는 개별적인 영역의 위치와 대응하는 행위자들의 행동은 대부분이 이런 영역의 각각에 고유한 사회적 시간 사이에 있는 관계, 다시 말해서 특유의 모순을 생성해 내는 과정을 그 영역 내에서 실현되는 리듬 사이의 관계에 따라 결정하게 된다.

운동의 구현(특히 낭테르대학 사회학과 전공 학생인 다니엘 콘 벤디트, UNEF(프랑스전국학생연맹)의 리더인 자크 소바지오, 파리대학의 물리학 주임 조교이며 SNESup(전국고등교육교원조합)의 사무총장인 알랭 제이스마르)으로 나타났던 개별 학부나 학과, 심지어는 개인들에 의해 위기 속에서 유지됐던 역할은 다음과 같은 것을 안다는 조건하에서만 이해될 수가 있다. 문학부에서 위기가 선언하고 있는 객관적 시점에서, 위기의 출현을 조장했었던 구조적 조건들은 10년 이상부터 이학부에서 나타난 반면——거기에서 SNESup는 운동의 전반화에서 결정적인 역할을 수행했으며, 아주 확실하게 자리를 잡았고, 아주 오래전부터 뿌리를 내려왔다——그런 구조적 조건들은 법학부에서는 단지 나타나기 시작했을 뿐이다.

상황과 같은 위기, 다시 말해서 독립적인 인과 계열 상황과 같은 위기는 별개의 세계가 있다는 것을 전제로 하지만, 그것의 원리나 동시에 실제 기능에 있어서 동일한 **우주**의 성질을 띠고 있는 **세계**가 있다는 것을 전제로 한다. 쿠르노가 "평행으로 전개된다"라고 말한 것처럼 여러 개의 인과 계열의 독립성은 영역의 상대적 자율성을 전제로 한다. 이런 계열들의 합류는, 여러 다른 영역의 공리를 결정해 주는 기본적 구조——

특히 경제학의 구조들——에 대한 상대적 의존 관계가 존재한다는 것을 전제로 한다. 바로 이런 의존 관계 속에 있는 독립성이 **역사적 사건**(evènement historique)을 가능케 해준다. 역사 없는 사회는 확실히 분화되지 않은 사회이기 때문에 상대적으로 자율적인 역사의 교차점에서 생겨난 본유의 역사적 사건을 위한 자리가 없다. 쿠르노가 말하고 있는 것처럼 "이런 세계 안에서 연결고리가 없이, 그리고 지각할 만한 다른 영향을 서로에 대해 실행하지 않고 동시에 전개되는 원인과 결과라는 연쇄를 관찰할 수 있는" 세계의 존재를 고려한다는 것은, 구조화된 역사와 사실만을 기록한 역사의——우리가 흔히 고집하고 있는——양자택일에서 빠져나오는 것이다. 또한 그런 것을 고려한다는 것은 상대적으로 자율적이고 동시에 구조화되어 있을 뿐만 아니라 개방되어 있고 동일한 요소들, 그들 사이에 결부되어 있는 여러 다른 영역이 역사적 사건을 생산하기 위해 상호 작용할 수 있는 것을 이해시키려는 방법을 부여하려는 것이다. 이런 역사적 사건 속에는 그 영역 각각의 구조 속에 객관적으로 기재되어 있는 잠재성과, 그 영역의 결합에서 파생되는 상대적으로 환원 불가능한 발전이 동시에 표현되고 있다.

대학계의 개별 영역에 존재하는 고유의 잠재적 위기라는 동일한 객관적 시기(역사적 시기를 표시해 주는 시간) 속에서 일치화와 같은 공시화는, 결국 개별 영역의 상대적인 자율성을 유지하려는 경향을 나타내는 메커니즘의 일시적인 중단에서 파생되고 있는 여러 다른 영역의 일체화와 동일한 것을 말한다. 그와 같은 공시화나 여러 다른 영역의 일체화는 동일한 위치를 갖고서 여러 다른 영역에서 그때까지 상응하는 위치를 차지하고 있는 행위자들을 동일한 방식에 끌어넣고 있다. 위기의 **연대기적**(chronologique) 원인이 되는 위기적 사건들과 우발적인 부분(경찰의 폭력과도 같이 영역의 외부적 요소들에 책임을 돌릴 수 있는)을 함유할 수 있는 위기적 사건들을 통해 실행되고 있는 공시화의 효과는, 위기적 상황에 도달하는 영역의 위기에 있는 행위자들과 유사한 사회적 생존 조건(조건의 동일성(identité de condition))에 의해 산출되었기 때문에 유사한 성향을 부여받은 다른 행위자들 사이에 **객관적인 조직 편성**(orchestration objective)의 관계가 있는 경우에만 완전하게 실행될 뿐이다. 그런데다가 아주 상이한 생존 조건에 직면해 있고, 따라서 아주 상이하면서도 대립하는 아비투스를 부여받은 행위자들, 하지만 위기에 처해진 영역에서 위기에 있는 행위자들에 의해서 점유된 위치에서 구조적으로 상응하는 위치와는 다른 영역에서 점유하고 있는(**위치의 상응 관계**) 행위자들은, 잘못 결정한 것인가(**알로독시아**) 정당한 판단인가를 움직이는 데서 알아차릴 수 있고, 혹은 가장 단순하게 위기에 의한 통상적 질서의 단절에 의해서 만들어졌던 기회를 자신들의 요구를 밀어내기 위해서, 혹은 자신들의 요구를 지키기 위해서 포착해 낼 수가 있다.

　문학부·인문과학부와 같은 새로운 분야의 학과들이 대학계 전체에 확대되도록 하기 위해서, 위기는 대량 소비를 하는 문화적 재산의 생산과 유포를 맡고 있는 기관들——라디오와 텔레비전 같은 방송 기관, 영화, 출판, 광고, 마케팅 기관, 여론조사연구소, 청년 조직체, 도서관 등——중에서 자신들만의 선택 영역을 찾아냈다. 그런 기관들은 급속도로, 그리고 막대한 양적 증대 덕택으로 계급 탈락에 위협을 받은 '대학'의 생산물에 온갖 종류의 새로운 지위를 제공해 주기 때문에 교육 시스템이 중요시하고 있는 모순과 유사한 모순의 장소가 된다. 상징적 조작을 하는 새로운 행위자들은 지식인들의 영역에서 승인된 위치에 도달하는 길을 열어 가는 데 적절한 작품 속에서 항상 실현시킬 수 없었던 지적 야심을 자극받아 갔다. 이들 행위자들은 자신들의 일을 전적으로 지적 창조라고 하는 표상과 자신들의 활동을 적응시켜야만 하는 관료적 속박 간에 있는 대립을 불만이나 유감을 품어 가면서 처신하게 하였다. 그들의 **반기구적 기질**(humeur anti-instutitionnelle)은 자신들을 전적으로 인정하지 않았던 '대학'에 대해서 양면성을 지닌 관계 속에서 근본적으로 형성이 되었는데, 그런 기질은 문화적 서열에 대한 모든 형태의 이의 형태 속에서만이 발견될 수가 있다. 학생들과 하급 교원들이 학교 기구에 대해 반항하는 것은 확실히 이의 신청의 원형적 형태를 나타내 주고 있다. 그것은 '운동'의 중심에서 가장 멀리 떨어져 있는 구역에서 창안되고 표현된——사회적 주장에다가 사회적 충동, 종종은 정치적 일반화의 외양에 의해서 겨우 왜곡화된 충동을 표방하려는 기회를 제공하고 있는 검열을 해제시키려는 것을 이용하여——테마들간의 유이성을 유행이나 '감염'(많은 사람들이 전염의 양태에 대한 전파 과정을 생각했었다)의 효과로 전가시킬 수 없다는 것을 말해 주고 있다.[20]

다양한 메시지의 문맥화되지 않은 단편들을 어느 정도는 무정부주의적 결합을 하는 것과 같이 '5월 혁명 사상'의 동질성을 만들어 주고 있는 **자연 혁명론을 신봉하는**(spontanéiste) 중심 사상, 그리고 정동적(情動的)인 공동체를 창설하려는 공범성을 특히 다시 확인하도록 되어 있는 그런 중심 사상은, 말리노프스키가 '친교적인'이라고 부른 양태에 대해서 작용하고 있다. 다시 말해서 그것은 커뮤니케이션 그 자체와는 다른 목적을 갖고 있지 않은 커뮤니케이션으로, 혹은 집단 통합을 강화시키려는 것 이외의 목적을 갖고 있지 않은 커뮤니케이션으로 작용한다.[21] '실천적 극좌주의'는 일반적으로 학자적 이데올로기——예를 들어 당사자들에 의해서보다는 주석가들에 의해 훨씬 더 원용되고 있는 마르쿠제의 경우에서처럼——의 전파에 대해 믿고 있는 것보다 훨씬 확실하지

---

20) 영역에 대해 기록된, 그렇지만 불가피하게 부분적이며 일관성이 없어 보이는 민족지의 기술——전체화를 실행하는 것이 불가능하기 때문에——아니면 관찰이나 증언으로부터 재구축된 이야기를 내비칠 수가 없기 때문에 분위기에 대한 암시를 위해서 플로베르가 《감정 교육》에서 1848년의 혁명에 대해 언급한 부분, 특히 본문 중에서 제시해 주고 있는 원리를 설명하고 있는 실천에 관해서 개별 '클럽'의 순회에 할애하고 있는 장면만을 참고할 수가 있다. 그런 클럽에서는 '공공의 행복 시스템'이 만들어지고, '체제 전복적인 움직임'("더 이상의 아카데미도! 더 이상의 학사원도!" 등)이 겹쳐진다.

21) 다음과 같은 결과를 만들게 하는 이유 중의 하나가 바로 거기에 있다. 그것은 올슨이 《집합행위론》에서 제시하고 있는 것과 같이 순수하게 실용주의적 이론(그리고 알버트 히슈만은 1968년 이후에 자신이 성공했던 것이 1968년 5월 혁명 운동과 같이 운동의 불가능을 증명해 보이는 경향이 있다는 사실에 기인된다는 것을 약간은 잔혹하리만큼 주목하고 있다)에 반대하여 정치적인 일, 일상적인 시간에 활동하는 사람들의 일, 비상시에 참가하는 사람들의 일은 그 자체의 목적이나 보은에 속할 수가 있다는 것이다. 심지어 투쟁의 노력은 활동가들에 대한 연대의 기쁨이나 성취된 의무감의 감정, 현실적이거나 상상적인 경험, 세계를 변화시키는 힘에 대해 말하지 않고서도 논의의 여지없이 그 자체를 통해 만족감으로 구성되고 있다. (A. Hirschman, 《사적인 행복, 공적 행동 *Bonheur privé, action publique*》, Fayard, 1984년 135-157쪽을 참고할 것.)

가 않다. 그것은 설령 예언의 특징적 논리에 따라서, 대변인 중 어떤 사람들이 학자적 지식의 통속화된 번안을 공개 토론이나 가두에서 전달하려는 기교에서 그들의 영향력이나 카리스마의 상당 부분이 취득되었다 할지라도 확실하지가 않다. 학자적 지식은 그때까지는 박사〔학자〕들 사이에서 한정된(예를 들어 보면 '억압'이나 '억압적인' 등) 교류로 예정되어 있었던 테마와 언어를 유도하는 것에 대개의 경우 함축되어 있었다. 실제로 전파의 외양은 여러 가지의 **동시적 창안**(inventions simultanées)에서 생겨난다. 하지만 그런 전파의 외양은 객관적으로 조직 편성되었다 할지라도 독립적인 창안이라 할 수 있는데, 사회적 공간과는 다른 위치에서, 그렇지만 유사한 조건 속에서 닮은꼴의 아비투스를 부여받은 행위자들, 달리 말해서 동일한 사회적 **코나투스**(conatus)〔스피노자의 용어로서 자기 자신의 조직을 유지하려고 하는 고유의 힘〕를 부여받은 행위자들이 실현시키고 있는 것이다. 사회적 코나투스를 통해서 사회적 위치를 점하고 있는 개별적 계급에 결부되어 있는 성향이나 이해 관계의 결합을 내포하게 된다. 사회적 위치는 행위자로 하여금 자각이나 의욕을 필요로 하지 않으면서까지도, 자신들의 사회적 동일성을 구성하는 특성들〔소유물〕을 항속적이거나 증가된 양으로 재생산하도록 노력하게 한다. 어떤 관념적 생산도 문화 생산의 거대 관료 기구——실제적이거나 잠정적인——에 속해 있는 하급직 지식인들의 특수적 모순과, 물질적이거나 상징적인 이해를 실질적으로 더 잘 표현해 내지 못하고 있다. 그런 거대 관료 기구의 가장 오래된 패러다임은 교회인데, 그 당시 창안된 중심 사상은 가장 무정부주의적인 자유라는 외양 속에서 만들어진 것이다. 그것은 창의와 타성, 구상과 집행, 자유와 억압 사이에 있는 대립, 개인과 기구 간에 있는 대립의 변형된 형태와 같은 얼마 되지 않는 공통의 생성 도식에 따른 것이다. 문화적 서열과 집행 기관에서 하는 언어에 대해 전형적으로 행해진 **이단적**(hérétique) 이의 신청은——**보편적인 성직**(sacerdoce universel)의 관념에 대한 현대적 변이 형태 속에서——자발적인 표현('발언에 대한 권리')에 일종의 보편적 권리를 주장하고, 학문과 문화의 거대 관료 기구 내에서 피지배적 지식인들의 특수한 이해와 더불어 분명한 관계를 유지하고 있다. 사회적으로, 다시 말해서 학교적으로 보증된 능력에 모든 개개인이 자신들 안에 갇혀 있다는 '자발적'이고도 '자연적 창조성'를 대립시키는 것은 교육 시스템이 부당하게 취득하고 있는 문화적 정통화의 독점을 고발하는 일이며, 마찬가지로——대학 기구에 의해 보증되고 정통화된 것으로 간주되는——행위자들의 능력, 즉 이런 능력이란 이름으로 기구적 서열에서 가장 높은 등급을 차지하고 있는 행위자들의 능력을 가치 저하시키는 일이다. 게다가 우리가 볼 수 있는 것은, 상속된 문화적 자본을 학교적으로 인정하고 성별화(聖別化)하는 데 성공하지 못했던 모든 사람들을 이와 같은 문화의 표상에 결부시키는 특수적 유사성이다.

　게다가 대학계와 직접적으로 그것에 연계된 영역을 넘어서 위기가 확대된 원인도, 여러 다른 영역 중에서 피지배적인 위치를 점하고 있는 사람들간에 구조적 상동 관계에 토대를 둔 연대성의 효과에 여전히 속해 있다. 그런 연대성은 대개의 경우 구조적인 계급 탈락의 경험에 결부되어 있다. 덧붙여 말하자면 조합적이거나 정치적인 기구의 독자적인 작용을 분명히 망각하지 말아야 한다. 중앙의(혹은 국가적인) 관료적 방식으로서 그런 기구의 일상적 기능 중 하나는, 정확히(예를 들어 일반적인 파업의 지령으로) 국부적·지방적 운동의 **통제된 전반화**(généralisation contrôlée)를 하려고 애쓰는 데 있다. 실제로 모든 영역이 지배적인 위치와 피지배적인 위치 간에 있는 대립이라는 축에서 조직되는 경향이 있기 때문에, 특정한 영역의 행위자들은 다른 영역에서 상동적 위치——이런 위치가 어떻든간에 사회적 공간에서는 더 멀어지기에, 그리고 그런 위치가 점유자들에게 제공하고 있는 생존 조건, 동시에 그들 점유자들이 부여받는 아비투스가 될 수 있기에는 너무도 차이가 있기에——를 차지하고 있는 행위자들의 집단에 가입할 수 있으며, 가입될 수 있는 관계가 항상 존재한다. 그것은 모든 행위자가 다른 영역에서 상동적인 위치를 차지하고 있는 행위자들의 연대를 표명할 수 있다는 것을 말해 주는 대목이다. 하지만 이런 추상적이면서도 부분적 관계하에, 그들 행위자들에게 연결시켜 주고 있는 유사성이 또한 효력이 있는 것과도 같이 조건을 만족시키는 경우에, 그렇지 않으면(실질적으로는 불가능한) 모든 관계하에, 아니면 적어도 **결정적인** 관계 전체, 특히 동원되거나 사회적으로 행동하는 단체로 구성되는 가능성의 전체 관점하에 조건을 만족시키는 경우에 있을 수 있다. 하지만 위치의 상동성은 지(知)·정치·예술의 역사가 이런 혼동의 수많은 역사적 예를 제공해 주었다 할지라도 영역간에 있는 차이점을 망각하지는 말아야 한다. 19세기 전반의 예술가들과 작가들은 사회적 영역 전체에서 자신들의 위치가 지배적 위치에서 주목받고 있기보다는 권력이란 영역에서 볼 때 자신들의 위치가 피지배적 위치에서 더 주목을 받았던 사람들이며, 그들은 또한 문화적 생산 영역의 자율성을 획득하기 위해서 자신들이 전개하는 투쟁의 가장 날카로운 국면에서 '부르주아'와의 관계를 만들어 갔던 표상을 잘 알고 있던 사람들이다. 하지만 더 일반적으로 말해서 행위자들이 직접 소속되어 있는 하위 영역(흔히 상호 인식과 상호 행동 공간과 혼동되기도 한다)은 항상 **연막술 효과**(effet d'écran)를 산출하는 경향이 있다. 행위자들은 자신들이 하위 영역에서 차지하고 있는 위치를 더 분명하게 지각하거나, 그 하위 공간이 기재된 거대 영역에서 하위 공간이 차지하고 있는 위치를 분명하게 지각하며――피지배자들의 경우에 더 고통스럽게 지각하고 있다――동시에 사회라는 전체 공간 속에서 자신들의 현실적 위치를 더 분명하게 지각하는 경향이 있다.

　권력계 내에서 피지배자들과 전체 속에 끼여 있는 사회계에서 피지배자들 간에 있는 위치의 상동성은(카우츠키가 말했던 것처럼), 축적된 사회적 에너지의 일부를 피지배자들에게 유리하게 하는 일종의 남용인 '외부로부터의 의식'이라는 문제에 사회학적 해답을 제공해 준다. 게다가 이차적 힘과 (상대적인) 피지배자들의 상황은, 특정한 시점에서 지식인계의 특수한 판단 기준이라는 관점으로부터 이류적 지식인들의 상황이랄 수 있다. 그런 상황은 개혁주의적인 운동과 혁명적인 운동을 목표로 하고, 대개의 경우 반지식인주의 형태――주다노비즘(jdanovisme)〔러시아 정치인인 주다노프가 갖고 있던 정치문화적 사고 전체를 칭함〕뿐만 아니라 혁명적 보수파들이 실례가 되는 경우에서 보여 주었던 **민중적**(völkisch)

기질——를 입수하려는 나름대로의 경향을 피지배적 상황에서 설명하는 것을 목표로 하고 있다. 그렇게 해서 지배자와 피지배자 간에 있던 대립은, 정통적인 문화적 능력이라는 표장에 불균등한 획득 형태를 차려입고 있는 영역에 고유해 있는 위기가, '특권적 지식 계급'의 고발과 학교적으로 보증된 능력에 기반하고 있는 모든 신분상의 권력 형태 고발과 같이 반체제 이데올로기적인 테마가 개화하도록 조장한다는 것을 이해할 수가 있다. 그와 같은 반체제의 이데올로기적 테마는 차이 속에 있는 유사성과 같이 상동성에 그 토대를 두고 있으며, 그러므로 부분적인 오해에 그 토대를 두고 있다 할 수 있고, 그것은 기타 다른 원리에 따라 구분되어 있는 다른 영역에 고유한 위기를 동일 논리에 따라 생각하게 한다. 그런 이유로 해서 대부분의 혁명 운동에서 지식인과 예술가들, 더 정확하게 말해서 피지배적 지식인이나 예술가들과 같은 '상대적인' 피지배자들은, 위치의 상동성에 토대를 둔 피지배자들에게 통용될 수 있는 이해나 평가, 표현의 형태를 산출해 내는 경향이 있다.

실제로 현실은 더 복잡하다. 정치나 조합 활동의 전문가들에게 고유한 몇 가지 대립은, 피지배자들 가운데서 상동적인 대립에, 더 정확하게는 더 자각적이고 더 조직적인 전임 직원과 사기가 저하되고 동원 해제가 된 하급 노동 계급 간에 설정된 대립에 실질적으로 기댈 수가 있다. 그런 이유로 과학주의적이고 권위주의적인, 혹은 용어의 표현이 괜찮다면 기술 관료주의적인 경향이 있는 노동 운동에서 대표가 되는 사람들은——이들은 대개가 특수한 능력의 자본(이론이나 경제학, 변증법적 유물론 등)을 갖고 있는 사람들이다——가장 안정적이고 가장 통합되어 있는 프롤레타리아에 자연적으로 의존하는 경향이 있지만, 그 반면에 자연 발생 방임주의를 신봉하거나 절대 자유주의를 신봉하는 사람들은——그들은 흔히 문화적 자본에서는 그리 풍요롭지 않으며, 사상가들의 활동보다는 운동 지도자들이나 운동을 선동하는 사람의 실천적 활동에 더 이끌려 간 사람들이다——피지배자들 중에서 가장 조직이 제대로 되지 못하고, 가장 아래에 있는 하위 집단, 특히 하급 노동 계급의 대변인을 구성해 가는 경향이 있다.

우리는 동화(assimilation)나 이화(dissimilation)의 게임〔운동〕에서 선험적으로 한계를 부여할 수가 없으며, 그런 운동을 통해 어느 정도는 허구적인 연대성은 구조적 특성을 공통적으로 갖고 있는 행위자들 사이에서 창출될 수가 있다. 이런 운동 관계에서 생성되는 동맹이 더 크면 클수록, 그런 동맹을 출현시키게 했던 특이한 상황에 더 의존하는 것이 확실하고, 행위자들에게는 가장 사활이 걸린 이해 관계를 분명 덜 끌어들이고 있다. 그런 행위자들은 가장 추상적이면서도 가장 총칭적인 사회적 양상하에서(예를 들어 어떤 지배나 폭력이라는 형태에 복종하는 인간 존재로서, 게다가 개별적인 생존 조건에 결부되어 있는 모든 것의 어느 정도는 전체적인 보류의 대가로서) 부분적이면서도 거리감이 있는 방식으로만 동맹에 들어갈 수 있어 보인다. 위치의 상동성에 토대를 두고 있는 동맹――예를 들어 대학계에서 피지배적 위치를 점하고 있는 행위자들과 전체 속에 끼여 있는 피지배적 위치를 점하고 있는 행위자들 간에 상황에 따라서 설정됐던 동맹들――은 이런 종류에서 나온 것이다. 꿈속에서 회합한 수많은 사람들이 '지식인들'과 '프롤레타리아'를 떠오르게 하는 것처럼 공상적 세계 속에 한정시키지 않는 한, 그런 동맹은 상대보다 더 출현과 지속의 가능성을 갖게 되어서 애매한 단어 배열이나 추상적인 기본 방침, 형식적인 정책 강령의 중심에서 오랜 시간을 두고 결집하게 되고, 직접적인 상호 작용 속에서 떠오르게 될 기회를 별로 갖지 못하고, 서로간에 보고 서로 말해지는 기회를 그다지 갖지 않는다. 실제로 회합은 사회적 공간 내의 특정 지역에서 자신들의 위치를 차지하고 있는 관계하에서만 정의되고 있는 추상적 개인으로 나타나는 것이 아니라 전면적인 인격으로 나타나는데, 그런 전면적 인격의 모든 실천, 모든 담화, 그리고 단순한 신체상의 외양에까지도 상반된 아비투스와 적어도 잠정적으로는 적대적인 아비투스를 표현해 내고 있다.

폭로자로서의 위기

객관적 시간 혹은 역사적 시간, 다시 말해서 여러 다른 영역에 고유한 지속 시간에서 선험적 시간을 확립해 가면서 일반적인 위기 상황은 어느 정도는 일정 기간 동안 행위자들을 **실제 시간을 살아가고 있는 사람**으로 만들고 있다. 이론적인 동시대성 반대쪽에서 행위자들은 개별 영역이 자신들만의 지속 시간을 가지고 있기 때문에 날짜나 사건을 명시한 위기나 혁명에 대한 고유의 역사와 더불어, 그리고 특유의 변화 리듬과 더불어 어느 정도는 완벽하게 분리된 사회적 시간 속에서 변화해 갔다. 덧붙여 말해서 그런 일반적 위기 상황은 **행위자들 자신들을 동일 시간에서 살아가는 사람**으로 만들고, 그들 행위자들의 전기는 자신들이 참여하고 있는 다른 리듬에서의 영역이 있는 것만큼이나 시대 구분 체계를 정당화시킬 수가 있다. 게다가 위기의 집단적인 논리, 특히 우리가 '정치화'로서 지각하고 있는 것을 설명하는 공시화의 효과는 개인적 위기와 그로 인한 집단적 위기 간에 있는 관계를 마찬가지로 설명해 주고 있다. 전반적인 위기는 분명히 구분된 몇 가지 사회적 공간의 교차를 촉진시키고, 행위자들의 의식 속에서 다양한 실천이나 담화와 관련하여 각각의 영역에 대한 자율성을 충돌시킨다. 그런 위기가 허용하고 있는 몇 가지 모순된 선택이 점점 모습을 드러내고 있는 것은, 마치 양립성의 실제적 형태를 보장해 주는 것과도 같아 보인다. 그러나 전반적 위기는 종종 최종적인 논쟁의 원인이 되는 정통성의 투쟁을 생산해 낸다. 그런 전반적 위기는 적어도 상징적으로는 '삶의 방향'에 대한 통일성을 재건하려는 날카로운 수정을 강요하고 있다.

공시화의 주된 결과는 태도 결정에서 상대적 일관성을 도입할 것을 강요하는 것이었다. 그와 같은 상대적 일관성은 일상적인 시간에서, 다시 말해서 사회적 시공간의 상대적 자율성이 분명히 구분되는 위치를 계속해서 차지하는 것이 가능하게 될 때나 차이가 있으며 대립을 하지만, 매 경우에 점유된 위치의 요구에 합당한 태도 결정을 생산해 내는 것이 가능하게 될 때 요구되는 것이 아니다. 차례로 이어지는 성실함에서 보여지는 성향은 사회적 위치의 다수성(대개의 경우 다수의 공간적 위치를 결정하는 것에 결부되어 있다) 속에 기재되어 있는데, 그런 다수성은 우리가 알고 있다시피 사회적 서열이 올라갈 때 증가하는 것이다. (바로 거기에 피지배적 위치를 차지하고 있는 사람들이 공급하고 있는 '진실함'이라는 인상의 기반 중 하나가 있는 것이다. 피지배적 위치를 차지하고 있는 사람들은 사회적으로 대개가 엄밀한 방식으로 정의되고, 유일한 직업적 위치에 할당될 수 있으며, 따라서 계속적으로 다른 위치를 차지하기 위해 필요한 성향을 그다지 부여받지 못했다. 차라리 이와 같이 단일적 생존 조건에 의해 강요된 성향은 '진솔한' 사람, '나 그런 사람이야'를 가치 부여해 주는 윤리의 명시적인 명령 속에서 강화되는 것을 찾아보는 것이 낫다.) 특정한 영역에서 점유된 위치와 단지 그 위치에 준거해서 모든 태도 결정을 조직하도록 하면서 위기는 2개의 축 사이에서 계속되는 분포 대신, 그리고 부분적으로 모순된 다양한 소속——그것은 시공간의 분리가 양립시키려고 하는 것이다——대신에 분명히 구분되는 **진영에서의 분할**(divi-sion en camp)(내란의 논리에 따라서)로 대체하려는 경향을 보이고 있다. 게다가 유일한 선택 원리에 기반하여 모든 것에 대해 해결할 것을 요구하고, 그리하여 준거의 근간이 되는 다양성에 결부되어 핑계나 빠져나갈 구실을 배제시키면서 위기는 **진상을 폭로해 주는 것**(révélateur)으로 작용하게 된다. 또한 위기는 명시적이기보다는 더 흔히 암묵적인 양보("말씀하세요""눈을 감아 보세요"), 위협, 타협, 게다가 공존을 허용할 수 있게 하는 화해나 타협을 꺾어 버리거나 금지시켜 버린다. 억지로 선택하도록 하고 그렇게 해서 선택한 것을 공언하도록 강요하면서, 그리고 선택하지 않은 것은 여전히 선택하는 방식이라는 상황을 증가시키면서, 위기는 핵분열시키고 있는 요소들을 무릅쓰고 어느 정도는 의식적으로 유지되었던 애매한 관계 속에서 단절하고 있다. 억압되었던 감정과 판단은 백일하에 드러나게 된다. 또한 공시화와 그것이 강요하고 있는 양자택일의 효과를 묘사하기 위해서, 드레퓌스 사건에 대해 랑송이 말한 것을(동시에 제시된 분석의 일반적 유효성을 강조하면서) 이용할 수가 있다: "내가 말할 수만 있다면, 개개의 단체와 개개인은 기밀과 그것의 내적 성향을 보여 줄 것이다."[22]

상징적 지배 요소에 있는 위기의 경우, 이런 효과는 계통적 해답을 요구하는 전반적인 검토로 인해 배가되었다. 그런 전반적인 검토는 통상적인 질서에 입각하여 의견(doxa)을 동요시키는 속성이 있는 **역설적** 행위나 담화 영역에서, 고프만이 말한 것처럼 **신용이 가지 않는 사건들**(discrediting events)이 일어나는 영역에서 출현하여 결정되는 것이다. 그것은 비범한 상황들인데, 그런 상황의 범례[패러다임]는 확실히 '일반적 총회'이다. 이 총회는 해당 대학의 건물에서 때때로 교수들이 출석한 상황에서 통상적인 교육 관계의 상징적 전도(예를 들어 가장 나이가 든 교수들의 말놓기로)와 이런 교육 관계의 객관화되고, 특히 통합된 전제 사항들의 실질적이고도 명시적인 침범을 연출할 때 나타난다. 이런 상황을 밝혀내는 사람은 비범한 해당 관계자들이다. 이들은 무명 상태에서 갑작스럽게 벗어난 학생들이며, 심오한 교리를 전수받은 사람으로 알려져 있는 무명의 조합원들이다. 그들은 또한 정치적 선동가나, 심지어는 혁명의 지도자 등으로 갑작스럽게 승진한 사람들이다. 그것은 결국 통상의 행위자들이 통상의 세계에 대해 품고 있는 신념이나 표상의 극적이고도 연극화된 모든 검토에 지나지 않는데, 예를 들어 대학적 권위의 상징적 해체나 해임과 같은 것, 그리고 경제적 권력의 상징이 되는 것(증권시장)이나 문화적 권력의 상징이 되는 것들(오데옹 극장이나 마사 호텔)의 상징적 파괴, 거꾸로 말해서 상징적 **우애**(fraternisation)의 다른 양식과 더불어 현실의 사회 관계를 나타내는 마술적 부정의 모든 형태이다.

비판적 담화와 표현이 사회적 세계에서 공통의 의견적(doxique) 관계를 단절시킬 수 없다는 것은 자명하다. 사회적 세계에서의 의견적 관계는

---

22) A. Compagnon, 《문학의 제3공화국, 플로베르에서 프루스트까지 *La Troisième République des lettres, de Flaubert à Proust*》, Paris, Seuil, 1983, 71쪽에서 인용된 Lanson, 《프랑스문학사 *Histoire de la littérature française*》, Paris, 1902, 7e d., 1091쪽을 볼 것.

객관적 구조와 편입된 구조 간에 있는 대응의 효과이다. 이런 비판적 담화나 표현이 객관적 사태에서 조화를 깨기에 적절한 위기적 상태를 만나게 되는 한에서 명확해지는데, 이런 위기적 상황의 논리에 따라서 지각 이전에 있는 예견과 기대는 상식적 지각과 행위의 역사 없는 연속성에 그 토대를 두고 있다. 만약 위기가 비판과 이해 관계를 같이한다면, 그것은 위기가 시간의 지속성 속에서 단절을 도입한다는 것이고, 사건의 계속되는 순서와 이미 나타난 미래에 현전(présence)으로서 시간의 통상적 경험을 일시 정지시키는 것이다. 분별 있는 것으로 여겨지는 행동을 자발적으로 드러내고 있는 (이익이나 사회적 성공 등의) 객관적 가능성의 구조와 우리가 믿을 수 있는, 다시 말해서 예측할 수 있고 계산 가능한 세계로서 사회적 질서를 만드는 객관적 구조를 현실과 표상 속에서 뒤흔들어대면서 위기는 배치의 감각, **사람들의 장소에 대한 감각**(sense of one's place), 좋은 투자의 감각을 좌절시키려는 경향을 보이는데, 그런 감각은 우리가 합리적이라고 말하는 현실과 가능성의 떼어 놓기 힘든 감각이다. 과거의 갱신이나 과거 속에 기재된 미래의 갱신으로서 시간의 통상적 경험과 더불어 단절에 있는 **위기적 순간**에 모든 것은(적어도 외관상으로는) 가능하고, 그 위기적 순간에 미래는 정말로 우연적이고, 다가올 장래는 현실적으로 결정되지 않으며, 순간은 진정으로 순간적이며, 예측할 수 있거나 정해진 결과 없이 일시 정지된 것이다.

위기는 과거를 돌이켜 보며 영역(경우에 따라서는 대학계)을 객관적 규칙성이라는 체계의 객관적 진실 속에서 나타나게 한다. 그런 규칙성은 어느 정도는(이런 경우에는 아주 얼마 되지 않는) 명시적인 규칙이나 규정으로 전환되고, 그런 규칙성과 더불어 개별 행위자는 자신들이 투자한 것을 조직하기 위해서 고려할 수도 있고, 그렇게 해야만 한다. 이런 세계에 객관적으로 기재된 가능성은 근본적으로는 미리 부여되고, (객관화되거나 편입된) 자본은 점유될 수 있는 위치, 획득될 수 있는 권력이나 특권이 가능한 것에 대한 선매권을 부여한다. 승진이나 궤도, **영광스런 길**(curcus hono-rum) 등에서 표명된 바로 이와 같은 시간적 구조는 동요되어 있다. 위기가 객관성에 만들어 놓은 다가올 일에 대한 불확실성은 결과적으로 재생산의 과정이 당분간 정지되고, 모든 미래가 모든 사람에게 가능하다는 것을 개개인이 믿을 수 있게 한다.

가능한 일들의 잠정적 불확실성(Indétermination provisoire des possibles)이 아주 다르게 지각되거나 평가됐다는 것은 자명한 일이다. 그런 불확실성은 어떤 사람들에게는 어느 정도 '엄청난' 희망을 생산해 준다. 특히 이들은 여러 다른 영역에서 중간적 위치를 차지하고 있는 모든 사람들인데, 이들 지원자들은 구질서가 배제시켰던 새로운 열망을 계속해서 내면 깊숙이 인식한다는 것을 그런 구질서에 투영시키고자 하는 사람들이며, 그것의 검토가 가능하다는 것을 구질서에 투영코자 하는 사람들이다. 반대로 설정된 질서나 그것의 재생산과 굳게 맺어져 있는 사람들에게 있어서, 그리고 이들 모두가 이전부터 투입했던 경제의 '정상적' 미래와 굳게 맺어져 있는 사람들에게 있어서 객관적 **단절**(discontinuité)의 갑작스런 출현은 **세계의 종말** 상태를 취한다. 그런 단절은 전도된 세계에서 '모든 것이 가능하다' 라는 것을 증명하기 위해 했었던——학생들의 말을 청취하게 된 교수들, 예를 들어 사르트르로 인해 인터뷰했었던 콘 벤디트 등——몇몇 예가 되는 장면을 상상력에서 갑작스럽게 나타낸 것이다. 단순한 재생산의 순환적 시간 속에 기재되는 것만큼 오랫동안 전통적 사회와 서로 비슷했던 이런 사회적 세계에 가장 완벽하게 동일시되었던 지도 교수들의 반응은, 이런 전통 사회의 고참들로 하여금 자신들의 생존의 공리 자체에 적대적인 생활 양식과 사고 방식의 침입 앞에서 자신들의 절망과 혼란을 환기시킨다.

젊은이들의 이단적 경작법에 대해 말하고 있는 [알제리] 카빌리아의 어떤 나이 든 농민은 **믿을 수 없는 것**, 전도된 세계, 자신들의 가장 내밀한 신념과 자신들 마음과 관계가 있는 모든 것의 부정 앞에서 자신들이 느끼는 망연자실함과 불신을 단지 말할 수 있을 뿐이다. "그 반면에 어떻게 해서 그것을 말할 수 있겠는가? 사실인가? 거짓인가, 혹은 중상모략인가?

교수들은 지난 여러 주 동안을 시험 보게 하는 것을 거부하게 할 뿐만 아니라——그 자체로 스스로를 옹호할 수 있는 것——부정확한 방식으로 채점을 하면서 시험을 보이콧하게 했다고 나에게 말한다. 사람들이 내게 그것을 말하지만, 나는 그것을 믿을 수는 없다. 이렇게 하려는 교수들은 더 이상은 교수가 아님에 다름없다. 이들은 의심의 여지없이 우리에게 신용을 잃게 한다. 하지만 특히 교수들은 우리들의 직업 생명에 입각한 가치를 크게 손상시킬 것이다. 그리고 그 가치의 원칙은 심지어는 어떤 위반도 거기에서는 가능하지 않다는 것을 요구한다."(J. 드 로밀리, 《우리들의 다른 교수진》, 파리, 페이야르, 1969, 20쪽) "……신문과 라디오는 5월과 6월의 위기 기간 동안 학생들과 '교수들'이 이러저러한 것을 말했고 행했다는 것을 계속해서 언급했다. 단어가 내포하는 엄격한 의미에서, 교수는 경찰에 대한 본능적인 공포로 인해 학생들 쪽에서 나타났다는 것은 사실이다. 하지만 대부분의 경우에 있어서, 상세한 목표를 추구하려는 혁명적 학생들에게 결부되어 있던 대학 교원들은 조교들이거나 주임조교들이었다. 그 점에 대해서는 모르고 있었던 일반 시민은 위기 기간 동안에 망연자실하여 스스로에게 물었고, '교수들'이 '교수들'에 반대하는 조종된 집회에 격렬하게 참여하게 된 것이 어떻게 이루어졌는지를 계속하여 의문시했다."(F. 로베르, 《특권적 지식인은 발언한다》, 파리, PUF, 1970, 48쪽) 실제로 이와 같이 특권을 부여받은 교수들은 "자신들의 야만성에 대해 자각하고, 야만족의 침입"이 자신들을 내몰았던 '망연 자실'로부터 한참 동안을 빠져나오게 되었다.(R. 아롱, 《발견할 수 없는 혁명》, 파리, 페이야르, 1968, 13쪽) 명시적인 의무도 제재도 없이 '자발적인 합의'나 '분명한 것에 대한 찬성'에 토대를 둔 세계를 공격할 수 없는 것으로 생각하여 옹호해야 하기 때문에(R. 아롱, *op. cit.*, 13, 45, 56쪽을 볼 것) 그들은 엄밀히 말해서 논거를 갖고 있지 않았다. 하지만 자명한 것을 옹호하기 위해서 논증할 수 있고, 논증해야만 한단 말인가? 마찬가지로 그들은 자신들의 교육 활동만을 이야기하게 할 뿐인데, 그것은 마치 그들이 실천한 것의 (경탄한) 묘사가 실천한 것에 대한 우수성을 분명히 증명해 주는 것을 포함하고 있는 바와도 같다. "이런 이름을 부여받을 만한 가치가 있는 교육은 지적 객관성을 포함하고 있으며, 또한 우리의 직무를 실행하는 데 있어서 엄밀한 정책적 중립성을 포함하고 있다. 바로 거기에 시적될 필요가 확실히 없는 분명함이 있는 것이다."(J. 드 로밀리, *op. cit.*, 14쪽) 교육은 거의 종교적인 언어 속에서 상기된 것이다. 강의 시간은 은총의 순간이며, 생도들과의 긴밀한 교감을 갖는 시간이다. 교직에 대한 옹호론은 신앙과 사랑의 고백 속에서 완성된다. "나는 자신의 직업을 사랑하고 있는 사람들과 같다."(9쪽) "나는 나의 직업에 충실했으며, 지금도 충실하고 있다." (8쪽) "나는 교육하는 기쁨을 알고 있다. 마찬가지로 나는 대학인의 덕목을 잘 알고 있다. 그런 덕목의 제일 우선은 성실함인데, 대개가 세심함에까지 부추겨진 성실함이다. 시험을 관리하고자 하는 생도나 학생들은 나를 즐겁게 해준다. 그들이 알 리 없지만 말이다."(15쪽)

반대로 현재나 미래에 있어서, 객관적으로나 주관적으로 시스템의 옛 상태와 특수적 능력의 신분적 보증에 그다지 결부되어 있지 않은 교원들은 **분열을 일으키는 사건들**(discripting events)이 가져다 준 결정되지 않은 가능한 일 속에서 자신들의 모습을 투영하고, 검열의 폐지 덕택에 이와 같이 제공된 미래의 공백에 자신들의 환상을 투영하는 경향을 보이고 있는 것이 명백하다. 그들은 또한 그런 옛 상태에 투자를 하지 않고 망설이고 있으며, 또한 그로부터 뒤돌아보려는 기대도 그리 갖고 있지 않다. 대학 공간 속에서의 궤도나 위치(학부, 학과, 학교적 궤도, 사회적 궤도)에 결부된 아비투스나 이해는 위기적 사건들의 지각이나 평가의 원리이며, 그것을 매개로 해서 이런 위기적 사건들의 효과는 실천 속에서 실행되고 있다.

상징적 도발의 효과는 엉뚱한 것과 감히 상상할 수 없는 것을 갑작스럽게 나타내도록 하면서 제정된 질서의 명확성에 대해 직접적인 찬동을 제거하고, 이의 신청이나 체제 전복의 모든 사회적 기술 효과에 추가되고 있다. 예를 들어 집단적 법규 위반의 시위, 전용 공간의 점유, 사회적 물품이나 장소를 평상시와는 다른 목적에 남용하는 것——극장이나 계단 강의실, 아틀리에, 공장과 같은 물품이나 장소의 사회적 정의는 일시 정지된다——마지막으로는 국부적이면서도 일반적인 파업과 함께 일상적인 생활을 구조화하는 활동의 일시 정지에 관계되든 간에 추가되고 있다. 파업을 결정하는 시간적 리듬의 단절은, 단지 축제나 축제와 같은 자유로운 시간을 생산해 내는 효과만을 갖고 있지는 않다. 축제일은 기념하고자 하는 역사적 사건에 의해 생산된 공시화의 효과를 재생산하기 때문에 파업은 위기의 공시화 효과를 표명하고 증폭시킨다. 통상적인 생활 시간, 다양한 시간과 영역에 따라서 특수화되고 개별적인 예정표 속에 기재된 모든 활동을 충족시킨 시간에다가 다른 영역과 다른 단체에 **공통적인** 막연하고 거의 공허한 시간——뒤르켐식으로 묘사한 것에서 볼 때 축제의 시간과도 같이 통상적 시간성의 전도에 의해서 정의된 시간——을 대체시키면서, 파업은 시위가 나타내 주고 있는 상징적인 효과로 인해 위기에 있는 모든 적절한 효과를 물질화시키며 다시 배가시킨다.

여기에서 공시화의 효과는 충분히 발휘된다. 시간은 **공적인 시간**이고, 모든 사람에게 동일한 시간이며, 동일한 기준과 동일한 현전에서 측정된 시간이다. 그런 현전은 동시에 모든 사람에게 강요하면서, 동일한 현재에서 현전을 모든 사람들에게 강요하고 있다. 게다가 축제에 있어서는 다른 사람의 희열 섞인 모습을 보는 것으로 인해 개개인은 자신들의 축제 기분에서 강화되어 있지만, 마찬가지로 위기에 있어서는 다른 사람의 분개와 불쾌감이 표명되는 것을 보고 듣는 것에 의해 각 개개인은 자신만이 갖고 있는 진정한 모습을 발견하고, 자신이 갖고 있는 불만과 분개가 강화되고 정통화되는 것을 느낀다(그것은 때때로 심리극이나 언어요법의 양상을 띠는 논쟁에 부여해 준다). 그래도 합치는 결코 완벽하지가 못하며, 우리가 대변자들의 말에서 끄집어 내는 동질성의 외관의 배후에서 경험과 표현의 다양성은 숨겨지게 된다. 그렇게 해서 예를 들어 중등교육 기관, 특히 고등 교육 기관에서 그때까지는 별로 상당하지가 않았던 사회적 계층(카테고리) 출신의 학생들과 교사들의 불만이 위기로 말미암아 표현되기에 이르렀을 때——정확하게는 이런 계층이 소규모의 지방대학과 같이 가장 눈에 띌 정도로 차지하고 있던 학교적 공간 지역에서——그런 불만이 내포하고 있었던 의문점이 외견상으로는 파리인들의 전위적 의문점보다 그다지 근본적이거나 보편적이지 않는다 할지라도, 대학 기구의 토대에 있는 침묵의 무한한 초석을 향하여 분명 더 직접적으로 방향을 잡아가고 있다는 것을 이해할 수 있었다.[23] 파리인의 전위는 상징적 우호 관계를 수립하거나 혁명적 언어에 편중하고 있는 경향을 보이고 있다. 그러나 부르주아 계급 출신 학생들의 귀족적 반란으로 인해 촉발된 운동은, 조화의 국면에서 행위자들과 기구의 암묵적 전제 사항 간에 있는 직접적인 공범성이 은폐하고 있었던 모든 것을 명백히 드러낼 가능성이 별로 없을 뿐이었다. 이런 공범성은 대학 공간을 구성하고 있는 위치에 동형의 성향을 소유하고 있는 개인들과는 분리될 수 없는 사회적이고 학교적인 선별의 결과에 따른 것이다. 결과적으로 학생 운동이나 교원조합(혹은 다른 것)에서 끌어들인 상이한 대변인들은, 정치나 조합 기관의 관용어법 중에서 적절하게 부를 만한 이름을 갖고 있지 않았던 불만을 전혀 표현해 낼 소질을 갖고 있지 않았으며, 순전히 지배의 문화적 차원을 지각하거나 지적할 태도를 그다지 갖고 있지 못했다. 이의 신청 운동에 입각한 운동에서 갑작스럽게 나온 지도자들의 자연 혁명을 신봉하는 담화에 관해서 보면, 이런 불만의 결정 요인을 주술적 부정 속에서 대개의 경우 그 원리를 찾아내고 있었다. 그것은 "소르본대학을 노동자들에게!" 혹은 "노동자들을 소르본대학에!"와 같은 구호가 말하고 있는 바와도 같다.

지배적인 교원조합, 즉 **SNESup**(전국고등교육교원조합)의 경우 사회적 기반으로 인해 신참자들이나 '침입자' 들로부터 가장 확실히 근접해 있는 흐름은, 마찬가지로 교육 시스템에 대해 자유롭고 독창적인 성찰 없이 대

---

23) 학교 기구 속에서 상징적으로 지배된 이런 종류의 침입자들은 상황에 맞지 않은 자신들의 출현으로 인해 돌발적으로 생겨난 의문점을 아주 부분적으로만 표현했으며, 자신들의 존재와 불쾌함의 영향으로 변형된 시스템 앞에서 자신들이 체험한 불쾌감을 부분적으로만 표현했을 뿐이다(이런 경우는 이민자들 자녀들과 같이 극한적인 경우에서 볼 수 있다. 이들은 기구가 정상적으로 운행되는 것으로부터 가장 근본적으로 배제된 문제들을 제기하고 있다).

략 전체적으로 집행부에 의해서 통제되었다. 1966년에서 1969년까지 조합의 지도권을 갖고 있는 '좌익 급진주의적' 경향은, 당시 서기장인 알랭 제스마르를 통해서 5월 혁명중에 중요한 역할을 수행케 하고, 학교 시스템에 의해 전달된 문화와 서열화된 관계(지도 교수와 조교간, 교원들과 학생들 간)의 전면적인 이의 제기를 한다. 서열화된 관계는 '압제자와 피압제자와의 관계'와 같이 계급간의 관계가 고려된 것이다. 그리고 이런 경향은 조합을 '대학 기구 내에서 자본주의 체제에 대항하는 투쟁' 기관으로서 생각케 한다. 대립된 경향은 1969년 3월의 임시총회에서 조합의 지휘권을 확보하였으며(F. 고송, 공산당에 비슷한 반대파는 SNESup의 '좌익 급진주의적' 지휘권을 전복시킨다; 《르 몽드》, 1969년 3월 18일을 참조할 것), 공산당에서 활동하는 사람들에 의해 지배되었는데, 이런 경향은 고유의 조합 임무에 대해 집중하는 것을 내포하고 있으며, 교원들의 승진 개혁, 고등 교육에 취임하는 것의 민주화, '교육연구단위평의회에서 발언권을 확보하는 일'과 같은 '물질적 수단'에 대한 요구의 근본적인 것을 갖게 해주었다. 교육이 갖고 있는 특수적 운행과 기능 분석이 어느 정도 완전히 부재하다는 것——예를 들어 교원과 교육의 학문적 질에 대한 조건과 민주화의 조건 간에 있는 모순——주된 모순에 대해 '기득권을 수호한다'는 배려에 의해 정당화된 절대적인 침묵은 다음의 사실을 행하게 한다. 그 사실은 '고등 교육에의 취임이라는 민주화'라고 하는 애매하고도 공허한 슬로건의 절대적 필요성을 이런 방침이 이용하는 경향이 있다는 것이다. 그런 슬로건은 마치 SNESup의 사회적 기반을 구성하고 있는 하급직 교원들의 동업조합주의자적 요구의 정당한 이데올로기와도 같은 것을 행하게 한다. 이것은 '특권적 지식인들'과 '보수주의자들'에 대한 '좌익 급진주의적' 고발을 통해 대학적 서열——학문적이며 기술적인 근거가 없이 항상 완전하게 있지 않은——과 사회적 서열 간의, 그리고 교육을 받은 사람들의 '민주화'와 교원 집단의 평등화 간에 있는 행위적 혼합을 조장시켜서 가능하게 된다.

공표된 의견들

동의나 청원, 기본 방침, 선언, 강령 등과 같은 정치적 태도 결정을 공식적으로나 집단적으로 발전시켜 가고 표명해 가는 집회나 모임 · 미팅 등과 같이 본래적으로 정치적인 경우를 다양화시켜 가면서 위기는 공통의 정치적 문제를 구성토록 한다. 태도 결정을 구성하는 공간으로 그렇게 만들어졌는데, 그런 태도 결정은 명시적으로 제기되거나 사회적으로 위치해 있는 행위자들이나 단체——조합 · 정당 · 정치적 단체 · 협회 등——에 결부되어 있다.[24] 그러므로 우리가 원하든 원하지 않든, 우리가 알든 알지 못하든 간에 가능한 위치의 배치 공간에 있는 것을 더 이상 피할 수 없으며, 그런 공간에 스스로 있게 되는 것을 더 이상 피할 수가 없다. 그렇지 않으면 정치적인 소박함과 순수함은 끝이 난다.[25] 구체적으로 정치적 위기는 의견 표명하는 것을 본심으로 밝힐 것을 강요하며, 좋든 싫든 간에 공개적으로 드러내게 강요하도록 하는 모든 경우, 다시 말해서 '자신의 진영을 선택할 것'을 강요하도록 하는 모든 경우——그것의 한계는 5월 혁명의 집회에 관여했던 수많은 발언 내용이 해왔던 자유로우면서도 강제화된 공개 고백을 통해서 나타났다——를 통하여 요약해 말해서 그런 정치적 위기가 조장하고 있는 정치적 의견의 전반적인 폭로를 통하여, 이 정치적 위기는(마찬가지로 이런 의미에서는 이미 분석된

---

24) 의견 공간의 표시는 의견이 표출시키고자 하는 최대한의 효과에 달하게 한다. 의견 단계의 제시나, 정해진 대답에 미리 만들어진 전체 답변의 제시만큼이나 외관상으로는 소박해 보이는 기술을 통해서 의견 공간의 표시는 명시적인 문제, 다시 말해서 구성되어 있는 태도 결정의 공간을 강요할 때 의견 조사가 산출하는 최대 효과에 달하게 되는 것이다.

25) 이런 상황은 항상 정치인들의 상황(혹은 적어도 지식인들)이다. 이들 정치인들은 **공인들**(hommes publics)인데, 그들은 끊임없이 **공표되고 공개됐으며**, 만인에게 알려진 의견에 강요된 공인들이어서 정치 공간에서 천명된 자신들의 위치에 대해 자신들만이 갖고 있는 모든 의견과 실천을 열거할 것을 촉구하고, 자신들이 공식적으로 표명하고 있는 위치와 단체에 공식적으로 결부되어 있는 태도 결정을 반박하기에 알맞은 **사적 의견을 비밀** 속에 억제할 것을 촉구하고 있다. 그것은 확실히 검열되고 완곡한 어법으로 사용되고 있는 언어를 함유하고 있다.

모든 효과를 통해 추진된) 개별 행위자가 본유적으로 정치적 원리로부터 파생된 그의 선택 전체를 제약하고, 다른 행위자들의 선택에 대해 자각이나 평가에 있어 이런 동일한 원리를 적용시키는 것을 제약한다.[26] 동시에 정치적 위기는 그때까지는 서로 협조를 아끼지 않았던 사람들간에 결정적인 분리를 끌어들이는 경향이 있다. 왜냐하면 그들은 특히 정치에 대해서는 분리의 원인이 될 수 있는 차이를 일종의 암묵적인 일치에 의해 암묵적 상태나 격차에 그냥 방치해 두었기 때문이다. 우리가 '정치화'라고 부르는 것은 과정의 끝을 지칭하는데, 거기에서 정치적 비전과 구분 원리는 종래에 있었던 기준에 따라 아주 멀어진 사람들을 연결시키고, 이전 생활의 판단과 선택에서 완전하게 멀어진 사람들을 연결시키면서 다른 어떤 것들보다 더 강하게 만드는 경향을 띠고 있다. '주임조교들의 반항'에 의해 촉발된 감정 폭발의 결과는, 어떤 '걸출한 대학인들'을 집단 항의 공간과 때로는 장기적으로 보아 그 당시까지는 경멸시됐었던 '통상적 교수들'의 공간을 재결합시키게 할 수 있었다.[27] 다른 한쪽에서는 다른 적대 진영에서 자연에 반하는 우애 관계로서 나타나도록 되어 있는 연관성이 또한 등급과 신분, 승인되었던 능력의 차이를 넘어서 '5월의 정신'을 바탕으로 마음이 통했던 사람들 사이에 설정되었다. 그리하여 분류적 사고 논리는 개개인들로 하여금 한 집단이 갖고 있

26) 이와 같은 분석 결과 중의 하나는 '진정한' 의견 문제에 대한 소박성을 나타나게 하는 것이다. 의견이라는 것은 매번 표현력이 풍부한 성향과 시장 상황 간에 있는 독특한 관계 속에서 정의된다. 게다가 개별 행위자나 행위자들의 계급에 있어서 해당되는 시장(앙케트 상황은 이런 시장 중 하나이기 때문에 공식적인 성격을 갖는 축에 위치해 있다)의 특수적 법칙(특히 검열)에 따라서 행위자가(해당되는 시점에 정치적으로 구성된 개별 질문들에 대해서) 공언할 수 있는 의견에 대응하는 **정치적 프로필**을 작성할 것을 계획하고, 행위자들의 어떤 특징에 따라서 공적 의견과 사적 의견 간에 있는 **격차**가 변화하는지를 결정할 것을 계획한다.

27) 이와 같은 분석에다가 모든 일반성을 부여하기 위해서, 다음 사실을 지적하고 있는 한 게르망트 공작부인의 말을 인용하는 것으로 충분할 것이다. "예전에는 아주 매혹적인" 어떤 살롱에서 "반드레퓌스파에 있는 사람들이라는 구실로 해서 자신들 삶을 피하려는 데 보냈던 모든 사람과, 그가 누구인지를 생각하지 못한 다른 사람들이 있다"는 것을 볼 수 있다고 이 부인은 지적하고 있다.(M. Proust, 《잃어버린 시간을 찾아서》, II, Paris, Gallimard(La Pléiade), 1954년 238쪽)

는 모든 권위로 발언케 하는 집단적 인물로서 생각되도록 하고, 그런 논리는 동시에 대립된 계급 구성원 각자를, 그들이 나타내는 집단 전체의 행동과 악행의 책임자로 만들어 세우려는 경향이 있다. 5월 혁명 기간 동안 세미나가 진행되는 와중에서 자신들의 학생들과 토론을 벌인 어떤 교수들은 '마오쩌둥주의 학생들'이나 '좌익 급진주의 운동'과 토론을 벌이면서——교수는 그것을 자신의 회상록에서 말할 것이다——스스로를 생각한다.[28] 그러면서 동일한 시기에 '대학' 개혁의 원리들에 대한 준비 작업을 하고 있는 걸출한 교수 단체는, 자신들의 토론에 가끔 참여하러 온 위임받지 못한 이학부에서의 한 학생의 발언을 도덕적인 사람의 틀에 맞는 세심함으로 받아들이고 있다.

일상의 생활에서 본래적으로 선택이 갖고 있는 정치적 원리는, 어떤 의미에서는 성향이나 이해와 같이 위치(사회적 공간에서, 권력의 영역에서, 대학이라는 영역에서)에 결부되어 있는 요소들의 **가시적 중계**(relais visible)에 불과할 뿐이다. 하지만 **방책**(parti)(혹은 결의)은 의식적으로 주장된 위치이며, 다르거나 상반되는 전체 위기에 의해 부정적으로 규정된 위치인데, 이런 방책이 갖고 있는 명시적이고도 차이적인 성격으로 인해 선택의 정치적 원리는 문제 전체에, 특히 단지 부차적이며 주변적인 이해에 관계되는 문제들 그 자체에다가 특수하게 정치적 기준이 되는 전반적이고도 계통적인 적용을 허용하고 있다(이런 전반화와 계통화의 효과는 문화적 자본이 더 중요하고, **일관성**에의 경향이나 능력이 크면 클수

---

28) 분석에 대한 각각의 문제점에서와 같이 프루스트는 여전히 원용할 수 있는 사람이다. "노르푸아 씨는 블로크에게 이 문제에 대해 격렬하게 질문을 해대었다. 나의 동지를 완전히 협박하면서, 그를 또한 기분 좋게 하기도 했다. 왜냐하면 대사는 자신을 통해서 전 당파에게 직접 호소를 하는 것 같아 보였으며, 마치 자신이 이 당파의 기밀을 받았던 것과도 같이 블로크에게 질문을 하는 듯해 보였기 때문이고, 채택된 결정에 대해서는 책임을 확신할 수 있는 것 같아 보였다. 노르푸아 씨는 계속해서 말하기를, 블로크의 대표적 해답을 기다리지 않고 버려 나간다면, 심지어 재심 순서를 결정하는 각령(閣令)의 잉크가 마르기도 전에 내가 어떤 기만적인 단어 배열을 모르기 때문에 당신이 버려 나간다면, 하지만 당신이 정부의 어떤 마지막 순서인 것 같아 보이는 비생산적 대립 관계에서 확인한다면, 그리고 화가 나서 당신 스스로가 당신 편을 들거나 배수진을 치게 된다면 그것은 해로울 것이다."(M. Proust, *op. cit.*, 245-246쪽)

록 더 훌륭한 것이 확실하기 때문이다. 그런 것을 행하는 전문가들이라 할
수 있는 대학 교원과 지식인들은 특권적 위치를 차지하게 된다). 그렇게 해
서 근본적인 사항에 있어서(자신들을 위해서나 시스템의 재생산을 위해
서), 다시 말해서 승진의 문제라는 변화에는 호의적인 주임조교들은 자
신의 정치적 의견이 갖고 있는 명시적이고도 객관화된 원리에 따르려는,
자신의 이해에 직접적으로 관계되지 않는(선별과도 같은) 대학적 문제나
다른 문제에 대한 진보적인 입장을 취하는 것으로 조직되어져 있다.[29]
게다가 일관성의 형식적 제약이 초점이 되는 이해 관계의 효과에 우세하
다는 역설적 경우를 이런 논리 속에서 이해할 수가 있기까지 하다. 그런
역설적 경우의 패러다임은 새로운 사고로 전환시킨 앙시앵 레짐의 귀족
계급에서 잘 나타난다. 그것은 정식으로 구성된(이것은 게시되거나 공식
적인 것을 반드시 의미하는 것은 아니다) 정치적 의견을 매개로 해서만이
사회적 위치를 부차적인 문제에 대한 태도 결정에 다다르게 하기 때문
이고, 명시적인 원칙에서 나오는 이런 태도 결정은 위치에 각인되어 있
는 이익을(완전히 이론적인 방식으로, 적어도 위기가 있는 시간 이외에) 위
협할 수 있기 때문이다. 대학계의 위기는 대학이라는 영역에서 지배적
인 위치에 결부된 이해를 직접적으로 의문시하면서 특수적 혁명으로서
있는 것이며, 본래적으로는 정치적 논리의 상대적 자율성이 도입할 수
있었던 본래적인 대학의 이해와 관련한 간격을 일시 정지시키는 결과를
갖게 된다. 위기 앞에 놓여 있는 원초적인 반응은 대학계에서 교원들의
위치를 분명한 원리로 삼고 있다. 더 정확하게 말해서 그들의 특수적 이
익에 대한 현재와 미래의 만족도는, 대학계를 구성하는 힘의 관계를 유
지하는 것과 전복시키는 것에 따라 결정된다. 이런 태도 결정의 사회적
요인이 백일하에 명백히 드러나게 되고, 그런 태도 결정이 만약에 전향

---

29) 논의되지 않는 배열 속에 있는 대신 정치적 원리로부터 제기되거나 해결되기에 앞
서 위기 직후의 시기에 대학의 문제들이 정치적 문제로서 강요되고 있는 정도는 학부에
따라서 다르다. 그 이유는 대학에 관한 의견과(흔히 '정치화'라고 부르는 것) 정치적 의견
사이에 있는 관계가 의학부나 법학부에서 이학부나 문학부로 나아갈 때 강화되고 있기
때문이다.(1969년도 **AEERS**(과학교육연구조사연구협회)의 조사)

이나 부인하는 것으로서 나타날 수가 있다면, 그것은 대학적 질서가 위협받지 못했던 만큼 오랫동안을 방침 결정——정확히 말해서 일반적인 정치 영역뿐만 아니라, 더 제약되어 있는 한계에서라 할지라도 본래적으로 대학적 영역에 대해서——이 대학계에서 위치를 원리로 삼을 수 있는 것이 아니라, 권력계에서의 위치나 전통적으로 존재나 존재 의무라는 양태에 대해 이런 권력계의 피지배적 위치에 각인되어 있던 정당을 원리로 삼을 수가 있다는 것이다. 특히 '지식인적' 축에 가장 근접해 있는 교수들에게서 이런 경향이 두드러지게 나타난다. 가장 근접한 소속의 영역 속에 각인된 원초적 이해에 복귀한다는 것은, 여러 다른 층위의 소속을 허용했었던 방식을 포기하도록 강요하는 것이다. 그리고 5월 혁명 운동에 찬성하거나 반대하는 수많은 태도 결정은, 원리상으로는 정치 원리를 지니지 않은 반응과 정치화의 효과에 의해 강요된 정치적 합리화의 과정이다. 문헌학과 언어학, 혹은 그런 언어학적 경향까지도 순수하게 정치적인 외양을 띠고 있는 정치 참여 속에서 보도록 하고 있다. 공산당이나 좌익 급진주의자들에 반대하거나, 혹은 공산당과 동조하거나 좌익 급진주의자들에 반대하는 정치 참여는 어떤 특별한 경우에는 모더니즘에, 그 모더니즘을 통해 미국이나 촘스키주의 같은 것에 동일시되었다. 이런 식의 정치 참여에서, 자신들의 사회적 존재를 옹호하는 것에 결부되어 있는 개인이나 단체의——흔히 비장한——충동이나 자극은 표현되어지고 있다.

자발성의 환상

표명된 입장의 포괄적 자각으로부터 생겨난 **상황 파악**(context awa-reness)의 효과는(그리고 정치적 능력이 사회적으로 더 강력하게 그들 행위자들에게 할당하는 만큼 이들 행위자들에 대해 더 강력하게 발휘되고 있다), 정치적 태도 결정의 공간과 사회적 위치 공간 사이에 설정된 관계를 일상의 생활에서보다는 덜 모호하고 덜 흐리멍덩한, 그리하여 더 뚜렷해 보이도록 만들면서 알로독시아가 갖고 있는 효과의 효력을 확실히 감소시키는 경향이 있다. 하지만 집회나 슬로건, 청원, 선언, 강령, 정치 방침과 같은 객관화된 의견의 여러 다른 종류는 위기의 상황에서 갑작스럽게 출현하는데, 이런 것들은 혁명적 정세의 융합이나 표출 속에서 자유롭게 표현되고, 인접해 있는 개인적 의견들의 자발적 변증법으로부터 자발적으로 생겨나게 될 집단적 의견만큼이나 유리되어 있는 의견(우리는 무기명의 조사에 대한 정치적 기관이나 조합적 기관의 적대감을 잘 알고 있다)의 통계 집계를 통해서 얻어진 공적 의견이라 일컬어지는 것으로부터 멀어졌다는 점은 자명하다. 개인적 의견들의 기계적 합계도 아니고, 집단적인 흥분 상태로 인해 파열됐던 의식의 신비스러운 융합도 아닌 위기 시간의 상징적 생산은, 그것이 갖고 있는 원리에 있어서는 일상의 시간에서 달성된 생산과 차이가 있다. 이 일상의 시간은——대개의 경우 일방 통행식으로——사회적 세계의 정의로부터 구축하고 강요하는 전문가들과 그들 전문가들이 표현하는 것으로 간주되는 것 사이에 있는 교환을 통해 이루어진 시간인데, 우리가 이미 보았듯이 그것은 피지배자들을 동원하는 정치적 행위가 위기 속에서, 그리고 그런 행위가 결정짓고 있는 '정치화'라는 효과 속에서 단지 강화될 경우에만 이루어지고 있다. 의식적으로 파악된 공통의 이해 주변에서 단체가 의도했던 결집의 토대로서, 혹은 우리가 선호하는 식으로 말해서 이론적 계급 구성원들 전체의 개인적 의식을 역사에 내재되어 있는 법칙과 더불어——그런 법칙을 집단처럼 구성하고 있음과 동시에, 그들 구성원들에게 자신들의 행동에 필요하면서도 자유로운 목적을 부여하고 있는——직접 일치된 것으로서의 자각화의 신화라 함은 세계의 집단적 견해와 단체의 구축 작업을 은폐시키고 있다. 이와 같은 구축 작업은 공통의 기구를 구축하는 데서나 아비투스와 이익의 유사성에 의해 결합된 행위자들의 잠정적 집단을 **표상해 내려는**(대리하려는) 임무를 맡고, 그런 표상(대리) 속에서나 혹은 그런 표상을 통해서 정치적인 세력으로서 집단을 존속시키도록 하는 임무를 맡는 **전권을 갖고 있는**(plénipotentiaires) 관료 조직을 구축하는 데서 성취된다.

이와 같은 구축 작업은 사회적 세계의 감각이 그 어느때보다도 전체화할 수 없이 불확실해 보이는 위기의 시기에서 만큼이나 전혀 중요치 않은 것이 확실하다. 실제로 정치적인 기관들, 특히 기관을 빈번하게 출입함으로써 집단 조작의 사회적 기술에서 만들어졌던 집행 기관의 인간은——하부 활동가들보다는 지도자들에서 그 수가 더 방대하고, 모든 정치적 소집단이나 정치 당파의 실체를 거의 만들고 있는 사람들에 관계될 것이다——이런 상황에서 만큼이나 참가 의식이 강하고 영향력이 결코 있지 않다. 위기적 순간의 반이라는 알려지지 않은 방대한 결집 속에서, 정통적 의견의 표현과 강요에 대한 경쟁의 메커니즘은——여러 곳에서 엥겔스가 말하고 있듯이 시장의 메커니즘과도 같은 방식으로 "무정부주의 상태에도 불구하고 무정부주의 속에서, 그리고 무정부주의에 의해서" 작용하고 있다——말의 기술이나 말이 있는 장소를 가로채는 기술을 지니고 있는 사람들, 혹은(예를 들어 몇몇 사람에 의해 작성됐거나 끝없는 논쟁으로부터 대개는 그다지 영감을 받지 못한 동의나 청원을 거수로 투표하거나 만장일치로 하는 것과 같다. 그런 끊임없는 논쟁은 표현되게 되었다) 의견을 표현하는 것과 의견의 독점화와 만장일치화를 조직할 줄 아는 기술을 갖고 있는 사람에게 유리하게 해준다.[30] 그때까지(5월 혁명 때까지)는 알려지지 않았던 대변인의 등장과 그들이 거대한 정치 조직과 조합 조직으로부터 끌어들인 전조에 내던졌던 도전은, 역설적으로 다음과 같은 사실을 은폐시켰다. 그 사실은 외견상으로는 '대중의 자발성'에 완전히 버려진 위기 상황보다는 정치 형태의 공적 발언을 하는 전문가들에게 더 호의적인 상황이 분명 아니라는 것을 은폐시켰던 것이다. 그리고 실제로 과거 유대교의 예언자들이 대개 성직자 계급에서 전행했던 사

---

30) 우리는 '5월 혁명에 관한 텍스트'의 대부분이 작자 불명이라는 점과, 그로부터 작자들을 위치시키는 것을 허용하지 않은 약호를 적어넣었다는 점을 주의하지 않았다. 분석의 가능성은 그러므로 상당히 제한되어 있음을 알 수 있다. 그런 문서들의 저자도, 더한층 생산과 수용(찬동)의 사회적 조건도 사회적으로 특징지을 수 없다는 것을 실제로 이해하고자 한다면, 내적 분석의 유효성에 대해 철저히 믿어야 할 필요가 있을 것이다. 이것은 확실히 유사한 조건에서 생산된 많은 문서에서 그 가치가 있을 것이다.

람들이었던 바와 마찬가지로 '대중적 약동'으로부터 갑작스럽게 생겨난 지도자들 대부분은, 실제로 자신들의 정치 계급을 학생조합이나 대학교 원조합과 같은 다양한 집행 기관이나, '혁명적' 정당이나 소집단·당파 와 같은 집행 기관에서 이루어 냈다. 그런 집행 기관에서는 본질적으로 언어적이고 자세를 어떻게 취하는가에 대한 도구 전체를 만드는 특수한 능력을 획득하고, 제도화된 말의 장소나 도구를 획득하거나 유지하는 것 이 가능한 언표적이고 동시에 신체적인 설득 수단 전체를 만드는 특수한 능력을 획득해 낼 수 있다. 대중적 담화의 대중주의적 연극화라 할 수 있 는 5월 혁명의 전형적인 담화 영역을 **환기시킬** 필요가 있다. 그런 담화 유형의 통사론적이고 조음적인 이완[특성]은 엄청난 미사여구적 폭력을 은폐시키고 있다. 그런 폭력적인 언행은 그다지 힘이 없고 자유로운 폭 력이지만, 매력적이면서도 머리에 맴돌면서 괴롭히는 폭력, 특히 말을 얻어내고 유지하게 하는 불심검문이나 야유, 문제 검토, 독촉의 기술 속 에서 더 분명해 보이는 폭력을 은폐시키고 있다. 이와 같은 폭력은 모든 분석적 섬세함을 차단하는 폭력이 있는 문장에서나 불심검문이나 야유 등과 같은 것을 저지토록 하는 집요한 반복 속에서 은폐되어 있다.[31] 5 월 혁명 기간중이나 그 이후에 수없이 말해 왔던 **발언**(prise de parole) 은, 항상 다른 사람의 발언이라거나 혹은 그들의 침묵이라는 것을 실제 로 사람들은 망각하고 있다. 그것은 학생들과 '노동자들' 간의 회합이 아 주 가혹하게 말해 주고 있는 바와도 같다. 그런 회합에서 학생 대변인들 이 하는 말은 상연되고, 노동자들의 말은 침묵시되었다. 실제로 모든 교 수자격 소지자들의 이름으로 말하고 있는 회원이 어느 정도 없는 교수자 격소지자협회의 회장에게, 혁명 지도자를 꿈꿨던 모델의 연동 효과 전체 나 유일한 아비투스로부터 갑작스럽게 나타난 행동 지침에 대해 조합 전 체를 채택하고 있는 서기관에게, 학위를 폐지할 것에 호의를 보이는 혁

---

31) 이와 같은 **이중적인** 아비투스 분석은 애매하면서도 부인되고 있는 야망에 기대어 있으며, 이 분석은 5월 혁명의 수많은 지도자들이 훗날 언론이나 출판·광고업·마케팅, 게다가 자본주의적 기업과 같은 곳에서 성공한 사실을 더 잘 이해하게 해줄 수 있다.

명적 동의나 동합조합적 상상에서 나온 대학 규정을 개혁하는 것에 대해 찬성표를 던지도록 호소하고 있는 총회에서 언젠가는 지도자가 될 사람에게, 이 모든 사람들에게 범주(카테고리)적 소속의 결과에 따라 객관적으로 참가하게 된 개개인들은 체념하고 받아들이게 된 침묵만을, 혹은 연속적인 항의에 대한 무의미한 반항, 반대파 집단의 광신적 결성만을 대립시킬 수가 있다. 이들 반대 집단은 자신들 차례에서 위임 대표권의 박탈 결과를 소멸시킬 수 있거나, 보게 할 수 있는 운명에 처해 있다.

그렇다고 해도 위기 상황과 집행 기관 사이에는 일종의 양립 불가능성이 존재한다. 그것은 좌익 정당이나 노동조합과도 같이 위기가 산출하고는 있지만, 근본적으로는 불연속적이고 이상한 방식으로 산출하고 있는 효과들, 예를 들어 '정치화'나 동원 효과와 같은 몇몇 효과들을 **통상적인 시간 속에서**(en temps ordinaire) 재생산해야 하는 기관들과 관계될 것이다. 그리하여 표상된(대표된) 계급으로부터 지각된 실제를 형성하는 **표상**(대표)**의 행위**(action de représentation)는, 그런 행위의 **항속성**(permanences)(항속적인 업무를 할 수 있는 곳)(건물 · 사무실 · 사무국 등)과 **항속적인 인원**(permanents)(이런 항속적인 업무를 보는 곳에서 일하는 사람들)을 갖추고 있는 공식 기구에 의존하고 있다. 항속적인 인원은 **연속적으로**(continûment) 혹은 조정되거나 규칙적인 주기성으로 표상(대표)을 하는 집단과 표상(대표)된 집단의 동원 상태를 유지하게 하는 행위(전단물의 생산, 포스터 부착, 신문 판매, 명함 배포, 회비 징수, 회의나 축제, 집회, 미팅을 기획하는 일)를 수행해야만 하고, 그들의 항속적인 행위 결과에 대해 의존하면서 시위나 파업 · 노동 정지 등과 같은 **명령에 의거한 위기**(crises sur ordre) 등을 산출할 수 있다. 거기에는 적어도 항속적인 조직과, 그런 조직이나 그런 조직이 재생산하고 있는 것과 깊은 관계를 맺고 있는 사람들의 내재적 경향, 그리고 그런 조직이 봉사할 것이라고 여겨지는 목적 간에 잠재적인 모순이 있다. 그 자체에 있어서 그 자체의 목적이 되고 있는 조직의 자율성은 자기 재생산이라는 내적 기능에 외적 기능을 희생시키려고 한다. 그렇게 해서 **위기적**(critiques) 상태를 생산하거나 유지시키기 위해 공식적으로 위임된 집행 기관은, 위기가 기관 행동의 통제된 결과가 아닐 때 이런 기능을 저버릴 수 있다는 것을 설명하고, 따라서 위기가 기관의 내적 질서, 그렇지 않으면 그 기관의 존재 자체에 대한 위협도 포함하고 있다는 것을 설명하고 있다.

확실히 위기의 상황은 대변인들의 공간, 다시 말해서 그 자체로의 정치적 영역의 전복에 있어서 통상의 질서보다는 더 호의적이다. 실제로 (정치기술에 대한) 비전문가들의 즉흥성을 방해하고 관리하는 경향이 있는 사회적 기술의 효과가 아무리 강력하다 할지라도 이들 비전문가들은 유사성을 띠는 성향들을 만남으로써 강화되거나 유지되었는데, 비전문가들은 확실히 위기의 가장 중요하고도 가장 지속적인 효과에 공헌하기 위해서 검열의 해제를 이용할 수 있다. 그것은 사고나 생활 양식의 심층 깊은 변화, 더 정확하게는 일상 생활의 상징적 차원 전체가 되는 심층 깊은 변화와 같은 상징적 혁명이 해당된다. 일상적으로 판에 박혀 있는 행동과 집착하고 있는 것과 더불어, **메타노이아**(metanoïa)〔변심〕와 정신적 전환으로 이르게 하는 일종의 집단적 관례로 기능하는 위기는 무수히 많은 동시적 전환을 야기하게 하는데, 이와 같은 동시적 전환은 서로 강화되기도 하고 유지되기도 한다. 위기는 사회적 신분이나 연령 · 성별 간에서 통용되는 예절 형식이나 상석권의 행위, 그리고 화장이나 의복의 관습 등과 같은 가장 통상적이라 생각하는 상징적 실천의——고도로 억압되어 있는——정치적 측면을 다시 나타나게 하면서 행위자들이 사회적인 관계, 특히 계급 서열의 상징 체계를 향하여 이르게 되는 관점을 변화시킨다. 게다가 **교양 소설 혹은 성장 소설**(Bildungsroman)의 기술만이 어떻게 해서 집단적 위기와 개인적 위기가 서로 우연적으로 쓰이게 되는지를 볼 수 있게 해줄 것이며, 어떻게 해서 정치적 조정이 인격 쇄신을 수반하는지를 볼 수 있게 해줄 것이다. 이와 같은 인격 쇄신은 의복이나 화장과 같은 상징 체계의 변화를 통해서 확인되는데, 이 의복이나 화장의 상징 체계는 공적인 만큼이나 사적인 모든 생활 행동 전반의 원리에서 각인된 사회적 세계의 윤리적이면서도 정치적인 견해 속에서 전체적 참여를 밀폐시키고 있다.

부 록

【부록 1】 사용된 정보원

1. 인구통계학상의 지표와 상속되거나 후천적으로 얻어진 사회 경제적 자본 지표

연령이나 출생지, 결혼 여부, 자녀의 수, 거주지, 부친의 사회적 · 직업적 카테고리, 그리고 훈장에 대한 정보는 1968년 12월까지 소르본대학에서 연 3회 간행된 《파리대학 연보》의 체계적인 조사로 인해 수집되었다. 이 잡지는 소르본대학에 임명된 교수들 개개인에 대한 상세한 커리큘럼과 그들 교수들이 출판한 것들의 목록, 현재도 계속해서 준비중인 연구 목록, 외국에서 해야 할 파견 조사 연구에 대한 보고문, 그리고 그들 자신들이 얻어냈던 프랑스와 외국의 서훈에 관한 정보를 게재하고 있으며, 동시에 고급 관료와의 접촉이나 대학에서의 의식, '대학에서의 활동'에 관한 귀중한 정보를 포함하고 있는 《연대기》를 게재하고 있다(우리는 파리시립도서관의 전기 자료 목록에서 몇 가지 유용한 정보를 찾아냈다). 마찬가지로 1970년에 출간된 《프랑스 인명록》(경우에 따라서는 1970년 이전의 인명록)을 조사했었고, 다른 전기 사전, 그 중에서도 1971–73년판 《세계인명록》과 1962년판 《전국의 신(新)현대인 사전》, 1971년판 《세계 전기 사전》, 1963년판 《사회과학의 아프리카 전문가 사전》을 조사했었다(이런 정보를 수집하는 일이 그 자체로 길고도 험난한 연구였다는 것을 굳이 언급할 필요는 없을 듯하다. 《파리대학 연보》와 같이 가장 귀중하다고 생각되는 정보원 중에서 어떤 것은 최종 단계에서야 발견되었다). 하지만 간행된 정보를 정확히 점검하기 위해서 우리는 행정적으로 조사된 것에 의해 제공된 데이터를(특히 다른 정보원에서는 가장 적게 나타났던 문학부 교수들과 이학부 교수들의 노력을 자극하면서) 특별히 사용했었다. 이 모든 보충적인 정보원 중에서 가장 귀중한 것은 의심의 여지없이 학자들에 대한 조사, 특히 문학이나 사회과학 · 경제학 · 정치학 · 법제사에서의 연구자들에 대한 조사였었다. 이 조사는 연구자들의 연차 명부 작성을 진척시키고자 할 목적으로 인간과학관의 과학교류정보국에 의해 1963-64년과 1967-68년에 우리와 협력하여 기획된 것이었다. 전체 중에서 80%라는 아주 향상된 답변 비율에도 불구하고 방송에 의한 모든 조사에 내재된 단점을 허용하고 있다면, 이런 조사는 특히 대학적 경력이나 출판에 대해서 뿐만이 아니라 교원단 **전체**에 대한 사회적 출자——어쨌든 서열 속에 있는 위치에 따라 대표 비율의 감소와 더불어——에 대해 **아주 완벽한** 정보를 제공해 준다는 이중의 장점을 갖고 있다. 마찬가지로 우리는 1969년의 과학연구보급연구협회의 전국적 조사에 대한 답변에서 몇 가지의 정보를 끌어냈다. 그것은 1968년의 프랑스 학술저작자협회와 1973년의 펜클럽작가협회가 행한 조사를 따른 것이다. 이외에도 상당히 귀중하다 생각되는 자료는, 그랑제콜을 졸업한 동문명부와 다양한 직업에 대한 잡지에서 1970년 이후 게재된 사망자란의 기사이다. 예를 들어 1970-80년까지 《고등사범학교 졸업생들의 우정회 명부》, 1970-80년의 《라틴어라틴문학연구지》, 1970-80년의 《기욤 부데 학회지》, 1970-80년의 《그리스어 연구지》, 1970-80년의 《이탈리아어 연구지》, 또한 1970-80년의 〈비문(碑文)과 문예 아카데미〉의 회의보고서를 조사하였다. 마지막으로 《르 몽드》지가 가장 눈에 띄는 인물에 대해 보유하고 있었던 특별 자료를 참조하기도 하였다.

  정보가 이런 방법이나 확실한 정보제공자로부터 얻어질 수 없었을 때, 마지막 수단으로 우리는 이해 당사자들 자신들에 대해 상호 보완적인 몇몇 인터뷰, 그것이 자택에서 행해지는 심층 깊은 인터뷰가 되든 아니면 전화로 한 인터뷰가 되든 간에 이와 같은 방식으로 조사를 해나갔다. 이런 여러 자료를 대조하는 일은 대개의 경우 인명 사전이 어쨌거나 확실한 것으로 부여해 주지 못했던 정보를 정밀하게 해주거나, 아니면 수정을 가하게 해주었다. 예를 들어 어떤 교수의 부친은 《인명록》에 따르면 '포도를 재배하는 사람' 이었으며, 실질적으로도 '포도원의 소유자이자 법학사' 였다. '교수' 라고 밝혔던 어떤 다른 사람의 부친은 '초등학교 교사이자 상급 교육 수료증을 갖고 있던 사람'이었다. 또 다른 어떤 교수의 부친은 '거상'이거나 '공무원'이 아니었지만, '섬유상 협회 대리인'이거나 '우편전신전화국장'이었다. 어떤 다른 경우에서는 무엇보다도 대규모 거상 중에서 분류됐었던 '투자 알선 대행업자'가, 실제로 공증인 사무소의 소서기였다는 것을 직접적인 질문을 통해서 알 수가 있었는데, 이 소서기는 자신들이 하는 사업에서 특수한 것들을 조언하기 위해 설명을 시작했었다. 일반적으로 인명 사전에 있는 항목들은 당사자들이 써놓게 되고, 적어도 그들 자신이 점검을 하게 되는데, 이런 항목들은 **최대한의 불명확함**(indétermination maximum)이란 방향 속에서 체계적인 방향을 제시하고 있다(《인명록》의 편집자들은 회답이 주어진 것을 얻어내기 위해 요구하는 일이 자신들에게 필요하다고 말하고 있으며, 그들 편집자들 자신은 때때로 '공무원'류의 완곡한 표현과 같은 위험을 제시하고 있다고 말하고 있다). 뽐내는 가계의 몇몇 특별한 경우를 제외하고 아주 일반적으로 보이는 이런 책략은, 사회적 차이를(그러므로 분석하는 데 있어서 사회적 출자의 중요성) 과소 평가하는 경향이 있다. 분류됐던 것을 가장 통합적이고도 가장 막연해 보이는 계급 탐구를 하는 데 있어서 표현하고 있는 통상적 거부를 뛰어넘어 필요한 경우에는 자신의 출신·궤도·공적의 모습을 변경시켜 가면서 자신만의 모습을 만들어 가려는 배려는, 경우에 따라서 실제보다는 어느 정도 향상된 출발점을 부여해 주게 한다(그리하여 우리는 격차가 나는 경우를 코드화하는 경우와 그런 경우로부터 논리를 결정하기 위해 방향을 코드화하는 경우에 대해 어느 순간 생각했었다). 이 모든 것은 코드화의 층위에서는 극도로 어려운 문제를 돌출시키게 했다. 엄밀한 코드가 교수 부친들 세대에 있어서——(생물학적인 의미에서) 그들 자신이 두 세대에 걸쳐 분포되어 있는——직업 구조가 무엇인가 하는 엄밀하면서도 완벽한 지식의 토대 위에서만 확립될 수 있다는 것 이외에 입수 가능한 정보는 매우 불균등하다. 그 결과 채택된 코드는 자료화가 가장 적은 경우에는 너무 세밀하게 되지 못할 위험이 항상 도사리게 되고(이것은 과다한 코드화로 이끄는데, 예를 들어 엔지니어나 상인이라는 카테고리를 구별하려는 경우에서 발생한다), 가장 자료화가 많은 경우에는 너무도 조잡해질 위험이 항상 도사리고 있다 (이것은 코드화의 부족이나 정보 상실로 이끄는 것이다).

종교에 관해서 우리는 유대교나 개신교와 같은 종교를 소수파 종교로 ——애초에 소속된 구성원 전체(종교를 실천하고 있는 정도를 고려하지 않고서)—— 분류한 반면, 다수파 종교로는 가톨릭교를 분류했다. 우리는 교회에 관련된 조직에 교인들 자신이 소속되어 있다는 것, 1967년의 《프랑스 가톨릭 연보》에 게재된 조직에 소속되어 있다는 것(다른 관점에서 조직 구성에 대한 것을 수집할 수 있었다. P. 부르디외와 M. 드 생마르탱의 거룩한 가족, 권력계 속에 있는 프랑스의 주교단, 《사회과학 분야 연구집》, 44-45, 1982년 11월, 2-53쪽을 참조할 것), (프랑스 지식인들의 가톨릭센터와 같이) 공공연하게 가톨릭을 신봉하는 활동이나 조직(잡지나 협회 등)에 자신들이 참여하고 있다는 것을 통해 지칭되고 있는 유명한 가톨릭교인들을 구분하였다. 유대인들에게 있어서 우리는 1971년판 《프랑스에서의 유대교 입문》에 의존했으며, 개신교도들에게서처럼 적절한 정보제공자들(목사나 랍비, 종교 단체의 책임자들 등)에게 문의했다. 마찬가지로 **종교 운동**(mouvements confessionnels)에 대한 《샤토댕 인명록》을 참조하기도 했다. 우리가 오류의 위험을 최소화시키기 위해 모든 것을 했다 할지라도(특히 여러 사람들에 의해 확인된 정보만을 확실한 것으로 주장하면서) 완전히 성공했다고 전적으로 안심할 수는 없다.

2. 상속되거나 후천적으로 얻어진 문화 자본의 지표

위에서 이미 언급된 생애 약력에 대한 정보의 정보원(인명 사전이나 보충적인 조사, 사망 기사, 정보제공자, 인터뷰)은, 중등 교육(사람들이 많이 찾는 학교 형태, 사립 혹은 공립, 파리나 지방의 학교 형태)과 고등 교육에서(파리나 지방에서, 부분적으로 외국에서나 그렇지 않은 경우, 일반대학이나 그랑제콜에서) 행해진 연구에 대해서 대개의 경우 정확히 할 필요가 있었던 정보를 제공해 주었다. 예를 들어 중등 교육에 있어서 사람들이 많이 찾는 학교와 그랑제콜에서 시험 준비를 하는 학교 등이 흔히 혼동되는 경우가 있기 때문이다. 게다가 그랑제콜에 소속되어 있다는 것을 명시하기 위해서 그랑제콜의 연차 명부에 게재된 졸업생 명부를 참조하기도 하였다(《울름가고등사범학교 졸업생 우정회 명부》《세브르고등사범학교 학년별 명부》《생클루고등사범학교 동창회 명부》《퐁트네오로즈고등사범학교 동창회 명부》《파리정경학원 졸업생 명부》《국립토목학교 명부》《고등상업전문학교 공식 명부》《국립행정학원 졸업생 명부》《이공과학교 동창회 명부》《국립고등광업학교 명부》《국립중앙공예학교 동창회 명부》). 그랑제콜에서 유래한 이행 과정은, 여러 다른 학부에 따라 매우 불균등한 가치를 갖고 있다. 예를 들어 고등사범학교에서 유래한 과정이 문학부 내부에서 아주 중요한 성질을 지니고 있다면, 그것은 이미 이학부에서는 완전히 다른 것을 의미하고 있다. 이학부에 있는 고등사범학교는 이공과학교나 국립고등광업학교 · 국립중앙공예학교와 같은 다른 그랑제콜과 경합을 벌였다. 이것은 법학부 내부에서는 거의 의미가 없는 것이다. 법학부에서는 문학계의 고등사범학교에 의한 이행 과정보다 어쨌든간에 더 희귀하고, 더 평범한 정경학원이나 국립행정학원에 의한 이행 과정이 우위를 점하고 있다. 마지막으로 고등사범학교에 의한 이행 과정은 의학부에서는 더 이상의 어떤 의미도 없다.

마찬가지로 일률적이라 할 수 있는 학교적 성공의 기준, 즉 전국학력경시대회의 수상을 조사할 필요가 있어 보였다. 1학년 혹은 마지막 학년에 있는 동안 한 과목이나 혹은 여러 과목에서 전국학력경시대회에 참가했었던 교수들을 찾아낼 수 있었다는 것은, 분명 더욱 만족스러운 일임에 틀림이 없다. 하지만 후보자들을 망라하고 있는 목록이 없기 때문에 우리는 성공한 사람들만을 기록할 수 있었다. 이것을 위해서 1974년 판《전국학력경시대회 수상자회 명부》를 참조하였다. 그리고 이 명부가 (게다가 경시대회 수상자 전원이 아닌) 수상자회 가입자들만을 게재하고 있었기 때문에, 우리가 수집할 수 있었던 이전 해의 모든 명부와 수상자회의 정기적인 회보를 참조하였는데, 이는 일시적인 가입자들 중 가능한 상당 부분에 해당하는 사람들을 되찾고자 한 것이다. 그렇기는 하지만 전국학력경시대회 수상자 비율은 여기에서는 확실히 과소 평가되었다.

이외에도 학교적 성공과 학교적 조숙함(이 두 가지 측면은 흔히 긴밀하게 결부되어 있기 때문에)을 제시할 수 있는 다른 기준은 검토되어질 수 없이 조사됐었다. 문학부와 이학부에 있어서 교수자격시험이나 국가박사 논문, 법학부에 있어서 박사 학위나 교수자격시험, 의학부에 있어서는 인턴과 교수자격시험과 같이 대학 생활을 점철시키고 있는 몇몇 중요한 시험에 관련된 모든 정보에 있어서도 사정은 마찬가지이다. 견본 전체에 있어서는 교육부에 있는 자료 덕택으로 인해 획득한 칭호(교수자격, 박사, 인턴 등)나, 이런 칭호를 갖게 되었던 연령, 합격 서열과 같은 것을 모을 수 있었다. 하지만 수집된 정보는 여러 다른 학부간에는 비교 자체가 불가능하다. 예를 들어 아주 대략적인 방법으로, 문학 계열과 이과 계열 학과들의 국가박사 논문과 법학자와 의사들의 교수자격을 동등한 것으로 간주할 수 있다면——우리가 그것을 하려고 했던 것처럼——이런 다른 칭호가 얻어진 연령을 직접적으로 비교할 만한 정도로 그것들을 동화시킬 수는 없는 일이다. 혹은 문학부와 이학부 간에 있는 경우에서처럼 구조 속에 유사성이 존재할 때조차도 국가박사 논문이 문학부보다는 이학부에서 더 일찍 제출, 심사받게 된다는 것을 설명해 주는 제도의 효과가 존재하고 있다.

연구 논문에 있어서는 연구된 시기와 방치된 시기에 있는 다른 연구 코스만을 언급할 터인데, 그것은 견본이 되는 교수들의 학교적 자본을 정확히 파악하려는 것이다. 예를 들어 이중의 바칼로레아와 이중의 학사 학위를 통과했다는 사실은, 어떤 학교적이며 대학적인 성공 지표를 나타내 주고 있기는 하지만 견본 전체에 대해 체계적인 방법으로 그것을 확립한다는 것은 불가능한 일이었다. 마찬가지로 대학적 경력의 다른 극단에서, 특별한 계급(등급 E)에 지명되는 연령은 전문 분야에서의 성공에 있어서 좋은 지표가 되기는 하지만 견본이 되는 대학인들의 한정된 수에만 관계한다. 마찬가지로(이중의 바칼로레아 자격과 이중의 학사 학위에 관한 정보와는 반대로) 이런 경우에 정보가 입수 가능했고, 엄밀하게 기록되었다 할지라도 그것을 사용하지 않을 것을 체념하고 받아들였다. 그러므로 우리는 아주 의미 있는 데이터를 활용하거나 코드화할 것을 포기해야만 했는데, 그 이유는 아주 미약한 부분에서만이 입수 가능했었고, 집단에는 분포가 너무도 잘못되었기 때문이다.

3. 대학적 권력 자본의 지표

대학의 자문위원회에 소속되어 있다는 것은, 1968년판 《공교육 인명록》(문학·이학·의학·법학·경제학 부문들)을 참조하면서 확정되었다. 이 인명록은 1966년에 선출되고 임명된 구성원들의 목록을 간행하고 있다. 1971년 5월 1일자 《전국고등교육교원조합 추모록》은, 1969년의 대학자문위원회 구성원 목록을 간행하고 있다. 마지막으로 전국고등교육교원조합의 자료 조사집인 《대학과 학문 연구》와 1975년 12월판 《전국고등교육교원조합 회보》의 부록 60호는, 1975년의 대학자문위원회 구성원들의 목록을 간행하고 있다. 우리는 그런 자료가 등장한 횟수를 코드화하였다.

공교육고등평의회나 고등교육평의회가 어떻게 구성되었는지를 검토해 본 결과는 이런 지표들을 배제시키도록 하였다. 첫번째 경우에, 1968년판 《공교육 인명록》이 구성되어 있는 것을 검토해 본 결과 공교육고등평의회가 실제로 계산하고 있는 1백6명 중 16명만이 고등 교육에 속해 있었다(그 중에서 파리에 있는 학부 전체에 속해 있는 사람은 단지 7명뿐이다). 두번째 경우에, 고등교육평의회 구성원들 63명 중 반 이상이 행정기관의 대표 구성원(19명)의 요청에 의해서나, 아니면 의학연구성간연락위원회나 그랑제콜학생협회전국동맹과 같이 다양한 단체나 조직 대표(13명)의 요청에 의해서 이 협의회에 모습을 나타내고 있다. 그리고 선출된 구성원들(31명) 중 파리대학 교수들의 일정 부분은 매우 미약하다.

대학 권력은 또한 다른 대학 기구의 한계 속에서 행사되고 있기 때문에 우리는 1968년판 《공교육 인명록》이나 《파리대학 연보》에서, 교수들 자신이 있는 기구에서 책임감이라는 기능을 경험했었던 그런 교수들을 찾아냈다. 이런 기구는 예를 들어 교수들이 어떤 시점에서 파리대학평의회 구성원이나 학부장, 부학부장, 학부장 보좌역, 학부나 대학의 연구소 소장, 이과계 대학 교원 단체장, 문학계 대학 교원 단체장, 법학과 경제학계 대학 교원 단체장, 대학부속병원장, 공업기술단기대학장 등에서 있었다든지, 아니면 어떤 시점에 이들 교수들이 사르트르 고문서학교, 루브르학원, 아테네학원, 로마학원, 물리-화학학교, 동양어학교와 같은 곳에서 교장이었다든지, 혹은 고등사범학교 등의 교장으로 있었던 곳이다.

(비문과 문예 아카데미, 과학 아카데미, 혹은 인문 · 사회과학 아카데미의) 학사원의 구성원이 된다는 사실이나 의학 아카데미의 구성원이 된다는 사실은 특별한 신용을 부여해 주고, 동시에 역할에 결부된 권력을 강화시켜 준다. 학사원의 구성원들은 《프랑스 학사원 연보》를 조사할 수 있었고, 1968년판 《공교육 인명록》을 이용하여 의학 아카데미 구성원들을 조사할 수 있었다. 이외의 다른 아카데미나 학회에 소속되어 있는 것에 대해 코드화할 것을 포기하였는데, 그것은 사전에 행해야 하는 조사 없이 그것들이 갖고 있는 정당한 가치를 다양하고 매우 분산되어 있는 기구에 부여할 수 없기 때문이다. 그것은 직업상의 영예에 대해서도 마찬가지인데, 그것의 정보는 《CNRS 통신》의 '서훈과 지명' 이라는 제목을 따라서 쉽게 수집할 수가 있었다. 이와 같은 영예는 상세하게 들어가지 않고 순수하고 단순하게 기록할 수 있기에는 너무도 불균등한 가치를 갖고 있다. 외국 대학에서의 **명예박사 칭호**(honoris causa)만이 기록되었지만, 그것은 단지 한정된 견본이 되고 있는 문학부 교수들을 위해서만 기록된 것이다. 이들 교수들은 더 선별된 이들이기 때문에 인명 사전에 게재될 가능성이 더 많은 사람들이었다.

마지막으로 문학부 교수들만을 조사한 경우에서, 우리는 교수자격시험이나 울름 가에 있는 고등사범학교의 입학시험 심사위원회에 참여한 것을 찾아내었다. 그렇게 해서 우리는 1959년부터 1980년까지의 교수자격시험심사위원의 목록과 1961년부터 1981년까지의 고등사범학교(문학계) 입학시험 심사위원의 목록을 참조하였다. 고등 교육을 하는 교수들이 이와 같은 심사위원회에 참여하고 있는 일은 1960년대초부터 감소해 가고 있었으며, 이런 지위가 어느 정도는 자신들의 가치를 잃게 하는 듯해 보인 것이 바로 이 기회에 나타나게 되었다. 다른 관점에서 우리는 학술지 편집위원회에 문학부 교수들이 참여하게 되었음을 알리고 했었다. 그렇게 해서 프랑스대학출판부(PUF)에 의해, 1970년에 발행된 41개 잡지의 인문과학지 편집위원회가 어떻게 구성되었는지, 그리고 고등연구원(EHESS)에 의해 1969년에 발행된 8개의 잡지인 인문과학지 편집위원회가 어떻게 구성되었는지를 연구할 수 있었다.

4. 학문적 권력과 위신 자본에 대한 지표

고등 교육 교수들을 국립과학연구센터(CNRS)에 결합시키고 있는 관계들은, 이들 교수들의 학문상 위신을 측정하기 위해 채택된 주요 지표를 나타내 주고 있다. 전국과학연구위원회의 이사회와 각 분과회에 소속되어 있다는 것은, CNRS에 의해 간행된 이사회와 위원회의 구성원들 목록을 참조하면서 1963년과 1967년 · 1971년에 대한 것을 기록하도록 하였다. 우리는 3개의 목록에서 동일한 이름이 나타난 빈도수와, 분과회에 있는 구성원들이 임명 선출되었던 것에 따라서 이 분과회에 있는 구성원들을 구별지었다. 하지만 이런 정보를 분석하고 있는 데서는 고려할 것을 포기하였다. 실제로 법학과 의학은 CNRS 쪽을 지향하고 있는 문학부나, 특히 이학부보다는 더 많이 기울이지 않았다. 마찬가지로 위원회나 선거위원회 의장과 같이 교수의 수가 지극히 미미하다는 사실과, 게다가 이들 교수들이 차지하고 있는 다수의 지위 형태에 의해 특징지어진 특성들[소유물]을 코드화할 수가 없었다.

CNRS에서 한 연구실의 실장직은, 더 이상의 설명 없이도 '연구팀'의 실장보다 훨씬 더 확실한 학문적 위신 지표를 이루고 있는 것처럼 보였다. 실제로 한 연구팀을 지도하는 것은, 직무나 근속 연수에 결부되어 있는 행정상의 책임만을 지칭할 수가 있다. 우리는 CNRS에 의해서 출간된 소책자, 예를 들어 1968년판 《부서와 연구실》, 1972-73년판 《연구 교육), 1968년판 《공교육 인명록》을 참조하였다. 그럼에도 불구하고 교수이면서 동시에 연구실장인 이들의 비율은 과소 평가되었으며, 엄밀하게 국립공예학교(CNAM), 국립박물관, 콜레주 드 프랑스 등의 연구실 실장들을 소개할 필요가 있었음을 유념해야만 한다. 하지만 그것은 적절성과 철저함을 보증하기가 불가능했을 것이라는 선택의 폭을 넓게 하려는 것이었다.

CNRS 훈장에 있어서, 우리는 1962년부터 1972년까지 CNRS에 의해 수여된 금메달과 은메달·동메달 목록을 조사하였다.

1969년부터 1971년까지의 경우 학술토론회에 출석하는 빈도수의 측정은, 다른 기구에 의해 간행된 연보 조사를 통해 얻어졌었다. 이 연보는 연간 교육 보고, 각 교수들의 학문적 활동, 예를 들어 학회나 강연·학술조사단·출판물을 소개함으로써 이루어졌다. 우리는 강의나 세미나 주제를 고려하는 것을 생각했었다. 하지만 단 한 가지 제목이라는 토대 위에 이론의 여지없이 구분되고, 특히 질적으로 중립적인 교육 계급을 구분하는 일은 어려워 보였다.

소속 기관과는 다른 기관에서 행한 교육은 보완이 되는 교육 중에서 '지적인' 학교나 '권력'적인 학교에서 행해지고 있는 교육을 구분하면서 고려되었다. '지적인 학교'를 생각하는 것은 (울름 가, 세브르, 생클루, 퐁트네에 있는) 고등사범학교와 사르트르 고문서학교, 루브르학원, 동양어학교, 미술학교를 말하는 것이다. 이런 정보는 1968년판 《공교육 인명록》(국립고문서학교, 국립현대동양어학교, 울름 가와 세브르·생클루·퐁트네에 있는 고등사범학교, 루브르학원, 국립고등미술학교에 대한 것이다)과 각 학교가 발행하고 있는 교원들 목록에서 끌어온 것이었다. 우리는 보충 수업 시간이나 연구 쪽을 지향하는 것보다 교육을 지향하는 경향을 보이는 좋은 지표들을 코드화할 것을 포기했는데, 그 이유는 매 경우에 주어진 수업 시간 전체를 파악하는 것이 보장되지 않았기 때문이다.

학문적 생산에 관해서, (인명록을 작성하는 용도로 되어 있는 질문서와 같이) 부정확하거나 종종 부분적인 정보원으로부터 간행된 저서나 논문을 조사한다는 것은 큰 의미는 없을 터이다. 분야에 따라 변화하는 총서나 잡지의 서열을 고려하기 위해서는 출판 빈도수나 페이지수, 특히 출판사나 게재지를 조사하는 일이 필요했을 수도 있다. 외국어로 번역된 저서(그것들 중에서는 여전히 구분해야 할 필요성이 있을 것이다)의 수를 조사하는 것이 바람직해 보였는데, 그것은 논문을 배제시킨 채(1942년부터 1952년까지의) 미국국회도서관의 카탈로그와 (1953년부터 1967년까지의) 전국 정기간행물을 토대로 하여 조사한 것이다. 그리하여 개별 저자들에 관해서, 우리는 몇 개의 언어가 어떻든간에 미국국회도서관에 등록된 번역수를 들춰낼 수 있었다. 그렇게 수행해 가면서 우리는 영어로 번역된 것에 특별한 권한을 부여해 주었고, 저자들의 저서는 저자들이 사용하는 원래 언어(프랑스어)로 작성되어 미국국회도서관에 있는 카탈로그에 그 모습을 나타낼 때 불리하게 작용하였다(그것은 특히 법학에 대한 저서에 관한 것들이다). 이것뿐만 아니라 번역수를 순수하게 그리고 단순하게 합산하면서, 우리는 다른 언어로 번역된 상태로 카탈로그에 나타나고 있는 동일한 저서를 여러 번 셈하게 되었다.

1970년판 《사회과학 인용 색인》은 번역서수와 동일한 관점에서 얼룩졌다 할지라도, 마찬가지로 확실한 학문적 위신의 지표(인문과학에 한정되긴 했지만)를 얻게 해주었다. 이전에 했던 조사에서 우리는 (1972년부터 1974년까지) 3년 동안 《엑스프레스》지에 의해 공표됐던 명부에서, 출현 빈도수에 따라 정리된 지식인과 작가들의 이름 목록을 설정하면서 지식인계에서의 명성 지표를 구성하였다. 하지만 이와 같은 방법은, 그 문제가 되고 있는 명부가 서점에서의 판매 실적에 의존하고 있기 때문에 몇 가지 의심이 갈 만한 것을 담아두고 있었다. 그러므로 우리는 1970년에 대한 《인용 색인》에서 언급된 인용수를 견본이 되는 개인을 위해 계산하려고 했다. 이와 같이 행한 산정 기준이 의존하고 있는 사회과학의 선별된 국제적 잡지 전체가, 그 분야의 학문적 생산을 충분히 대표하고 있다 할지라도 분명히 몇 가지 문제점을 제시해 주고 있다. 그것은 예를 들어 무엇보다도 저서 속에서의 인용이 제외되었다는 점이다. 그 다음으로 발췌된 인용이 학문적 관심 사항의 의도적 인용으로부터 우리가 더 관례적이라 할 수 있고, 확실히 관대할 수 있는 저서의 단순한 서평에까지 아주 상이한 배열 형식으로 존재하고 있다는 점이다. 마지막으로 이와 같은 인용 조사는 필라델피아과학정보연구소라는 미국의 한 연구소에서 생겨났기 때문에, 그리고 거기에서 조사된 미국 잡지의 중요성은 실로 엄청나기 때문에(57.2%) 미국식의 과학 쪽으로 가장 방향을 잡아가고 있는 분야, 다시 말해 예를 들어 문헌학이나 고대사보다는 사회학이나 심리학, 그리고 개별 학과에서 미국에 자신들의 이름이 퍼지는 것을 가장 걱정하고 있는 교수들이 유리하게 있다.

우리는 또한 외국, 더 특별히 지칭해 말하자면 미국에서 연구를 위해 실행되었던 전문적 체류에 대해 고려코자 했었다. 이것을 위해 1960-61년부터 1972-73년까지 미-프위원회(풀브라이트 장학금)의 프랑스 장학생 목록(교수나 연구자·학생)을 조사하였다. 하지만 엄밀하게 말해서 체류 기간이나 미국 대학들이 상당히 서열화되어 있기 때문에 체류 장소와 같은 부차적인 변수를 도입할 필요가 있었다.

박사 논문 지도 또한 대학적 권력을 생각하는 데 가장 강력하고 가장 확실한 지표 중의 하나임이 틀림없다. 우리는 그런 박사 논문을 고려할 것을 포기해야만 했는데, 그 이유는 전체 학과에 대해 동질적인 정보를 얻어낸다는 일이 불가능했기 때문이다. 박사 논문을 분류해 놓은 중앙 색인표에——반복된 요구에도 불구하고——접근할 수가 없어서 우리는 몇 가지 입수 가능한 목록을 모으려고 해봤지만 그런 목록은 모든 분야에 존재하지 않았고, 극도로 잡다하게만 보일 뿐이었다. 예를 들어 철학에 대한 입수 가능한 목록(《1965년부터 1970년 7월까지 프랑스에서 등록된——문학과 인문과학——국가박사 논문 과정중에 있었던 주제 목록이 설명되어 있는 일람표》)은 1965년과 1970년 사이의 논문 등록을 그 대상으로 하고 있는데, 그것은 개별 교수들의 등록된 논문수를 다시 파악하려는 것을 금하고 있다. 우리는 그런 논문수가 중요하면 중요할수록 자리에서 근무하고 있는 연수, 그러므로 조기에 승진하는 일이 더 대단하다는 것을 상정할 수 있다. 역사학에서 입수 가능한 정보원(프랑스대학 현대사전공교수협회의 연구에 의해 설정되고, 1966년 10월 1일 법령에 따른 《프랑스 본토 문학부에 제출된 현대사의 박사 논문 목록》)은 현재 진행중에 있는 박사 논문 전체를 조사했지만, 이 정보원은 개별 교수들의 등록 논문수, 다시 말해서 피보호자수를 포착해 내는 일을 허용하지 않는다. 왜냐하면 여전히 재직중에 있는 교수와 함께 이미 제출하고 심사를 받은 박사 논문은 소멸했기 때문이다. 더 일반적으로 말해서 논문이 등록된 수는 교수 1인당 자본의 완전히 불완전한 척도이다. 그 이유는 첫째, 논문에 등록한다는 것이 프랑스인 학생과 프랑스 시장에서 자신의 칭호를 투자할 수 없는 외국인 학생들에게 있어서는 완전히 다른 의미를 갖기 때문이다. 둘째, 여러 다른 등록자들의 사회적인 중요성과 여러 다른 논문 등록의 '현실성' 정도를 고려할 수 있어야만 하기 때문이다.

5. 지적 명성에 대한 자본 지표

문고판이나 대량 보급 총서에서 출판되고 있다는 사실은 일반 대중에게 교수들의 관계에 대한 하나의 지표를 이루게 하고 있다. 그럼으로써 우리는 이런 형태의 총서를 보여 주고 있는 아르망 콜랭, 벨레트르, 갈리마르(이데아 총서로서), PUF(크세주 문고로서), 쇠이유(푸앵 총서로서), 드노엘(메디아시옹 총서로서), 클린크시에크 같은 출판사들이 만든 일련의 카탈로그를 조사했던 것이다.

마찬가지로 우리는 일반 대중과의 관계에 있어 다른 지표가 될 수 있는 TV 방송에의 참여를 측정하였다. (1969년, 1970년, 1971년, 1972년의) 4년에 대한 《주간 TV》지를 조사했는데, 그것은 방송에 직접 참여하고 있는지의 여부와 간접적으로 참여하고 있는지의 여부를(예를 들어 대상으로서) 구분하면서 이루어졌다. 물론 특히나 방영에 따라 더 정교한 차이를 도입할 수 있어야만 했었다. 의학 방송이나 과학 방송에의 참여가 가져다 준 위신은, 문학에 관한 토론에 참여하는 것이 실행해 주는 위신과 동일한 성격이 될 수 있겠는가? 도입되었던 선거 제도 개혁에 대한, 그러므로 거의 기술적이라 할 수 있는 문제에 대한 어떤 법학 교수 의견을 참조하는가에 따라, 혹은 역사가가 갖고 있는 역사의 개념에 대해 그 역사가에게 질문하는가에 따라 TV 방송에 참여하는 일이 동일한 지위를 갖고 있지 않다는 것은 분명한 일이다.

마찬가지로 《르 몽드》지에 기사를 게재하는 것은 지적 위신이나 일반 대중에 대한 개방성의 지표로서 채택되었다. (1968년, 1970년, 1971년의) 이 3년에 대한 예술·과학·경제·여가·서적에 대한 《르 몽드》지를 조사했으며, 또한 이 기간 동안 《르 몽드》지의 〈자유 논단〉〈자유 여론〉 시평을 조사했다. 견본이 되는 교수들이 교양지나 주간지에 공헌했던 것을 알기 위해서, 우리는 이 3년의 기간 동안 《현대》《에스프리》《비평》《사상》《신비평》《누벨 옵세르바퇴르》《캥젠 리테레르》《피가로 리테레르》《누벨 르뷔 프랑세즈》《텔켈》《르뷔 데 뒤 몽드》《네프》《프리뵈》《라크》《콩트르푸앵》《퓌튀리블》지에 게재됐던 기사들을 조사했었다. 이는 배경이 되는 기사와 서평·인터뷰·논쟁에의 참여를 구분하면서 이루어진 것이다.

이 모든 지표들(대량 보급되어 있는 저서를 출판하는 일, TV 출연, 《르 몽드》지나 교양지에의 공헌)은 아주 불균등하게 다른 학과들에 연관되어 있다는 공통점을 갖고 있으며, 다른 모든 것을 희생시켜 가며 문학부 교수들을 유리하게 하는 공통점을 갖고 있다.

게다가 우리는 문학자들에 관계되고 있는 것을 심층 깊게 연구하였다. 처음에 우리가 위에서 이미 지적했듯이, 신문잡지를 통해 발표된 명부에 토대를 두면서 (일류와 이류라는 식으로) 지식인들의 목록을 발전시켜 갔다. 더 엄밀성을 추구하기 위해서 우리는 더 확실하고 동시에 더 분류를 잘해 놓은 지표, 예를 들어 1975년부터 1977년까지의 《누벨 옵세르바퇴르》가 공헌했던 바에 의존하는 것을(루이 핀토에 의해 공표된 이하의 논문 목록이다. 〈선택 친화력에서—— '열린 단체' 와 같은 누벨 옵세르바퇴르의 애호가들〉, 《사회과학 연구기록》, 36-37, 1981년 105-124쪽과 특별히 116-118쪽을 참조할 것) 선호했다. 마찬가지로 우리는 문학부 교수들에 대해서, 1968년판 《라루스 소사전》에 게재된 사실과 아카데미 프랑세즈에 소속되어 있는 사실을 코드화했다.

6. 정치적 혹은 경제적 권력 자본 지표

고등 교육의 교수들이 부차적 자격으로 국립행정학원이나 국립정치학 재단과 같은 학교에서 뿐만 아니라 이공과학교 · 광산학교 · 토목학교 등 과 같은 이과 계열의 그랑제콜에서 떠맡고 있는 교육은, 외적 권력 자본 의 지표로서 취급되었다. 이것을 위해서 우리는 1968년판 《공교육 인명 록》(이공과학교, 국립고등광산학교, 국립고등통신학교, 국립우편전신전화 학교에 대한)과 각 학교들 자체에 의해 배포된 목록을 참조하였다.

또한 견본이 되는 교수들이 공적 기관과 유지했었던 관계를 알고자 했 는데, 그것은 이들 교수들이 갖고 있는 경력의 어떤 시점에서, 예를 들 어 기술고문이라는 자격으로 내각의 비서실이나 혹은 헌법평의회 · 경제 사회평의회 · 국무회의 · 재정감사원에 참여했던 사람들을 채록함으로써 행해졌다. 이것을 위해 《인명록》을 통해 정보가 이미 주어지지 않았을 때, 우리는 일련의 《행정 인명록》과 《샤토댕 인명록》을 참조하였다. 이 《샤토댕 인명록》은 대통령 비서실과 내각의 비서실(1973년 4월), 고등 행정 기관――여기에서는 장관들과 밀접한 연구와 노동조합 구성원들 을 조사하였다(1973년 1월)――국회의원(1973년 4월)에 할애된 것을 취 록하였다. 제6차 계획위원회에의 참여는 1969년 12월에 제6차 계획위 원회 사무국에 의해 공표된 각 계획위원회의 업적에 대한 보고를 조사하 면서 확정된 것이었다. 마찬가지로 우리는 경제사회평의회의 구성원들 목록을 조사하였는데, 이는 견본이 되는 교수들이 거기에서는 그 수가 너무도 미미하여 이런 기준에 의존하여 정당화시킬 수 없음을 확인하기 위한 것이다.

7. 정치적 성향의 지표들

우리는 **공공연한**(notoire) 태도 결정에 의존하면서, 다시 말해서 여러 다른 정치적 기회에서 수집되고 공표된 지지 서명에 의존하면서 정치적 소속의 누적된 지표를 구축코자 했다. 그렇게 해서 한편에서 우리는 1973년 7월 8-9일자 《르 몽드》지에서 발표된 '공산주의 동맹의 해체에 대한 칙령 폐기를 위한 항소, 알랭 크리빈과 피에르 루세의 즉각적 석방을 위한 항소'의 서명 목록과 1973년 10월 11일자로 전국고등교육교원조합-전국과학연구자조합(SNESup-SNCS)에 의해 배포된 포스터인 '칠레에서의 파시즘에 반대하여 들고 일어난 7천 명의 프랑스대학 교원들과 연구가들'의 목록, 마지막으로 1974년 대통령 선거 당시 《르 몽드》지에 의해 공표됐던 프랑수아 미테랑 대통령 후보에 대한 각기 다른 지지자들의 목록(경제학자들과 이스라엘 동맹국들, 예술가들, 작가들, 지식인들, 레지스탕스들, 법학자들, 의사들 등이 호소한 것)을 조사하였다.

다른 한편에서 우리는 1974년 대통령 선거 당시 《르 몽드》지에 의해 공표된 발레리 지스카르 데스탱 대통령 후보자에게 보내는 지지자들의 목록(예술계와 문학계, 과학계, 스포츠계, 그리고 발레리 지스카르 데스탱을 지지하는 대학위원회가 호소한 것)과, 1970년 2월 26일자 《르 몽드》지에서 발표된 '말없는 다수[일반 대중]'를 돕기 위해 후원회 창설을 지지하고 있는 사람들의 목록을 조사하였다. 조사를 한 이후에, 프랑수아 미테랑과 발레리 지스카르 데스탱에 대해 지지 목록에 서명한 사람들만을 저장해 놓는 것이 바람직해 보였다(좌파와 우파에 유리하도록 공식적 태도 결정의 누가된 지표를 구축하는 것은, 게다가 정보를 미약하게 상승시키는 수많은 불확실성을 도입하는 것이다).

1970년대의 윤리적 논쟁에서 가장 엄청난 일 중 하나는 임신 중절에 대한 새로운 법령을 둘러싼 것이었다. 여기에서도 마찬가지로 공적 태도결정의 분석, 즉 이 법령에 찬성하거나 반대하는 이들의 입장에서 수집된 지지 서명은, 대학 교원들의 성향이 자유스러운지 보수적인지를 가늠해 볼 수 있게 해주었다. 생명 존중에 찬성하는 법학자협회(총수 3천5백 명), 생명의 존엄성에 찬성하는 의사회(총수 1만 2천 명), 대학 교수들과 교원·연구자들(총수 4백32명)에 의해 1973년 6월에 공표된 임신 중절의 자유화에 반대하는 선언에 서명한 이들의 목록, 1973년 2월 임신 중절에 찬성하는 의사 3백90인 선언에 서명한 이들의 목록, 1973년 2월의 임신 중절 연구를 지지하는 헌장에 서명한 이들의 목록을 조사하였다.

두번째 분석에서 우리는 대학인의 전통주의의 지표로서, 교육부에 자신의 사의를 요구했던 고등사범학교 교장인 로베르 플라스리에르 씨의 입장을 공식적으로 지지한다는 사실(1971년 4월 3일자 《르 몽드》지를 참조할 것)을 취급했다.

마찬가지로 1968년 5 · 6 · 7월 《르 몽드》지에 기사화되었으며, 1968년 사건에 대해 책을 발간했던 대학 교원들을 조사할 것을 계획했었다. 하지만 이 경우에 집계된 기록은 단순한 발언 사실에 대한 분화되지 않은 정보만을 부여해 줄 뿐이었다. 매 경우마다 태도 결정을 특징지을 수 있기 위해서는 관여 내용을 정확히 할 필요가 있었으며, 이것은 확실히 단순화된 코드화보다는 정교함을 지닌 발언 내용 분석에 해당되었기 때문이다. 또한 우리는 대학에 관련된 선거에 입후보했던 대학 교원들에 대한 조사를 포기해야만 했는데, 그 이유는 조합에 의해 제출된 후보자 목록을 얻어낼 수 없었기 때문이다. 게다가 채택된 관점에서 볼 때 대학에 관련되는 모든 선거——여기에는 각 대학에 고유한 대학 내 선거가 포함된다——는 중요했지만, 단순하게 전국고등교육교육연구위원회(CNESER)나 전국과학연구위원회와 같이 대학 구조의 근본적 조직 구성을 결정하려는 선거가 아니다. 게다가 이런 데이터가 실질적으로 모아진다는 것은 불가능하다.

교육 시스템에 대한 비판적 성찰을 목적으로 했었던 토론회는 1차로 1966년 11월 캉에서, 2차로 1968년 아미앵에서, 1973년에는 파리에서 열렸는데, 이 토론회에 참가하는 것은 개혁 성향에 대한 좋은 지표를 제공해 줄 수 있다. 마찬가지로 우리는 이 3개의 토론회에 참여한 사람들의 목록을 조사하였다. 이는 모든 혼합된 대학에서 A급 서열의 대학 교원들은 대략 전체의 5%만을 나타내고 있다는 점을 식별하기 위한 것이다. 여러 다른 대학들간에 비교를 하기에 모든 혼합된 카테고리가 관여적이라면, 이런 기준은 단지 문학부와 인문과학부의 카테고리에서는 채택될 수가 없다.

우리는 특히 '대학'과 그 대학의 개혁에 대한 의견 분석을 하는 데 있어서, 과학교육연구조사연구협회(AEERS)의 요구에 따라 1969년에 실행된 교육 시스템의 세밀한 조사에 의존하기도 하였다. 질문서는 다음과 같이 20개의 질문을 포함하고 있었다. 그것은 학년의 전개 과정, 교육 상황, 교육 내용과 교육 방법, 대학 조직의 변화, 교원 양성에 대한 교원들의 선별과 보수, 교원과 생도들의 부모, 생도나 학생들 간의 관계, 여러 카테고리에 있는 행위자들의 권력, 학교에 주어진 기능(직업의 준비, 도덕적 지식 주입 등), 교육 기관에서의 정치, 의무 교육의 연장, 사교육에의 협조 등이 해당된다.

　마찬가지로 견본이 되는 대학 교원들이 조합에 가맹한 것에 대한 데이터를 얻어내는 일이 중요했었다. 전국고등교육교원조합과 전국교원조합(SGEN)이 우리의 요구를 호의적으로 받아들였다 할지라도, 그들의 자료 파일은 사용하기에는 어려운 것으로 판명됐다. 그 자료 파일은 일생에 적어도 한 번은 응모한 사람들 전체를 결집하고 있으며, 거기에 기록되어 있는 정보(특히 등급)는 대개의 경우 조합 가입 시점에서 점유되고 있는 대학적 위치에 일치하는 것으로 보인다. 만약 학부에 따라서 이 두 조합 구성원들의 배분이 신뢰할 만한 것으로 보인다면, 교육 등급이나 교육 장소에 의한 분포에 있어서는 동일하지가 않다.

【부록 2*】

학부의 형태적 변화 [(표 1 (a, b, c)]

학과의 형태적 변화 [(표 2 (a, b)]

* 완전한 데이터 전체는 P. Bourdieu, L. Boltanski et P. Maldidier, 단체 방어(La défense du corps), 《Information du les sciences sociales》, X, 4, 1971년 45-86쪽을 참조할 것.

표 1, a

법학부	교수	조교수	주임조교+조교	교원총수	비율 간부B/간부A	조교/교수	학생수	교원/학생	교수+조교수/학생	주임조교+조교/학생
1949	222	41		263			39,056	1/148	1/148	
1950	–	–		–			38,665	–	–	
1951	–	–		–			39,364	–	–	
1952*	263	76		339			41,309	1/122	1/222	
1953	–	–		–			41,368	–	–	
1954	–	–		–			40,322	–	–	
1955	242	91	70	403	0.2	0.3	37,029	1/92	1/111	1/528
1956	244	113	89	446	0.25	0.4	37,476	1/84	1/105	1/421
1957	261	130	131	522	0.3	–	35,171	1/67	1/90	1/268
1958	268	146	158	572	0.4	–	34,229	1/60	1/83	1/216
1959	274	170	195	639	0.45	–	34,171	1/53	1/77	1/175
1960	477		240	717	0.5	–	36,521	1/51	1/77	1/152
1961	–	–	–	–	–	–	42,721	–	–	–
1962	–	–	–	–	–	–	50,318	–	–	–
1963	581		528	1,109	0.9	–	61,851	1/56	1/106	1/117
1964	596		640	1,236	1.1	–	74,267	1/60	1/124	1/116
1965	356	298	776	1,430	1.1	1.5	86,733	1/60	1/132	1/112
1966	365	317	864	1,546	1.3	1.6	99,664	1/64	1/146	1/115
1967	–	–	–	–	–	–	113,144	–	–	–
1968	439	413	1,492	2,344	1.7	2.4	126,696	1/54	1/149	1/85
1969	490	490	1,792	2,772	1.8	2.6	131,628	1/47	1/134	1/73

* 1952년부터 교원수(특히 교수)가 상승한 것으로 나타났다. 통계 자료를 검증하는 것이 가능하지 않았다(대학통계부서에서 공표되지 않았던 서류).

표 1, b

이학부	교수	조교수	주임조교+조교+연습조교	교원총수	간부B/간부A	조교/교수	학생수**	교원/학생	교수+조교수/학생	주임조교+조교+연습조교/학생
1949	225	194	509	928	1.2	1.4	25,306	1/27	1/60	1/50
1950	–	–	–	–	–	–	26,981	–	–	–
1951	–	–	–	–	–	–	28,200	–	–	–
1952	297	208	502	1,007	1.0	–	30,683	1/30	1/61	1/61
1953	–	–		–	– –	–	32,493	–	–	–
1954	523		626	1,149	1.2	–	36,102	1/31	1/69	1/58
1955	249	303	954	1,406	1.5	2.5	39,283	1/28	1/71	1/46
1956	264	346	984	1,594	1.6	2.6	45,147	1/28	1/74	1/46
1957	312	417	1,196	1,925	1.6	–	54,337	1/28	1/74	1/45
1958	334	475	1,472	2,281	1.8	–	61,725	1/27	1/76	1/42
1959	364	559	1,930	2,853	2.3	–	65,506	1/23	1/71	1/34
1960	1,068		2,564	3,632	2.4	–	69,978	1/19	1/65	1/27
1961	–	–	–	–	–	–	76,453	–	–	–
1962	–	–	–	–	–	–	89,882	–	–	–
1963	1,376		4,731	6,107	3.4	–	104,060	1/17	1/75	1/22
1964	1,484		5,417	6,901	3.65	–	113,084	1/16	1/76	1/21
1965	560	1,024	6,188	7,772	3.9	7.0	125,552	1/16	1/79	1/20
1966	583	1,111	6,580	8,274	3.9	7.1	129,413	1/16	1/76	1/20
1967	–	–	–	–	–	–	136,791	–	–	–
1968	660	1,463	8,166	10,289	3.8	7.6				
1969	696	1,534	8,519	10,749	3.8	7.3	147,458	1/14	1/66	1/17

** 이학부의 학생수는 과대 평가되었다. 실제로 이학부 학생들에서 CPEM(의학 준비 과정 수료 증서)에 기재된 학생들(1969년에 3만 90명)과 PCB(물리학 · 화학 · 생물학 수료 증서: 이 과정은 1962년에 폐지, CPEM으로 대체되었다)에 기재된 학생들은 배제될 필요가 있었다.

표 1, c

문학부	교수	조교수	주임조교+조교	교원총수	간부B/간부A	조교/교수	학생수**	교원/학생	교수+조교수수/학생	주임조교+조교/학생
1949	224	155	132	511	0.35	0.6	35,279	1/69	1/93	1/267
1950	–	–	–	–	–	–	36,265	–	–	–
1951	–	–	–	–	–	–	36,956	–	–	–
1952	293	238	177	708	0.3	–	38,947	1/55	1/73	1/220
1953	–	–	–	–	–	–	39.700	–	–	–
1954	–	–	–	–	–	–	41,339	–	–	–
1955	231	241	199	671	0.4	0.9	42,930	1/64	1/91	1/216
1956	242	265	228	735	0.45	0.95	48,606	1/66	1/96	1/213
1957	266	288	255	809	0.5	–	51,372	1/64	1/93	1/201
1958	276	298	302	876	0.5	–	55,653	1/64	1/97	1/184
1959	285	318	371	974	0.6	–	59,265	1/61	1/98	1/160
1960	653		497	1,150	0.8	–	66,814	1/58	1/102	1/134
1961	–	–	–	–	–	–	78,092	–	–	–
1962	–	–	–	–	–	–	93,032	–	–	–
1963	832		1,138	1,970	1.3	–	107,455	1/55	1/129	1/94
1964	903		1,493	2,396	1.65	–	122,972	1/51	1/136	1/82
1965	362	622	1,646	2,730	1.7	3.0	137,008	1/50	1/139	1/78
1966	373	674	2,139	3,186	2.0	3.6	158,657	1/50	1/151	1/74
1967	–	–	–	–	–	–	170,976	–	–	–
1968	450	984	3,699	5,133	2.5	4.8	196,144	1/38	1/137	1/53
1969	492	1,119	4,171	5,782	2.5	5.0	208,515	1/36	1/129	1/50

출처: 교원수에 관한 것은 교육부, 대학통계부서, 고등교육부서, 통계상황부서(미공개된 자료), 《학교, 대학 교원, 스포츠 장비의 일반적 비율 Rapport général de la commission de l'équipement scolaire, universitaire et sportif》, 1962-1965. 학생수에 관한 것은 《통계 정보 Informations statiques》와 《교원들의 통계학 Statistiques des enseignants》을 참조.

표 2, α

	1927-67년 사이 교수자격 취득자수의 신장[2]		1967-68년 고등학교 재적 교수자격 소지자수[3]		1923-63년 사이 올음 가고 등사범학교 출신자 수의 신장[4][5]	문학·인문과학부 교원수[6]			교수[6]		조교수[6]		강사[6]		주임조교[6]		조교[6]		1963-67년 A간부 교원의 증가율	1963-67년 B간부 교원의 증가율
	남	여	남	여		1963	1967	1963-67년 증가율	1963	1967	1963	1967	1963	1967	1963	1967	1963	1967		
프랑스어[1]	1,549	1,249	1,090	1,371	570	338	675	200	90	110	11	13	35	66	62	154	140	332	139	242
고대어[1]	817	439				179	300	168	61	72	6	12	24	30	30	69	58	117	126	211
역사	1,606	918	570	604	175	310	527	170	116	128	16	18	26	58	56	144	96	179	129	212
지리						179	337	188	54	62	7	23	8	19	46	88	64	145	151	211
영어	1,021	830	385	489	110	218	517	237	38	44	4	12	20	43	37	118	119	300	159	268
철학	673	295	220	185	240	124	227	183	49	55	5	15	5	18	30	67	35	72	149	214
언어학						34	85	250	12	21	1	2	8	12	2	12	11	38	167	385
심리학						77	221	325	23	21	3	8	4	22	24	59	23	111	170	362
사회학						34	98	288	7	10	-	7	3	16	8	26	16	39	330	270

1) 이 행렬에 기입된 숫자는, 프랑스어 교육 대부분이 문학 교수자격을 보유하고 있거나 고대어 교육 대부분이 문법 교수자격을 보유하고 있는 한 프랑스어의 경우 문학 교수자격, 고대어는 문법 교수자격에 관련됨을 의미한다.

2) 출처: 《L'agrégation》, 교수자격소유자협회의 공식 회보와, 1927-39년간에 대해서는 《Les agrégées》, 교수자격소유자협회 회보(연 3회 간행). 우리는 1939-44년에 있는 수치는 계산을 고려하지 않았다. 사망으로 주정되는 비율에 해당하는 실제 인원의 15% 정도를 삭제시키면서, 실제로 활동 중에 있는 교수자격 소지자 비율에 대해 더 정확한 주계를 얻어내고자 했다.

3) 출처: 교육부, 중앙통계세부서

4) 《고등사범학교 졸업생들의 우정회 명부》에 따라 설정된 통계.

5) 이 수치는 영문학자만이 관계되지 않지만, 현대언어들을 전공하려는 고등사범학교 출신자 전원에 관계된다.

6) 《고등 교육의 자율 노조 회보》에 따라 설정된 통계.

표 2, b

	비율				읍을 가와 세브르의 고등사범학교 출신자율		생클루 고등사범학교 출신자율		그랑제콜에 통합되지 않은 준비학급 출신자율		교수자격 소지자율		제출된 혹은 심사받는 박사논문율 (간부 B)	1963년 여성 할당율		1967년 여성 할당율		제출된 박사과정 논문율	심사받는 박사과정 논문율		비율[7] CNRS 연구자 교원
	강사/정교수		조교/정교수		A	B	A	B	A	B	A	B		A	B	A	B		A	B	
	1963	1967	1963	1967																	
프랑스어	0.39	0.60	1.5	3.3	39	19	6.8	7.4	8.3	6.6	95.8	93.8	95.2	7	19	8.0	34.6	16.1	1.5	8.6	5.8
고대어	0.39	0.42	0.9	1.6	40	18	1.8	4.1	3.3	3.2	96.8	97.8	89	6.0	24.3	9.5	28.4	20.9	1.8	5.5	12.6
역사	0.22	0.45	0.8	1.4	23.9	12.8	4.4	5.4	3.5	3.0	86.7	90.2	94.1	2.8	11.4	5.0	17.8	31	3.5	19	22.9
지리	0.15	0.31	1.2	2.3	4.4	2.7	11.8	8.4	1.5	0.7	89.7	91.0	87.6	6.5	15.2	8.0	23.6	20.5	5.91	3.5	12.4
영어	0.53	0.98	3.1	6.8	12.5	5.8	6.3	11.2	14.6	3.2	98.0	96.8	88.4	9.7	28.8	13.1	35.2	16.5	2.2	1.1	–
철학	0.10	0.33	0.7	1.3	40.7	23.9	–	4.2	3.4	4.2	86.7	86.1	90.1	14	10	13	18	13.5	3.5	13.5	31.2
언어학	0.67	0.57	0.9	1.8	19	6.2	2.7	12.6	–	–	86.7	74.4	76.6	–	30.4	8.6	33.8	27.4	6.6	13	71.7
심리학	0.17	1.05	1.0	5.3	26.9	10.0	–	5.0	7.7	1.3	50	20.5	38	5.5	24	3.4	29.6	53.0	19.2	22	45.7
사회학	0.43	1.60	2.3	3.9	25.0	5.6	–	2.8	–	–	52.6	19.4	22.9	–	–	–	18.5	25.7	13.2	34.3	108

7) CNRS의 과학 정세에 대한 전국 보고에 따른 통계.

【부록 3】프랑스 지식인들의 인기 순위인가, 혹은 판정자〔심사원〕들의 정통성에 대한 판정자는 누가 될 것인가?

신문이나 주간지가 때때로——예를 들어 10년간의 전환기에서 과거 10년간의 총결산을 제시해 준다는 명목으로——발표하고 있는 명부는, 지배적이라 판정되는 사조(마르크스주의, 실존주의, 구조주의 등)의 종말을 예언하고, 새로운 경향이 시작됨('후기 구조주의' '신철학자들' 등)을 예언하는 상징적 실력 행사와 더불어 지식인 세계와 그것의 분할, 서열의 시각을 강요하는 쪽으로 의식적으로보다는 무의식적으로 방향을 잡아 가고 있는 전략 중에서 가장 전형적인 경우에 해당된다. 정치 영역에서 공통되고 있는 수순에 따르면, 지적 이해 집단의 소망이나 기대·희망(……와 관계를 끊다, ……의 마무리를 열렬히……)은 사정에 아주 정통한 정보제공자들의 사실 확인(이제 ……은 끝이다)이나 예측의 완벽한 외관의 모습을 한 채 숨겨진다. 사실 확인이나 예측적 판단은 첫번째 당사자 본인에 의해 말해진 예언적 신뢰와 같은 표명 형태로, 혹은 피보호자나 공모자와 같이 소수 집단 구성원인 자발적 매니저에 의해 신문잡지와 같은 영역에서 생겨난 예언적 신뢰와 같은 표명 형태로 제시되고 있을 때, 실력 행사는 미약한 상징적 효력(소박함이나 그것이 드러내고 있는 확신이 신뢰성이라는 형태를 보증하고 있다 할지라도)을 갖게 된다. 이런 효력은 어쨌든 수신자가 채택된 이익을 가질 수 있는 지식과는(그러므로 게임이나 게임에 내걸고 있는 것과 관계하는 사회적이며 공간적인 근접성에) 반비례한다. 예술가들에 의해 역사적으로 얻어진 노출증의 권리나 표명을 행사하는 전통에도 불구하고 자기 정통성(자기 자신이 황제 즉위식을 한 나폴레옹의 경우를 따라 볼 때)을 주장하고 있는 개인이나 단체에 대해 개별적 이해의 소박한 표현에 결부되어 있는 옳지 못한 의혹은, 지식인들의 인기 순위(《리르》지, 1981년 4월호, 68권을 참조할 것)와 같은 사회적 기술과 더불어 어느 정도 완전히 소멸될 위험이 있다. 그 이유는 먼저 조사(잡지는 '국민투표' 에 대해 말하고 있다)의 규모가 판정하는 데 있어서 집단적 기반을 부여해 주기 때문이며, 그러므로 그런 기반하에 합의에 의해 얻어진 유효성의 외관을 부여해 주고 있기 때문이다. 그 다음은 더 섬세한 것일 수 있다. 그 이유는 이런 판정의 집단적 주체가 판정된 대상에 동일한 외연을 갖는 것 같아 보이기 때문이며, 이는 완벽한 자율성의 외관을 산출해 내면서 이루어진다.

실제로 이런 인기 순위는 일종의 **시험관 내에서**(in vitro)의 실험을 연상시키고 있는데, 이는 다르게 객관화하기에는 아주 어려운 평가 과정을 관찰하도록 하고 있다. 동시에 '선출된 사람들' 과 심사원들의 목록을 보유하고 있기 때문에 우리는 즉각적으로 후자에서 전자의 원리를 발견하게 된다. 일반적 분류에 대한 도전이랄 수 있는 혼합되고 잡종적인 인물들, 예를 들어 작가 겸 저널리스트와 저널리스트 겸 작가와 같은 사람들은 잡지가 저널리스트나 작가, 심지어 작가 겸 교원들의 카테고리에서 분류하고 있는 이름 중에서도 그 수가 상당하다. 이들은 심사원들의 판단 집계가 산출했던 명부에서 만큼이나 심사원들 중에서도 아주 확실하게 많은 부분을 점하고 있다(그렇기는 하지만 가장 인정되고 있는 '권위자들' 의 수, 예를 들어 팽게와 로브 그리예를 거치면서 베케트에서부터 시몽에 이르기까지 미뉘 출판사의 작가들은 심사원들의 목록에 빠져 있으며, 베케트와 마르그리트 뒤라스를 제외하고는 명부에서 제외되고 있다. 이것은 이들 작가들이 서로 짜맞추었다는 것을 제시해 주는 것이 아니며, 철학자들의 경우에서도 마찬가지이다).[1] 흔히 어떤 편집부에서 말하고 있는 것처럼 '미디어에서 상당한 영향력' 이 있는 지식인들에게 일치시킨 특권이나(로제 가로디 · 앙드레 그뤽스만 · 베르나르 앙리 레비와 같은)[2] 베스트셀러 명부에도 자리하고 있는 특권은, 심사원들의 목록에서 그 특권의 원리를 찾게 해준다. 우리는 선출자의 목록을 선거인들의 선출 원리를 정하면서 미리 결정해 버렸다. 선거인들 자신은 자신들의 선거 원리에 따라 선출하는 성향을 보였다. 그렇게 해서 오인할 수 있는 첫번째 효과를 갖게 된 것이다. 그런 효과는 판매 순위 기술의 (의도적이지 않은) 상징적 유효성에 공헌을 하는데, 이런 판매 순위의 기술은 진정한 사회적 발명물이며, 다른 영역(가요, 요리, 정치)에서도 공통된 수순을 밟아 지적 영역으로의 전이를 통해서 얻어진 것이다. 심사원 단체의 사회적 구성에 대한 오해는,

---

1) 《리르》지에 의해 조작되었던 분류를 신뢰하면서 4백48명의 판정자들 중 1백32명의 '저널리스트들'('활자 저널리즘'에 있어서는 92명, '라디오나 텔레비전'은 40명), 66명의 '작가들,' 34명의 '서적 전문가' 즉 출판인·서점상 등, 34명의 작가 겸 교원, 21명의 '아카데미 회원'(44명의 '미술'과 '연극' 전문가, 14명의 '정치가,' 43명의 '교원,' 34명의 '학생'과 16명의 '각양각색의 사람들'을 첨가한다)을 셈할 수가 있다. 실제로 (판정자의 약 3분의 2를 나타내 주고 있는) 처음 4개의 카테고리는 정의된 분류에서 벗어나고 있는, 혼합된 인물들이 아주 상당한 비율을 함유하고 있다. '저널리스트' 가운데서 분류된 저자들은 거의 모두가 적어도 한 권의 책을 썼으며, 이런 기준에 따라서 '작가들'의 카테고리 안에 분류되어질 가능성이 있게 된다. 바로 이것이 분류를 한 저자들이 주목한 사실이다. '작가들' 가운데 분류되고 있는 저자들 대부분이, 어느 정도는 항속적이고 제도적인 방식으로 신문이나 잡지에 관계되어 있다는 점을 주목하는 것에 반대로 소홀히 하고 있는 사람들이다. 이와 같은 처리 방식의 차이는 두 가지 '지위' 간에 암묵적으로 설정된 서열에 대해 증명해 주고 있다. 우리는 '저널리스트'의 신분으로 되어 버리는 '작가'에 대해 변호해야만 하고, 저널리스트가 작가 신분으로 승진할 때는 그렇게 하지 말아야 한다. '작가 겸 교원들'의 경우에, 이들 중 거의 절반 정도가 '대학 교원 겸 저널리스트'라는(《리르》지에 의해 예측되지는 않은) 카테고리에도 분류될 가능성이 있다. 이는 오늘날에는 아주 잘 갖춰져 있는 것이지만, 30년 전에는 거의 존재하지 않은 것이다. 또한 그런 카테고리에는 저자들 몇 명을 분류할 수가 있는데, 이들 저자들이 주된 수입원에 있어 교직을 갖는 것이라 할지라도 그들은 '저널리스트들' 중에서 《리르》지를 통해 분류되어진 사람들이었다(여기에서는 논증에 고발 양상을 부여하는 것을 피하기 위해 고유명사 목록을 제시하지 못했다).

2) 한 주간의 히트 목록에서 일주일 동안 있던 수에 따르면, 1981년 3월 《엑스프레스》지에 의해 작성된 '7일간의 베스트셀러' 목록에서(이하의 부록을 참조할 것) 로제 가로디의 《살아 있는 사람에게의 호소》가 13위——이것은 자케스 엘리아, 페이르피트(《프랑스병》), 슈와르첸베르크, 비앙송 퐁테, R. 무디, 페이르피트(《중국이 눈물 때》), 에밀리 카를르, 로제 달레 박사, 라피에스 콜랭, 뮈레이 캉달, 피사르, 솔제니친, 트로와이야, 드 클로세 다음이다——이고, 《남자의 약속》이 11위이다. 베르나르 앙리 레비는 20위에 《신의 유언》을 위치시켜 놓고 있으며, 글뤽스만은 21위에 《사색의 대가》를 올려 놓고 있다. 우리가 보고 있듯이, 베스트셀러의 효과는 특별히 사회과학이나 철학 분야에서 현저하게 눈에 띄는데, 그 이유는 첫째 이 두 분야간의 경계가 적어도 저널리스트들과 (이들이 방향을 잡아가는 데 공헌하는) 일반 대중의 눈에는 연구서와 에세이 간에 모호하게 나타나기 때문이다. 《리르》지의 명부에서 인용된 어떤 소설가나 시인·연극인들도 소설 부문의 베스트셀러 목록에서는 나타나지 않고 있다. 목록에서 더 나아가 우리는 자닉 죠생이 (1981년 4월 18일의 《엑스프레스》지) '예견되지 않은 베스트셀러'(예를 들어 에마뉘엘 르 로이 라뒤리의 《몽타유》, 레이몽 아롱의 《쇠퇴기의 유럽에 대한 변호》, 혹은 롤랑 바르트의 《사랑의 단상》)로 명명하고 있는 작품들을 찾아낸다. 자닉 죠생은 소설 분야에 있어서 미셸 투르니에와 마르그리트 유르스나르, 르 클레지오, 쥘리앵 그라크를 여전히 인용하고 있다.

지식인들에 대해서 지식인들의 판결을 **생각할 것**(prendre pour)을 독자에게 독려하는 것인데, 그런 판결은 실제로 저널리스트 겸 지식인들이나 지식인들 겸 저널리스트들에 의해 지배된 심사원들 전체가 지식인들 세계를 포괄하려는 견해이다. 하지만 모든 주석가들이 강화하려는——예를 들어 답변하는 것을 수용했던 명부에서 인용된 몇몇 저자들에 의해 형식화된 판단을 면전에 두면서——이런 알로독시아의 효과는 전체 과정을 통해서 존재하고 있으며, 심지어 기술을 발명한 사람들의 계획 속에서도 존재하고 있다. 예를 들어 이런 발명자들은 정치 영역과의 유추를 통해서 지적인 영역을 생각하는 경향이 있다. 이것은 그들로 하여금 여러 다른 것 중에서도 '계승'의 문제를 도입하도록 한다. '조사'에 대한 질문 작성자들과 답변자들이 의도 없는 집단적 의도——생산자들에게 있어서 생산의 장소인 제한된 생산 영역에다가, 문화적 생산물의 생산과 소비의 기준에 대항해서 이루어진 것을 그 제한된 생산 영역에 강요하는 의도이다——의 표현으로서 나타날 수 있는 것을 생산하게 한 모든 메커니즘 중에서 가장 강력한 것 중 하나는 실제로 알로독시아이다. 이런 알로독시아는 다른 것에 대해 어떤 것을 진심으로 취하게 되는 오인과도 같은 것이며, 텔레비전 방송에 적합한 에세이스트들이 《존재와 무》나 《변증법적 이성 비판》의 저자를 '계승'하는 후보자라고 잘못 이해하는 오인이며, 본인이 신문에서 다른 사람의 책에 대해 말했기 때문에 자기가 쓴 책이 저널리스트들의 화제가 됨에 지나지 않는 저널리스트들을 진심으로 논해야만 하는 작가들이라고 잘못 이해하게 되는 오인이다. 저널리스트들이 책을 쓰고, 작가들이 기사를 쓰며, 편집자들이(편집자 자신들을 위해 책을 쓰는) 저널리스트들——특히 그들이 책에 대해 서평을 쓸 때——을 만들어 내려고 애를 쓰는 세계에서, 분류하려는 것의 불명확성은 분류 체계의 불확실에 똑같이 상당하는 것이다. 《리르》지 편집부는 해당되는 분류자를 분류코자 할 때 약간은 그 기능을 상실하고 있음을 알 수 있다. (다른 사람들 중에서) 장 코 · 장 클로드 카나노바 · 카트린 클레망 · 장 마리 도므나쉬 · 폴 구트 · 피에르 노라 혹은 폴 티보는, 장 파랑 · 자크 고데 · 루이 포웰과 비교해서 저널리스트들의 카테고리 안에 자신들이 분류되어 있다는 것에 대해 매우 만족스러워하지 않았음에 틀림없다는 것을 생각할 수 있다. 반면 (다른 사람들 중에서) 마들렌 샤프살·자크 랑즈만·베르나르 앙리 레비·로제 스테판은 자신들이 작가로 분류되어 있음을 알게 되고, 파리 지역의 신문과 잡지에서 정기적으로 급여를 받고 있는 몇몇 사람들이나 정기적인 공동 집필자들은 작가 겸 교원으로 자리매김하고 있다는 것을 볼 수 있다.

하지만 중간적 지식인들이 이용하고 있는 분류 시스템의 불확실성 그 자체는, 이와 같이 분류하기가 가능하지 않은 분류자들이 분류 속에서 차지하고 있는 위치와 이 위치에 결부되어 있는 이해의 직접적인 표현 그 자체이다. 이런 이해는 '위인들'의 천박함에 매료되어 있는 자기 만족감이나 서열을 뒤흔들어 놓는 무의식적 경향과, 비유 없는 사람의 **분신**(alter ego)과 비견하는 것으로 인해 비유 없는 사람들과 비견하려는 무의식적 경향과도 같은 것이다. 제한되어 있는 생산 영역과 대량 생산 영역 사이의 중간에 위치해 있는 지식인 겸 저널리스트와 저널리스트 겸 지식인들은, 대개의 경우 자신들이 어쨌든간에 조작하기에 이점이 없는 구별짓기를 할 수단(그리고 특히 시간)을 갖고 있지 않다. 그들은 마치 자신들의 가치를 축소시키는 구분을 무의식적으로 무효화시키려고 노력하는 것과 같이 자신들이 선호하는 데서 성별화된 대학자(레비 스트로스나 뒤메질·브로델·자코브), 그러므로 명예 실추라는 벌을 받는 조건을 피할 수 없게 된 사람들과, 지식인 중에서 가장 저널리스트적인 사람들이나 저널리스트들 중에서 가장 지식인적인 사람들을 아주 자연스럽게 나란히 놓는 경향을 보이고 있다. 그 결과로 파생되는 기묘한 접근은, 작가와 저널리스트들 간에 있는 모든 중간적 사람들의 범주(카테고리)의 **전염을 통해서 성별화**(consécration par contagion)를 확신하는 효과를 낳는다. 이런 효과는 무엇보다도 더 많이 요구하지 않는 저널리스트들 자신들에 대해 작용되고 있는데, 이는 질서의 혼란이라는 경향을 강화시키면서 이루어진다.[3]

사회학자의 분야에 대한 학문적 지위, 혹은 더 간단하게 말해서 그 자신의 학자적 위엄을 명확히 드러내기 위해서는 그가 이 명부를 비판하고, 실제로 '객관적인' 서열을 추출해 내기에 적당한 엄밀 과정을 그 명부에 대립시키고 있다는 것을 사회학자로부터 확실히 기대할 수 있다. 예를 들어 그것이 '판정자들'의 기술이나 '엘리트들'에 대한 조사에서 실제 통용되고 있는 견본 과정의 기술(**눈 뭉치 방식**(snow-ball))에 관계되든, 혹은 더 단순하게 현실에서는 해결되지 않는 문제들——경계의 문제와 같은——의 조사를 우선적으로 해결하는——"나는 지식인이라고 부르겠다"——그렇게 해서 행해지고 있는 모집단의 경계 자체를 통한 조사 결과를 전제하면서 이루어진 소위 말하는 조작상의 정의를 사용하는 기술과 관계되든 간에, 실제로 인기 순위가 엄밀하게 상응하는 것을 사회적으로 가장 인정되는 과학적 실천 속에서 발견한다는 것은 쉬운 일일 것이다.[4] 그런데다가 '비열한 경쟁'에 대항하는 방어 반사에 몸을 맡기면서 사회학자는 중요한 정보를 포기하게 될 것이다. 이런 정보는 **실제로** 이단적 조사가 답변하고 있는 문제——이 경우에는 과학적으로 유효한 문제——를 끌어내는 수고를 함과 동시에 접근할 수 있는 것이다. 지식인의 인기 순위는 문화적 생산 영역에서 끊임없이 작용하고 있는 과정에 대한 일종의 인위적 재구성을 드러내고 있으며, 이런 점에서 재구성은 관찰하기가 더욱 용이하다. 게다가 문화적 생산계 내에서 지식인적 가치 서열의 가장 강력한(왜냐하면 객관화되고 상당히 공표된 것이기 때문이다) 표상 중의 하나는 만들어지고 정의되고 있다. 이런 과정은 마찬가지로 **소송 과정**(procès), 혹은 우리가 선호하는 말로 하자면 가격 형

---

3) 개별 문화 저널리스트는 보도 기관간의 경쟁이라는 효과로 인해 문화와 관련되지 않는 다른 저널리스트들 전체에 대해 **취향 제작자**(taste-maker) 역할을 수행하는 경향이 있다. 게다가 어떤 기구는 저널리스트들에게 **객관화된 지표**를 제공해 준다. "이 7년이라는 기간을 통해 프랑스문학은 두 가지 비공식적인 척도에서 존속해 왔다. 텔레비전 방송인 '돈호법(Apostrophe)'과 《엑스프레스》지의 베스트셀러 목록은 이 두 가지 비공식적 척도가 되었다."(J. Jossin, *loc. cit.*) 그렇게 해서 개별 문화 저널리스트는 저널리스트에 고유한 지식인 서열과 미디어를 향한 지식인들의 특별한 카테고리를 스스로 만들어 가는 것이다(《리르》지 명부는 어떤 의미로는 행동의 생산물을 기록하고 있는데, 그 생산물 자체는 가장 달성된 형태를 나타내 주고 있다).

4) 가능하게 만드는 모든 무의식적 논점 선취의 오류(선결해야 할 정의, 암묵적으로 미리 판단된 견본 등)는 찰스 카더신의 책에서 채택되었다. 이 책은 지식인들의 '경험적' 사회학의 고전을 이루게 하는 데 적절한 모든 사회적 외양을 갖고 있다.(C. Kadushin, 《미국의 지식 엘리트 *The American Intellectual Elite*》, Boston, Little, Brown and Co, 1974년판을 참조할 것)

성(시장에 대한 평결과도 같이) 과정일 수 있으며, 그런 과정은 저널리스트들간에, 그리고 저널리스트 겸 작가들 간에, 작가 겸 저널리스트들 간에 사적이면서도 비밀스런("어떤 책은 소문내지 마시오, 그것은 완전히 쓸데없는 일이오") 판정의 '비공식적' 교환을 통해서 완수되고, 뿐만 아니라 **공적 평결**(verdicts publics)을 통해서도 완수된다. 그런 공적 평결은 서평이나 비평, 라디오나 텔레비전에의 초대, 최종적으로는 근본적으로 이런 평결 전체를 비준해 주기만 하는 아카데미에서 지명하고 있는 것과 같이 더 오래된 기구의 성별화 행위를 말하지 않고도 명부, 명부의 명부, 혹은 인기 순위를 포함한다. 그 결과 《리르》지의 명부는 지적 세계를 보는 시각 중의 **하나**에 대한 좋은 척도가 된다. 그 척도는 문화적으로는 완전히 지배되었기 때문에 자신들의 견해(《리르》지가 우리에게 말해 주고 있듯이 직업상의 활동을 통해서 자기 자신이 갖고 있는 사상의 활동에 대해 영향력을 실행하고, 어떤 문화적 권력을 갖게 되는 남성이나 여성들')를 (어느 순간에) 강요할 수 있는 공통점을 갖고 있는 사람 전체를 이런 지적 세계로부터 보유하고 있다.

이런 명부가 저널리즘적인 **신문잡지 특유의 가시성**(visibilité journalistique)의 좋은 척도를 제공해 줄 뿐만 아니라, 명부는 이런 가시성에 공헌하고 있는 요소들에 대해 질문토록 하고 있다. 가시성은(미국의 대학 교원이 교수의 **가시도**(visibility) 혹은 더 일반적으로 말해서 모든 사회적 현실의 가시도(visibility)라고 부른 것에 대해서도 동일한 효과를 갖는다) 보이는 것——특별한 경우에 있는 작품이나 특히 **저자**——과 해당되는 모집단——특별한 경우에 있는 저널리스트들이나, 더 특별하게는 저널리스트 겸 작가들과 작가 겸 저널리스트들——에 의해 적용될 수 있는 지각과 평가의 카테고리간의 관계 속에서 정의되는 것은 자명한 일이다(예를 들어 알고 있다시피 하나의 작품이란 동시대인들에게는 **눈에 띄지 않다가도** 후세에 다시 밝혀질 수 있다. 그 작품은 '구별하게' 만들고, 무관심에서 벗어나게 하고, 무차별 상태에서 지각된 세계를 끌어내도록 하기에 적절한 지각의 카테고리와 지각적 이해를 부여받은 후손들에 의해 **재발견**된다).

지각 행위의 주관적인 측면을 결정하는 데 공헌하는 모든 것을 이해하

기 위해서 알로독시아에 있는 규정상의 경향 외에도 '심사원〔판정자〕들'
이 생산해 내는 사회적 조건 전체, 특히 그들 심사원들이 학교 체제에서
현재나 과거의 관계를 고려할 필요가 있을 것이다. 마찬가지로 그들 심
사원들의 평결이 발전되고 실행되는 제도상의 조건 또한 고려할 필요가
있는데, 그것은 무엇보다도 영역에 있는 모든 효과들이다. 그것은 저널
리스트들 자신이 말하는 데 있어서 **제약받는다고** 느끼는——왜냐하면
다른 사람들이 그것에 대해 이미 말을 했거나 반드시 말을 해야 하기 때
문이다(그것은 정치적 '사건'과 관계될 때도 마찬가지이다)——책을 읽는
데 매여 있는 것보다는, 자신들이 확실히 더 서로서로를 읽어내는 데 매
여 있게 하는 영역의 효과이다. 뿐만 아니라 저널리스트들의 긴급성을
고려할 필요가 있다. 저널리스트들의 **신문잡지**는 항상 저널리스트들 자
신들에 의해 상정되는 것이기 때문에 해석이나 심층 깊은 분석을 금하
고 있으며, 문화적 생산성을 암묵적으로 요구하는 전제 조건 중의 하나
를——(인문과학에서 만큼이나 문학에서의 전위 명부에서 어느 정도 전체
적으로 부재해 있다는 것이 증명하고 있는 바와 같이) 신통치 못한 가독성
(可讀性)과 가시성에서 작품과 저자들이 할 수 있는 '발견'을 배제시키면
서——즉각적인 가독성으로 만들어 가는 경향이 있다.

　다른 한편으로 저널리즘적 가시성——혹은 '매스미디어에서의 중요
성'——이 정의내리고 있는 객관적 측면을 결정하고 있는 것에 대해 이
해하고자 한다면, 작품들의 특징과 특히 저자들의 성향을 고려할 필요
가 있다. 여기서 이들 저자들은 자신들과의 관계를 유지하면서 다소간은
저널리스트들로 하여금 스스로의 모습을 보게 하고, 아주 잘 보게 하고
있는데, 이는 아비투스의 유사성이나 이해 관계가 얽혀 있는 교만함에
근거를 두고 있다.[5] 이런 성향은 사회적으로 구성되었으며, 사회적 궤도
와 생산 영역에서 점유되고 있는 위치에 따라 다양하며, 해당되는 시점에
지적인 자리를 지배하는 정의 속에 들어가는 것에 따라 다른 표현을 수
용할 수가 있다. 그렇기는 하지만 오늘날 저널리즘적 가시성——그 자
체가 한정된 생산계(혹은 대학계) 외에서, 특히 정치에서의 개입 빈도수
에 연관되어 있는——이 프랑스에서는 졸라에서 사르트르까지 점진적

으로 구축되어 왔던 것과 같이 지식인의 정의에 대한 주요 구성 요소임은 분명한 사실이다. 그 결과 지식인의 공적 역할을 유지시키는 성향은, 저널리즘의 요구에 답변하는 것에 대한 상관적 성향을 통해서(가시성 그 자체가 보도록 하는 성향과 보게 하는 성향에 부분적으로 결부되어 있는 것과 같이 변화하는) 저널리즘 영역에 대한 **종속성**(dépendance)의 형태(사르트르라는 사회적 인물상을 구축하는 데서 아주 잘 볼 수 있는), 그러므로 저널리즘이 내리는 평결의 정통성에 관한 사실 **승인 형태**를 내포하게 된다.

평결

생각하는 것에 대한 대가들이 여전히 존재하는가? 지드 · 카뮈 · 사르트르와 같은 이들인가? 《리르》지는 수백 명의 작가와 저널리스트 · 교수 · 학생 · 정치가 등에게 질문을 했다.

질문은 다음과 같았다:

"사상이나 문학 · 예술 · 과학 등이 발전하는 데 가장 심층 깊게 영향을 미쳤다고 생각되는 프랑스어의 저자 중에서 살아 있는 3명의 지식인은 누구인가?"

많은 사람들이 답변을 했다. 자신들의 곤혹스러움을 고백하면서, 하지만 레비 스트로스나 아롱 · 푸코의 영향을 인정하면서 답변을 해줬다.

---

5) 동시대인들의 시점과 후세 사람들이 갖고 있는 시점 간의 주된 차이 중 하나는, 동시대인들이 저자들 자신들이 육체적 인간이라는 (다양한) 인식을 갖고 있으며, 또한 동시대성에 결부되어 있는 모든 것, 험담이나 소문, 개인적 신화와 같은 것을 지니고 있다는 사실에 있다. 게다가 이런 **인격적 견해**(intuitus personae)는 (언론 보도에서 그것을 말할 것을 표방하는 사람들에 의해서는 확실히 별로 읽혀지지 않은 작품 이상으로) 작자들의 직접적인 지각이나 평가 원리 중의 하나를 이루며, 후세 사람들의 지각이나 평가——더 직접적으로나 독단적으로 작품의 해석에 토대를 둔——에 대해 격차가 벌어지게 되는 원리 중의 하나를 이루고 있다. 이런 인격적 견해는 증언을 통해 재구성하는 것이 상당히 어렵다(예를 들어 19세기 화가나 작가들의 말투, 그들의 신체적 헥시스(hexis)〔성향〕, 몸가짐에 대한 메모는 아주 드물며, 예외적인 경우와 항상 결부되어 있었다).

《리르》지 68호(1981년 4월), 38-39쪽.

판정자들

이상에서 다음의 사항을 추측할 수 있게 해준다. 명부는 확실히 심사원[판정자]들의 목록에서 출발하면서 더 엄밀하게 생산자를 위해 생산

**La question a été envoyée à 600 personnes. Le 11 mars, 448 avaient répondu.
Qu'elles soient remerciées. Voici leurs noms.**

ACADÉMICIENS
Membres de l'Académie française, de l'Académie des sciences morales et politiques, de l'Académie royale belge de langue et de littérature française, et de l'Académie Goncourt :
Ferdinand Alquié, Henri Bazin, Jean Bernard, Bernard Chenot, Jean Dutourd, Jean-Jacques Gautier, Jean Guitton, René Huyghe, Jean Lâloy, Armand Lanoux, Suzanne Lilar, Félicien Marceau, François Nourissier, Jean d'Ormesson, Karl Popper, Maurice Rheims, Robert Sabatier, Maurice Schumann, Georges Sion, Michel Tournier, Henri Troyat.

ÉCRIVAINS
ADG, Henri Amouroux, Christine Arnothy, Jean-Paul Aron, Dominique Aury, François-Régis Bastide, Tahar Ben Jelloun, Jean-Marie Benoist, Yves Berger, Daniel Boulanger, Jeanne Bourin, Chantal Chawaf, François Caradec, Marie Cardinal, Jean Carrière, Madeleine Chapsal, Edmonde Charles-Roux, François Clément, Georges Conchon, Jean-Louis Curtis, Conrad Detrez, Geneviève Dormann, Jean Elleinstein, Pierre Emmanuel, Alain Finkielkraut, Viviane Forrester, Max Gallo, François Georges, Alain Gerber, Roger Grenier, Benoîte Groult, Gérard Guégan, Eugène Guillevic, Bertrand de Jouvenel, Hubert Juin, Marcel Julian, Jacques Lanzmann, Edmée de La Rochefoucauld, Raymond Lévy, Jacques-Patrick Manchette, Diane de Margerie, Renée Massip, Gabriel Matzneff, Claude Mauriac, Patrick Modiano, Yves Navarre, Eric Ollivier, Hélène Parmelin, René-Victor Pilhes, Suzanne Prou, Pierre-Jean Rémy, Jean-Claude Renard, Alain Roy, Christine de Rivoyre, Denis Roche, Dominique Rolin, Claude Roy, Michel de Saint-Pierre, Jorge Semprun, Philippe Sollers, Roger Stéphane, René Tavernier, Georges Thinès, Henri Vincenot, Kenneth White.

ÉCRIVAINS-ENSEIGNANTS
Paul-Laurent Assoun, Jacques Attali, Elisabeth Badinter, Blandine Barret-Kriegel, Raymond Boudon, Louis-Jean Calvet, Hélène Carrère d'Encausse, François Châtelet, Anne-Marie Dardigna, Jean Deniziet, Georges Duby, Jean Duvignaud, Jacques Ellul, Marc Ferro, François Furet, Alfred Grosser, Marie-Françoise Hans, Albert Jacquard, Raymond Jean, Julia Kristeva, Yves Lacoste, Jacques Le Goff, Emmanuel Le Roy Ladurie, Erik Orsenna, Daniel Oster, Mona

Ozouf, Régine Pernoud, Catherine Ribot, Maxime Rodinson, Alfred Sauvy, Martine Segalen, Lucien Sfez, Louis-Vincent Thomas, Pierre Vidal-Naquet.

ENSEIGNANTS
Professeurs de l'enseignement supérieur, de l'enseignement secondaire et institutions, de Paris et de province :
Aline Baldinger, Claude Bellier, Christian Bonnet, Alain Boyer, Josette Chazal, Jean Colmez, Jean-Pierre Cuvillier, M. Davy, L. Dugué, M. Dupuis, Jacques Fiersin, Pierre Fontaney, Alain Fredaigue, Françoise Gadet, Claude-Louis Gallien, Nadine Gallifret-Grangeon, Jeanine Gombert, Lucienne Guillet, Henri Guitton, Ibram Harari, Simone Helfer, Michel Hervé, Dominique Janicaud, Jo Landormy, Rosine Lapresle, Mme Geneviève Laurent-Fabre, André Lebrun, Jean-Mary Levesque, Pierre Mathey, Jean-Michel Muglioni, Jim Pichot, Jacqueline Puysegur, Jean-Bruno Renard, Pierre Rigoulot, Jacques Rivelaygues, Michel Rouche, J.-C. Royet, Lélia Sennhenn, Philippe Sussel, M. Tourlières, Jean Touroz, Pierre Verdier, Patrick Vignolles.

ÉTUDIANTS
Étudiants et élèves de terminale de Paris et de province :
Véronique Angelis, Corinne d'Argis, Gilles Basterra, Gisèle Berkman, Catherine Bernard, Agnès Besnier, Corinne Bilhannic, Laurens Colloberi, Christophe Daniel, Marcelle Delhomme, Pierre Desnaquelles, Bruno Dive, Jean-Baptiste Divry, Isabelle Duperrier, M. Teboul, Catherine Gaillot, Anne Garreta, Agnès Guiniot, Lydie Herbelot, Julie Jéréquel, Catherine Jouffre, Y. Le Marrec, Anne-Paul Lorac'hmeur, Isabelle Mavuan, Isabelle Mercier, Eric Morillon, Pascale Perdereau, Isabelle Philippe, John-David Ragan, Joseph Raguin, Nathalie Richard, Blandine Rivière, F. Sportiche, François Tourlière.

PROFESSIONNELS DU LIVRE
Éditeurs, libraires et bibliothécaires :
Pierre Angoulvent, Dominique Autié, André Balland, Christian de Bartillat, M. Beaudiguez, Marie-Thérèse Bouley, Christian Bourgois, Jean Callens, Jean-Baptiste Daelman, Henri Desmars, Vladimir Dimitrijevic, Yves Dubé, Anne-Marie Duchesne, Marie-Madeleine Erlevini, M. Gaspel, Gérald Gassiot-Talabot, Jean Goasguen, Gérald Grunberg, Jean Hamelin, Georges Lam-

brichs, Jean-Claude Lattès, Mlle Lavocat, Françoise Mourgue Molines, Simone Mussard, Paul Otchakovsky-Laurens, Pierre Pain, Geneviève Patte, Jean-Luc Pidoux-Payot, Jacques Plaine, Jean-Pierre Ramsay, Charles Ronsac, Albert Ronsin, M. Teulé, Louis Vitalis.

PRESSE ÉCRITE
Directeurs de journaux, directeurs de revues, rédacteurs en chef, critiques littéraires, correspondants de journaux étrangers en poste à Paris, etc. À noter que beaucoup de journalistes sont aussi des écrivains.
Pierre Ajame, Jacques-Pierre Amette, Georges Anex, Yvan Audouard, René Andrieu, Robert Baguet, Barthélemy, Guy Bechtel, Edward Behr, Pierre Beauchou, Alain de Benoist, Jean Bertal, Jean Boissonnat, Henry Bonnier, André Bourin, Pierre Breton, André Brincourt, Jean-Jacques Brochier, José de Broucker, Alain Buhler, Robert Butheau, Jean Cau, Jean-Claude Casanova, Cavanna, Jean Chalon, Claude Cherki, Catherine Clément, Jean Clémentin, Claude-Michel Cluny, Françoise de Comberousse, Annie Copperman, James de Coquet, Jacques Cordy, Jean Daniel, Jean-Marie Domenach, Françoise Ducout, Guy Dumur, Jean-Pierre Enard, Jean-Louis Ezine, Jean Farran, Jacques Fauvet, André Fontaine, Jean-Jacques Gabut, Matthieu Galey, Jean-Louis Gauthier, Annick Geille, André Géraud, Paul Giannoli, Jacques Goddet, Léon-Gabriel Gros, Paul Guth, Danièle Heymann, Claude Imbert, Roland Jaccard, Jean-François Josselin, Janick Jossin, Jean-François Kahn, Konk, Serge Koster, Jean-Claude Lamy, Pierre Lepape, collectif Libération, Richard Liscia, René Mauriès, Georges Montaron, Pierre Nora, Jean-Paul Ollivier, Jacques Paugam, Louis Pauwels, Bernard Pellegrin, Bertrand Poirot-Delpech, Anne Pons, Marguerite Puhl-Demange, Marcel Raymond, Jean-François Revel, Angelo Rinaldi, Louis-Bernard Robitaille, Jean-Daniel Roob, Pierrette Rosset, Guy Rouzet, François Salvaing, Claude Servan-Schreiber, Maurice Siegel, Nadine Speller-Lefèvre, Paul Thibaud, Olivier Todd, Bernard Valli, Eliane Victor, René Vigo, Wolinski, André Wurmser, Françoise Xenakis.

RADIO-TÉLÉVISION
Laure Adler, André Arnaud, José Artur, André Asséo, Maurice Audran, Claude Barma, Jean de Beer, Gabriel de Broglie, Jacques Chancel, Jacques Chapus, Georges Charbonnier, François

Chatel, Pierre Desgraupes, Alain Duhamel, Jean-Pierre Elkabbach, Freddy Eytan, Jean Ferniot, François Gonnet, Philippe Labro, Xavier Larère, Jacques Legris, Ivan Levaï, Noël Mamère, Claude Mettra, Jean Montalbetti, Etienne Mougeotte, Jacques Paoli, Luc Perrot, Claude Jean-Philippe, Patrick Poivre d'Arvor, Jacques Rigaud, Philippe Saint-Germain, Anne Sinclair, Georges Suffert, Jean-Pierre Tuquoi, Alain Venstein, Jean Daniel Verhaeghe, Roger Vrigny, Pierre Wiehn, Jean-Didier Wolfromm.

ARTS ET SPECTACLES
Comédiens, metteurs en scène, musiciens, peintres, architectes, directeurs de maisons de la culture, etc.
Geneviève Bailac, Michel Bouquet, Antoine Bourseiller, André Bruyère, César, Paul Chemetov, Coluche, Jacques Darrolles, Yves Deschamps, Pierre Dux, André Feller, Léo Ferré, Edwige Feuillère, Guy Fonsy, Jean-Jacques Fouché, Raymond Gérôme, Didier Gulland, Michel Guy, Elisabeth Huppert, Francis Hester, Fabien Jannelle, Bernard Lefort, Maurice La Roux, Marcel Maréchal, Mathieu, Silvia Monfort, Yves Montand, Jean Morlock, Claude Parent, Gilbert Pellissier, François Perier, Michel Piccoli, Michel Polac, Roland Poquet, Jean-Pierre Potier, Paul Puaux, Dominique Quehec, Alain Sarfati, Pierre Schaeffer, Nicolas Shôfler, Simone Signoret, Pierre Soulages, Jacques Toja, Victor Vasarely.

HOMMES ET FEMMES POLITIQUES
Christian Beullac, Huguette Bouchardeau, Jacques Chirac, Gaston Defferre, Françoise Gaspard, Pascal Gauchon, Valéry Giscard d'Estaing, Arlette Laguiller, Brice Lalonde, Jean-Philippe Lecat, Jacques Médecin, Pierre Mendès France, Edgard Pisani, Jean-Marie Poirier.

DIVERS
Religion :
R.P. Bro, Josy Eisenberg, Mgr Paul Poupard, M. le Grand Rabbin Sirat.
Politesse :
Bernard Brochand, Lucien Elia, Marcel Germon, Pierre Lemonnier, Maurice Lévy, J. Séguéla.
Attachés culturels d'ambassade en poste à Paris :
Bernardino Osio, Charlotte Sov, Bryan Swingler
Attachés culturels français en poste à l'étranger :
G. Coste, Gilbert Eronart, Christian Morisset.
10 réponses ont été renvoyées anonymement.

자에게 제한된, 더 명백히 말해서 우리가 통상적으로 전위라고 부르는 바에 제한된(우리는 전위가 왜 심사원들의 목록에는 분명하게 빠져 있는지를 더 잘 이해하고 있다) 심사원들의 목록에서 출발하면서 얻게 될 명부와는 여전히 더 멀어져 있게 될 것이다. 그것은 만약 저널리즘의 영역, 특히 문화적 저널리즘 영역조차도 제한된 영역과 그런 제한된 영역이 갖고 있는 지각과 평가의 특수적 원리에 의해 지배되지 않았다면, 그리고 심사원들이 생산자를 위해 생산과 영역 중심에서 암묵적으로, 그리고 막연하게나마 허용됐던 서열의 제도화된 **기호**(signes)와 비공식적이면서도 확산되고 있는 현현에 대해 부분적 지식과 마찬가지로 서술된 분류가 분류한 데서 그들 저자의 위치를 항상 드러낼 위험이 있는 것을 원하는 법칙에 대해 막연한 자각을 갖고 있지 않았다면 더 멀어지게 될 것이다. 문화적 생산물은 레테르(예를 들어 '철학자나 사회학자'로 선출된 사람들에게 부여되는 전문 분야에 대한 칭호)나 판정에 대해 방향을 잡아 주고, 사전에 결정하게 하는 진정한 제도적 보증을 나타내는 **상표**(marques)와 품

질보증표(제도적인 것에 소속되어 있는 것과 출판사·총서·서문 집필자 등)를 갖추고 있다. 여기에서 우리는 사회적 세계에 있는 지각의 가장 일반적인 특성 중 하나를 보게 된다. 매순간 행위자들이 지각해야만 하는 것은 이전의 지각의 산물이며, 그런 지각을 현현케 하는(예를 들어 동일한 구조의 여러 주관성의 객관화에서 나온 객관성에 의해 끊임없이 확증되고 강화된 지각이라는 마술적인 고리 속에 닫혀져 있는 것을 알고 있는 가능성은, 소유된 상징적 권력과 더불어 확실히 증가하는 경향이 있다) 행위나 표현의 산물이라는 것이다.

저널리스트들이 자신들의 경향에 더 근접해 있는 지식인의 정의를 강요하려는 경향, 다시 말해서 자신들이 갖고 있는 생산 능력과 해석 능력에 더 근접해 있는 지식인의 정의를 강요하려는 경향은, 진정한 심사원들이라는 고리에 자신들이 소속되어 있다는 것을 확증시키려는 걱정으로 인해 균형을 이루게 된다.[6] 가치 일람표를 근본적으로 전복할 수 있는 상황에 갈 수 없기 때문에 지식인들 중에서 저널리스트들에게 더 호의적인 선입견을 갖는 것에 동의해 주면서, 저널리스트들은 확장된 지식인계에 자신들의 정통적인 소속을 확증할 수 있을 뿐이다. 이들은 지식인들 중에서 가장 저널리스트답지 못하거나 가장 저널리스트적이지 못한 사람들을 자신들이 판정할 권리를 갖고 있다고 확증할 수 있다. 이들이 지식인계의 움직임을 배제시키지 않으려면, 어쨌든 가장 분명해 보이는 사람들을 인용해야만 한다. 그렇게 해서 우리는 레이몽 아롱에게 부여되고 있는 가장 탁월한 위치를 이해할 수 있게 된다. 그 자신이 소비에트 연방에 대해 표명했던 것은 명확성 이상으로, 그 자신이 정치상의 선택을 부여한 아주 자연스러운 일이고 수많은 몰지각에 대한 대상물(對象物)의 형태를 취하고 있었다. 그것은 확실히 지식인계에 대해 저널리즘의 영향력 증대를 배경으로 해서, 대학적으로 성별화된 이 위대한 저널리스트 속

---

6) 그러므로 '매스미디어에서 상당한 중요성'에 있는 지식인 겸 저널리스트나 작가들에 유리해 보이는 관점은, 잡혼 번식(panmixie)의 전략에 더 많은 자유를 남긴 채 길이가 더 긴 이름 목록을 부여할 것을 요구했다면 더 눈에 띄게 드러났을 가능성이 있다.

에 위대한 지식인의 상을 어떤 사람이 일순간 인식할 수 있었다고 설명하는 지식인 겸 저널리스트와 저널리스트 겸 지식인들의 지적 면목을 나타내는 지위이다.[7] 그들은 **지식인들의 아편**(opium des intelectuels)인 반지식인주의의 이런 고전을 찬성하는 것으로 세계적으로 알려져 있으며, 종종 저널리스트들의 잠재적 반지식인주의가 지식인들의 무책임성과 비판에 대립되는 것을 애호하는 명확성과 양식에 대해 찬성하는 것으로 아주 유명하다.[8]

그렇기 때문에 인기 순위를 총결산한——개인적이든 집단적이든——

---

7) 1881년에 실시되어 작가에 대한 작가들의 의견을 수집하는 것에만 결부된 위레의 조사와는 달리 지식인들의 인기 순위는 명시적으로 판단하거나 분류하려는 의도적 산물이다. 인기 순위가 가장 '미디어에 강한' 저자들에게 부여하는 특권은, 이런 영향력을 증대시키는 것들 중에 있는 지표들에 불과하다. 대학 교원 겸 저널리스트들이 고등연구원과 같은 대학 기구 속에서 취득했던 제도상의 중요성과 다음 사실까지도 덧붙여 보는 것으로 충분하다. 그 사실은 거대 신문이나 주간지의 '문화적 저널리스트들,' 이들은 정기 간행물이나 출판 영역 밖에서 명성을 실행토록 되어 있던 권력을 자신들에게 부여한 유일한 권력 보유자이며, 이 영역의 경계, 특히 출판사 중에 그런 명성을 생산해 내는 실제상의 능력을 보유한 사람으로서, 훗날 자신들의 저작물(총칭적으로 에세이라고 불려진 것)이 학문 영역이나 학술 잡지에 유보되었다는 점이 정통적으로 판단될 것이라는 주장을 집단적으로 확신할 수 있다는 것이다.(《Les Nouvelles littéraires》, 1980년 1월 3-9, 참조할 것)

8) 조사를 담당한 책임자들 자신이 지적하고 있듯이, 아롱은 "어떤 사람도 인용하기를 원하지 않은 사람들에 의해 인용된 이름"(J. Jaubert, 《리르》지, 68, 1981년 4월, 45쪽)이라는 것은 주목할 만한 일이다: "영향력 있는 지식인들 중에서는 이 멋진 신사를 누구도 인용하지 않으려는 것은 아니다." '어느 정도의 레이몽 아롱'(이브 베르제), '레이몽 아롱을 제외하고'(알랭 비레르), '아롱을 잘 연구하면서'라고 아니 코페르만은 말하고 있다. 어떤 사람은 "그 뒤를 잘 이었던 것은 매스미디어였다"고 덧붙이고 있다. 이 점에 관해 자크 랑즈만은 자신이 '베르나르 앙리 레비'를 인용할 때 확증을 주고 있다: "텔레비전 방송에 적합한 예쁘장한 얼굴은 진정 독창적이고 경이적인 생각을 지원하는 구실을 한다." 그것은 마치 지식인들 중에서 가장 반지식인적 경향을 갖고 있다는 영예를 씌우면서 지식인의 권위를 박탈하는 것을 내포하며, 혹은 지식인을 무효화시키는 것을 내포하듯이 발생하고 있다. 의도는 모든 가장자리의 저널리스트들이 사르트르는 후계자를 갖고 있지 않다고 밝히게 된 배려 속에서 표현되고 있다. 혹은 그런 의도는 여러 다른 형태의 비합리주의를 옹호하는 사람들을 받아들이려는 성향 속에서도 표현되는데, 그런 비합리주의는 여러 다른 형태가 지식인계의 종속을 저널리스트들의 문제와 과정에 유리하게 하거나 결정했다면 탐구하지 말아야 한다. 그런 여러 다른 형태는 '지식인'의 새로운 사회적 정의가 도래하는 것에 결부되었다는 것은 확실하며——지식인은 합리적으로 '미디어'를 사용토록 하고——이것이 내포하는 모든 것과 더불어 지식인계를 지배하는 데에 도달하게 되는 조건 중 하나가 된다.

것이 완성 형태를 보이는 전략은, 일상적 정보 교환이라는 우연성에서 실행되는 분류 행위나 **문서화되지 않은 분류**(classement non écrit)로 대체되는 경향이 있다. 이 문서화되지 않은 분류는 영역에서 분류에 대한 객관적이면서도 눈에 보이는, 공표된, 거의 공식적인 실제성을 엄격하면서도 동시에 계속해서 문제시하고 있다. 문서화되지 않은 분류는 문화 생산계의 문화적으로 피지배적이고 개별적인 영역에 고유한 견해의 표현이라 할지라도 객관성의 모든 외관을 부여받고 있다. 총결산은 《리르》지의 질문에 대해 대답했던 사람들 전체와, 그에 비견되는 사람들이 매일 혹은 매주 협의하고 공모할 필요 없이 달성해 가는 행위의 정확한 개념을 제시해 주고 있다. 그렇기 때문에 명부가 제공하는 사회적 의미 이후에 명부를 작성하게 해주었던 질문의 의미를 발견할 수 있게 된다. 쟁점은 아주 의미심장하다 할 수 있는 '첫번째 42인의 지식인들' 명부와 비교해서 공표되고, 목록을 작성할 수 있는 **능력**을 갖고 있는 심사원들의 목록보다는 성별화된 지식인들의 목록이 아마도 덜할 것이다. 《누벨 리테레르》지에 의해 공표된 명부 중의 명부에서처럼 통상적인 심사원들은 10년간 자신들이 갖고 있는 명부를 알리면서 스스로를 드러내고 있으며, 동시에 심사원들 목록의 공표, 로마인들이 말했던 것처럼 **알범 유디쿰**(album judicum)〔판단의 게시판〕의 공표를 알리면서 스스로를 드러내고 있다. 명부는 상징적인 실력을 행사할 수 있음을 밝히고 있는데, 그것을 통해 새로운 정통화의 원리가 선언된다는 것을 함유하고 있다.

지식인을 정의하는 문제, 혹은 더 명확하게 말해서 본래적인 지식인 작업의 문제는 이런 정의에 참여하는 것에 허용되어질 수 있는 모집단의 경계선의 문제와는 구별될 수가 없다. 문화 중심계 한가운데에서 전개되는 진정한 투쟁의 쟁점, 그 중에서 《리르》지의 무해한 방식이 가장 심오한 메커니즘을 내비치고 있는데, 이런 투쟁의 쟁점은 실제로 문화 생산에 대해 판정할 수 있는 권리를 부여하는 것이다. 학문계로부터 시작한 생산자를 위한 여러 생산계의 자율성에 맞서서 실력 행사가 행해졌던 것은, 거의 항상 심사원들 모집단의 확대라는 명목으로 이루어진다. 자율적 영역——시나 사회학에서처럼 생물학에서——의 내적 요구의 생산인 생산물을 고발하기 위해 '대중'을 표방하거나, 외견상으로는 아주 상이한 말투로 '텔레비전에 출연하는' 능력이나 '저널리즘적 명확성'을 행하는 것은 모든 문화적 가치라는 척도로 이루어졌으며, 자연 발생적으로 저널리스트들 사이에서, 그리고 더 광범위하게 보아서 계급 탈락하거나 수요를 위해 생산을 강요하는 생산자들 사이에서 활짝 꽃을 피우고 있는 반지식인주의는, 자신들이 생산했던 수요를 위해 역사적으로 생산하여 획득한 **특권**을 갖고 있는 사람들에 대해서 끊임없는 위협을 가하고 있다.[9] 그리고 이런 반지식인주의는 정확하게 말해서 극우인(**민족주의적인**(Völkisch)), 극좌인 주다노비즘적인 대중적 기질의 다양한 모든 형태와 더불어 가장 다양하다 할 수 있는 표현과 정당화의 형태를 찾아낼 수가 있다. 그러므로 서열의 확립 쪽으로 외견상으로나마 방향을 잡아 가는 이런 명부가 항상 불확실하고 위협적으로 보이는 경계선을 없애려는 중요한 효과를 갖는다는 사실은 우연이 아니다. 이 경계선은 직접적으로 수요에 종속되어 있기 때문에 외부로부터 생산자들 자신들의 문제를 수용하는 그런 생산자들과, 그들을 대립시키는 경쟁의 특수적 형태로 인해 모든 사회적 요구에 대해 우선적으로 선행될 수 있는 요구를 생산할 수 있는 불확실하면서도 위협적인 것 사이에 있다.

사회학자는 판정자들의 판정에서 스스로를 만들어 내지 말아야 하고, 판정하는 것을 판정자들의 권리라고 만들어 내지 말아야 한다. 사회학자는 이런 권리가 투쟁의 쟁점물이 된다는 것만을 상기시키고 논리를 분석해 간다. 거기에서는 서열이 그다지 코드화되지 못하고, 규범이나 형식 속에 그다지 객관화되어 있지 않기 때문에 정통성의 결정 기관이 갖고 있는 정통성의 문제, 최종적으로는 결정 기관이 갖고 있는 정통성의 문제가 모든 영역에서 제기되었는데, 그런 문제는 문화적 생산 영역에서 더 분명하게 제기되고 있다. 기득권의 불확실성으로부터 나온 극도의

---

9) 쉽게 순서를 바꾸게 두는 전형적 분석에 대해서는 M. Goldman의 《공산국가 중국에서 문학적 이의 *Literary Dissent in Communist China*》, Cambridge, Havard University Press, 1967년판을 참조할 것.

불안은, 만인에 대한 만인의 상징적 투쟁과 수를 헤아릴 수 없고 동시에 미세한 모든 법 해석의 행위들, 저주나 중상모략에 아주 근접해 있는 비방, 살인적인 '언어들,' 큰 피해를 주는 소문에 개별적 폭력을 부여해 주는 경향이 있다. 이와 같은 암묵적인 분류 속에서 더욱 잘 분류된——당연히 암묵적인——합의에 토대를 둔 쓰여지지 않은 분류는 해석 행위를 하는 데 실행될 수 없는 적분에 불과할 뿐이다.[10] 그렇다고 해도 영역의 자율성은 여전히 다음과 같은 사실 속에서 명확히 드러내고 있다. 그것은 자연과학의 극한적인 경우에서 볼 수 있는 것과 같이——하지만 회화나 시에서 상황은 아주 다르지 않다——우리는 과거 투쟁의 모든 **특수적** 역사 속에서 축적되어 왔던 모든 무기, 그리고 그 무기만을 사용하는 조건에서만이 이런 투쟁을 정복해 갈 수가 있다는 사실이다. 그 결과 이런 무기를 지배하는 것에 따라 여러 다른 경쟁자들은 자율성에 대해 불균등하게 이익이 되게 하거나, 외적 평가 원리의 침입을 방해하는 경계선을 강화하는 데 이익이 되게 하며, 반대로 외부의 힘과 더불어 어느 정도는 파렴치한 동맹에 이익이 되게 한다. 또한 이 파렴치한 외부와의 동맹은 특히 여러 가지로 해석되는 판정에 절충하는 모든 사람들과 더불어 동맹하기도 하는데, 이들은 개인적으로나 집단적으로 스스로를 판정자들로 만들어 가면서, 가장 자율적인 생산자들이 자신들을 판정할 권리를 인정하는 법정에서 결정권을 박탈하려고 애쓰는 사람들이다.

---

10) 주지하다시피 일부 민족학자들은 마술의 비난이 사회적 세계 속에서 나타난다는 것을 관찰했다. 그런 세계에서의 관계는 명확하게 정의되지 않았으며, 동시에 별로 경쟁력이 없고, 또한 거기에서 경쟁자들간의 긴장은 다른 방식으로 해결될 수 없다.(M. Douglas (éd.), 《마력, 자백, 고소 Witchcraft, Confessions and Accusations》, Londre, Tavistock Publications (1970)을 참조할 것)

【부록 4】 대응 분석

1. 4개의 학부

주요 변수(가능한 수가 2보다 높을 때 괄호로 표기했다):

아카데미 프랑세즈, 《명사록》, 부친의 카테고리(20), 전국학력경시대회, CNRS의 위원회(최근 3번의 위원회에 출석), 문고판 총서, 캉과 아미앵에서의 학술토론회(적어도 둘 중 하나에 참가), 학술토론회(참여빈도수)(10), 대학자문위원회, UER(교육연구단위)장(1968년 이후), 법학 분야(4), 문학 분야(9), 의학 분야(3), 이학 분야(3), 학부장, 자녀(수)(5), 지적인 그랑제콜 교육, 권력적인 그랑제콜 교육, (사립이나 공립의) 중등 교육 기관(4), 학부(4), 그랑제콜(9), CNRS연구실(실장), 고등 교육 장소(3), CNRS 훈장, 《르 몽드》지(에서 집필), 출생 (연도)(10), 출생 (지역)(3), 공로장, 공적 기관(그곳에의 참여), 계획(제6차 위원회), 종교(4), 지식인 잡지(편집위원회), 성별, 번역(3), 텔레비전 (출연), 《인명록》(그곳에 등재).

우리는 실증적 변수로서 출생지(그다지 확실하지 않거나 출생 지역과 중복), 거주지, 혼인 상태(자녀수와 중복), **명예 박사** 칭호(별로 확실하지 않음), 중등 교육 기관(별로 확실하지 않거나 출생 지역과의 중복), 지스카르나 미테랑 대통령 지지, 교수자격(불충분한 정보), 전국고등교육교원조합에의 소속, 레지옹 도뇌르와 교육공로장 등을 취급하였다.

2. 문학부와 인문과학부

주요 변수: 콜레주 드 프랑스, 소르본대학, 낭테르대학, 고등연구원 제6학과, 고등연구원 제4·5학과, 제2의 소속: CNRS소장, 제2의 소속: 동양어학교, 제2의 소속: 고등사범학교 강의, 제2의 소속: 다른 주요 학교, 학사원, 학과(8), 출생 연도(7), 부친의 카테고리(13), 《인명록》(그곳에 등재), 고등사범학교 출신자, 교수자격시험 심사원, 자문위원회, 고등교육

평의회, 1967년과 1963년의 **CNRS** 위탁 연구, 정부의 내각이나 경제 계획, 연구팀 지도, 출생 지역(10), 자녀(수)(8), 레지옹 도뇌르, 공로장, 수험 준비 시설(6), 거주 지역(9), 교육 공로장, 아카데미 프랑세즈, 1968년판 《라루스》, 《누벨 옵세르바퇴르》지(그 안에 집필된 것), 텔레비전(6), 크세주 문고(6), 이데아 총서, 푸앵 총서, 메디아시옹 총서(4), 지식인 잡지(그것의 편집위원), 고등사범학교 입학시험 심사원, 번역(3), 인용(《인용 색인》에서 인용된 수)(3).

우리는 예증적 변수로서 출생지(그다지 확실하지 않거나 출생 지역과 중복), 혼인 상태(자녀수와 중복), 교수자격(불충분하거나 그다지 확실하지 않은 정보), **명예 박사** 칭호(별로 확실하지 않음), 중등 교육 기관(별로 확실하지 않거나 출생 지역과의 중복), 지스카르나 미테랑 대통령, 플라스리에르에 대한 지지를 취급하였다.

후 기

20년 후

　대학 세계의 사회학적 분석이라는 것은, 내가 연구 그 자체[1] 안에서 일관적으로 계속해 왔던 학문적 실천에 대한 비판적 성찰에 도달하는 것이기는 하지만, 대학 세계의 이런 사회학적 분석은 사물을 분류하는 분류자 중의 분류자인 《호모 아카데미쿠스》를 그 자신만의 분류시키기 속에 떨어뜨리려는 목적을 겨냥하고 있다. 이것은 사기꾼이 속임수에 넘어가거나 물을 뿌리는 인간이 물이 뿌려진다고 하는 희극적인 입장과도 같은 것이며, 무서워하는 것인지 혹은 무섭게 하기 위해서 어떤 사람이 고의로 이러한 입장을 희극적으로 받아들이는 상황과도 같은 것이다. 나로서는 본서가 그 결과를 제시하고 있는 경험이라는 것이, 데이비드 가넷이 《동물원의 남자》라고 제목을 붙인 단편 소설 속에서 주인공에게 초래시키고 있는 경험과 어쩌면 크게 다르지 않을 거라고 생각한다. 연인과 불화 관계에 있는 한 젊은이는 절망에 빠져서 동물원 원장에게 편지를 쓰고, 동물원에 없는 포유류 한 마리를 제공할 것을 제안한다. 사람들은 그 포유류를 침팬지 옆에 있는 칸막이 속에 놓고, 다음과 같이 지시해 주고 있는 표제를 달아 준다: "호모 사피엔스입니다. 이 표본은 존 크로만티 님께 제공하였습니다. 방문객들 각자는 주의를 기울여 이 사람을 화나지

---

　1) 예를 들어 P. Bourdieu, '독신과 농민의 조건(Célibat et condition paysanne),' 《Etudes rurales》, 1962년 4-9월호, 32-136쪽을 참조할 것.

않도록 해주시기 바랍니다."

　사회학자는 자신만의 세계, 바로 더 가깝고 더 친숙한 것을 갖고 있는
그 세계에서 나름대로의 연구 대상을 취하기는 하지만 민족학자가 하는
것과 같이 이국적인 것을 활용하지는 말아야 한다. 하지만 우리의 표현
이 허락한다면, 너무도 친숙하기 때문에 그에게는 낯설게만 있는 생활이
나 사고 방식과 더불어 원초적인 친밀 관계의 단절을 통해 활용한 것을
이국화시켜야만 한다. 이와 같이 원초적이고 일상적인 세계를 향하는 운
동은, 낯설고 기이한 세계를 지향하는 운동의 완성이어야 할 것이다. 그
것이 실제적으로 전혀 그렇지 않은 경우가 있다. 레비 스트로스와 마찬
가지로 뒤르켐의 경우에서 학자가 사용하고 있는 '분류 형태'를 분석에
따르게 하는 것은 문제가 아니며(그럼에도 불구하고 뒤르켐이 《프랑스에
서의 교육 발전》이라는 책에서 훌륭하게 분석했었던), 대학 세계의 사회적
구조 속에서 교수적 오성(悟性)에 대한 카테고리의 근원을 연구하는 것 또
한 문제가 아니다. 그래서 사회과학은 사회적 이성에 대한 사회적 비판
을 행하기 위해서 부단한 노력을 기울임으로써 가장 결정적인 발전을 기
대할 수가 있다. 사회과학은 의식적으로든 무의식적으로든 사용하고 있
는 카테고리——그것은 사회적 세계의 학문적 구축을 흔히 방향잡아
주는 대립된 용어들의 항목이다——의 사회적 형성뿐만이 아니라, 사회
과학이 이용하고 있는 개념들의 사회적 형성을 재구성하도록 해야만 한
다. 그런 개념들은 학자적 담화 속에서 검토되지 않고 도입된 상식의 개
념(예를 들어 **직업**(profession)이라는 개념과 같이 여기에서는 암묵적으로 기
피되었다)이나 혹은 사회과학이 제시하고 있는 문제들에 불과할 뿐이고,
시기의 '사회적 문제'인 '빈곤' '비행' '학업의 실패' '제3의 인생인 노
년기' 등을 어느 정도는 학자적으로 변장한 형태에 불과할 뿐이다.

　우리는 객관화하는 문제에 대해 객관화하는 작업을 피해 갈 수가 없다.
과학적 문제는 그만이 생산하는 것의 역사적 조건들을 대상으로 취함으
로써 그것의 구조나 성향, 그리고 역사적 조건들이 생산해 낸 결정 작용
의 어떤 이론적 통제를 부여할 수 있게 되고, 동시에 객관화의 능력을 배
가시키는 구체적 방법을 단번에 확신하면서 부여할 수 있게 되지만, 이

문학부와 인문과학부의 공간
대응 분석: 관성-개인의 첫번째, 두번째 도면

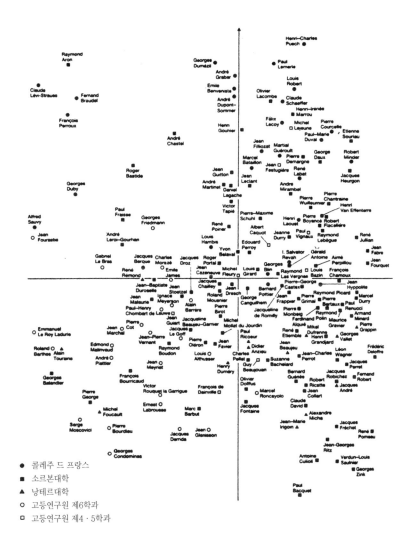

● 콜레주 드 프랑스
■ 소르본대학
▲ 낭테르대학
○ 고등연구원 제6학과
□ 고등연구원 제4·5학과

　모집단에서 채택된 여러 기구들에 결부된 교수들의 주된 소속을 지칭하기 위해서 우리
는 사회적으로 허용된 서열을 채택하였다. 그것은 예를 들어 콜레주 드 프랑스나 소르본
대학, 그리고 고등연구원에 동시에 소속되어 있는 것들을 콜레주 드 프랑스나 소르본대학
에 지칭하면서 채택된 것이다.

는 선험적 성찰의 어떤 형태에 의한 것이 아니다. 스스로 도취한 만족감에는 아예 의존하지 않고 영합하지도 않는 그런 사회 분석만이 연구자로 하여금 거리감 있는 시선을 친숙한 세계로 돌려 놓는 데 현실적으로 공헌한다. 그런 거리감 있는 시선은 인류학자 자신이 연구 대상이 되는 세계에 대해 자연 발생적으로 향하고 있는 시선이며, 이 인류학자는 연구 대상이 되는 세계의 사회적 게임에 소속되어 있고, 내재된 공범성에 의해 결부되어 있지 않으면서도, 이런 **환상**(illusio)이 쟁점물들이나 게임 그 자체의 현실적 가치를 완전히 이루게 하는 것이다.

대학 세계를 과학적으로 분석하는 일은, 객관성과 보편성을 요구하는 객관화를 조작할 자격을 가진 것과 같이 사회적으로 승인된 기구를 대상으로 취하는 것이다. '실증주의(positivisme)'와 '과학주의(scientisme)'의 고발에 가려진 과학, 아주 특별히 말해서 그렇게 가려진 사회과학의 오래된 비합리주의적 거부인 **프랑스적 급진적 유행**(French radical chic)과 같은 모습을 차려입고서, 유행을 따르기만 하는 소위 말하는 포스트모던하다고 하는 몇몇 분석과도 같이 과학에 대해 허무주의적 문제 제기로 유도해 가기는커녕 사회학적 작업 그 자체에 적용되고 있는 이런 식의 사회학적 실험은 다음과 같은 사실을 보여 주는 데 목표를 둔다. 그것은 사회학이 역사주의적이면서도 사회학주의적인 순환에서 빠져나올 수 있다는 사실이다. 그리고 이것을 위해 사회학에다가 지식을 제공해 주는 것으로 충분하다. 사회학은 과학이 생산하는 사회적 세계에 대해서 얻어지는 것이며, 이 세계에서 그리고 극도의 감시를 제외하고 과학적 담화 그 자체에서 실행되고 있는 사회적 결정 작용의 효과를 억제토록 하기 위해 얻어진 것이다. 다시 말해서 사회학은 생산 영역의 논리가 모든 문화적 생산을 억누르게 하는 사회적 결정을 백일하에 드러낼 때, 그 자신이 갖고 있는 고유의 토대를 파괴하기는커녕 인식론적 특권을 강력하게 요구하게 된다. 그런 특권은 자신의 과학적 취득물을 인식론적 감시의 사회학적 배가라는 형태로 과학적 실천 속에 재투자할 수 있다는 사실을 사회학에 보장해 주고 있다.

사회적 세계와 대학 세계 자체의 진실에 대해 부단한 경쟁을 벌이는 장소가 대학계에 속하고, 그곳에서 교육이나 칭호·신분 등과 같이 상당수의 특성들(소유물)에 의해 정의된 일정한 위치——연결되어 있는 모든 연대나 개입과 더불어서——를 차지한다는 사실 속에서 함유되어 있는 것을 알려고 하는 것은, 그렇다면 어떤 과학적인 장점을 가질 수가 있는 가? 그것은 무엇보다도 전망적인 비전을 내포하는 시점으로서 인정된 위치 속에서, 그러니까 명확성과 맹목성이라는 특수적 형태 속에서 각인된 오류의 가능성을 의식적으로 중성화시키는 기회를 부여한다는 것이다. 하지만 더 우선적으로는 그것을 생각하기 위해 게임에서 빠져나오려는 데에서 자유로운, 학자의 동일 위치에 내재한 이론주의나 지식인주의에 있는 경향의 사회적 토대를 발견하는 것이고, 세계에 대해서는 세계 외에 있거나 훨씬 위에 있는 시점으로부터 드러난 대충 훑어보는 비전을 취하려는 야심——과학적인 것으로 사회적으로 승인된——속에서 발견해 보려는 것이다. 구조주의적 객관주의가 자기 자신을 난해하다고 가정하는 '야생의 사고(pensée sauvage)'에 대해 행사될 때, 게다가 정당성을 인정하는 데 중요한 이론도 나오지 않기 때문에 과학에 거부하는 학자의 세계에 적용되고 있는 이론이 큰 무리 없이 등장하게 되지만, 이런 저항이 불성실한 것은 명백하다. 그렇다고는 하지만 알려고 하는 의지는 이런 경우에(학자가 과학을 세계에다가 적용하려는 경우이다) 특이한 형태의 힘의 의지라고도 할 수 있는 것에 의해 은밀히 부추겨지지 않는가라고 계속 자문해 보아야 한다. 이런 힘의 의지는 대상의 상태로 함축되는——자신들이 경쟁자들에 대해 책임을 지울 수도 없고, 원하지도 않는——시점을 경쟁자들에게 책임지울 것을 주장하는 사실 속에서 명확하게 나타난다. 그러나 실제로는 기획 의도 자체는 그다지 중요하지 않다. 그것은 포퍼가 말하고 있듯이 문제 상황(problem situations)을 만들어 내는 악순환 장치와도 같이 기능한다. 분석된 세계의 완벽한 이론 속에서, 그 세계의 이론적 경험과 실천적 경험 사이에 있는 격차를 각인시키는 것을 망각하려는 경향은, 사회학적 분석으로부터 사회적 조건들에 대해 사회학적 분석이 부과하고 있는 반성적 비전 속에서 불가피하게 상관성을 발견해 내고 있다. 세계 구조에 대해 객관적이고도 객관주의적인 구축을 하며, 객관화에 대한 작업을 책임지고 있는 사람은 그 자신이 그 세계 속에 끼워져 있고, 객관적 분석 후에도 살아남을 수 있는 원래의 표상을 갖고 있으며, 객관적 구축 그 자체는 자신이 갖고 있는 한계를 드러낸다. 예를 들어 객관적 구축은 개인적이고도 집단적인 방어 전략에 부딪힌다. 그 방어 전략은 부인하려는 작업 형태를 종종 띠고 있으며, 그 방어 전략을 통해 행위자들은 사실상으로나 권리상으로 일상 생활에서 배제된 전체화를 통해 과학이 구축하고 있는 바와 일치하지 않는 사회적 세계의 표상이 있다는 것을 자신들과 다른 사람들을 위해 유지하려고 한다. 구조주의적이며 구성주의적인 두 접근(그것을 통해 사회 세계의 원초적 경험이라는 현상학과 이 세계를 구성하는 데 가져다 준 공헌이라는 현상학의 형태를 함유하면서)은, 동일 수순에 대한 상호 보완적인 두 계기라는 것을 알아차리게 한다. 만약에 행위자들이 실질적으로 구조를 구축하는 데 공헌한다면, 그것은 매순간 그들 자신들에게 실행되고 있는 구조적 제약의 한계 속에서 이루어진다. 그런 구조적 제약들은 객관적 구조들 속에서 그들 행위자들의 위치에 결부된 결정 인자를 통해 외부에서, 그리고 사회적 세계에 대한 그들 행위자들의 지각과 평가를 조직하는 정신적 구조들——예를 들어 교수적 오성의 카테고리——을 통해 내부에서 동시에 작용하는 것들이다. 다시 말해서 구조적 제약은 객관주의적 **상황 분석(analysis situs)**이 그 자체로 구성하는 시점으로부터 포착된 전망적 시각에 불과할 뿐이라 할지라도, 개인적이고 집단적인 게임이나 투쟁 속에서 채택되고 있던 행위자들의 부분적이며 당파적인 비전——그런 비전을 통해 행위자들은 구조적 제약을 과하려고 한다——은 이런 게임의 객관적 진리 일부를 구성하고, 객관적 제약에 의해 부과된 한계 속에서 그것을 보존시키고 변형시키는 데 적극적으로 공헌하고 있다.

본서는 역설적으로 친숙한 세계의 객관화를 통해서만이 얻어지는 자신의 재소유 쪽으로 방향잡아 간 심오한 교리 전수식 과정을 설명할 것을 겨냥하고 있으며, 이 세계에 참여하는 독자들이나 이국 세계(외국)의 독자들에 의해서는 다르게 읽혀지도록 되어 있다. 그 이유는 본서가 대상을 제시하면서 그 대상과 더불어 본서만이 갖고 있는 고유의 문맥을 가져오려는 독특함이 있다 할지라도, 그것을 해석하는 데 있어서는 독자에 따라 다를 수가 있기 때문이다. 그것은 사고에 대한 국제적(마찬가지로 세대간적) 유통 과정에서 통상적으로 일어나고 있는 것과는 다른 것이다. 그런 국제적 유통 과정에서 텍스트는 자신이 갖고 있는 생산과 이용의 문맥 없이 전달되고, 소위 '내적'이라고 불려지는 해석을 요구하고 있다. 이와 같은 '내적' 해석은, 매순간 수용 문맥에만 텍스트를 관계시킨다는 사실로 인해 그 텍스트를 현실감이 없게 하면서 보편적이고도 영속적이게 하고 있다.[2] 객관화에 저항하여 견뎌낼 수 있는 토착민적 해석과는 달리 한마디로 너무 이해만 하고 있는 외국 독자는, 서술되고 있는 게임에서는 직접적으로 내거는 것을 갖고 있지 않기 때문에(적어도 첫눈에는) 분석에 저항하는 경향이 덜할 수 있음을 가정해 볼 수가 있다. 연극에서 서로를 알아보지 못한 채 자신들이 역할을 맡고 있는 성격상의 결함으로 해서 웃는 일이 벌어지는 것처럼, 외국 독자는 자신이——그것은 적당한 간격을 더 잘 유지하기 위해 고풍주의 상태에 보내진 아카데미적 전통에서 가장 분명하게 보이는 이국적 특징, 하지만 어쩌면 가장 의미가 없는 특징만을 채택하면서——잘 알고 있는 상황이나 관계 속에 갇혀서 의

---

2) 그러므로 저자들은 자신들의 이름을 기재한 작품(어느 정도는 독자의 정보에 따라 완전하게 변하는)에 제한되어 있다. 저자들은 원래 자신들의 영역에서 그들 자신의 위치에 결부되어 있는 모든 사회적 특성들〔소유물〕, 다시 말해서 그들 자신의 권위와 상징 자본에서 가장 제도화된 차원을 없애 버렸다(필요한 경우 서문은 자본의 이전을 조작함으로써 위협받고 있던 상징적 자본을 복원토록 사용할 수 있다). 그렇게 해서 판단에 맡겨져 있는 자유는 완전히 상대적이다. 그 이유는 권위 효과가 수많은 국가적 과학 영역에서 상동적 위치를 차지하고 있는 사람들 사이에서, 특별히 지배적인 위치에 있는 사람들 사이에서 연대성의 개입을 통해 계속해서 실행될 수 있기 때문이다. 이런 사람들은 번역의 흐름과 성별화 결정 기관에 대해 점하고 있는 권력을 활용할 수 있는데, 이는 대학적 권력의 국제적 이전을 확신하기 위한 일이며, 또한 그 자신만의 생산물을 위협하기에 적절한 생산물이 국가 시장에 가입하는 것을 통제하기 위한 일이다. 다른 한편으로 이런 상대적 자유는, 문맥의 무지를 초래하는 오인과 알로독시아의 위험을 자유에 대한 상대물로 갖고 있다. 그렇기 때문에 예를 들어 어떤 평론가들은——자신들이 광채 원리를 차용하고 있는——제1등급의 별들〔저명인사들〕에 해당하는 사람을 외국에서는 퇴색시킬 수가 있는 것이다.

문시된 문제들을 항상 교묘히 빠져나갈 수가 있다.[3] 실제로 고칠 것은 고쳐 보더라도(mutatis mutandis), 외국에 있는 독자는 현지의 독자 (그리고 사회학자 자신)와 동일한 양자택일 앞에 직면해 있다. 그는 **호모 아카데미쿠스 갈리쿠스**(homo academicus gallicus)〔갈리아적 대학인〕라는 종자의 독자성을 이루게 하는 차이를 강조하면서, 적어도 유추를 통해 참여하는 세계(상이한 국가적 영역에서 동등한 위치를 차지하고 있는 사람들간에 국제적 연대가 이를 증명해 주고 있는 것처럼)의 객관화를 사용할 수 있는데, 이는 불확실이라는 방어 도구를 강화시키기 위한 것이다. 반대로 **호모 아카데미쿠스**라는 종자의 불변 요소에 결부시키면서나, 혹은 그 자신에 대한 객관화에 대해 밝혀내는 것을 더 잘 알게 되면서, 첫눈에 약간은 잔인해 보이는 자동 분석 기구를 그런 세계의 객관화에서 찾아낼 수가 있다. 이 자동 분석 기구는 자신의 고유 영역 속에서 차지하고 있는 위치의 상동물인 **호모 아카데미쿠스 갈리쿠스**의 여러 위치 중 하나에 해당된다. 나로서는 본서가 추구하는 인식론적 의도에 부합하는 두번째 해석을 촉진시키기 위해서, 역사적 전통에서 다른 것으로 거쳐 가는 것을 방법론적으로 가능케 하는 변환 규칙의 구축된 전체를 제시하든지,[4] 그렇지 않

---

3) 외국 사람의 초연한 시선은 그들만의 세계에 대해 취할 바를 모르기 때문에 이 책은 친숙함의 이점을 상실하지 않고 그런 초연한 시선에 접근하기 위한 계통적인 노력에서 나온 결과물이다. 그러므로 이 책은 외국 독자들의 세계 속에 있는 토속적 믿음을 강화시키려는 기회를 찾아내기에 부족함이 없을 것이다. 그와 같은 토속적인 믿음은, 프랑스와 프랑스 대학에 대해 외국 작가들에 의해 쓰여진 몇몇 저서에서 아주 자연스럽게 표현되고 있다. 이와 같은 사회학의 패러다임은 자민족 중심주의를 방법으로 정립해 놓고 있는데(그리고 그 패러다임은 자신들이 망명한 사실을 자신들의 눈으로 정당화시켜야만 하는 망명자들의 일과도 같을 수 있다), 테리 클라크의 저서는 이런 사회학의 패러다임 형태를 보여 주고 있다. 그는 프랑스 대학을 미국 대학의 이상화된 특징과 다름에 불과할 뿐인 분석되지 않은 기준 전체에서 가능해 보이고 있다. (T. Clark, 《예언자와 후원자, 프랑스 대학과 사회과학의 출현 *Prophets and Patrons, The French University and the Emergence of the Social Science*》, Cambridge, Harvard University Press, 1973을 참조할 것.)

4) 각각의 분석 정도에서, 그리고 예를 들어 대학계와 정치경제적 권력 간에 있는——프랑스에서는 어떤 다른 나라보다 역사적 이유로 해서 더 엄청나 보이는(그렇지 않으면 그렇게 보였던)——간격에 관해서 변할 수 있는 것과 변할 수 없는 것을 조사할 필요가 있으며, 모델에서 고려된 변항의 변화 내에서는 현실에서 관찰된 변화 원리를 발견하는 것을 목표로 삼을 필요가 있다.

으면 적어도 그리고 더 신중하게 말해서 전환에 대한 출발점을 제시하는 일이 필요할 것이다. 예를 들어 나는 시간 관리의 객관적이면서도 주관적인 토대의 분석에 대해 생각한다. 이런 시간 관리는 권력의 서열, 다시 말해서 사회 질서라는 시간 속에서 영속화가 의존하고 있는 '계승의 순서(ordre des successions)'를 유지토록 해주는 것이다.

영역의 개념에 대한 과학적(그리고 윤리적이기도 한) 효용은, 그것이 경쟁자나 반대자들과 같이 다른 사람들에 대해 생각할 수 없는 이런 부분적이면서도 일방통행적인 객관화를 배제하려는 경향이 있다는 사실 속에 분명히 존재하고 있다. 사람들은 이런 부분적이면서도 일방통행적인 객관화에 '지식인들의 사회학'을 동일시하며, 흔히 지식인이라 말하는 것의 자연 발생적 사회학과는 과학의 '윤리적 중립성'이라는 그들 나름대로의 주장에 따라 다를 뿐이다. 그와 같은 주장은 상징적 권력을 진정으로 악용하는 것이다. 그렇기 때문에 레이몽 아롱이 자신의 고전 《지식인들의 아편》에서, 당시 논쟁을 벌인 적대자들의 이유를 단순한 원인들(causes)로 한정시키려고 할 때나, 자신이 지식인들이라 명명한 사람들(확실히 비난받는 계급으로부터 제외되면서), 다시 말해서 장 폴 사르트르나 시몬 드 보부아르, 혹은 다른 '좌파 지식인들'의 윤리적이거나 정치적인 태도 결정의 사회적 결정 인자들을 기술할 때, 그 자신은 이런 최고의 객관화를 조작하는 관점에 대해 전혀 자문하지 않고 있다. 게다가 시몬 드 보부아르 자신도 대략 같은 시기에 대칭적이며 반대적 입장을 갖고서, 동일한 윤리적 확신으로 〈우파 사상〉이라는 글에서 마찬가지로 자문하지 않고 있다.[5] 이해 관계가 얽혀 있는 명확성 속에서, 레이몽 아롱은 자신이 맹목성을 고발한 사람들과 같이 자신이 위치해 있는 공간을 무시하고 있다. 그 공간 속에서는 자신을 그들에게 연결시켜 주는 객관적 관계가 정의되고, 그 공간은 그의 견해와 오류의 원리에 있다.

---

5) S. de Beauvoir, '오늘날의 우파 사상(La pensée de droite aujourd'hui),' 《Les Temps Modernes》, 112-113권과 114-115권, 1985, 1539-1575, 2219-2261쪽을 참조할 것.

그들 원리의 자각 없는 객관화에 대해 정확한 의식을 하고 있는 것과의 결별은, 분석으로 변장한 선입견이란 논쟁 대신에 과학적 이성 그 자체에 대한, 다시 말해서 그 과학적 이성만이 갖고 있는 한계에 대한 논쟁으로 대신하는 생산계를 구축하는 데 내포되어 있다. 우리가 문화적 생산물의 이해 원리를 그들 생산 조건과 이용 조건을 무시하고 따로 분리해 놓은 상태에서 취해진 이 생산물들 자체 내에서 찾아본다는 것은, 정당화시킬 수 없는 추상성을 통해서만이 이루어진다(이 경우에 환원에 대해 말하는 것은 당연할 터이다). 이런 것은 마치 **담화 분석**(discourse analysis)의 전통이 요구하고 있는 바와도 같은데, 그것은 사회학과 언어학의 경계선상에서 오늘날 내적 분석의 옹호할 수 없는 형태로 귀결되는 것과도 같다. 과학적 분석은 차이적 태도 결정과 같은 작품이나 담화의 분포 공간과, 그런 작품과 담화를 생산하는 사람들에 의해 점유되고 있는 분포 공간, 이 2개의 관계 전체에 대해 관계 설정을 실행해야만 한다. 이것이 말하고자 하는 바는 예를 들어 1968년 5월 혁명일에 대해 대학인들에 의해 생산됐던 서로간의 작품들을 말하고자 하는 것인데, 이 작품들은 상호 텍스트성(intertextualité)의 원리에 따라 이 주제를 취하고 있는 작품들의 공간 분포——그 작품의 관여적 특성들이 상징적으로 정의되고 있는 그 공간 내에서——속에 다시 위치시키는 경우에만, 그리고 이 공간을 대학계에서 그 작품 저자들에 의해 점유된 위치와 상동적 공간에 결부시키는 경우에만 그 의미를 내비치고 있을 뿐이다. 5월 혁명에 관계되는 문학사 책과 친숙해 있는 모든 독자는——대응 분석의 도표를 참조하면서[6]——권력과 특권의 분포 속에서 해당되는 작자들 사이에 관찰된 차이가 원하든 원하지 않든 간에 그들 작자가 사건에 대한 전체적인 판단에서 뿐만 아니라, 그 판단을 표현하는 작자들의 방식 속에서 표명하고 있는 차이에 일치한다는 것을 확인할 수 있다. 표현된 내용만큼이나 형식이나 문체, 표현 양식의 공간으로 인식된 태도 표명의 공간과 생산계 속에서, 그 태도 표명을 실행하는 사람들에 의해 점유된 위치 공간 사이에 어느 정도 완벽한 상동성이 존재한다는 가설은, 1968년의 대학에서 일어난 상세한 사건과 더불어 모든 친밀한 관찰자들의 눈에 일목요연하게 나타난다는 사실 속에서 가장 주목할 만한 확증을 찾아낼 수 있다. 그 사실은 수많은 교수들 중에서 가장 전형적으로 대학적인 특징(소속 기관이나 학교 칭호 등)을 **독단적으로**(exclusivement) 고려하면서 구축된 대학계 내에서의 분포가 정치적 위치나 조합에의 가입, 심지어 5월 혁명이 일어난 기간 동안 태도 결정에 따른 분포에 아주 긴밀하게 일치하고 있다는 것이다. 바로 그렇기 때문에 학생 운동에 강력하게 반대했던 고등사범학교 교장인 로베르 플라스리에르 씨는 도표에서는 교수들의 이름으로 둘러싸여 있었다. 이들 교수들은 자신들이 하는 행동에 대한 지지 동기에 서명했고, 반면 학생 운동에 호의적인 태도 결정을 취했던 이들은 정반대의 지역에 모두 위치해 있던 사람들이다. 우리가 통상적으로 생각하듯이 그것이 의미하는 바는 대학에 관계되는 것들에 대한 태도 결정을 하는 정치적인 태도 결정, 하지만 일반적으로 정치에 대해서나 대학적인 문제들에 대해 태도 결정을 주도해 가는 대학계 내에서의 위치가 아니다. 어쨌든 의견 생산에 대해 그 자체로 순수하게 정치적 원리에 잔류해 있는 자율성의 부분은, 대학계 내의 위치에 결부되어 있는 이해가 문제시되거나 지배자의 경우와 관계되기 때문에 그런 이해가 위협받고 있는 정도에 따라 변화한다고 이해할 수가 있다.

---

6) 이 책에서 제시됐던 대학계의 분석은, 최근 20여 년 동안 프랑스 문화 생산에 관심을 갖고 있는 모든 사람들에게 보여 줄 수 있는 흥미의 상당 부분을, 그들이 위치 공간 배후에서 암암리에 모습을 드러내는 저작과 조류의 공간을 읽어낼 수 없다면 잃게 될 것이란 점을 자각하고 있던 나는, 검토 대상이 되고 있는 대학인들의 이름을 생략하지 않고 분명히 제시할 것을 결심했다. 대신 고발이나 '체포(pinglage)'의 효과를 피하기 위해 초판에서 내가 했던 것과 같이 이름의 머리글자를 거의 익명으로 남겨 놓았다. 그와 같은 효과는, 외국적 시선이 부여해 주고 있는 시간(20년이 흘렀다)이나 거리감과 더불어 오늘날에는 완화되어져야만 할 것이다. 개개인의 도식에 일치하는 특성들[소유물]의 공간 도식은 83쪽에 있다. 만약 독자가 심적으로 도식을 현재화시키고자 한다면, 연령이 공간의 제2(수직적) 차원에서 아주 확실히 공헌하고, 조사를 행한 시점에서 공간 하부 지역(특히 왼쪽 구역)을 차지하고 있는 사람 중 가장 젊은 사람들이, 오늘날에는 확실히 제1차원에서 더 향상되고 훨씬 더 분산된 위치를 차지하고 있을 거란 점을 염두에 두는 것으로 충분하다(이와 같이 제1차원에서 더 젊은 사람들에게 상대적인 위치가 방향을 제시해 주고 있는데, 그 방향에서 젊은 사람들의 궤도는 잠정적으로는 그다지 분화되지 않으며, 더 왼쪽에 있는 사람에게는 지적 위신의 축을 향하고, 더 오른쪽에 있는 사람에게는 세속적 권력의 축을 향하는 모든 가능성을 갖고 있다).

하지만 우리는 정치적 태도 결정뿐만 아니라 저작 그 자체의 모델 속에서 더 진일보할 수 있으며, 다시 도입할 수가 있다. 그런 저작은 실제로 장르나 발행지와 같이 가장 분명해 보이는 사회적 특성이나 그들 저작의 사회적 대상과 형태 속에서 고려된 것이다. 그렇게 해서 예를 들어 아카데믹한 규범에 일치하는 그들의 등급에 따라 작품의 분포는 순수하게 대학적 권력의 소유에 따르는 저자들의 분포에 아주 명확하게 일치한다. 게다가 이런 관계에 대해 더 구체적인 생각을 부여하기 위해서, 나는 1970년대 초반 미국의——이 사람은 내가 설명해야 할 사람이다——젊은 방문객이 경악했던 일만을 상기시킬 것이다. 당시의 소영웅들을 말하지 않고라도 모든 지식인들의 영웅인 알튀세 · 바르트 · 들뢰즈 · 데리다 · 푸코는 '대학'에서 주변적 위치에 머물러 있었는데, 대학은 이들에게 공식적으로 논문 지도하는 것을 금지시켰었다(그들 중 상당수는 박사 논문, 적어도 규범에 적합한 형태의 논문을 생산해 내지 못했으며, 그럼으로써 논문 지도를 할 수가 없었다).

앵글로색슨 독자들에게 친숙해져 있을 가능성이 더 많은 이들 철학자들의 경우를 조금만 생각해 본다면, 이들이 위치해 있던 전체 공간 구조의 지식은 어떤 의미에서는 사회적 공간 속에서 **자신들의 위치**를 놓게 하는 것인데, 이는 환원적 논쟁을 전혀 갖고 있지 않은 진정한 참여적 객관화를 통해서 가능하게 된다는 것을 볼 수 있으며, 그들의 지적 계획을 정의했던 시점을 재구축하게 한다는 것도 볼 수가 있다. 우리가 (그들의 아래 왼쪽 구역에 모두 위치해 있는) 도표에서 보고 있는 바와 같이 그들 철학자들은 이중 관계 속에서 자신들의 행동을 취하고 있었다. 그 이중 관계는 한편으로는 세속적으로 지배적인 축에 관계된다. 그 축에 해당되는 것은 체제철학(philosophie d'institution)인데, 그런 체제철학은 경쟁시험의 출제 문제에 대한 영겁회귀로 인해 방향이 정해진 강의의 부동적 시간 속에서 응결되고, 교수자격시험과 같이 중등 교육 교수 선발을 담당하고 있는 결정 기관 혹은 대학자문위원회와 같이 고등 교육의 교수 선발을 담당하고 있는 결정 기관과 같은 교수 단체의 재생산 기관을 통제하는 대학 교수들에 의해 구체화되었다. 다른 한편으로는 '지적으로' 지배적 축에 있는 것과 관계된다. 그 축은 모든 인문과학의 대가들에 의해 점유되었으며, 레비 스트로스라는 인물상에 의해 지배되었다.

그들 대다수가 소르본대학에 있는 철학적 대성직자 집단인데, 학교적 위계 서열에서 최정상에 있는 고등사범학교가 세속적인 '신학원' 출신자들인 소르본의 대성직자 집단과의 관계 속에서 볼 때, 그들 인문과학의 거장들은 이단자로 보일 수가 있다. 혹은 이들 거장들은 '대학' 그 자체나 적어도 '대학'에 정착한 **프리랜서 지식인들**(free-lance intellectuals)로서 나타난다고 말할 수 있는데, 그 이유는 야만족들의 침입으로 사방에서 위협받는 학문 연구를 하는 제국의 주변이나 그 주변의 흐름 속에서 데리다식의 언어 게임을 하기 위해서이다(그것은 물론 지배자들의 견해이다). 그들은 어느 정도 전체적으로는 권력이나 특권, 마찬가지로 통상적인 교수들의 책임이나 의무(시험 심사위원이나 논문 지도 등)로부터 박탈당하고 해방되기도 하면서 지식인 세계, 특히 전위적인 잡지(《비평》《텔켈》지 등)와 저널리즘(특별히 《누벨 옵세르바퇴르》)에 아주 확실히 결부되어 있다. 분명 미셸 푸코는 이런 위치에 해당되는 가장 대표적인 인물이다. 그 이유는 그 자신이 생애 마지막까지, 그리고 심지어는 콜레주 드 프랑스 교수(조사 이후에)가 되었을 때조차도 어느 정도 전체적으로 본래의 아카데믹하고 학문적인 권력을 갖고 있지 못했기 때문이다. 그것은 이와 같은 권력이 공급해 주고 있는 후원자(clientèle)가 되지 못했음을 의미한다. 설령 그의 명성이 신문잡지나, 그것을 통해 모든 문화 생산계에 막대한 영향력을 행사한다 할지라도 권력을 갖거나 후원자가 되지 못했다. 이와 같은 위치의 주변성은, 고등사범학교에서 중요하지 않은 자리를 차지하고 있었던 알튀세나 데리다에게서도 명백하게 드러나고 있으며, 다음 사실과도 뚜렷해 보이는 관계가 있다. 그 사실은 이교 창시자의 운명이라 불려진 이 모든 이단자들이 차이의 반대편에 있는 상위(相違)와 때때로 그것을 분리해 내는 대립이라 할 수 있는 일종의 **반기구적 기질**(humeur anti-institutionnelle)을 공통으로 갖고 있다는 사실인데, 이는 그의 질서 속에서 학생들의 중요한 집단이 지니고 있는 기질과 상등한 것이다. 그들은 외부에서, 다시 말해서 대학 외부와 동시에 프랑스 외부에서 이미 상당한 수준에 이르고 있는 자신들의 명성과, 내부에서는 젊었을 때 그들을 끌어들이고 성별화시킨 기구가 그들로 하여금 마음속에서만 일치하게 한 과소 평가된 신분[결과적으로 자신만 인정할 수밖에 없다는 사실]——거기에는 그들의 존대함과 거절이 가담하고 있다——사이에 있는 차이를 안절부절면서 실감해 가고 있었다.[7]

　가장 알려지지 않은 축을 우선적으로 고려할 필요가 있다면, 그것은 외국적 시선과 표층적 분석가(그 축이 위치해 있는 논쟁가에 대해 말하지 않고서도)에게서 빠져나올 모든 가능성을 갖고 있기 때문이다. 그럼에도 불구하고 부단한 투쟁을 통해 살아가고 생존해 갈 권리를 끄집어 내는 데 사용되는 도구의 요청에 따를 뿐만 아니라, 적대자의 자격으로 축은 당시 생산되는 작품들의 전반적인 방향을 규정하게 될 윤리적이고 정치적인 성향을 형성하고 강화하는 와중에서 확실히 결정적인 역할을 했다. 그것은 《아날》지 집필진들에 맞섰던 과거 소르본대학과도 같은 것이다. 또 하나의 다른 축과 관계하여 생각해 볼 것이 남아 있는데, 이는 레비 스트로스에 의해 구체화되어 대성공을 거둔 인문과학의 경우이다. 레비 스트로스는 고등사범학교 출신 철학자들에 의해 전통적으로 경멸시됐던 인문과학의 학과들을 명예 회복시키고, 철학적인 계획이 다시 정의되어야만 하는 지적 성취의 모델로 이 인문과학의 학과들을 창설해 간다. 이 철학적인 계획은 1945년과 1955년 사이 현상학적이며 실존주의적인 전통에 준거하여, 그리고 규범적인 영향력을 가진 사르트르에 의해 부여받은 철학자상에 준거하여, 그렇지 않으면 그런 것에 반대해서 초기에 만들어졌던 것이다. 민족학(ethnologie)이라는 평범하고 제한적인 명칭 대신에 앵글로색슨 전통에서 차용해 온 **인류학**(Anthropologie)이란 용어를 ——인류학은 독일의 위대한 철학적 과거에 대한 모든 위신을 떠맡고 있

---

7) 1968년에 창립된 뱅센대학은 새로운 방식으로 지적 생활을 즐길 수 있도록 명확히 해주었던 곳이다. 과거 대학을 옹호하는 사람들의 엄청난 빈축을 사며, 다른 시대에는 지적 잡지나 보헤미안풍의 카페에서 밀려났을 지적 생활의 버전을 대학 자체 내에 정착시켰다.

기도 하다(푸코는 수년 동안 칸트의 《인류학》이란 책을 번역하고 공표한다)
——채택한 것은, 사회과학이 가장 걸출한 대표자를 통해서 그 당시까지
최고에 있던 철학에 내던지고 있는 놀라운 도전을 상징으로 나타낸다.
그런 도전은 레비 스트로스와 사르트르 간의 대결 속에서 직접적으로 현
현하고 있는데, 그것은 지식인계 전체에 대한 분열 없이 전면적 지배에
대해 처음으로 이의 신청한 계기가 되었다. 실제로 1세대 이전에 사르트
르와 메를로 퐁티가 인문과학을 고려했었더라면, 그 당시에 있을 그들은
비교할 수 없을 정도로 더 편안한 위치에 있었을 것이다. 왜냐하면 그들
이 있던 시대는 뒤르켐학파의 수준 저하와 태동 상태에 있던 경험적 사
회학의 아주 낮은 신분으로 인해서, 그리고 미국에서 유래된 강력한 정치
화가 진행됨에 따라서 학문의 '위태로움'이 있었기 때문에, 이 2명의 철
학자들은 인문과학의 '과학주의적' 심리학(어쨌든 피아제에 의해 나타난
예외와 더불어)과 영향력 없는 정신분석학(고등사범학교 동창생인 사르트
르와 메를로 퐁티가 라가쉬의 소르본대학에 나타남에도 불구하고)만을 취
하고 있었기 때문이다.

　이제부터 인문과학은 그 전체 속에서 볼 때 상징적으로 지배적인 위치
를 차지하며, 철학의 대표자들을 그런 신학문에 위치시키게 된다. 철학
은 장 루이 파비아니가 말한 바와 같이 '최정상의 학과'라는 위치에서
위협받을 뿐만 아니라, 완전히 새로운 상황에 직면해서 지적 동일성과 연
구 프로그램 내에서도 위협받고 있다. 언어학은 벤베니스트나 사실상은
레비 스트로스에 의해 성별화된 야콥슨, 그리고 그들보다는 덜 중요한 마
르티네와 더불어 완전히 새로운 빛을 발하는 학과가 된다. 레비 스트로스
와 더불어 시작된 '인류학'은 뒤메질에 의해 강화된다. 역사학은 브로델
과 더불어 시작되는데, 그는 사르트르가 《지중해》에서 인정했던 것을 오
랜 토론을 거쳐 오래전부터 철학적으로 성별화시켰던 인물이다. 브로델
은 고등연구원 제6학과와 더불어 획기적이고 통합적인 인문과학 제 분야
에 대한 제도적 기반을 창설하고자 노력한 사람이다. 이 고등연구원의 제
6학과는 위신 있는 학술평의회(우리는 거기에서 레비 스트로스와 아롱 ·
르 브라 · 프리드만을 발견할 수 있다), 획기적으로 발전하고 있는 연구소,

잡지(그 중에서 마르크 블로크와 뤼시앵 페브르로부터 물려받은 《아날》지와 당파적이고 파리적인 평론 활동 쪽으로 빠져든 과거 《현대》지를 대신하여 레비 스트로스에 의해 창간된 《인간》지), 곧이어서는 수준 높은 파리인의 장소인 인간과학관을 개혁하거나 개장하였다. 라캉과 더불어서는 정신분석학이 시작되는데, 라캉은 사회적으로나 상징적으로 레비 스트로스나 메를로 퐁티와 동맹한 사람이며, 지식인 영역(그 자신이 대학에서 공식적으로는 어떤 위치도 차지하지 못했기 때문에 대응 분석, 즉 도표에서는 포함되지 않았다. 그가 고등사범학교에서 강의하는 것에 대해 권한을 거절당한 것은 플라스리에르에 대항한 혁명이 원인이었다)에서 상당한 중요성을 차지하고 있는 사람이다. 사회학 자체가 새로운 지식인의 거대 세력에서 최후미로 밀려났든지간에 레이몽 아롱을 통해서, 혹은 사르트르나 새로운 철학적 경향에 대항하는 그의 논쟁들(《성가족에서 다른 가족으로》)을 통해서 철학자들의 한 세대에 과해지게 된다. 그 철학자들의 세대는 양대 전쟁을 치르는 중에 《역사철학 소개서》라는 책을 통해 던져졌던 주제에 대해 여전히 이야기하고 있었다.

마찬가지로 롤랑 바르트의 경우도 잠시 강조할 필요가 있다. 바르트는 1970년대 전위의 특징이라 할 수 있는 이중적 차이(세속적인 지배적 힘과 학문적 권위가 갖고 있던 것을 말한다)에 대한 관계 효과를 다른 사람들보다 더 분명하게 나타내 보이고 있다. 기구에서 선출된 사람들 수에 속해 있지 않기 때문에(그 자신은 고등사범학교 출신자도, 교수자격 소지자도, '철학자' 도 아니다) 배제된 사람만이 갖고 있는 막연한 복수 감정으로 인해 확실히 자극을 받고 있던 그는, 젊은 이교 창시자 중에서 더 성별화된 사람들에게 자신들이 갖고 있는 규약상 존엄성의 감정이 금지시키고 있는 공개 논쟁을 통상적인 교수들(경우에 따라서는 피카르로 대표되는)과 더불어 개시할 수가 있다. 게다가 바르트는 자신이 식별하는 데 있어서 통상적이고 비통상적인 모든 칭호를 겸비하고 있는 대가들에 대해 솔직하게 존경심을 표현할 수도 있다. 하지만 다른 사람들은 그 존경심을 훨씬 더 교묘하고도 사악한 형태로만 부여해 줄 뿐이다. 대개 이중적 결핍 상태에 결부되어 있고, 이중적인(야당적) 대립 입장이 선택적인 추월로 전환하려고 하며, 어떤 사람에게는 통과 지점이기도 하고 또 다른 사람에게논 도달점인데, 의견이 일치하지 않는 궤도의 순간을 만나게 하는 주변적인 대학적 기구의 불안정한 상황이 있는 위치에서('브로델 이후'의 고등연구원처럼, 혹은 시대의 상이한 순간에 서 있는 낭테르대학과 뱅센대학에서) 내재되어 있는 긴장과 모순을 사회라는 인격 속에서 압축시키고 있는 롤랑 바르트는, 평론가 계층 중에서 가장 정상에 있는 사람들을 대표하고 있다. 이들 평론가들은 영역이 분포해 있는 세력에 대항할 소재를 전혀 갖지 못하고 있기 때문에 존재하거나 생존하기 위해 세계를 흔들어대는 내부나 외부의 힘대로, 특히 저널리즘을 통해서 동요될 운명에 처해 있는 사람들이다. 바르트는 테오필 고티에의 모습을 환기시키고 있으며, 이 인물에 대해 동시대인은 다음과 같이 묘사하고 있다. 그것은 "모든 영감에 동요하는 정신인데, 온갖 충격에도 진동하고, 모든 각인을 수용하기에 적절하고, 각자 순서에 따라 그것을 전달하지만, 비슷한 정신에 의해 요동치게 될 필요성이 있기 때문에 항상 암호를 취하려 애쓰고 있다. 많은 다른 사람들은 그에게 그 다음 일에 대해 물어보러 왔었다"라고 묘사하고 있다. 사랑하는 테오에게 그의 친구인 플로베르가, 그의 일관성 없음 자체가 그가 갖고 있는 위세에 원인이 있었다는 점을 보지 않은 채 '기골'이 부족했다고 비난하였던 것처럼, 그리고 다른 사람이 지적하고 있듯이 그가 연이어서 중국어, 그리스어, 스페인어, 중세, 16세기, 루이 13세, 루이 14세, 로코코 시대, 낭만주의를 만들었다는 것처럼 롤랑 바르트는 영역의 세력 속에 있는 모든 변화를, 그것을 선행하는 의견을 부여하면서 즉각적으로 표현하고 있다. 이런 이유로 영역의 최소 저항 지점에서 행사되었던 모든 긴장감을 보기 위해서는, 그가 계속해서 추구한 여정과 열정을 따라가는 것으로 충분하다. 그곳에서 우리는 유행이라고 부르는 것을 계속해서 개화시켜 가게 될 것이다.

이중 대립의 관계는 우리가 롤랑 바르트의 경우에서 보았듯이 영역이나 이전에 존재한 궤도에서 점유된 위치에 따라, 혹은 그런 위치가 산출한 긴장감을 극복하기 위한 노력 속에 투하될 수 있었던 본래의 철학적 자본에 따라 아주 다르게만 경험될 수 있었다는 것은 명백한 사실이다. 알튀세나 특히 푸코와 같이 흔히 '주체철학(philosophie du sujet)'이라고 불렀던 것과 실존주의의 관념에 결부된 '휴머니즘'의 거부에 의해 보내졌었고, (다른 사람들 가운데서) 가스통 바슐라르 · 조르주 캉길렘 · 알렉상드르 코이레로 대표된 인식론과 과학사 · 철학사의 전통 쪽으로 보내졌었던 사람들은, 레비 스트로스가 재확립했었던 '주체 없는 철학(philosophie sans sujet)' 속에서 스스로가 어디 있는지를 알아보는 경향을 갖게 되었다. 그것은 학자들의 '실증주의'와 더불어 거리감을 표현하는 뽐내는 방종("인간은 죽는다")과 같은 것이 전혀 아니다. 레비 스트로스는 이런 점에서 뒤르켐식의 전통에 충실한 '주체 없는 철학'을 재확립하였고, 라캉에 의해 다시 읽혀져 프로이트의 사상을 조화시켰던 무의식의 개념과 관계해서 모더니스트적인 모습을 뒤르켐에게 부여해 주었다. 그리고 소쉬르는 야콥슨에 의해 요약되었고, 늙은 뒤르켐을 제외하고는 아주 확고하게 고상함을 내세우는 철학 영역인 마르셀 모스로부터 배제되었다. 마르셀 모스는 대담스러울 정도로 몇 개를 재해석한 대가로 새로운 지적 체제에 적응하기가 훨씬 더 용이하다(메를로 퐁티는 인문과학, 특히 생물학 · 심리학 · 언어학에 비추어 개방되고 이해하기 쉬운 태도를 취하기 때문에 지적인 두 세대 사이에 있는 이행 과정 속에서 중요한 역할을 수행했으며, '모스로부터 레비 스트로스까지'라는 제목의 논문을 썼다). 그렇기 때문에 지적 이성의 기묘한 술책으로 인해 인간에 대한 뒤르켐식의 철학은, 언어학에 의해 정통적인 모습을 갖게 된 인류학에 내보일 만한 모습을 한 상태에서 '주체철학'에 대항하여 재수립되었다. 이 '주체철학'은 1930년대에 고등사범학교 출신의 다른 세대인 사르트르나 아롱 · 니잔과 같은 세대가, 다른 사람 중에서도 뒤르켐식의 '전체적' 철학에 대항하여 주장했던 것이다.

하지만 거기에서 너무 오해하지는 말아야 한다. 인문과학을 참조하는 일은 무조건적인 찬동을 전혀 지니지는 않는다. 만약에 철학자들이 인문과학을 자신들이 비판하려는 표적으로 삼으면서, 혹은 인문과학에서 테마를 차용해 오면서(예를 들어 집합의 대(對)마다 사고의 이론적 효과에 대한 비판)──데리다와 같이──각자 자신의 방식대로 인문과학에 대해 그들이 갖고 있던 모든 존경심과 종속 관계를 드러낸다면, 이들 철학자들은 알튀세가 즐겨 말하고 있듯이 '소위 사회과학'이라는 통상적인 실천자들과 관계해서 자신들이 갖고 있는 신분적 거리감을 계속해서 강조해 가려 한다. 그들이 강조하고 있는 것은 자신들의 문체에서 접근해 가고 있는데, 예를 들어 학교적 우아함의 단면들을 되풀이하고 있는 푸코나 《텔켈》지에서 사용되는 수법이나 효과를 철학계 내에 도입하고 있는 데리다의 경우에서 접근해 간다는 사실을 볼 수가 있다(분명 그들에게 가치가 있는 것은, 저작을 읽어 가는 사람 쪽에서 다르게 다루는 것과 그들의 작품 해석을 기대하는 쪽에서 다르게 다루는 것인데, 이들은 문체 속에서 각인된 존엄을 확증해 주고 있다). 게다가 그들 철학자들은 자신들이 갖고 있는 수많은 테마나 문제·사고 유형과 동시에 역사과학에서 차용하고 있는 '역사주의적(historiciste)' 철학을 확실히 그 어떤 것보다도 자신들의 안목에 맞게 변모시키기 위해서 자신들이 갖고 있는 모든 교양적 자원을 활용하고 있다. 그렇게 해서 푸코는 니체에게서 자신이 실현시킨 예술가적 침범과 과학적 발명에 대해서 사회적으로는 그다지 일어날 가능성이 없는 결합을 철학적으로 수용하여 얻어낼 수 있는 보증인(혹은 보증할 수 있는 것)을 찾아내고, 계보학의 개념과 같이 사회사나 생성사회학의 기획을 철학적 명예로움으로 뒤덮게 해주는 개념 영사막(concepts-crans)을 니체에게서 찾아내고 있는 것이다. 마찬가지로 《판단력 비판》에 바쳤던 분석에 대해 내가 보여 주고 있던 것처럼, 데리다는 저속한 '사회학적 환원(réduction socialigiste)'으로서 받아지도록 되어 있던 사회학적 분석으로 옮아가면서 철학자라는 신분으로서 자기 자신이 '해체하게 되는' 시점에서 '해체(déconstruction)'를 중단하는 방식을 터득하고 있다.[8]

---

8) P. Bourdieu, 추신(Post-scriptum), '순수한' 비판 중 '저속한' 비판에 대한 요소들(Eléments pour une critique 'vulgaire' des critiques 'pures'), 《구별짓기》, Paris, Éditions de Minuit, 1979, 565-585쪽을 참조할 것.

이상에서 언급한 모든 것이 말해 주는 점은, 저작물들 그 자체의 진정한 생성사회학을 대신할 바를 모르고 있다는 것이다. 그 저작물들은 개별적 관점으로부터(그리고 여러 생산자들의 사회적이며 종교적·성적인 것과 같은 부차적 특징을 명시하는 관점) 발전되어 습득된 것이어서, 그 저작물에 친족성의 모습을 부여하는 비판적 자유와 철학적 기획으로 인해 어느 정도 성공했던 재전환보다 훨씬 더 우월하게 만든 비판적 자유를, 그래서 그런 비판적 자유가 특별히 극적인 위기의 강력한 체험 속에서 뿌리박게 된다는 것을 알지 못했다면 이해되지 못할 터이다. 문헌학이나 문학사·철학과 같이 과거의 지배적인 학과들은 언어학이나 민족학·기호학, 심지어 사회학과 같이 새로운 경쟁 학과들에 의해 자신들이 갖고 있던 지적 기반 속에서 위협을 받고 있는데, 이들 지배 학과들은 자신들이 대학에서 누리고 있는 존립에 대해 사회적 토대의 테두리 내에서 비판받음으로써 공격당하고 있다. 이런 비판은 그 학과들이 갖고 있는 구식의 내용이나 교육적 구조에 맞서서 대개의 경우 인문과학이라는 이름으로, 혹은 새로운 학과에 있는 교원들의 제안에 따라 사방에서 일어난 것이다. 이런 이중적인 문제 검토는 제때에 재전환을 실행하기 위해 충분한 통찰력과 용기를 갖고 있지 않았던 교수들과, 특별히 내가 "전 재산을 바쳐 수도원에 살고 있는 사람들(Oblats)〔신봉자들〕"이라고 불렀던 이들——이들은 어릴 적부터 학교 제도의 보호 아래 내맡겨지고, 이 학교 제도에 완전히 충성하고 있는 사람들이다——사이에서 대개의 경우 원리주의적 보수주의가 갖고 있는 비장함에 반격을 일으키게 한다. 이런 반격은 그들의 자본과 성향이 체제철학이나 철학적 체제에 대해 똑같이 결별 선언을 하려는 사람들의 분개심을 자극하기 위해서 만들어진 것이다. 학과의 전통적 정의와 사회 집단으로서 그 학과가 존재하게 되는 사회적 기반(예를 들어 교수자격시험과 같은 것)에 집착하고 있는 교수들과 위신 있는 학과에 소속되어 있다는 사실에 내재되어 있는 자원 속에서 성공적인 재전환을 조작하기 위해 필요한 방법을 찾아낼 수 있었던 새로운 전위(avant-garde)의 구성원들간에 있는 결렬은 때때로 내전의 양상을 띠기도 하며, 실제로는 1968년 이전에 달성되었다. 이들 새로운 전위 구성원들은 정통주의의 수호자들에 의해 받아들여졌으며, '신학원' 출신자들로서 배신자나 변절자로 취급되었다. 조숙하고 대개의 경우 번쩍이는 성별화에 의해 최고의 대학적 장래를 약속받았다 할지라도 이들 모더니스트들은 불안정한 상황에 있는 위치에서 종종 자신들이 동조함으로써 밀려나 있기 때문에, 직접적이거나 전위된 형태하에 대학적 기구의 위기를 실감해 내고 표현하려는 경향을 갖게 된다. 그러므로 기구 속에서 그들 위치 자체가 현현할 수 있는 것이다. 사고 형태를 주입시키고 부과하는 기능을 갖고 있는 기구에 영향을 주는 위기는, 신념의 위기를 야기하는 사고의 사회적 토대를 약화시키고 파괴한다. 이 신념의 위기는 진정한 독사[의견]의 실천적 **에포케**(epochè) [환원]에 다름 아니며, 이런 사고의 사회적 토대에 있는 반성적 의식을 출현시키는 것을 수월케 하며 조장하고 있다. 만약 이런 위기의 체험과 표현이 다른 나라에서보다 프랑스에서 더 급진적인 형태를 취했다면, 그것은 다음과 같은 사실 때문에 기인된다. 위대함의 환상 속에 응결되어 있는 학교 기구만이 갖고 있는 독특한 구식적 방식으로 인해 파산 상태에 있던 기구에 의해 성별화되었던 사람들은, 그 기구가 자신들에게 주입했던 야심과 같은 높이에 있게 되기 위해서 기구가 그들에게 예정했던 하찮은 역할과 그 다음부터는 유지할 수 없는 역할과 단절해야만 했다는 사실이다. 그들은 역할의 통상적 정의로 반성적 거리와 일종의 이중 게임에 모든 것을 입각해서 새로운 방식으로 대가라는 인물상을 창출토록 했었는데, 이는 스스로 생각하는 대가(maître-à-penser)라는 기묘한 인물상을 부여해 주면서 행해졌으며, 이렇게 해가면서 이 인물상은 그저 스스로 파괴되는 데 공헌한다.[9]

이들 대가들은 자신들이 갖고 있는 자격을 자격의 문제삼기에 토대를 둘 수 있는 사람들인데, 자신들이 갖고 있는 자기 비판적 성향과 권력에

---

9) 근대 회화가 생겼던 혁명은 다른 나라에서보다 프랑스에서 화가 마네나 인상파와 더불어 나타났는데, 그것은 상당 부분 화가들을 양성하고 성별화하는 기능을 담당하고 있는 아카데믹한 기구의 완벽하게 유사한 특이성을 설명해 주고 있다. 특히 성별화 권력의 특별한 집중화와, 그리고 그런 권력을 통해 시장에 접근해 가는 특별한 집중화가 의미하는 바는 아카데믹한 대권위자들의 손 안에 있는 특이성을 설명해 주고 있다.

대해, 아주 특별하게는 학문이라는 이름으로 행사되는 권력에 대해 자신들이 갖고 있는 성급함 때문에 학생 세계의 윤리적이며 정치적인 전위를 동요시키는 운동과 공명할 준비가 되어 있었다. 문학부, 특별히 새로운 학과들을 가득 채우고 있는 부르주아 출신이자 학교적으로는 계급 탈락한 학생들은, 학교에서의 평결과 같이 권력에 (다시) 이르는 길을 금지시키기 위해 이성과 학문을 표방하는 평결의 희생자들이며, 그들 학생은 학문과 권력, 학문의 권력, 그리고 확실히 당시에 승리에 취해 있는 테크노크라시와 같이 스스로 정통화하기 위해 과학을 표방하는 권력을 고발하는 경향을 자연 발생적으로 갖게 되었다. 게다가 사회적 출신이나, 특히 성에 따라서 과거보다 더 다양화되고(문학부에서 여학생의 수가 남학생의 수만큼 많아진 것은 1970년대를 전후해서이다), 그 수가 비교할 수 없을 만큼 많아진 신봉자들에 의해 갑작스럽게 몰려든 학부 내에서 생겨난 '학생 생활'은 일종의 사회적 실험과도 같다. 19세기의 '보헤미안풍의 생활'에서처럼 사회적 실험을 통해서 전쟁 전 구(舊)칸트식의 대학에서 배제되고 있는 가치들, '엘리트학교'로 통하는 기숙사의 규율로 인해 여전히 억압되어 있는 가치들, 욕망이나 쾌락, 모든 반권위주의적인 성향들, 혹은 당시의 언어에 따르면 '반억압적인' 성향을 그들에게 알려 주면서 살아나갈 수 있는 새로운 방편을 만들어 낸다. 들뢰즈에서 푸코까지, 데리다와 알튀세(그의 '국가에 대한 이데올로기적 장치들'과 더불어)를 거쳐 가면서, 새로운 라틴어 번역 성서에 대해 더 직접적으로 '관련된' 군소 교조들에 대해 말하지 않고도 모든 철학적 전위에 의해 강력하게 조직될 만큼의 테마들이 있다.

내가 생각하기에 냉정하며 악의에 차 있지도 않고 말했던 이 모든 것은 대리인을 내세운 자기 분석의 상당 부분을 포함하고 있으며, 우리는 그것을 이해하게 될 것이다. 동시에 정도의 거리감을 내포하는데, 그것은 사회학이 의심할 여지없이 조장했었던 거리감이지만, 무엇보다도 사회과학을 위해서는 철학을 포기해야 한다는 사실에서 명확히 드러났다. 이것은 레비 스트로스를 통해 인류학에 가져온 명예 회복 덕택으로, 너무 저속되지 않으면서도 그것을 행하는 일이 가능하다는 것이 어떤 때는 분명했었다. 게다가 대학 기구의 아주 독특한 사회학이 내가 하는 일에서 차지하고 있는 위치는, 확실히 내게 이성적으로 극복해야 하는 필요성을 부과했었던 개별적 힘에 의해서 설명되고 있다. 그런 필요성은 많은 집회소의 고위 성직자들이 갖고 있는 경박함이나 추잡스러움 앞에서 전 재산을 바치고 수도원에 사는 사람[신봉자]이 갖는 환멸을 자기 파괴라는 고통을 느끼는 데서 [필요성을] 해소하기보다는 이성적으로 극복해야 하는 필요성이다. 그리고 대학 기구가 가르치고 있는 진리나 가치에——실천하는 현실 속에서——유보된 우대에 대해서 신봉자가 갖는 환멸도 극복해야 하는 필요성이 있다. 이들 신봉자[재산을 바치고 수도원에 사는 사람]가 대학 기구에 신봉하고 있는 이상, 그들은 기구가 가르치고 있는 진리나 진실에 모든 것을 바쳤고 충성을 하게 되었다.

1987년 1월

표와 도표 목차

참고 문헌

Theodor W. Adorno, MAHLER, *Une physionomie musicale.*

Mikhail Bakhtine, LE MARXISME ET LA PHILOSOPHIE DU LANGANE, *Essai d'appli-cation de la méthode sociologique en linguistique.*

C. Bally, K. Bühler, E. Cassirer, W. Doroszewski, A. Gelb, R. Goldstein, G. Guillaume, A. Meillet, E. Sapir, A. Sechechaye, N. Trubetzkoy, ESSAIS SUR LE LANGAGE.

Gregory Bateson, LA CÉRÉMONIE DU NAVEN. *Les problèmes posés par la des-cription sous trois rapports d'une tribu de Nouvelle-Guinée.*

Émile Benveniste, VOCABULAIRE DES INSTITUTIONS INDO-EUROPÉENNES: 1. ÉCONOMIE, PARENTÉ, SOCIÉTÉ. — 2. POUVOIR, DROIT, RELIGION.

Basil Bernstein, LANGAGE ET CLASSES SOCIALES. *Codes sociolinguistiques et contrôle social.*

John Blacking, LE SENS MUSICAL.

Jean Bollack, EMPÉDOCLE: 1. INTRODUCTION A L'ANCIENNE PHYSIQUE. — 2. LES ORIGINES, ÉDITION CRITIQUE ET TRADUCTION DES FRAGMENTS ET TÉMOIGNAGES. — 3. LES ORIGINES, COMMENTAIRES(2 tomes). — LA PENSÉE DU PLAISIR. *Épicure: textes moraux, commentaires.*

Jean Bollack, M. Bollack, H. Wismann, LA LETTRE D'ÉPICURE.

Jean Bollack, Heinz Wismann, HÉRACLITE OU LA SÉPARATION.

Mayotte Bollack, LA RAISON DE LUCRÈCE. *Constitution d'une poétique philoso-phique avec un essai d'interprétation de la critique lucrétienne.*

Luc Boltanski, LE BONHEUR SUISSE. — LES CADRES. *La formation d'un groupe social.*

Anna Boschetti, SARTRE ET 'LES TEMPS MODERNES.' *Une entreprise intellec-tuelle.*

Pierre Bourdieu, LA DISTINCTION. *Critique sociale du jugement.* — LE SENS PRATIQUE. — HOMO ACADEMICUS. — CHOSES DITES. — ONTOLOGIE POLITIQUE DE MARTIN HEIDEGGER. — LA NOBLESSE D'ÉTAT. *Grandes écoles et esprit de corps.*

Pierre Bourdieu, L. Boltanski, R. Castel, J.-C. Chamboredon, UN ART MOYEN. *Les usages sociaux de la photographie.*

Pierre Bourdieu, Alain Darbel(avec Dominique Schnapper), L'AMOUR DE L'ART. *Les musées d'art européens et leur public.*

Pierre Bourdieu, J.-C. Passeron, LES HÉRITIRES. *Les étudiants et la culture.* — LA REPRODUCTION. *Éléments pour une théorie du système d'enseignement.*

Ernst Cassirer, LA PHILOSOPHIE DES FORMES SYMBOLIQUES : 1. LE LANGAGE. — 2. LA PENSÉE MYTHIQUE. —3. LA PHÉNOMÉNOLOGIE DE LA CONNAISSANCE. — LANGAGE ET MYTHE. — *A propos des noms de dieux.* — ESSAI SUR L'HOMME. — SUBSTANCE ET FONCTION. *Éléments pour une théorie du concept.* — INDIVIDU ET COSMOS DANS LA PHILOSOPHIE DE LA RENAISSANCE.

Robert Castel, L'ORDRE PSYCHIATRIQUE. *L'âge d'or de l'aliénisme.* — LA GESTION DES RISQUES. *De l'anti-psychiatrie à l'après-psychanalyse.*

Patrick Champagne, FAIRE L'OPINION. *Le nouveau jeu politique.*

Christophe Charle, NAISSANCE DES 'INTELLECTUELS,' *1880-1990.*

Olivier Christin, UNE RÉVOLUTION SYMBOLIQUE. *L'iconoclasme huguenot et la reconstruction catholique.*

Darras, LE PARTAGE DES BÉNÉFICES. *Expansion et inégalités en France*(1945-1965).

François de Dainville, L'ÉDUCATION DES JÉSUITES(XVIᵉ-XVIIIᵉ SIÈCLES).

Oswald Ducrot et autres, LES MOTS DU DISCOURS.

Émile Durkheim, TEXTES : 1. ÉLÉMENTS D'UNE THÉORIE SOCIALE. — 2. RELIGION, MORALE, ANOMIE. — 3. FONCTIONS SOCIALES ET INSTITUTIONS.

Jean-Louis Fabiani, LES PHILOSOPHES DE LA RÉPUBLIQUE.

Moses I. Finley, L'ÉCONOMIE ANTIQUE. — ESCLAVAGE ANTIQUE ET IDÉOLOGIE MODERNE.

François Furet, Jacques Ozouf, LIRE ET ÉCRIRE. *L'alphabétisation des Français de Calvin à Jules Ferry*(2 tomes).

Dario Gamboni, LA PLUME ET LE PINCEAU. *Odilon Redon et la littérature.*

Erving Goffman, ASILES. *Études sur la condition sociale des malades mentaux.* — LA MISE EN SCÈNE DE LA VIE QUOTIDIENNE : 1. LA PRÉSENTATION DE SOI. — 2. LES RELATIONS EN PUBLIC. — LES RITES D'INTERACTION. — STIGMATE. *Les usages sociaux des handicaps.* — FAÇONS DE PARLER. — LES CADRES DE L'EXPÉRIENCE.

Jack Goody, LA RAISON GRAPHIQUE. *La domestication de la pensée sauvage.*

Claude Grignon, L'ORDRE DES CHOSES. *Les fonctions sociales de l'enseignement technique.*

John Gumperz, ENGAGER LA CONVERSATION. *Introduction à la sociolinguistique interactionnelle.*

Maurice Halbwachs, CLASSES SOCIALES ET MORPHOLOGIE.

Ulf Hannerz, EXPLORER LA VILLE. *Éléments d'anthropologie urbaine.*

Albert Hirschman, VERS UNE ÉCONOMIE POLITIQUE ÉLARGIE.

Richard Hoggart, LA CULTURE DU PAUVRE. *Étude sur le style de vie des classes populaires en Angleterre.*

François-André Isambert, LE SENS DU SACRÉ. *Fête et religion populaire.*

William Labov, SOCIOLINGUISTIQUE. — LE PARLER ORDINAIRE. *La langue dans les ghettos noirs des États-Unis*(2 tomes).

Alain de Lattre, L'OCCASIONALISME D'ARNOLD GEULINCX. *Étude sur la constitution de la doctrine.*

Raph Linton, DE L'HOMME.

Herbert Marcuse, CULTURE ET SOCIÉTÉ. — RAISON ET RÉVOLUTION. *Hegel et la naissance de la théorie sociale.*

Sylvain Maresca, LES DIRIGEANTS PAYSANS.

Louis Marin, LA CRITIQUE DU DISCOURS. *Sur 'La logique de Port-Royal' et 'Les Pensées' de Pascal.* — LE PORTRAIT DU ROI.

Alexandre Matheron, INDIVIDU ET COMMUNAUTÉ CHEZ SPINOZA.

Marcel Mauss, ŒUVRES: 1. LES FONCTIONS SOCIALES DU SACRÉ. — 2. REPRÉSENTATIONS COLLECTIVES ET DIVERSITÉ DES CIVILISATIONS. — 3. COHÉSION SOCIALE ET DIVISIONS DE LA SOCIOLOGIE.

Francine Muel-Dreyfus, LE MÉTIER D'ÉDUCATEUR. *Les instituteurs de 1990, les éducateurs spécialisés de 1968.*

Raymonde Moulin, LE MARCHÉ DE LA PEINTURE EN FRANCE.

Georges Mounin, INTRODUCTION A LA SÉMIOLOGIE.

S. F. Nadel, LA THÉORIE DE LA STRUCTURE SOCIALE.

Erwin Panofsky, ARCHITECTURE GOTHIQUE ET PENSÉE SCOLASTIQUE, précédé de L'ABBÉ SUGER DE SAINT-DENIS. — LA PERSPECTIVE COMME FORME SYMBOLIQUE.

Jean-Claude Pariente, L'ANALYSE DU LANGAGE A PORT-ROYAL. *Six études logico-grammaticales.*

Luis J. Prieto, PERTINENCE ET PRATIQUE. *Essai de sémiologie.*

A. R. Radcliffe-Brown, STRUCTURE ET FONCTION DANS LA SOCIÉTÉ PRIMITIVE.

Edward Sapir, ANTHROPOLOGIE: 1. CULTURE ET PERSONNALITÉ. 2. CULTURE. — LINGUISTIQUE.

Salvatore Settis, L'INVENTION D'UN TABLEAU. *'La tempête' de Giorgione.*

Joseph Schumpeter, IMPÉRIALISME ET CLASSES SOCIALES.

Richard Shusterman, L'ART À L'ÉTAT VIF. *La Pensée pragmatiste et l'esthétique populaire.*

Charles Suaud, LA VOCATION. *Conversion et reconversion des prêtres ruraux.*

Peter Szondi, POÉSIE ET POÉTIQUE DE L'IDÉALISME ALLEMAND.

Alain Viala, NAISSANCE DE L'ÉCRIVAIN. *Sociologie de la littérature à l'âge classique.*

Jeannine Verdès-Leroux, LE TRAVAIL SOCIAL.

Jules Vuillemin, NÉCESSITÉ OU CONTINGENCE. *L'aporie de Diodore et les systèmes philosophiques.*

역자 후기

부르디외의 《호모 아카데미쿠스》는 1968년 5월 혁명을 전후한, 프랑스 대학계에서의 권력 문제를 경험적 자료들을 토대로 저술되었다. 1984년 프랑스어 원본이 출판된 이래 한국어 번역본이 나오기까지 약 20년의 세월이 흘렀다.

그동안 미국 대학의 문제에 비추어 우리 대학의 현실을 파악하려는 번역서들은 꾸준히 출간되어 왔다. 우리에게 대학은 신성한 곳이다. 대학이 신성하다는 것은 대학이 파우스트적 거래를 경계하며, 모든 다른 욕망을 억제하는 대신 진리를 엿볼 기회를 갖는 장소라고 인식하기 때문이다. 이런 점에서 미국 대학의 비판 서적은 언어학자 노엄 촘스키(《냉전과 대학》, 도서출판 당대)를 중심으로 활발하게 제기되었다. 냉전 시대 미국 대학은 권력과의 결탁을 통해 많은 대학 교수들을 강단에서 추방하고, 교육 개혁을 한다는 미명하에 대학을 냉전 체제 유지를 위한 과학기술과 이데올로기의 생산 기지로 만들었다. 이는 미국식 대학 모델을 수용하고 있는 우리 대학에 암시하는 바가 적지않지만, 대학 구조 자체의 학문적이며 근본적인 권력 문제에 대한 시각은 찾아보기 힘들다.

부르디외의 대학에 대한 사고를 적절히 이해하기 위해서는, 부르디외가 제시하고 있는 여러 기본 개념들의 이해를 전제로 한다. 무엇보다도 부르디외는 새로운 학술 용어를 사용하거나 기존의 학술 용어에 나름대로의 새로운 의미를 부여하면서 자신의 사고 지평을 열어 가고 있다. 그러므로 독자들이 본서를 보다 원활하게 이해하기 위해서는, 부르디외가 제시하는 기본 개념들을 알아두는 것이 필요하다. 특히 부르디외가 제시하는 기본 개념 아비투스(habitus), 영역(champ)(혹은 장: 본서에서는 의미 상황에 따라 이 둘을 적절하게 사용하였다), 문화 자본(capital culturel), 상징 자본(capital symbolique), 학력 자본(capital scolaire), 사회 자본(capital social), 칭호(titre), 투쟁(lutte), 권력(pouvoir), 특성(propriété), 성별화(consécration) 등의 기본적인 이해는 필수적이라 할 수 있다. 부르디외에게서 영역은, 영역 내에서 효력을 갖는 특수한 종류의 자본들에 대한 독점권을 확보하기 위해 관여된 사람들이 서로 경쟁하는 투쟁과 경쟁의 공간(부르디외는 대학 또한 투쟁과 경쟁의 공간이라고 한다)이다. 그 자본이란 예술에서는 문화적 자본이고, 과학에서는 과학적 권위, 종교에서는 성직자의 존엄한 권위, 대학에서는 학력과 학교적 위치가 차지하는 것들이다. 그런 형태들 사이의 위계 질서가 사회적 변화를 결정지을 수 있는 능력과도 같다. 이런 투쟁의 맥락에서 그 영역의 형태와 구분들 자체가 주요 쟁점(enjeu)이 되는데, 그것은 여러 형태의 자본들의 분배와 상대적 비중의 변동이 결국 영역의 구조를 변경시키기 때문이다. 부르디외는 대학적 자본의 흐름을 프랑스 대학이 갖고 있는 구조적 문제점과 1968년이라는 시대적으로 특수한 상황에 비추어 난해하지만 명확하게 객관적 자료를 토대로 파헤치고 있다.

다음으로 지적할 수 있는 것은 프랑스 대학 시스템에 관련된 일반적 지식의 필요성이다. 예를 들어서 프랑스의 대학 구조, 특히 특수 학교인 그랑제콜(Grandes Écoles), 교수자격시험(Agrégation), 파리대학들(1–13대학)이 갖고 있는 학교적 · 정치적 특성, 파리와 지방에 있는 대학들 간의 관계성, 대학 이외의 연구 기관, 대학에서의 서열화, 학위 과정, 기타 여러 언론 매체들에 대한 이해이다. 또한 부르디외의 학문 세계가 그렇듯이 독자들에게 다방면의 박식함이 요구된다. 특히 인문사회과학의 제 분야들, 철학 · 언어학 · 문학 · 사회학 · 정치학 · 인식론, 그리고 위에 언급한 교육 제도와 같이 프랑스의 일상적이고 토착화된 생활 문화에 대해서까지 폭넓은 지식이 필요하다.

끝으로 부르디외 문체는 프랑스인들조차도 어려워할 정도로 난해하기로 정평이 나 있다는 점이다. 그의 문장들은 한 페이지에 이를 만큼 복잡한 경우가 많고, 그의 은유적 서술 방식 또한 접근을 어렵게 하기 때문에 이 책은 번역보다는 번안을 요구하는 서적이라 할 수 있다. 그럼에도 불구하고 역자들이 이 책을 번역하려 하는 것은 우리가 경험하고 있는 대학이 대학 본연의 임무에 충실하지 못한 데서 비롯되는 여러 가지 문제들과 미국 일변도의 학문적 편식 현상을 극복할 필요성을 공감하고 있기 때문이다. 이런 점에서 부르디외의 《호모 아카데미쿠스》는, 부르디외 특유의 문체적 난해함은 있지만 아직도 계급 담론에 익숙치 않은 우리 대학 사회에 대학적 계급 실체(교수들 직위, 교수와 직원 혹은 조교, 교수와 강사, 교수와 외래 교수와의 관계 등)는 물론 대학의 변화상을 파악해 볼 수 있는 중요한 지표로 활용될 수 있을 것이다. 프랑스 대학 사회의 계급 문화가 그들이 내세우는 사회와 문화와 같이 투명한 모습을 보인다면, 한국 사회의 대학 계급은 아직은 걸러지지 않고 은폐된 문제들이 많이 내재되어 있다고 할 수 있다. 이는 시대적 고민을 안고 있는 대학이 좀더 성숙하기 위해 앞으로 노력해야 할 요소들이다.

이 책은 번역에 상당한 심혈을 기울였음에도 불구하고 만족스럽지 못한 부분이 발견된다. 그러나 우리 대학의 문제를 생각하려는 시대적 요구를 인식하면서 역자들 또한 최대한으로 서두르지 않을 수 없었다. 서두른 과정에서의 오류는 역자들의 책임일 것이다.

끝으로 이 책의 번역을 하는 데 있어서 격려를 아끼지 않으신 동문선 신성대 사장님께 감사의 말씀을 드린다.

2005년 1월

색 인

김정곤

프랑스 리옹2대학 불문학 박사
현재 한남대학교 유럽어문학부 교수
저서: 《추리소설이란 무엇인가》(공저)
역서: 《어느 퇴출자의 명상》 등

임기대

프랑스 파리7대학 언어학 박사
현재 한남대학교 유럽어문학부 겸임교수
저서: 〈21세기 인간 밑그림그리기〉(공저)
역서: 《분류하기의 유혹》《논증》《지능의 테크놀로지》《튜링》 등

문예신서
207

호모 아카데미쿠스

초판발행 : 2005년 1월 20일

東文選

제10-64호, 78. 12. 16 등록
110-300 서울 종로구 관훈동 74번지
전화 : 737-2795

편집설계: 劉泫兒 李娅旻 李惠允

ISBN 89-8038-265-0 94370
ISBN 89-8038-000-3 (세트 : 문예신서)

【東文選 現代新書】

68	스포츠인류학	K. 블랑챠드 外 / 박기동 外	12,000원
69	리조복식도감	리팔찬	20,000원
70	娼 婦	A. 꼬르벵 / 李宗旼	22,000원
71	조선민요연구	高晶玉	30,000원
72	楚文化史	張正明 / 南宗鎭	26,000원
73	시간, 욕망, 그리고 공포	A. 코르뱅 / 변기찬	18,000원
74	本國劍	金光錫	40,000원
75	노트와 반노트	E. 이오네스코 / 박형섭	20,000원
76	朝鮮美術史研究	尹喜淳	7,000원
77	拳法要訣	金光錫	30,000원
78	艸衣選集	艸衣意恂 / 林鍾旭	20,000원
79	漢語音韻學講義	董少文 / 林東錫	10,000원
80	이오네스코 연극미학	C. 위베르 / 박형섭	9,000원
81	중국문자훈고학사전	全廣鎭 편역	23,000원
82	상말속담사전	宋在璇	10,000원
83	書法論叢	沈尹默 / 郭魯鳳	16,000원
84	침실의 문화사	P. 디비 / 편집부	9,000원
85	禮의 精神	柳肅 / 洪熹	20,000원
86	조선공예개관	沈雨晟 편역	30,000원
87	性愛의 社會史	J. 솔레 / 李宗旼	18,000원
88	러시아미술사	A. I. 조토프 / 이건수	22,000원
89	中國書藝論文選	郭魯鳳 選譯	25,000원
90	朝鮮美術史	關野貞 / 沈雨晟	30,000원
91	美術版 탄트라	P. 로슨 / 편집부	8,000원
92	군달리니	A. 무케르지 / 편집부	9,000원
93	카마수트라	바짜야나 / 鄭泰爀	18,000원
94	중국언어학총론	J. 노먼 / 全廣鎭	28,000원
95	運氣學說	任應秋 / 李宰碩	15,000원
96	동물속담사전	宋在璇	20,000원
97	자본주의의 아비투스	P. 부르디외 / 최종철	10,000원
98	宗敎學入門	F. 막스 뮐러 / 金龜山	10,000원
99	변 화	P. 바츨라빅크 外 / 박인철	10,000원
100	우리나라 민속놀이	沈雨晟	15,000원
101	歌訣(중국역대명언경구집)	李宰碩 편역	20,000원
102	아니마와 아니무스	A. 융 / 박해순	8,000원
103	나, 너, 우리	L. 이리가라이 / 박정오	12,000원
104	베케트연극론	M. 푸크레 / 박형섭	8,000원
105	포르노그래피	A. 드워킨 / 유혜련	12,000원
106	셀 링	M. 하이데거 / 최상욱	12,000원
107	프랑수아 비용	宋勉	18,000원
108	중국서예 80제	郭魯鳳 편역	16,000원
109	性과 미디어	W. B. 키 / 박해순	12,000원

278 도리스 레싱: 20세기 여성의 초상	민경숙	24,000원
279 기독교윤리학의 이론과 방법론	김희수	24,000원
280 과학에서 생각하는 주제 100가지	I. 스탕저 外 / 김웅권	21,000원
281 말로와 소설의 상징시학	김웅권	22,000원
282 키에르케고르	C. 블랑 / 이창실	14,000원
283 시나리오 쓰기의 이론과 실제	A. 로슈 外 / 이용주	25,000원
284 조선사회경제사	白南雲 / 沈雨晟	30,000원
285 이성과 감각	O. 브르니피에 外 / 이은민	16,000원
286 행복의 단상	C. 앙드레 / 김교신	20,000원
287 삶의 의미	J. 코팅햄 / 강혜원	16,000원
1001 베토벤: 전원교향곡	D. W. 존스 / 김지순	15,000원
1002 모차르트: 하이든 현악 4중주곡	J. 어빙 / 김지순	14,000원
1003 베토벤: 에로이카 교향곡	T. 시프 / 김지순	18,000원
1004 모차르트: 주피터 교향곡	E. 시스먼 / 김지순	18,000원
1005 바흐: 브란덴부르크 협주곡	M. 보이드 / 김지순	18,000원
1006 바흐: B단조 미사	J. 버트 / 김지순	18,000원
2001 우리 아이들에게 어떤 지표를 주어야 할까?	J. L. 오베르 / 이창실	16,000원
2002 상처받은 아이들	N. 파브르 / 김주경	16,000원
2003 엄마 아빠, 꿈꿀 시간을 주세요!	E. 부젱 / 박주원	16,000원
2004 부모가 알아야 할 유치원의 모든 것들	N. 뒤 소수아 / 전재민	18,000원
2005 부모들이여, '안 돼' 라고 말하라!	P. 들라로슈 / 김주경	19,000원
2006 엄마 아빠, 전 못하겠어요!	E. 리공 / 이창실	18,000원
3001 《새》	C. 파글리아 / 이형식	13,000원
3002 《시민 케인》	L. 멀비 / 이형식	13,000원
3101 《제7의 봉인》 비평 연구	E. 그랑조르주 / 이은민	17,000원
3102 《쥘과 짐》 비평 연구	C. 르 베르 / 이은민	18,000원
3103 《시민 케인》 비평 연구	J. 루아 / 이용주	15,000원

【기 타】

▨ 모드의 체계	R. 바르트 / 이화여대기호학연구소	18,000원
▨ 라신에 관하여	R. 바르트 / 남수인	10,000원
▨ 說 苑 (上·下)	林東錫 譯註	각권 30,000원
▨ 晏子春秋	林東錫 譯註	30,000원
▨ 西京雜記	林東錫 譯註	20,000원
▨ 搜神記 (上·下)	林東錫 譯註	각권 30,000원
■ 경제적 공포〔메디치賞 수상작〕	V. 포레스테 / 김주경	7,000원
■ 古陶文字徵	高 明·葛英會	20,000원
■ 그리하여 어느날 사랑이여	이외수 편	4,000원
■ 딸에게 들려 주는 작은 지혜	N. 레흐레이트너 / 양영란	6,500원
■ 노력을 대신하는 것은 없다	R. 쉬이 / 유혜련	5,000원
■ 노블레스 오블리주	현택수 사회비평집	7,500원
■ 미래를 원한다	J. D. 로스네 / 문 선·김덕희	8,500원

東文選 文藝新書 141

예술의 규칙

― 문학 장의 기원과 구조

피에르 부르디외

하태환 옮김

"모든 논쟁은 그로부터 시작된다"라고 일컬어질 만큼 현재 프랑스 최고의 사회학자로 주목받고 있는 피에르 부르디외의 예술에 관한 사회학적 분석서.

19세기에 국가의 관료체제와 그의 아카데미들, 그리고 이것들이 강요하는 좋은 취향의 규범들로부터 충분히 떼내어진 문학과 예술의 세계가 만들어진다.

피에르 부르디외는 문학 장의 연속적인 형상들 속에 드러나는 그 구조를 기술하면서, 우선 플로베르의 작품이 문학 장의 형성에 있어서 어떤 빚을 지고 있는가를 보여 준다. 다시 말해 작가로서의 플로베르가 자신이 생산함으로써 공헌하는 것을 통해 어떤 존재로 나타나는지를 보여 주는 것이다.

작가들과 문학제도들이 복종하는 ― 작품들 속에 승화되어 있는 ― 논리를 기술하면서, 피에르 부르디외는 '작품들의 과학'의 기초들을 제시한다. 이 과학의 대상은 작품 그 자체의 생산뿐만 아니라, 작품의 가치 생산이 될 것이다. 원래의 환경에 연결되어 있는 사회적 결정들의 효과 아래에서 창조를 제거하기보다는, 장의 결정된 상태 속에 기입되어 있는 가능성의 공간을 분석해 보면, 예술가가 수행해야 하는 작업을 이해할 수 있다. 다시 말해 예술가는 이러한 결정에 반대함으로써, 그리고 그 결정 덕분에 창조자로서, 즉 자기 자신의 창조의 주체로서 자신을 생산하기 위한 작업을 수행해야 한다.

東文選 文藝新書 173

세계의 비참 (전3권)

피에르 부르디외 外

김주경 옮김

사회적 불행의 형태에 대한 사회학적 투시——피에르 부르디외와 22명의 사회학자들의 3년 작업. 사회적 조건의 불행, 사회적 위치의 불행, 그리고 개인적 고통에 대한 그들의 성찰적 지식 공개.

우리의 삶 한편에는 국민들의 일상적인 삶에 대해 무지한 정치 책임자들이 있고, 그 다른 한편에는 힘겹고 버거운 삶에 지쳐서 하고 싶은 말조차 할 수 없는 사람들이 있다. 이들을 바라보면서 어떤 사람들은 여론에 눈을 고정시키기도 하고, 또 어떤 사람들은 그들의 불행에 대해 항의를 표하기도 한다. 물론 이들이 항의를 할 수 있는 것은 자신들이 그 불행에서 벗어나 있기에 가능한 것이다.

여기 한 팀의 사회학자들이 피에르 부르디외의 지휘 아래 3년에 걸쳐서 몰두한 작업이 있다. 그들은 대규모 공영주택 단지·학교·사회복지회 직원, 노동자, 하층 무산계급, 사무직원, 농부, 그리고 가정이라는 세계 속에 비참한 사회적 산물이 어떠한 현대적인 형태를 띠고 나타나는지를 이해하고자 했다. 그들이 본 각각의 세계에는 저마다 고유한 갈등 구조들이 형성되어 있었고, 그 안에서 발생하는 고통을 직접 몸으로 체험한 자들만이 말할 수 있는 진실들이 있었다.

이 책은 버려진 채 병원에 누워 있는 전직 사회복지 가정방문원이라든가, 노동자 계층의 고아 출신인 금속기계공, 정당한 권리를 찾지 못하고 떠돌아다닐 수밖에 없는 집 없는 사람들, 도시 폭력의 희생자가 된 고등학교 교장과 교사들, 빈민 교외 지역의 하급 경찰관, 그리고 이들과 함께 살아가는 수많은 사람들의 만성적이면서도 새로운 삶의 고통을 이야기한다.